全国中等职业技术学校汽车类专业教材

# 汽车发动机构造与维修

（第 二 版）

人力资源和社会保障部教材办公室组织编写

中国劳动社会保障出版社

**简介**

本书主要内容包括发动机概述、曲柄连杆机构、配气机构、电子控制汽油喷射系统、柴油机燃料供给系、润滑系和冷却系、发动机总装与检测等。

本书由羌春晓主编，马骏驰、王勇、吴勤燕、季亮亮参编，祖国海主审。

**图书在版编目(CIP)数据**

汽车发动机构造与维修/羌春晓主编. —2版. —北京：中国劳动社会保障出版社，2015

全国中等职业技术学校汽车类专业教材

ISBN 978-7-5167-1843-8

Ⅰ.①汽… Ⅱ.①羌… Ⅲ.①汽车-发动机-构造-中等专业学校-教材②汽车-发动机-车辆修理-中等专业学校-教材 Ⅳ.①U472.43

中国版本图书馆CIP数据核字(2015)第131408号

中国劳动社会保障出版社出版发行

(北京市惠新东街1号　邮政编码：100029)

*

三河市华骏印务包装有限公司印刷装订　新华书店经销

787毫米×1092毫米　16开本　18.25印张　389千字

2015年7月第2版　2019年12月第12次印刷

定价：34.00元

读者服务部电话：(010) 64929211/84209101/64921644

营销中心电话：(010) 64962347

出版社网址：http://www.class.com.cn

http://zyjy.class.com.cn

# 前　言

为了更好地适应中等职业技术学校汽车类专业教学要求，全面提升教学质量，人力资源和社会保障部教材办公室组织有关学校的骨干教师和行业、企业专家，在充分调研企业生产和学校教学情况、广泛听取教材用户反馈意见的基础上，对全国中等职业技术学校汽车类专业教材进行了修订和补充开发。

本次教材修订和补充开发工作的重点主要体现在以下几个方面：

第一，完善教材体系，更好地满足教学需求。

结合职业院校汽车类专业设置和办学特点，调整并完善了教材体系，与专业通用基础教材相衔接，开发了汽车维修、汽车电器维修、汽车钣金与美容、汽车检测、汽车营销等专业方向教材，构建了“通用基础平台＋不同专业方向平台”的教材体系。此外，还针对学校对电控技术、车载网络技术、新能源汽车等高新技术的教学需求，开发了相应的教材。

第二，反映技术发展，适应岗位职业能力需求变化。

随着汽车制造水平的不断提高，汽车维修的内容和工艺发生了相应变化；伴随着私家车保有量的不断增长，汽车营销、汽车美容等相关从业人员的职业能力要求也在发生相应变化。因此，本次修订工作注重在教材中增加新知识、新技术、新材料、新工艺等方面的内容，体现教材的先进性。同时，根据中级工从事相关岗位工作的实际需要，合理确定学习目标，对教材内容的深度、难度做了适当调整，同时注重综合职业能力的培养。

第三，融入先进教学理念，创新教材表现形式。

专业通用基础教材的编写以汽车及其零部件为载体，充分体现专业特色；专业方向教材的编写根据学校教学实际，充分体现一体化教学思路，增加了实训内容在教材中的比重。为了增强教材的表现效果，提高学生的学习兴趣，教材中使用了大量高质量的实物图片，部分教材采用双色或彩色印刷。

第四，开发辅助产品，提供教学服务。

为了方便教学，配套开发了习题册、教学参考书和电子课件。电子课件可通过中国人力资源和社会保障出版集团网站（http：//www.class.com.cn）免费下载。

本次教材修订工作得到了河北、江苏、浙江、山东、山西、广东、广西、陕西等省、自治区人力资源和社会保障厅及有关学校的大力支持，在此表示诚挚的谢意。

**人力资源和社会保障部教材办公室**

2012年7月

# 目　录

# 单元一　总　　论

## 课题1　发动机总体构造

**学习目标**

1. 掌握发动机的分类及常用术语。
2. 掌握发动机的工作原理。
3. 能够对发动机的类型及型号进行识别。

### 一、发动机的分类及常用术语

#### 1. 发动机的分类

将燃料燃烧的热能转化成机械能的发动机称为热力发动机。热力发动机分为外燃机和内燃机。内燃机的特点是燃料在机器内部燃烧，产生的热能直接转变成机械能，如汽油机和柴油机。外燃机的特点是燃料在机器外部燃烧，产生的热能通过其他介质转变为机械能，如蒸汽机、燃气轮机。与外燃机相比，内燃机具有热效率高、体积小、质量轻，便于移动、启动性能好等优点，因此广泛应用于汽车、拖拉机等各种车辆上，现代汽车发动机都属于内燃机。

汽车用发动机种类繁多，可以根据不同特征进行分类。

(1) 按活塞的运动方式分类

根据活塞运动方式不同，活塞式内燃机可分为往复活塞式和旋转活塞式发动机。前者的活塞在气缸内做往复直线运动，后者的活塞在气缸内做旋转运动。现代汽车发动机多采用往复活塞式发动机。

(2) 按着火方式分类

根据着火方式不同，可分为点燃式和压燃式发动机。点燃式发动机是利用电火花点燃可燃混合气，如汽油机。压燃式发动机则是利用高温、高压使气缸内的可燃混合气自行着火燃烧，如柴油机。

(3) 按使用燃料分类

根据使用燃料不同，可分为汽油机、柴油机和气体燃料发动机。汽油机是以汽油为燃料，柴油机是以柴油为燃料，气体燃料发动机是以天然气、液化石油气等为燃料。

近年来，为节省石油能源和降低汽车的排放污染，人们不断研制新型汽车动力装置，如混合动力装置，发动机热效率可提高10%以上，废气排放量降低30%以上。

(4) 按冷却方式分类

根据冷却方式不同，可分为水冷式和风冷式发动机。水冷式发动机以冷却液为冷却介质，而风冷式发动机以空气为冷却介质。汽车发动机多为水冷式。

(5) 按冲程数分类

根据冲程数不同，可分为四冲程和二冲程发动机。活塞上下往复四个行程完成一个工作循环的发动机称为四冲程发动机。活塞上下往复两个行程完成一个工作循环的发动机称为二冲程发动机。汽车发动机多采用四冲程发动机。

(6) 按气缸数目分类

根据气缸数目不同，可分为单缸发动机和多缸发动机。多缸发动机有双缸发动机、三缸发动机、四缸发动机、五缸发动机、六缸发动机、八缸发动机、十二缸发动机。现代汽车多采用四缸、六缸和八缸发动机。

(7) 按气缸布置方式分类

根据气缸布置方式不同，可分为对置式发动机、直列式发动机、斜置式发动机和V型发动机。

(8) 按进气方式分类

根据进气方式不同，可分为自然吸气（非增压）式发动机和强制进气（增压）式发动机。

**2. 发动机常用术语**

发动机的常用术语（图1—1—1）如下:

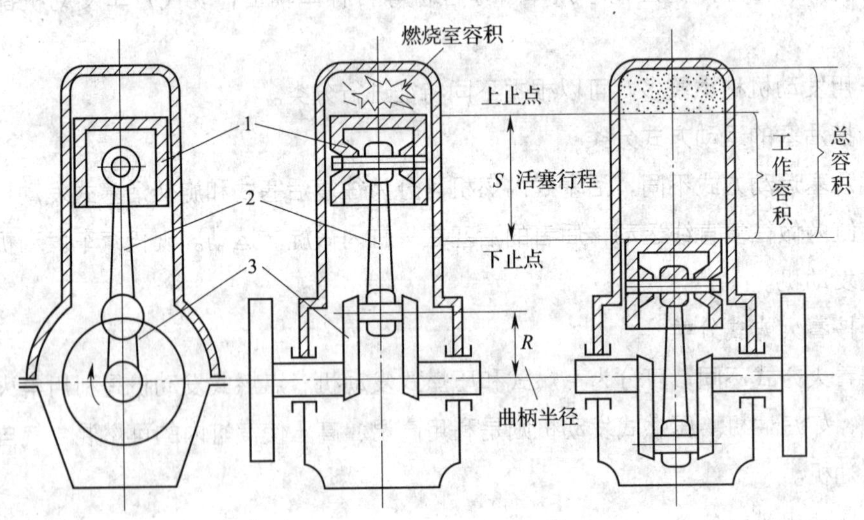


图1—1—1 发动机常用术语

1—活塞 2—连杆 3—曲轴

(1) 上止点——活塞上行到达最高点处的位置，即其顶面离曲轴回转中心最远时的位置。此时，活塞顶部距离曲轴回转中心最远。

(2) 下止点——活塞下行到达最低点处的位置，即其顶面离曲轴回转中心最近时的位置。此时，活塞顶部距离曲轴回转中心最近。

(3) 活塞行程——活塞在上、下两个止点之间的运动距离，用 $S$（单位：mm）表示。

(4) 活塞冲程——活塞运行时由上（下）止点到下（上）止点的运动过程。

(5) 曲柄半径——曲轴上的主轴颈中心线到连杆轴颈中心线的垂直距离，用 $R$（单位：mm）表示。

(6) 气缸工作容积——活塞一个冲程内所扫过的容积，用 $V_h$（单位：L）表示。

(7) 发动机工作容积——多缸发动机各气缸工作容积的总和，也称发动机排量，用 $V_L$（单位：L）表示。

(8) 燃烧室容积——活塞在上止点时，活塞顶面、气缸盖、气缸壁所封闭的气缸容积，用 $V_C$（单位：L）表示。

(9) 气缸总容积——活塞在下止点时，活塞顶面所封闭的气缸容积，用 $V_a$（单位：L）表示。

$$V_a = V_h + V_c$$

(10) 压缩比——气缸总容积与燃烧室容积的比值，用 ε 表示（$\varepsilon = V_a/V_C$）。压缩比表示气缸内的气体被压缩的程度。压缩比越大，燃烧后产生的压力则越大。一般柴油机的压缩比为 16～22，汽油机的压缩比为 6～10。

(11) 工作循环——在发动机内进行的每一次将燃料燃烧的热能转化为机械能的一系列连续过程。

## 二、发动机的工作原理

现代汽车使用的是四冲程内燃机。发动机将燃料燃烧产生的热能转换为机械能，从而输出动力。其能量的转换是通过不断地依次反复进行“进气→压缩→做功→排气”四个连续过程来实现的。

### 1. 四冲程汽油机的工作原理

四冲程汽油机的工作循环包括进气、压缩、做功和排气四个行程。图 1—1—2 所示为单缸四冲程汽油机工作循环示意图。

(1) 进气行程

进气门打开，排气门关闭，曲轴带动活塞由上止点向下止点运动（图 1—1—2a）。活塞运动过程中气缸内容积逐渐增大，形成一定真空度，于是经过滤清器的空气与汽油混合成可燃混合气，通过进气门被吸入气缸。活塞到达下止点时，进气门关闭，进气行程结束。

进气行程终了时，气缸内压力低于大气压力，为 75～90 kPa，气体温度为 370～440 K。

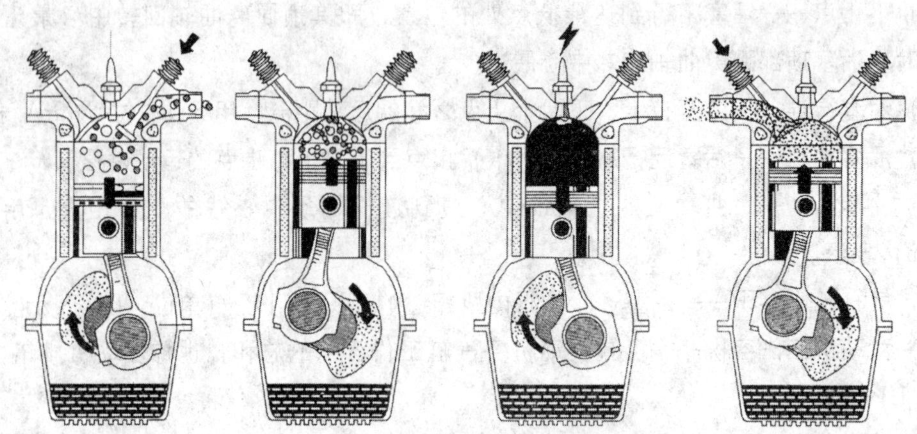

图 1—1—2　单缸四冲程汽油机工作循环示意图

a）进气行程　b）压缩行程　c）做功行程　d）排气行程

(2) 压缩行程

进、排气门均关闭，活塞在曲轴带动下，由下止点向上止点运动（图 1—1—2b），气缸内容积逐渐减小，可燃混合气被压缩，活塞到达上止点时，压缩行程结束。

在压缩行程中，气体压力和温度升高，可燃混合气进一步均匀混合。压缩终了时，气缸内的压力为 600～1 500 kPa，温度为 600～800 K，远高于汽油的点燃温度（约 263 K）。

(3) 做功行程

进、排气门均关闭。在压缩行程终了时，火花塞产生电火花点燃可燃混合气，并迅速燃烧，使气体的温度、压力迅速升高而膨胀，推动活塞从上止点向下止点运动，并通过连杆驱动曲轴对外做功，活塞到达下止点时做功行程结束（图 1—1—2c）。

在做功行程的开始阶段，气缸内气体压力、温度急剧上升，瞬时压力可达 3～5 MPa，瞬时温度可达 2 200～2 800 K。随着活塞下移，压力、温度下降，做功行程终了时，气缸内的压力为 300～500 kPa，温度降至 1 500～1 700 K。

(4) 排气行程

做功行程终了时，排气门打开，进气门关闭。曲轴通过连杆推动活塞从下止点向上止点运动（图 1—1—2d）。废气在自身压力和活塞推动作用下，经排气门被排出气缸，活塞到达上止点，排气门关闭，排气行程结束。

排气行程终了时，由于燃烧室占有一定容积，气缸内还存有少量残余废气，气体压力也因排气门和排气管的阻力而仍高于大气压力。此时，气缸内的压力为 105～125 kPa，温度为 900～1 200 K。

排气行程结束后，排气门关闭，同时进气门再次开启，开始下一个工作循环。

### 2. 四冲程柴油机的工作原理

四冲程柴油机和四冲程汽油机一样，每个工作循环也要经历进气、压缩、做功、排气四个行程。但由于柴油机使用的燃料是柴油，其黏度大，蒸发性差，但其自燃温度却比汽油低

(柴油的自燃温度为473～573 K，汽油的自燃温度约为653 K)，因此，柴油机在可燃混合气的形成及着火方式等方面与汽油机有较大的区别。图1—1—3所示为单缸四冲程柴油机工作循环示意图。

(1) 进气行程

进气行程如图1—1—3a所示，与汽油机不同的是，进入气缸的不是可燃混合气，而是纯空气。由于进气阻力比较小，上一行程残留的废气温度比较低等原因，进气终了时的压力为80～95 kPa，温度为320～350 K。

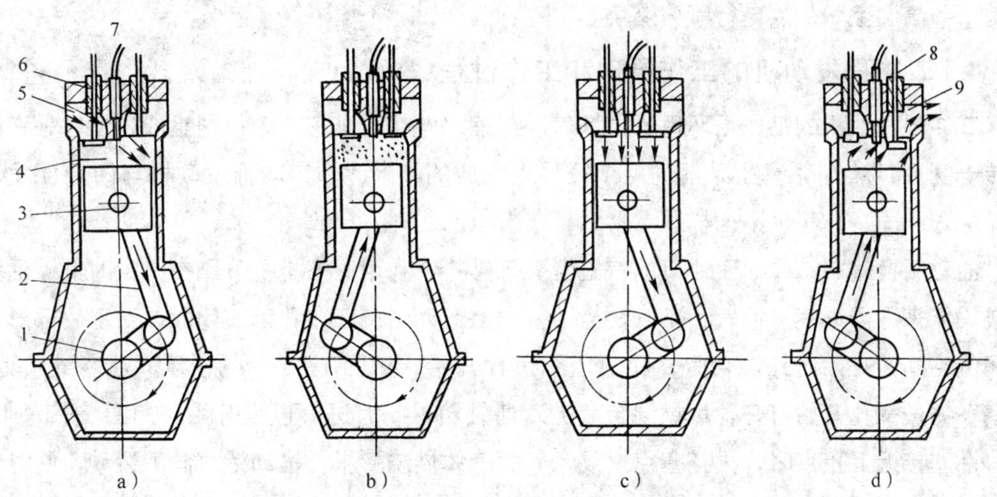


图1—1—3　单缸四冲程柴油机工作循环示意图

a）进气行程　b）压缩行程　c）做功行程　d）排气行程

1—曲轴　2—连杆　3—活塞　4—气缸　5—进气道　6—进气门　7—喷油器　8—排气门　9—排气道

(2) 压缩行程

压缩行程如图1—1—3b所示。柴油机压缩的是纯空气，且由于柴油机压缩比大，压缩终了时的温度和压力都比汽油机高，压力可达3～5 MPa，温度可达800～1 000 K。

(3) 做功行程

做功行程如图1—1—3c所示。压缩行程接近终了时，喷油泵将高压柴油经喷油器呈雾状喷入气缸，与压缩后的空气混合，形成可燃混合气。此时气缸内温度、压力急剧升高，瞬时压力可达5～10 MPa，瞬时温度可达1 530～1 930 K，远高于柴油的自燃温度，柴油便自行着火燃烧。在高压气体推动下，活塞下行并带动曲轴旋转。做功行程终了时压力为200～400 kPa，温度为1 200～1 500 K。

(4) 排气行程

排气行程如图1—1—3d所示。与汽油机排气行程基本相同。排气终了时，气缸内压力为105～125 kPa，温度为800～1 000 K。

### 3. 四冲程汽油机与柴油机的比较

汽油机与柴油机工作循环不完全相同，主要区别在于：

(1) 所用燃料不同。汽油机使用汽油作为燃料，而柴油机使用柴油作为燃料。

(2) 混合气形成方式不同。汽油机的汽油和空气在气缸外混合，进入气缸的是可燃混合气；而对柴油机来说进入气缸的是纯空气，燃油是在做功行程开始阶段喷入气缸，在气缸内形成可燃混合气。

(3) 压缩比不同。现代汽车用汽油机的压缩比一般为 6～10，柴油机的压缩比一般为 16～22。

(4) 着火方式不同。汽油机靠电火花点燃可燃混合气；而柴油机是用高压将柴油喷入气缸内，靠高温空气加热自行着火燃烧。

### 4. 二冲程发动机的工作原理和工作过程

二冲程汽油机的工作循环也是由进气、压缩、做功、排气四个行程组成，但它是在曲轴旋转一圈（360°），活塞上下运动两个行程内完成的。因此，二冲程发动机与四冲程发动机工作原理不同，结构也不一样。

曲轴箱换气式二冲程汽油机的气缸上有三排孔，利用这三排孔分别在一定时刻被活塞打开或关闭来进行进气、换气和排气。当活塞向上运动到将三排孔都关闭时，活塞上部形成了密闭的空间并开始压缩混合气，此时压缩过程开始，如图 1—1—4a 所示。活塞继续上行，活塞下方进气孔开始打开，可燃混合气进入曲轴箱，此时进气过程开始，如图 1—1—4b 所示。活塞接近上止点时，火花塞点燃混合气，气体燃烧膨胀，推动活塞向下运动，此时做功过程开始，如图 1—1—4c 所示。进气孔关闭，曲轴箱内的混合气受到压缩，当活塞接近下止点时，排气孔打开，排出废气，此时排气过程开始；活塞再向下运动，换气孔打开，受到压缩的混合气便从曲轴箱经进气孔流入气缸内，并扫除废气，此时排气过程开始，如图 1—1—4d 所示。

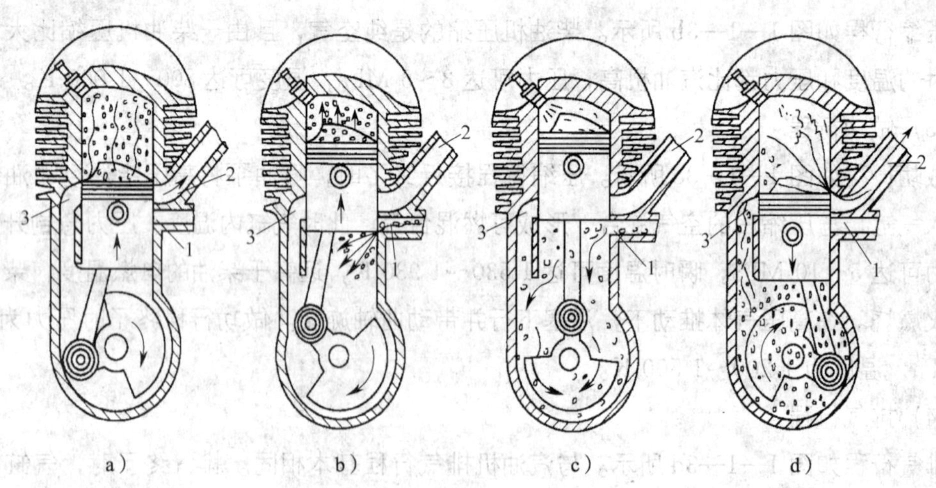


图 1—1—4 二冲程汽油机工作原理示意图

a) 压缩 b) 进气 c) 做功 d) 排气

1—进气孔 2—排气孔 3—换气孔

## 三、发动机总体构造及型号编制规则

### 1. 发动机总体构造

发动机是一种由许多机构和系统组成的复杂机器。无论是汽油机还是柴油机，要完成能量转换，实现工作循环，保证连续正常工作，都必须具备下列机构和系统。

(1) 汽油机的总体构造

1) 曲柄连杆机构。曲柄连杆机构是发动机借以产生动力，并将活塞的直线往复运动转变为曲轴的旋转运动而输出动力的机构。

曲柄连杆机构主要由气缸体、气缸盖、活塞、连杆、曲轴和飞轮等机件组成。

2) 配气机构。配气机构的功用是根据发动机的工作需要，适时地打开进气通道或排气通道，使可燃混合气及时地充入气缸，或使废气及时地从气缸内排出；而在发动机不需要进气或排气时，则利用气门将进气通道或排气通道关闭，以保持气缸密封。

配气机构主要由气门、气门弹簧、凸轮轴、挺杆、凸轮轴传动机构等零部件组成。

3) 燃料供给系统。汽油机燃料供给系统的功用是向气缸内供给已配好的可燃混合气(缸内喷射式发动机为空气)，并控制进入气缸内的可燃混合气的数量，以调节发动机的输出功率和转速，最后将燃烧后的废气排出气缸。

汽油机燃料供给系由汽油箱、汽油滤清器、汽油泵、化油器（节气门体)、喷油器、供油管（燃油喷射式发动机)、空气滤清器和进气歧管等组成。

4) 点火系统。汽油机点火系统的功用是按一定时刻向气缸内提供电火花，及时地点燃气缸中被压缩的可燃混合气。

按对点火时刻的控制方式不同，点火系统可分为传统点火系统、普通电子点火系统和微型计算机控制电子点火系统三种。传统点火系统利用机械装置控制点火时刻，通常由蓄电池、发电机、点火线圈、断电器、分电器、点火提前角调节器、火花塞和点火开关等组成。普通电子点火系统利用电子点火器控制点火时刻，其组成与传统点火系统类似，只是用电子元件取代了断电器，但仍保留部分机械装置，如真空式点火提前角调节器和离心式点火提前角调节器。微型计算机控制电子点火系统是一种全电子点火系统，完全取消了机械装置，由电控系统来控制点火时刻，通常包括蓄电池、发电机、点火线圈、分电器（有些无分电器)、火花塞和电子控制系统等。

5) 冷却系统。冷却系统的功用是利用冷却介质冷却高温零件，并通过散热器将热量散发到大气中去，以保证发动机正常工作。

发动机的冷却系统分为水冷式和风冷式两种。水冷式冷却系统通常由水泵、散热器、风扇、节温器、水套等组成；风冷式冷却系统主要由风扇、散热片组成。

6) 润滑系统。润滑系统的功用是将清洁的润滑油分别送至各个摩擦表面，以减小摩擦和磨损，并清洗、冷却摩擦表面，从而延长发动机的使用寿命。

润滑系统一般由机油泵、机油滤清器、集滤器、限压阀、润滑油道、油底壳等组成。

7）起动系统。起动系统的功用是带动飞轮旋转以获得必要的动能和起动转速，使静止的发动机起动并转入自行运转状态。

起动系统包括起动机及其附属装置。

（2）柴油机的总体构造

四冲程水冷式柴油机由“两大机构、四大系统”组成。“两大机构”指曲柄连杆机构和配气机构，“四大系统”指燃料供给系统、冷却系统、润滑系统、起动系统。

柴油机的曲柄连杆机构、配气机构、冷却系统、润滑系统、起动系统与汽油机基本相同。由于柴油机采用压缩自燃的着火方式，所以不需要点火系统。此外，由于柴油机与汽油机使用的燃料不同，其燃料供给系统存在较大的差异。柴油机燃料供给系由柴油箱、输油泵、喷油泵、柴油滤清器、喷油器、进气歧管等组成，通常利用高压油泵提高柴油压力，利用喷油器将高压柴油直接喷入气缸。

按对供（喷）油量等控制方式的不同，柴油机的燃料供给系统分为传统燃料供给系统和电子控制燃料供给系统。传统柴油机燃料供给系统由油箱、柴油滤清器、输油泵、高压油泵、喷油器等组成。早期的柴油机电子控制系统是在传统燃料供给系统的基础上增加了一些电控元件，而后期的柴油机电子控制系统取消了高压油泵（但有些装有高压输油泵），并用公共油轨取代高压油管向各缸喷油器供油，提高喷油量的控制精度。

### 2. 发动机型号编制规则

为了便于内燃机的生产管理、使用与维修，我国对内燃机产品名称和型号编制重新审定并颁布了国家标准《内燃机产品名称和型号编制规则》（GB/T 725—2008），其主要内容如下。

（1）内燃机产品名称均按所采用的燃料命名，如汽油机、柴油机、天然气机等。

（2）内燃机型号由阿拉伯数字（以下简称数字）、汉语拼音字母或国际通用的英文缩略字母（以下简称字母）组成。

（3）内燃机型号由以下四部分组成，如图 1—1—5 所示。

第一部分：由制造商代号或系列代号组成。由制造商根据需要选择相应 1～3 位字母表示。

第二部分：由气缸数、气缸布置型式符号、冲程型式符号和缸径符号组成。

1）气缸数用 1～2 位数字表示。

2）气缸布置型式符号按表 1—1—1 的规定。

3）冲程型式为四冲程时符号省略，二冲程时用 E 表示。

4）缸径符号一般用缸径或缸径/行程数字表示，也可用发动机排量或功率数表示，其单位由制造商自定。

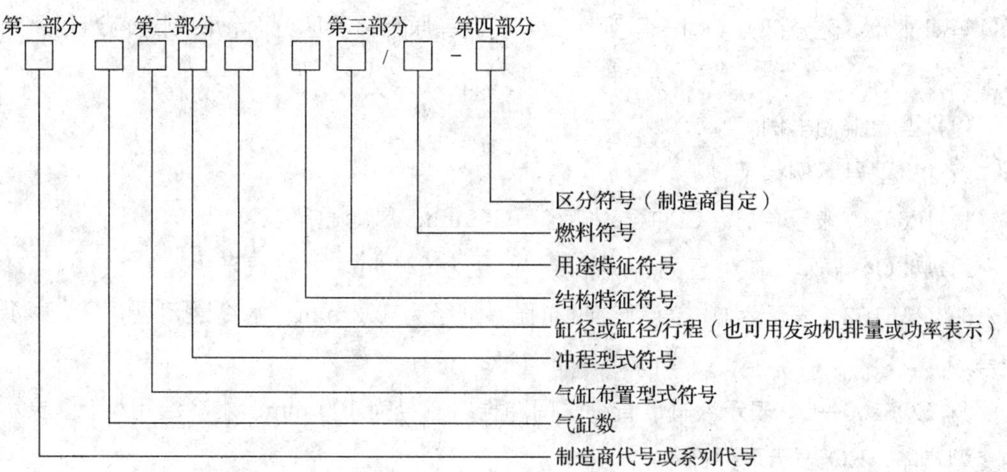


图 1—1—5 内燃机的型号

**表 1—1—1 气缸布置型式符号**

| 符号 | 含义 | 符号 | 含义 |
|---|---|---|---|
| 无符号 | 多缸直列或单缸 | H | H 型 |
| V | V 型 | X | X 型 |
| P | 卧式 | | |

注：其他布置型式符号见 GB/T 1883.1—2005。

第三部分：由结构特征符号、用途特征符号、燃料符号组成。前两者符号分别按表 1—1—2 和表 1—1—3 的规定。

**表 1—1—2 结构特征符号**

| 符号 | 结构特征 | 符号 | 结构特征 |
|---|---|---|---|
| 无符号 | 冷却液冷却 | Z | 增压 |
| F | 风冷 | ZL | 增压中冷 |
| N | 凝气冷却 | DZ | 可倒转 |
| S | 十字头式 | | |

**表 1—1—3 用途特征符号**

| 符号 | 用途 | 符号 | 用途 |
|---|---|---|---|
| 无符号 | 通用型及固定动力（或制造商自定） | D | 发电机组 |
| T | 拖拉机 | C | 船用主机、右机基本型 |
| M | 摩托车 | CZ | 船用主机、左机基本型 |
| G | 工程机械 | Y | 农用三轮车（或其他农用车） |
| Q | 汽车 | L | 林业机械 |
| J | 铁路机车 | | |

注：内燃机左机和右机的定义按 GB/T 726—1994 的规定。

第四部分：区分符号。同一系列产品因改进等原因需要区分时，由制造商选用适当符号表示。

(4) 型号编制举例

汽油机型号示例如下：

1) lE65F：表示单缸、二冲程、缸径为 65 mm、风冷通用型。

2) 462Q：表示四缸、直列、四冲程、缸径为 62 mm、水冷汽车用。

3) CA6102：表示六缸、直列、四冲程、缸径为 102 mm、水冷通用型，CA 表示系列符号。

4) EQ6100—1：表示六缸、直列、四冲程、缸径为 100 mm、水冷通用型，1 表示第一种变型产品，EQ 表示系列符号。

柴油机型号示例如下：

1) 195：表示单缸、四冲程、缸径为 95 mm、水冷通用型。

2) 495Q：表示四缸、直列、四冲程、缸径为 95 mm、水冷汽车用。

3) YZ6102Q：表示六缸、直列、四冲程、缸径为 102 mm、水冷汽车用，YZ 表示系列符号。

4) 12VE230ZCZ：表示十二缸、V 型、二冲程、缸径为 230 mm、水冷缸压、船用主机、左机基本型。

# 课题 2　发动机检测与维修基础知识

**学习目标**

1. 掌握各种汽车发动机维修常用工具、设备的使用方法及注意事项。
2. 了解发动机故障诊断的基本方法及发动机大修工艺流程。
3. 掌握发动机维修有关的安全知识。

## 一、发动机维修常用工具及设备的使用

为保证发动机维修作业的顺利进行，符合安全操作规程的规定，必须掌握工具及设备的正确使用、维护方法，才能在发动机维修作业中做到正确选择工具及设备，保证作业按时完成，做到安全操作、文明作业。汽车发动机检测与维修作业中使用的工具及设备种类繁多，规格型号也各不相同。

### 1. 常用工具

(1) 呆扳手（图 1—2—1）

1) 功用。

呆扳手是汽车拆装中最常用的工具之一，对带有棱角的标准规格螺栓、螺母均可使用。

适用范围为 5.5～24 mm。

2）使用注意事项。

①不能用于扭紧力矩较大的螺栓和螺母。

②使用时应将扳手手柄往身边拉，切不可向外推，以免将手碰伤，如图 1—2—2 所示。

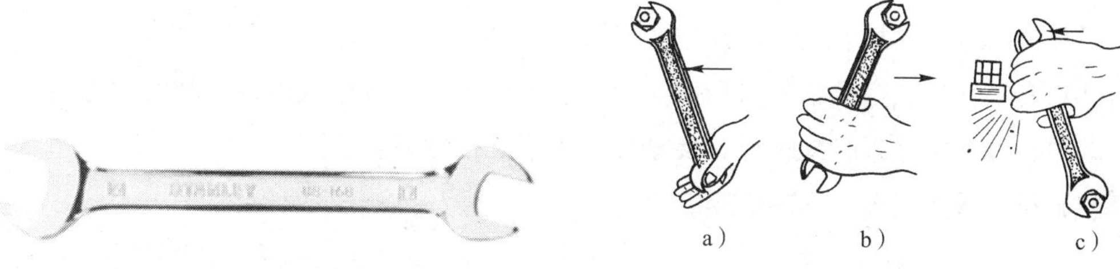

图 1—2—1　呆扳手

图 1—2—2　呆扳手的使用

a）正确　b）正确　c）错误

③扳转时不准在呆扳手上任意加套管或锤击，以免损坏扳手或损伤螺栓、螺母的棱角。

④禁止使用开口处磨损过甚的呆扳手，以免损坏螺栓、螺母的棱角。

⑤不能将呆扳手当撬棒使用。

⑥禁止用水或酸、碱液清洗扳手，应用煤油或柴油清洗后再涂上一层薄润滑油后保管。

（2）梅花扳手（图 1—2—3）

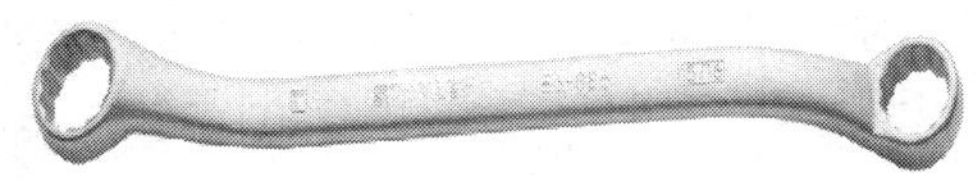

图 1—2—3　梅花扳手

1）类型与功用。

梅花扳手也是汽车拆装中最常用的工具之一。螺栓、螺母需用较大的力矩拆装时，应尽量使用梅花扳手。

常用的梅花扳手尺寸型号有：5.5×7、8×10、9×11、12×14、13×15、14×17、17×19、21×23、22×24 等。

2）使用方法。

①根据螺栓、螺母的尺寸，选用合适的梅花扳手。

②将梅花扳手垂直套入螺栓头部。

③扳转时，手势与呆扳手相同；用力扳转时，四指与拇指应上下握紧扳手手柄，往身边扳转。

（3）套筒扳手（图 1—2—4）

1）类型与功用。

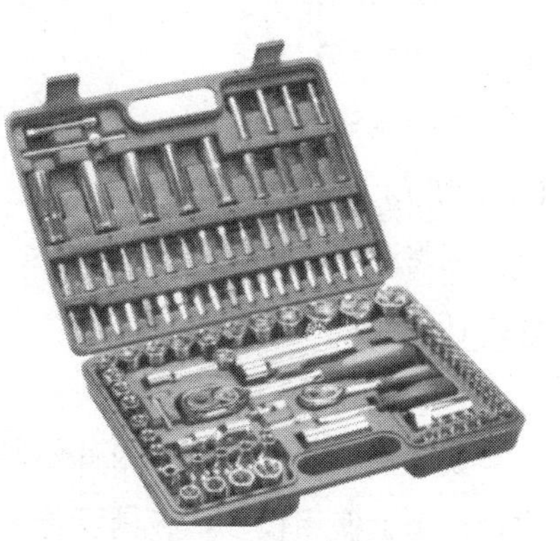

图 1—2—4　套筒扳手

套筒扳手由一套不同规格的套筒和接杆、棘轮手柄、弓形快速摇柄等附件组成，对标准规格的螺栓、螺母均可使用。套筒扳手可以根据需要任意组合使用，既适合一般部位螺栓、螺母的拆装，也适合处于深凹部位和隐蔽狭小部位螺栓、螺母的拆装，并有拆装速度快的特点，是使用最方便的工具。套筒扳手使用灵活而且安全，使用中螺母的棱角不易被损坏。

常用的套筒扳手有 24 件套和 32 件套等几种，套筒规格有 6～24 mm 和 6～32 mm。

2）使用方法。

①使用时根据螺栓、螺母的尺寸选好套筒。

②将套筒套在快速摇柄的方形端头上（视需要可与长接杆或短接杆配合使用）。

③再将套筒套住螺栓或螺母，转动快速摇柄进行拆装。

（4）扭力扳手（图 1—2—5）

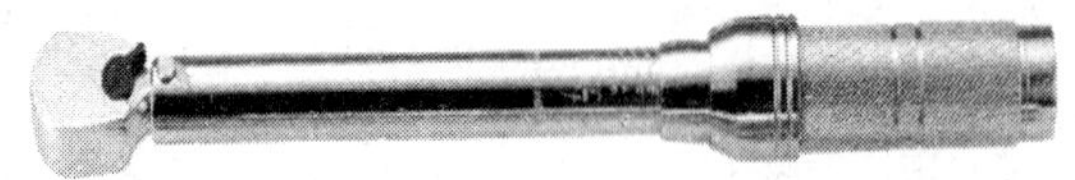

图 1—2—5 扭力扳手

1）类型与功用。

常用的扭力扳手有预调式和指针式两种形式。一般用于有规定拧紧力矩的螺栓、螺母的拆装，如气缸盖、曲轴主轴承盖、连杆等部位的螺栓、螺母等。

2）使用方法

①将套筒插入扭力扳手的方芯上。

②用左手把住套筒，右手握紧扭力扳手手柄往身边扳转。

③预调式扭力扳手使用前应先将力矩调校至规定值。

（5）活动扳手（图 1—2—6）

1）结构与功用。

活动扳手由固定和可调两部分组成，扳手的开度在一定范围内任意可调，一般用于不同尺寸的非标准螺栓、螺母的拆装。在使用中，尽量使用梅花扳手或呆扳手，不得已使用活动扳手时，一定要调整好开口的尺寸，使其与螺栓棱角配合并小心使用，以防损坏螺栓棱角。

常用的尺寸型号有：200 mm×24 mm、300 mm×36 mm 等多种规格。

2）使用方法。

①根据螺栓、螺母的尺寸先调好活动扳手的开口大小，使之与螺栓、螺母的大小一致（不松旷）。

②将活动扳手固定部分置于受力大的一侧，垂直或水平插入螺栓头部，如图 1—2—7 所示。

（6）旋具（图 1—2—8）

1）类型与功用。

旋具俗称起子，常用的有一字形、十字形和梅花头三种。其中前两种比较常见，后一种在进口汽车上使用较多。旋具可分为木柄和塑料柄两种，木柄旋具又可分为普通式和穿心式两种，穿心式旋具可在尾部作适当的敲击。塑料柄旋具具有良好的绝缘性能，较适用于电工使用。

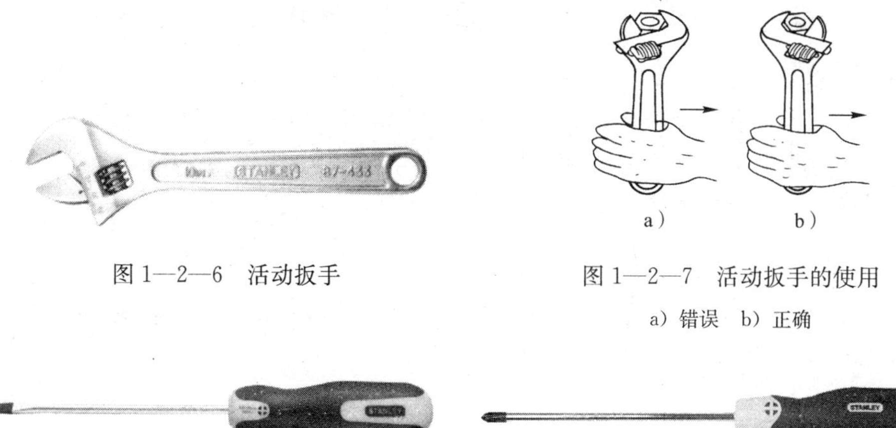

图 1—2—6 活动扳手

图 1—2—7 活动扳手的使用

a）错误 b）正确

图 1—2—8 旋具

a）一字旋具 b）十字旋具

旋具根据其长度的不同有多种不同的规格。

2）使用方法。

①应根据螺钉形状、大小选用合适的旋具。

②使用时手心应顶住柄端，并用手指旋转旋具手柄。如使用较长的旋具，左手应把住旋具的前端。

（7）钳子（图 1—2—9）

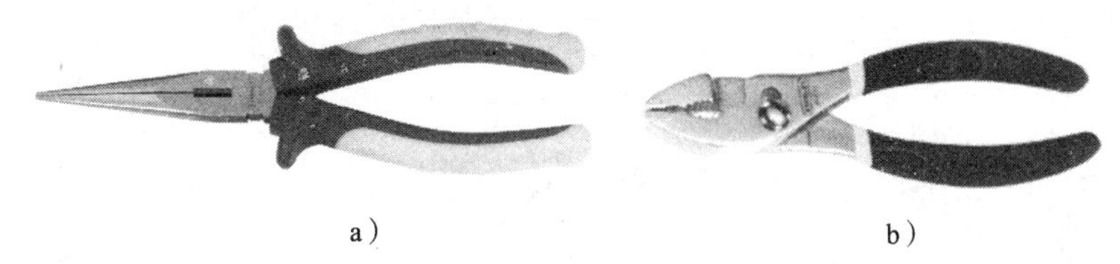

图 1—2—9 钳子

a）尖嘴钳 b）鲤鱼钳

1）类型与功用。

汽车拆装中常用的钳子是尖嘴钳和鲤鱼钳，一般用于切断金属丝，夹持或弯曲小零件。

2）使用方法。

①根据需要选用尖嘴钳或鲤鱼钳，擦净油污。

②用手握住钳柄后端，使钳口闭合，夹紧工件。

（8）锤子（图 1—2—10）

图 1—2—10 锤子

1）类型与功用。

按锤头形状可分为圆头、扁头及尖头三种，按锤子材料可分为铁锤、木锤和橡胶锤等。锤子主要用来敲击物件，铁锤用于粗重物体和需要重击的地方，木锤和橡胶锤则用于表面要求较高和容易损坏的零件。

2）使用方法。

①使用时，右手握紧后端 10 cm 处，眼睛注视工件。

②击锤方法有腕挥、肘挥和臂挥三种，根据用力程度进行选择。

(9）铜棒

1）功用。

铜棒用较软的金属制成，一般和锤子共用，避免锤子与机件直接接触，保护机件在拆装中不受损伤。

2）使用方法。

左手握住铜棒，使其一端置于工件表面，右手用锤子锤击铜棒另一端。

**2. 专用工具**

(1）顶拔器（图 1—2—11）

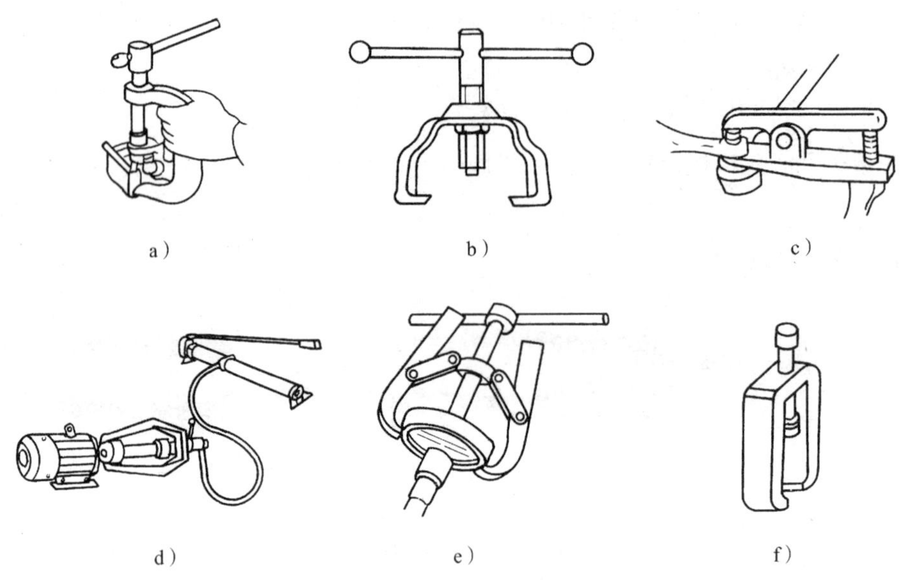

图 1—2—11 顶拔器

a）C 形万向节顶拔器 b）分离轴承顶拔器 c）横直拉杆球头顶拔器

d）液压式顶拔器 e）通用顶拔器 f）专用顶拔器

1）结构与功用。

顶拔器由拉爪、座架、丝杆、手柄等组成。顶拔器一般用于拆卸配合较紧的轴承、齿轮等机件。

2）使用方法。

根据轴端与被拉工件的距离转动顶拔器的丝杆，至丝杆顶端顶住轴端，拉爪钩住工件（轴承或齿轮）的外圈，然后慢慢转动丝杆将工件拉出。

(2) 火花塞套筒(图 1—2—12)

1) 功用。

火花塞套筒属于薄壁长套筒,是用于火花塞拆装的专用工具。

2) 使用方法。

①根据火花塞的装配位置和火花塞六角的尺寸来选用不同高度和径向尺寸的火花塞套筒。

②对正火花塞孔,并与火花塞六角套接可靠,用力转动套筒,使火花塞旋入或旋出。

(3) 桑塔纳张紧轮专用扳手(图 1—2—13)

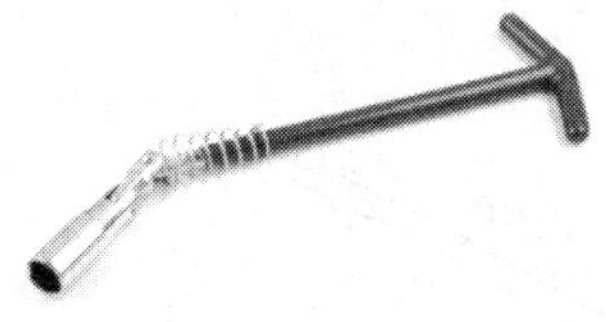

图 1—2—12 火花塞套筒

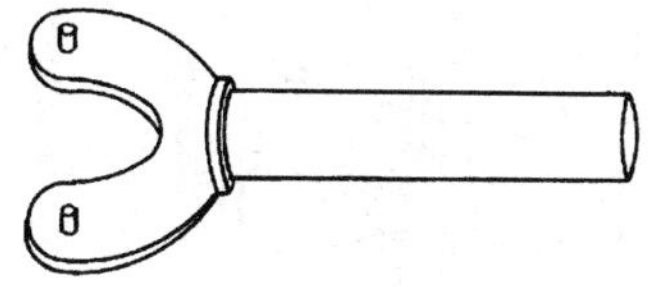

图 1—2—13 桑塔纳张紧轮专用扳手

1) 功用。

桑塔纳发动机传动带松紧度调整专用工具。

2) 使用方法。

①将专用工具上的两只销钉对准张紧轮上的小孔。

②用梅花扳手松开张紧轮紧固螺母。

③扳动专用扳手,使传动带预紧度达到要求,再固定紧固螺钉。

(4) 活塞环拆装钳(图 1—2—14)

1) 功用。

活塞环拆装钳是用来拆装活塞环的专用工具。

2) 使用方法。

将拆装钳卡入活塞环的端口,并使其与活塞环贴紧,然后握住手把慢慢捏紧,使活塞环张开,将活塞环从活塞环槽内取出或装入槽内。

(5) 滤清器扳手(图 1—2—15)

1) 类型与功用。

滤清器扳手是一种拆装机油滤清器、柴油滤清器的专用工具,有直径可调式和固定式两种。

2) 使用方法。

①选择尺寸合适的滤清器扳手,可调式滤清器扳手使用前应根据滤清器的直径调节好尺寸。

②将扳手套入滤清器,转动滤清器将其旋紧或旋松。

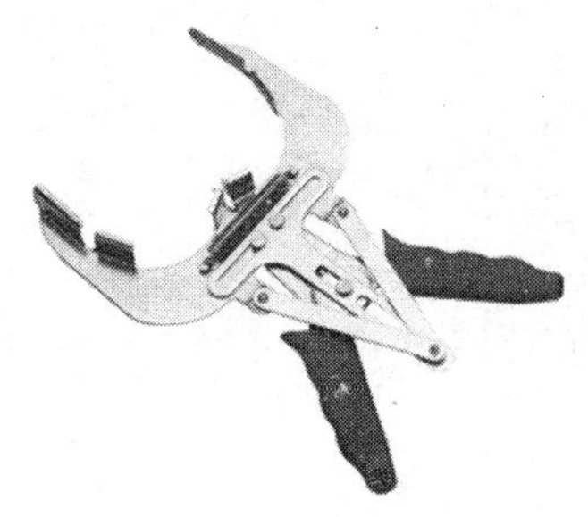

图 1—2—14 活塞环拆装钳

图 1—2—15 滤清器扳手

(6) 气门弹簧钳 (图 1—2—16)

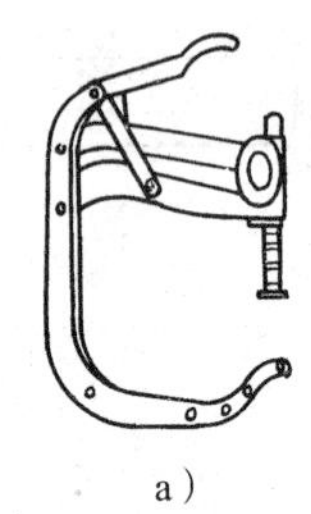

a)

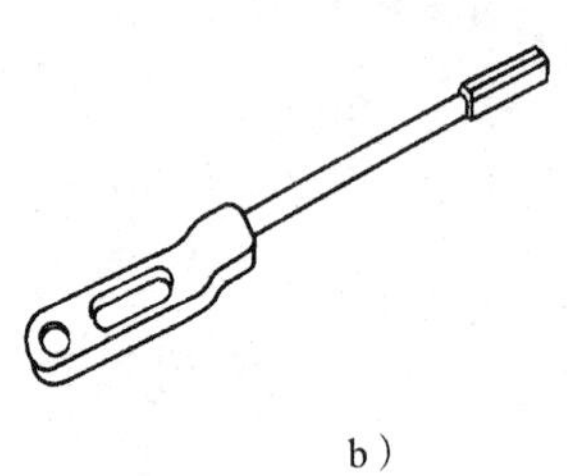

b)

图 1—2—16 气门弹簧钳

a) 弓形气门弹簧钳 b) 杠杆式气门弹簧钳

1) 类型与功用。

气门弹簧钳是拆装气门弹簧的专用工具，分为弓形气门弹簧钳、杠杆式气门弹簧钳等多种。

2) 使用方法。

①如图 1—2—16a 所示，使用弓形气门弹簧钳时，先旋出螺杆至凸台顶住气门头，并使压头贴住气门弹簧座，再转动螺杆，带动压头压缩弹簧，使锁片落在压头凹槽内。

②如图 1—2—16b 所示，使用杠杆式气门弹簧钳时，将前端孔套到缸盖螺柱上，旋上螺母定位，并使槽孔对准气门弹簧座，然后压下弹簧钳手柄，将气门弹簧压缩，用尖嘴钳取出气门锁片。

## 二、发动机故障诊断基本方法

### 1. 发动机故障的定义

随着汽车发动机使用时间的增长，以及操作不当、维修质量和自然环境的影响，各机构、总成和系统因磨损、破损、固定松动、老化、接触不良、短路和断路等原因，使汽车发动机部分或全部丧失规定动能的现象，称为发动机故障。

### 2. 发动机的故障现象

(1) 异响

由于发动机故障，在工作中会产生超出规定的响声，如敲缸声、超速运转的啸叫声、零件擦碰声等，这些都属于发动机异响故障。

汽车发动机约有 70%的故障都是通过异响表现出来的。因此，若能从这种最直观的表现形式中找出故障的一般规律和特点，就会给汽车发动机故障诊断带来极大的方便。

(2) 工作性能异常

汽车工作性能异常是较常见的故障现象，如起动困难、自动熄火、发电机不发电、挂挡困难、转向失灵、制动失灵等。

(3) 渗漏

渗漏是指汽车的燃油、机油、冷却水、电解液等渗透漏出，这是一种明显的故障现象。渗漏容易造成过热、烧损等故障，应及时排除。

(4) 排烟异常

发动机工作时，燃烧生成物是二氧化碳和水蒸气。若发动机燃烧不正常，废气中掺有未燃烧的碳粒、碳氢化合物、一氧化碳或大量的水蒸气，会出现冒黑烟、白烟或蓝烟现象。烟色不正常是诊断发动机故障的重要依据。

(5) 消耗异常

消耗异常也是一种故障现象，如燃油、机油、冷却水异常消耗等，另外，油底壳异常也是发动机技术状况不良的一个重要标志。

(6) 过热

发动机在正常工作时，应保持在一定的工作温度，若发动机温度超过工作温度，将使发动机出现功率不足、加速性能恶化、发动机爆震，甚至出现烧瓦、拉缸等现象。

### 3. 诊断故障的基本方法

(1) 看 (图 1—2—17)

图 1—2—17 看

看，就是观察。例如，观察发动机的排烟颜色，再结合其他情况的分析，就可判断发动机的工作状况。

(2) 听 (图 1—2—18)

听，就是凭听觉判断发动机的不正常响声，从而判断这些异响是来自哪个部件，是怎样形成的。

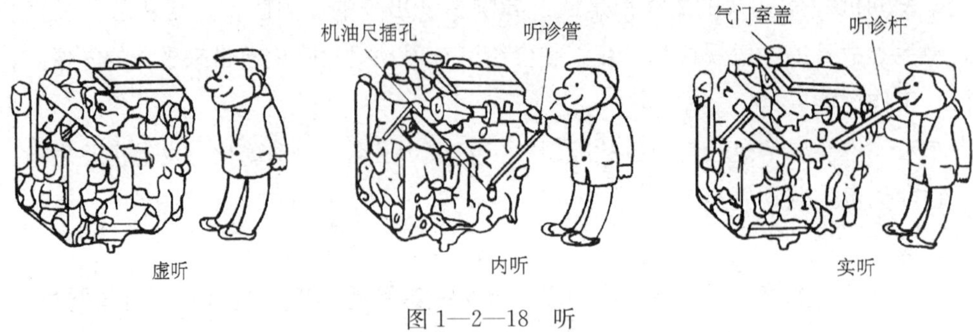


图 1—2—18　听

(3) 摸 (图 1—2—19)

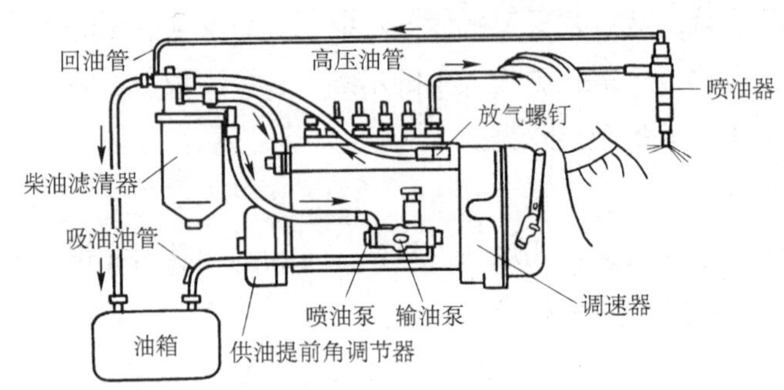


图 1—2—19　摸

摸，就是用手触试可能发生故障部位的温度、振动情况等，从而判断出配合副是否干涉，轴承是否过紧，燃油管是否有供油脉动等。

(4) 嗅

嗅，就是凭发动机在运转中发出的某些特殊气味来判断故障部位。

(5) 试 (图 1—2—20)

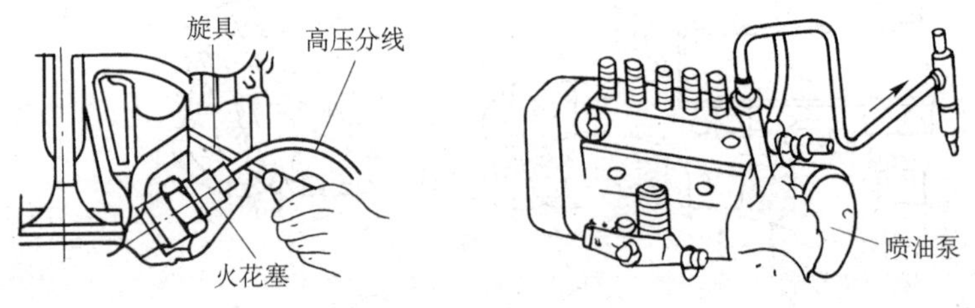


图 1—2—20　试

试，就是试验论证。如采用单缸断火 (油) 法来判定发动机缺缸情况，用更换零件法来证实故障部位。

以上五个方面，并非每一种故障诊断的必需过程，不同的故障可视其具体情况，灵活运用。

### 4. 发动机常见故障的一般诊断流程（图 1—2—21）

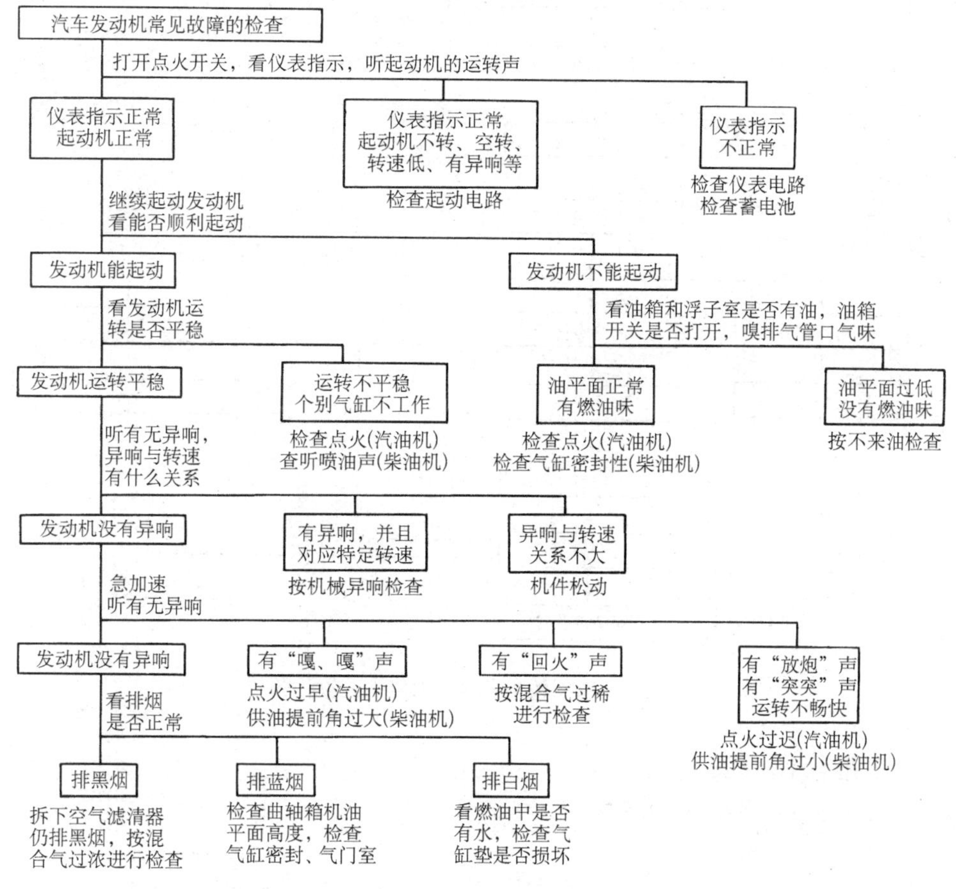


图 1—2—21 发动机常见故障的一般诊断流程

## 三、发动机大修工艺流程

按一定的顺序完成修理作业的过程称为修理工艺流程。发动机大修工艺流程包含很多工序，如果把整个大修工艺过程视作一个系统，用统筹法对这些工序加以合理安排及规划，使其相互密切配合，协调一致，不仅可以确保大修质量，而且还能缩短工时，减少费用，从而获得较大的经济效益。图 1—2—22 所示为轿车发动机大修工艺流程图。

## 四、发动机维修安全知识

汽车维修安全知识是汽车维修过程中最基本、最重要的知识之一，不懂得安全作业，粗心大意或野蛮操作往往导致机损和人身伤害事故，严重时甚至会造成人身伤亡和巨大的经济损失。每个汽车维修人员都必须严肃认真地对待汽车维修过程中的安全问题。

汽车维修安全主要包括两个方面：汽车维修作业安全和汽车维修工具设备的使用安全。另外，还要注意劳动保护等内容。

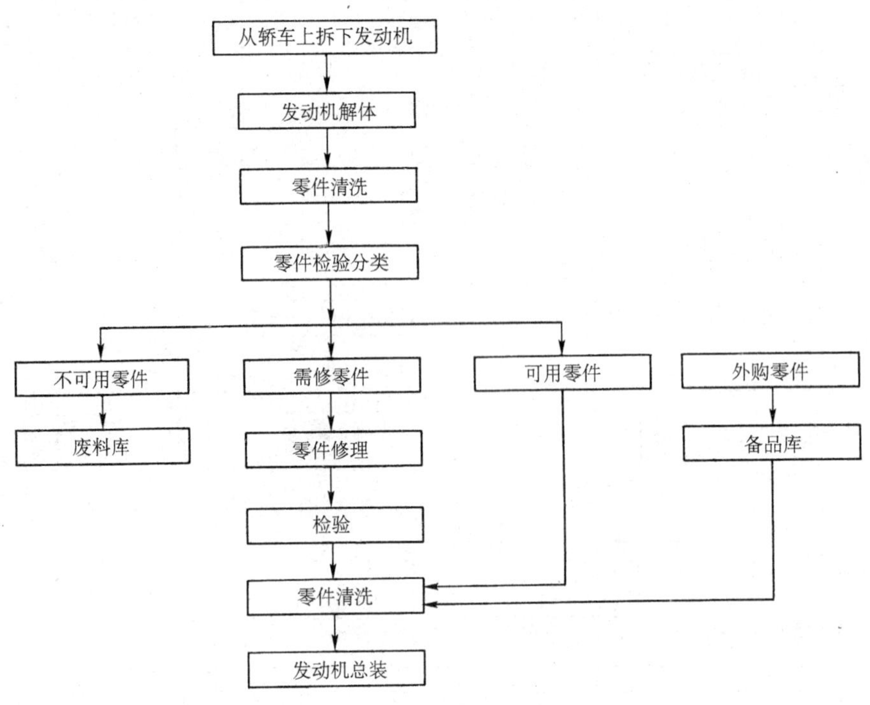


图 1—2—22 轿车发动机大修工艺流程图

### 1. 汽车维修作业安全

汽车维修作业安全主要包括用电安全、防火安全、个人安全防护、车下作业安全等方面。

### 2. 汽车维修工具设备的使用安全

汽车维修工人始终与工具、设备打交道，许多工伤事故都是由于对工具设备使用不当、维护不善和使用时粗心大意引起的。汽车维修时，工具设备的使用安全主要包括手工工具和动力工具两方面。

(1) 手工工具使用安全

主要包括各种刀具、敲击工具、夹具和扳手等的安全使用。

(2) 动力工具设备使用安全

所谓动力工具是指以电力和压缩空气为动力的工具设备。一般这类工具的操作危险性大，要求更高。工作时设备大多处于高速旋转状态，对它们的操作除了要注意操作安全外，还涉及防火、防电等安全知识。

(3) 举升机的使用安全

举升机是汽车维修工作中最常用的动力工具之一，常见四柱举升机的操作安全规则如下：

1) 每天检查举升机的机械、液压、电器装置和部件，特别是举升机的锁定机构。

2）若举升机工作不正常或发现断裂、损坏部件时，切勿强行操作。

3）切勿超载。举升机的额定举升力已标在制造厂的铭牌上，切勿超过额定举升力。

4）举升之前，要确保车辆准确定位。

5）车辆内有人时切勿举升汽车。

6）保持举升机清洁，清除场地四周障碍物。

7）在举升机上面移动车辆时，要预先留出位置，切勿推翻或碰撞举升臂、连接器或支撑，因为这样有可能损坏车辆或举升机。

8）按规定对准车辆的举升支撑点，在刚刚支起车辆时，应检查举升是否正常。

9）在升起的车辆下面工作时，始终要把举升机锁定好。

10）降下举升机前，应确保把所有工具和其他设备从车辆下面移开，尤其是确保无人站在车辆的下面。

### 3. 劳动保护

（1）安全鞋

汽车维修作业中，应穿着鞋头和鞋跟均带钢片的安全鞋，以防工具、零件掉落在脚上而砸伤。

（2）安全帽

新领的安全帽须具有劳动保障部门允许生产的证明及产品合格证。戴安全帽前应将帽后调整带按自己的头型调整到适合的位置，然后系紧调整带，使缓冲层与帽体顶部的空间垂直距离保持在 25～50 mm 之间（严禁使用无缓冲层的安全帽）。安全帽不能歪戴，也不能把帽檐戴在脑后。现场作业中不得摘下安全帽搁置一旁，或者当坐垫使用。安全帽在使用过程中应定期检查有无龟裂、下凹、裂痕和磨损等情况，发现异常现象要立即更换。

（3）工作服

汽车维修作业的工作服无特殊的规定，但最好是穿连体工作服。

### 4. 汽车维修作业注意事项

（1）在维修作业中，应穿紧身工作服，不宜戴手表、系领带。女士还应摘下项链、戴上安全帽，以防止头发、项链被旋转部件卷进而受伤。

（2）使用千斤顶时，一定要选择坚实路面并做好防护，以免车身下沉。在车下作业时，一定要注意眼睛的保护。

（3）使用工具时，一定要注意工具的使用方法，以免使用不当造成意外伤害。

（4）用汽油清洗配件或修补油箱漏油时，一定要注意静电起火。

（5）制动液、电解液、防冻液及各种油料对人体都有不同程度的伤害，一定要避免其与眼睛等人体脆弱部位接触。

# 单元二　曲柄连杆机构

## 课题 1　曲柄连杆机构概述

**学习目标**

1. 掌握曲柄连杆机构的功用及组成。
2. 熟悉曲柄连杆机构的工作条件。

曲柄连杆机构的作用是提供燃烧场所，把燃料燃烧后气体作用在活塞顶上的膨胀压力转变为曲轴旋转的转矩，不断输出动力。曲柄连杆机构是发动机实现工作循环，完成能量转换的主要运动零件。在做功行程，它将燃料燃烧时产生的热能转变为活塞往复运动的机械能，再转变为曲轴旋转运动而对外输出动力；在其他行程，则依靠曲柄和飞轮的转动惯性，通过连杆带动活塞上下运动，为下一次做功创造条件。

### 一、曲柄连杆机构的组成

曲柄连杆机构一般由机体组、活塞连杆组和曲轴飞轮组三部分组成，如图 2—1—1 所示。

1. 机体组：由气缸盖罩、气缸盖、气缸垫、气缸体、曲轴箱及油底壳、气缸套等组成。
2. 活塞连杆组：由活塞、活塞环、活塞销、连杆等组成。
3. 曲轴飞轮组：由曲轴、飞轮、扭转减振器、平衡轴等组成。

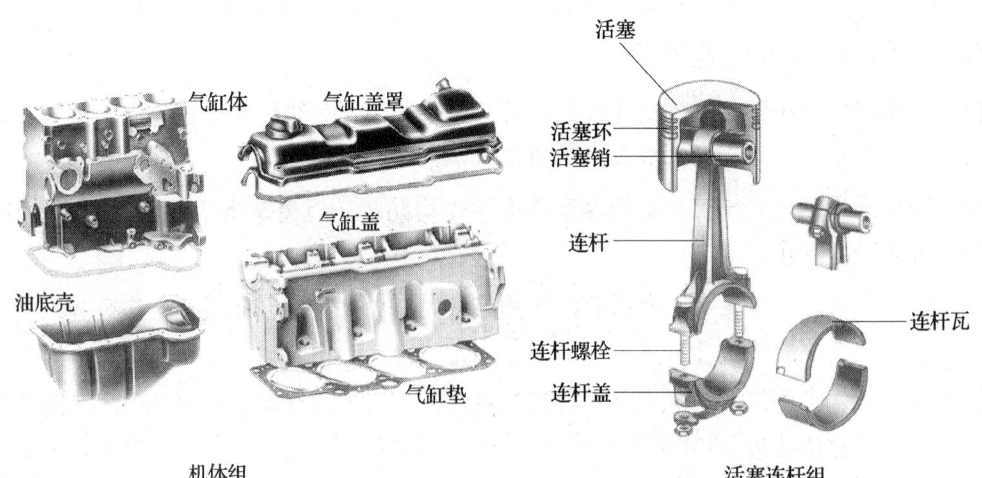

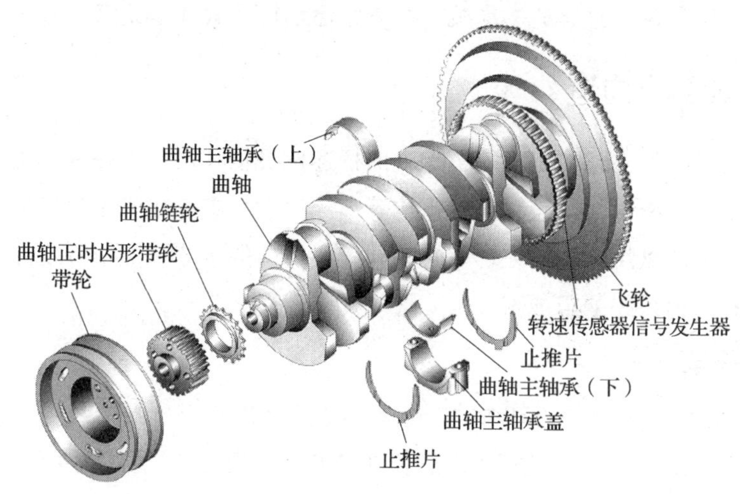


曲轴飞轮组

图 2—1—1　曲柄连杆机构组成部件

## 二、曲柄连杆机构的功用

曲柄连杆机构的作用是提供燃烧场所，把燃料燃烧后气体作用在活塞顶上的膨胀压力转变为曲轴旋转的转矩，不断输出动力。概括起来有以下三个方面：

1. 将气体的压力变为曲轴的转矩。
2. 将活塞的往复运动变为曲轴的旋转运动。
3. 把燃烧作用在活塞顶上的力转变为曲轴的转矩，向工作机械输出机械能。

## 三、曲柄连杆机构的工作条件

发动机工作时，曲柄连杆机构直接与高温高压气体接触，曲轴的旋转速度又很高，活塞往复运动的线速度相当大。同时，其与可燃混合气和燃烧废气接触，还受到化学腐蚀作用，并且润滑困难。可见，曲柄连杆机构的工作条件相当恶劣，它要承受高温、高压和化学腐蚀作用。

# 课题 2　机　体　组

**学习目标**

1. 掌握机体组零件的构造及工作原理。
2. 能够对机体组零件进行拆装与检修。

汽车发动机机体组主要由气缸盖罩、气缸盖、气缸垫、气缸体、曲轴箱、油底壳以及主轴承盖等组成。对于镶气缸套的发动机，机体组还包括干式或湿式气缸套。

## 一、机体组的构造

机体组是发动机的支架，是配气机构、曲柄连杆机构和发动机各系统主要零部件的装配基体。气缸盖罩用来密封气缸盖和配气机构等零部件。气缸盖用来密封气缸顶部，并与活塞顶和气缸壁一起形成燃烧室。另外，气缸盖和气缸体内的水套和油道以及油底壳又分别是发动机冷却系统和润滑系统的组成部分。

### 1. 气缸盖罩

气缸盖罩（图 2—2—1）最基本的功能是形成气缸盖上部分的密封腔，密封气缸盖及配气机构等零部件，防止灰尘污染机油或灰尘进入加快气门传动机构的磨损。第二个功能是将机油与空气隔离。在发动机的运转过程中会形成油雾，气缸盖罩较冷的内表面会凝聚油雾，使机油冷凝并向下流回油底壳。气缸盖罩还肩负着曲轴箱通风的责任，当活塞在气缸中运动时，发动机内部会聚集压力，如果置之不理，此压力会使各个密封件泄露，导致发动机效率下降。为了避免这种情况，用一根管子连接气缸盖罩和进气道，以便燃烧通风空气。气缸盖罩内的挡油板或过滤器可以尽量避免机油流向进气道。

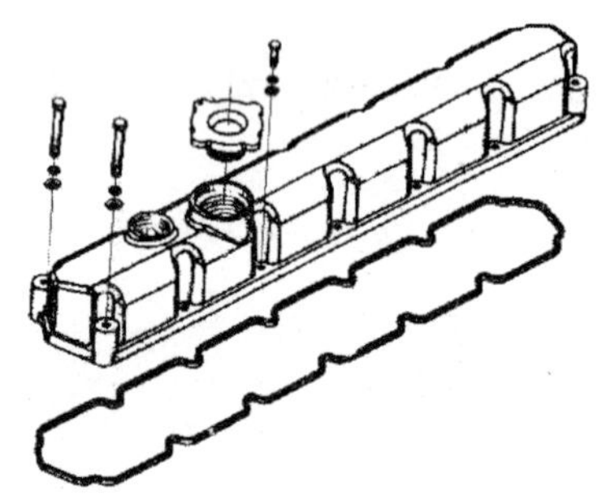
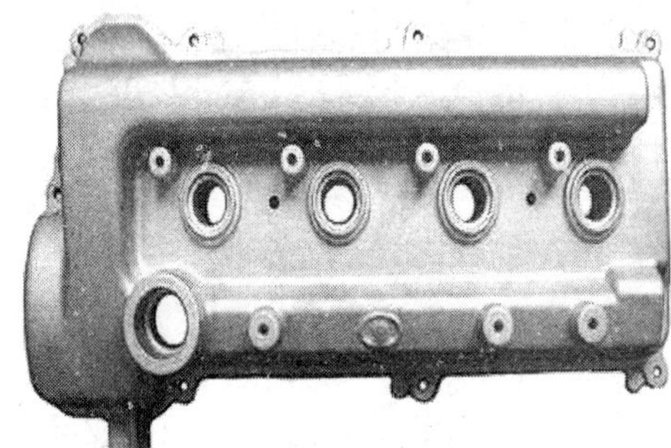

图 2—2—1　气缸盖罩

### 2. 气缸盖

(1) 气缸盖的功用

用来封闭气缸的上部，并与活塞顶部和气缸壁共同构成燃烧室。

(2) 气缸盖的材料

一般采用优质灰铸铁、合金铸铁或铝合金铸造。轿车汽油机多采用铝合金缸盖，铝合金导热性好，有利于提高发动机的压缩比。其次，铸造性能优越，适于浇铸结构复杂的零件。

(3) 气缸盖的结构

气缸盖是发动机上最复杂的零件之一，其构造受许多结构因素的影响，如每缸气门数、凸轮轴的位置、发动机的冷却方式、进排气道及燃烧室形状等。气缸盖上加工有进、排气门座孔，气门导管孔，缸盖螺栓孔，进、排气通道和燃烧室或燃烧室的一部分等。气缸盖内也有冷却水套，且与气缸体上的冷却水套相同；风冷发动机气缸盖上铸有散热片。汽油机气缸盖上还安装有火花塞的螺孔，柴油机气缸盖则安装有喷油器的座孔。上置凸轮轴式发动机的气缸盖上还有用来安装凸轮轴的轴承座及其润滑油道。

汽车发动机气缸盖的结构形式有两种：整体式和分开式。在多缸发动机中，全部气缸共用一个气缸盖的，称该气缸盖为整体式气缸盖；若一个、两个或三个气缸共用一个气缸盖，则该气缸盖为分开式气缸盖。

整体式气缸盖结构紧凑，零件数少，可缩短气缸中心距和发动机总体长度，制造成本低。当气缸直径小于 105 mm，气缸数不超过 6 个时，一般采用整体式气缸盖。

分开式气缸盖结构刚度较高，变形小，易于实现对高温高压燃气的有效密封，同时易于实现发动机产品的系列化。但气缸盖零件数增多会使气缸中心距增大，一般用在缸径较大的发动机上。

(4) 燃烧室

当活塞位于上止点时，活塞顶部以上、气缸盖底部以下所形成的空间称为燃烧室。在汽油机气缸盖底部通常铸有形状各异的凹坑，习惯上称这些凹坑为燃烧室。汽油机常用燃烧室形状有三种，即楔形、盆形和球形，如图 2—2—2 所示。在柴油机中，有一种分隔式燃烧室，其主燃烧室在气缸内，而副燃烧室则铸在气缸盖中。

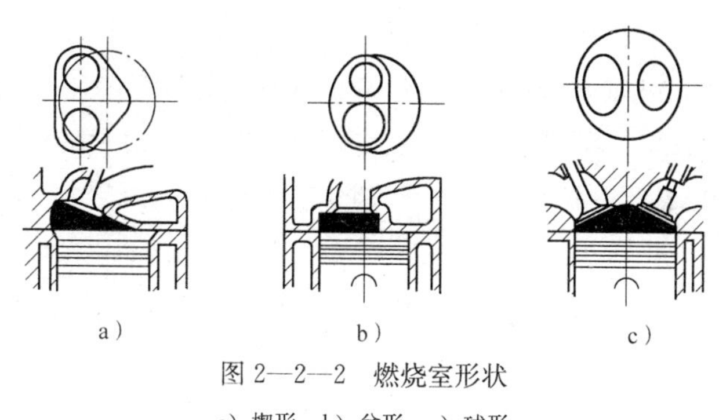


图 2—2—2　燃烧室形状

a) 楔形　b) 盆形　c) 球形

在改善燃料燃烧和提高发动机性能方面，燃烧室形状起着十分重要的作用。对燃烧室应满足下列基本要求：一是结构尽可能紧凑，冷却面积要小，以减少热量损失，提高发动机的热效率；二是使混合气在压缩终了时具有一定的涡流运动，以提高混合气混合质量和燃烧速度，保证混合气得到及时和充分燃烧；三是能增大进气门直径或进气道通过面积，以增加进气量，进而提高发动机转矩和功率。此外，汽油机燃烧室还应缩短火焰行程，以防止发生不正常燃烧。柴油机燃烧室形状还应与燃油喷射、空气涡流运动进行良好的配合。

### 3. 气缸垫

(1) 气缸垫的作用

气缸垫（图 2—2—3）安装在气缸盖与气缸体之间，保证气缸盖与气缸体结合面间的密封，防止漏气、漏水、漏油。

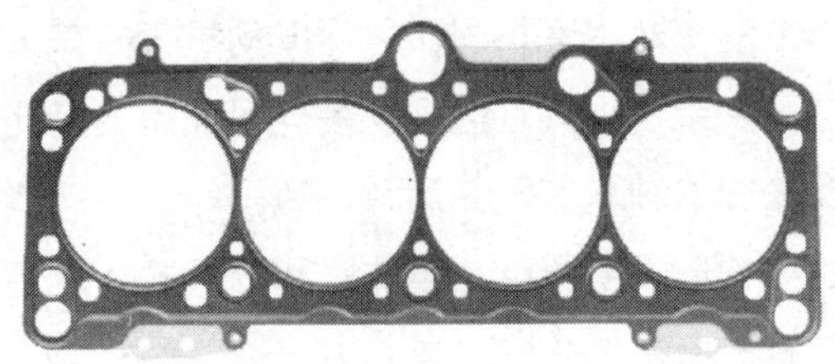

图 2—2—3 气缸垫

(2) 气缸垫的材料及结构

气缸垫的材料要有一定的弹性，以补偿气缸体顶面和气缸盖底面的粗糙度和不平度，以及发动机工作时反复出现的变形，确保密封。同时要有好的耐热性和耐压性，在高温高压下不烧损、不变形。目前应用较多的是铜皮—棉结构的气缸垫，由于铜皮—棉气缸垫翻边处有三层铜皮，压紧时较之石棉不易变形。有的发动机还采用在石棉中心用编织的钢丝网或有孔钢板为骨架，两面用石棉及橡胶黏结剂压成的气缸垫。

### 4. 气缸体与气缸套

(1) 气缸体的作用

气缸体是发动机各个机构和系统的装配基体，并由它来保持发动机各运动件相互之间的准确位置关系。绝大多数水冷发动机的气缸体和曲轴箱连铸在一起，俗称气缸体。气缸体的上、下平面用来安装气缸盖和下曲轴箱，是气缸修理的加工基准。

在发动机工作时，气缸体承受拉、压、弯、扭等不同形式的机械负荷，同时还因为气缸壁面与高温燃气直接接触而承受很大的热负荷。因此，气缸体应具有足够的强度和刚度，且耐磨合、耐腐蚀，并应对气缸进行适当的冷却，以免气缸体损坏和变形。

(2) 气缸体的材料

气缸体一般用高强度灰铸铁或铝合金铸造，在现代轿车发动机上越来越多地采用铝合金气缸体。

(3) 气缸体的构造

气缸体是结构极为复杂的箱形零件，在气缸体的侧壁和前后壁的内外表面以及缸间的横隔板上均有加强肋，旨在减小气缸体质量的同时，保证气缸体有足够的强度和刚度。

气缸体的结构如图 2—2—4 所示。气缸体上半部有若干个为活塞在其中作运动导向的圆柱形空腔，称为气缸。下半部为支撑曲轴的上曲轴箱，其内腔为曲轴运动的空间。在上曲轴箱上制有主轴承座孔，有的发动机还制有凸轮轴轴承座孔。为了这些轴承的润滑，在侧壁上钻有主油道，在前后壁和中间隔板上钻有分油道。在水冷发动机气缸的外壁铸有冷却水套和布水室，以增强散热。

气缸体的构造与气缸排列形式、气缸结构形式和曲轴箱结构形式有关。

1) 发动机气缸的排列方式基本上有三种：直列式、V 列式和水平对置式。

各气缸排成一直列的称为直列式气缸（图 2—2—5），其特点是气缸体的宽度小，而高度和长度大，一般只用于六缸以下的发动机。

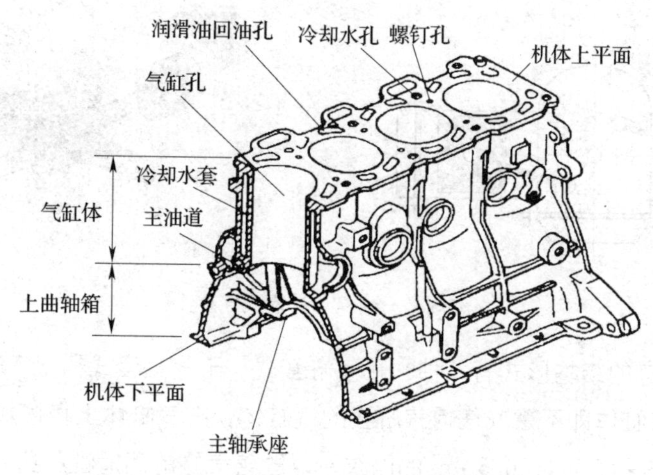

图 2—2—4 气缸体的结构

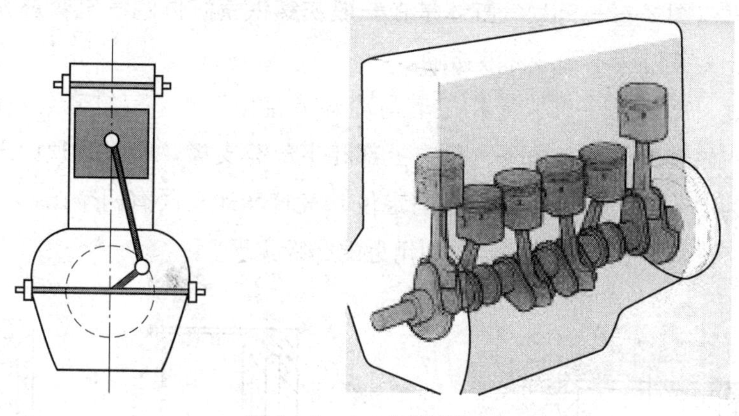
图 2—2—5 直列式气缸

两列气缸排列成 V 形的称为 V 列式气缸（图 2—2—6），其特点是气缸体宽度大，而长度和高度小，但气缸体的刚度大，质量和外形尺寸较小。

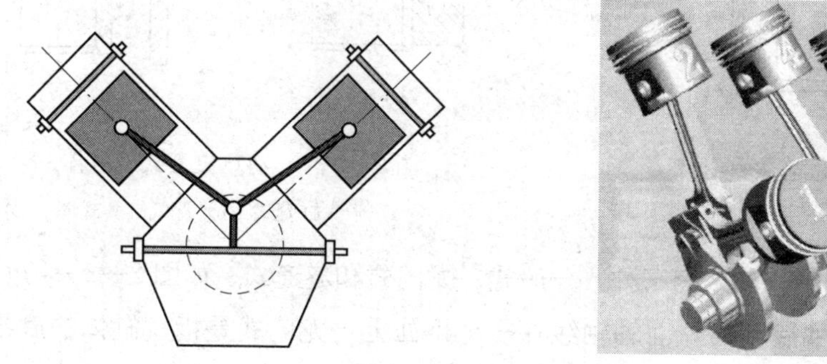
图 2—2—6 V 列式气缸

两列气缸水平相对排列的称为对置式气缸（图 2—2—7），其特点是重心低，而且水平对置式发动机的平衡性好，气缸体由左、右两个机体用螺栓紧固在一起。

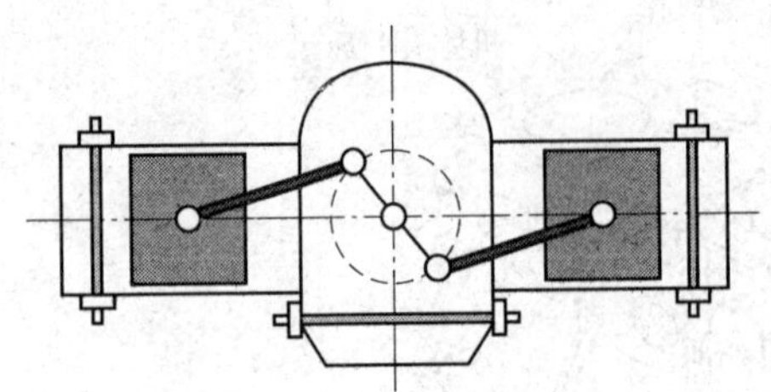
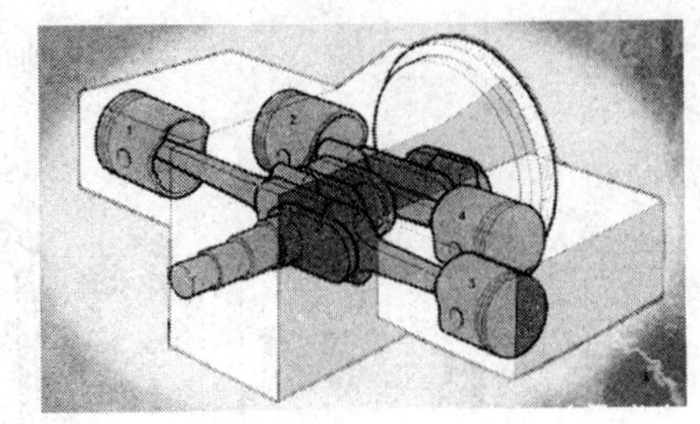

图 2—2—7 对置式气缸

2）发动机气缸的结构形式有三种：无气缸套式、干气缸套式和湿气缸套式。

无气缸套式气缸体即不镶嵌任何气缸套的气缸体，在气缸体上直接加工出气缸。气缸内表面经珩磨加工成深度为 4～6.5 μm 的网纹，以改善气缸的润滑性和磨合性，如图 2—2—8 所示。

干气缸套式（图 2—2—9a）气缸体是在一般灰铸铁气缸体的气缸套座孔内压入或装入干式气缸套。干式气缸套不和冷却液接触。

湿气缸套式（图 2—2—9b）是指缸套与冷却液直接接触，气缸套是被压入气缸体的。冷却液接触到气缸套的中部，由于它只在上部和下部有支撑，所以必须比干式气缸套厚一点，一般壁厚为 5～9 mm。为了保证径向定位，气缸套外表面有两个凸起的圆环带，即上支撑定位带和下支撑定位带，轴向定位利用上端凸缘实现。

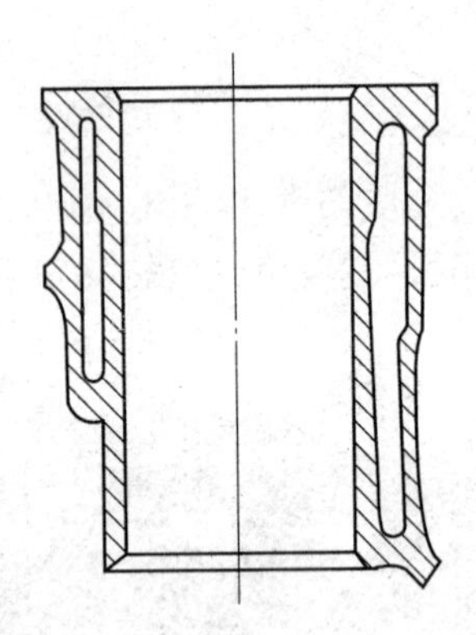

图 2—2—8 无气缸套式气缸体

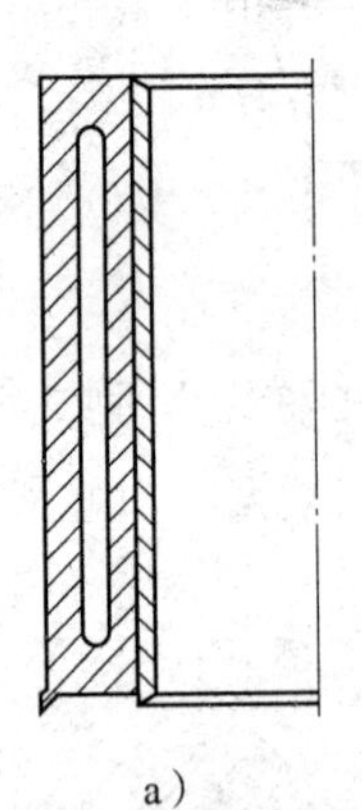

a）

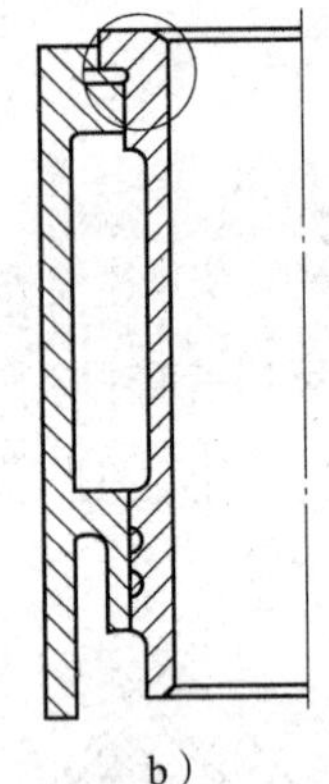

b）

图 2—2—9 有气缸套式气缸体

a）干气缸套式 b）湿气缸套式

3）发动机曲轴箱的结构形式有三种：一般式、龙门式和隧道式，如图 2—2—10 所示。

一般式是指气缸体的底平面与曲轴轴线在一个平面上；龙门式是指气缸体的底平面低于曲轴轴线；隧道式是指主轴承孔不分开的缸体结构，必须配用分段式曲轴和滚动轴承。

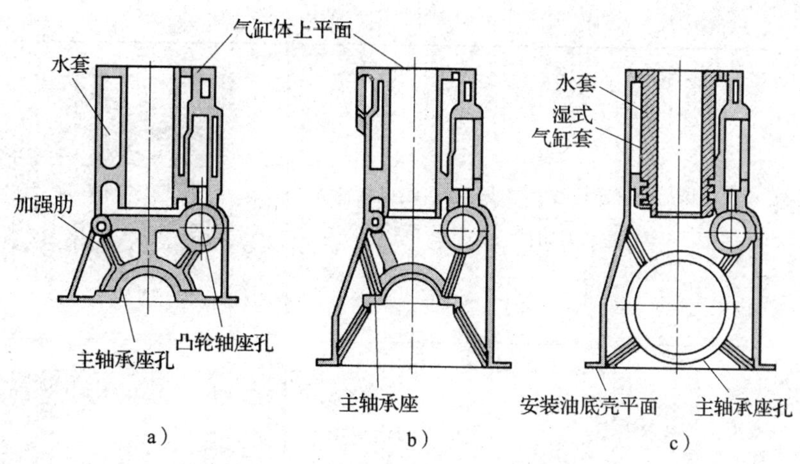


图 2—2—10　发动机曲轴箱的结构形式

a）一般式　b）龙门式　c）隧道式

### 5. 油底壳

（1）油底壳的作用

油底壳用来储存润滑油并封闭气缸体或曲轴箱。

（2）油底壳的材料

油底壳一般由薄钢板冲压而成，或用铝合金铸造而成。

（3）油底壳的结构

在油底壳（图 2—2—11）内部基本都会设有挡板，以防止汽车颠簸时油面波动过大。油底壳底部还装有放油螺塞，通常放油螺塞上装有永久磁铁，以吸附润滑油中的金属屑，减少发动机的磨损。在上、下曲轴箱接合面之间装有衬垫，防止润滑油泄漏。

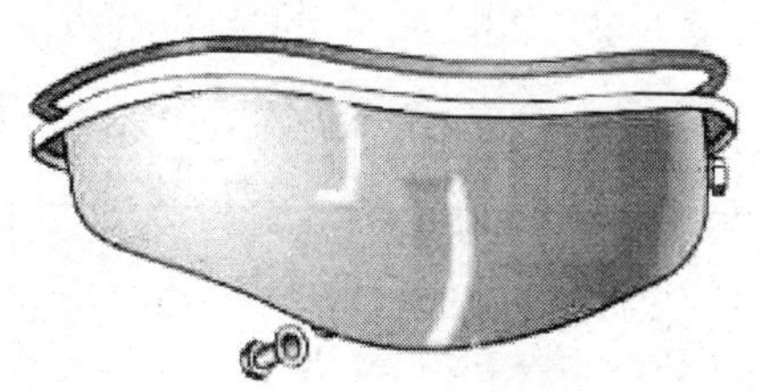

图 2—2—11　油底壳

## 二、机体组的分解

桑塔纳轿车发动机机体组在国产轿车中具有典型的代表性，下面以桑塔纳气缸盖的拆卸为例，其分解步骤如下：

| | |
|---|---|
| 1. 检查台架和准备工具<br>提示：已将发动机固定到专用拆装台架上<br>要求：台架完好、零件齐全，工具摆放整齐、有序 | 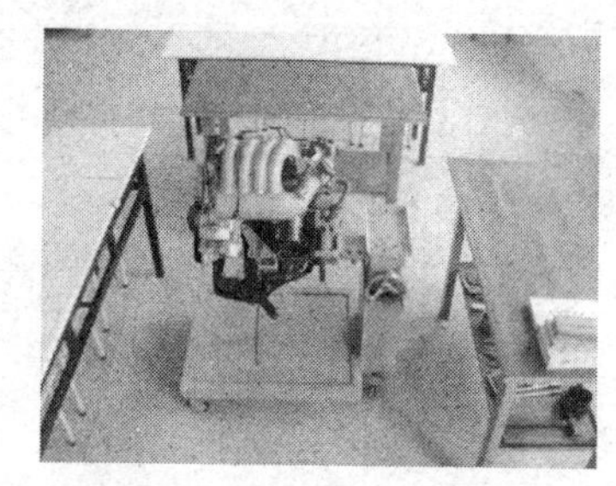 |

续表

| | |
|---|---|
| 2. 拆除附件<br>方法：拆下与发动机连接的软管、拉线、导线端子、线束接插头、支架与部件总成、进排气管和气门室盖等附件 |  |
| 3. 释放螺栓扭力<br>方法：用专用工具（缸盖螺栓套筒）和扭力扳手释放缸盖螺栓扭力，次数应为 2～3 次，直至螺栓扭力完全被释放<br>注意：释放扭力时要用手拉扭力扳手，不能推扭力扳手，以防受伤 | 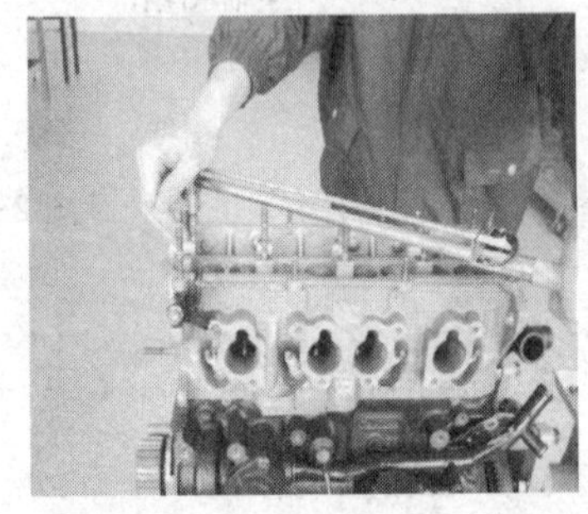 |
| 4. 旋松螺栓的顺序<br>提示：如右图所示，按 1～10 的顺序松开气缸盖螺栓 | 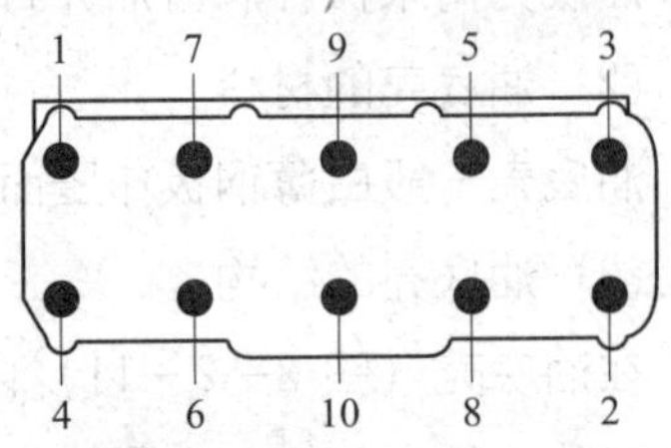 |
| 5. 旋松缸盖螺栓<br>方法：用弓形杆（俗称摇把）快速摇下缸盖螺栓 |  |
| 6. 取出缸盖螺栓并摆放好<br>方法：可用磁性吸棒按顺序吸出缸盖螺栓，并按顺序摆放好 | 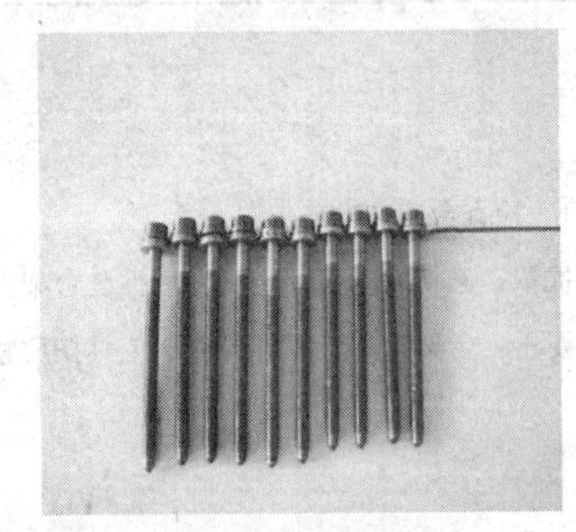 |

续表

| 7. 撬动气缸盖<br>注意：使用一字旋具撬动气缸盖时，要在一字旋具头部缠上胶带或垫块抹布，防止一字旋具损坏气缸盖和气缸体表面 |  |
| --- | --- |
| 8. 取下气缸盖<br>提示：取下气缸盖时要垂直向上搬下气缸盖，防止损坏气缸体上的定位销 |  |
| 9. 放置气缸盖<br>提示：将气缸盖倒置放在垫布的木块上，防止损坏气缸盖表面 |  |
| 10. 取下气缸垫<br>注意：观察气缸垫标记<br>提示：零部件和工量具应摆放整齐，注意操作的5S要求 | 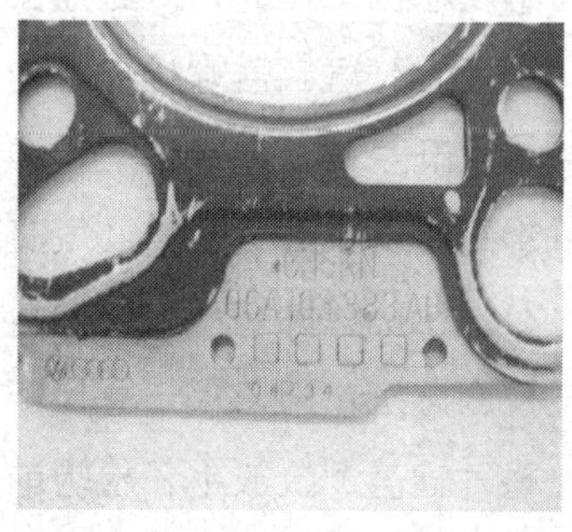 |

## 三、机体组的检修

### 1. 气缸盖的检修

气缸盖的损伤形式主要有裂纹、变形、气缸盖腐蚀与击伤、气缸盖螺纹孔损坏等。

(1) 气缸盖的清洁

用钢丝刷子清理燃烧室内所有积炭；用软性刷或铲刀和溶剂铲刮气缸盖表面；各气门导管可用气门导管软刷和溶剂清理。注意不要损坏机件和工作表面。

(2) 裂纹的检修

1) 裂纹损伤形成的主要原因。

①工作环境温度不均匀导致热应力产生，在薄弱环节因刚度不足而产生破裂。

②长期工作疲劳产生裂纹。

③冬季未放净冷却液造成冻裂。

④发动机过热时，突然加入冷却液导致爆裂。

⑤在运行或操作过程中出现严重冲击、撞击。

⑥过度拧紧紧固螺栓或操作不规范等。

2) 气缸盖裂纹的检测。

可用专用染色渗透剂检查：把气缸盖上的积炭清理干净，用压缩空气吹干，在检查处喷上渗透剂，等几秒钟后，裂纹就会显现出来。

此外，还有放大镜检测法、磁力探测法、荧光粉法、白粉敲击法、水压法检测等。

3) 气缸盖裂纹的修复。

气缸盖的裂纹凡涉及漏气、漏水、漏油时，一般应更换。对尚未影响到燃烧室、水道、油道的裂纹，可采用补漏剂补漏法进行修复。此类维修只可针对情况较轻的，但是修补后不能保证在长期的恶劣工作环境下再次出现故障，导致发生连锁损伤，因而最好更换总成。

(3) 气缸盖变形的检修

1) 气缸盖翘曲变形的主要原因有：

①发动机工作时，气缸盖受热不均匀（如个别气缸不工作）。

②装配时气缸盖螺栓拧紧力不规范，或拧紧顺序不对。

③气缸盖螺栓孔未清理干净。

④高温下拆卸气缸盖及气缸垫，或气缸体平面不平。

2) 气缸盖翘曲变形的检测。

检测方法：刀口尺+塞尺配合。

将气缸盖倒置放平，检验前应彻底清除气缸盖表面的水垢、积炭，清除毛刺，铲平或刮平螺栓孔周围的轻微凸起。将刀口尺垂直放置到气缸盖的下平面上面，对于缸数较少的，如4缸以下（包括4缸）采用的测量方法如图2—2—12a所示；4缸以上采用的测量方法如图2—2—12b所示。

如图2—2—13所示，观察刀口尺与气缸盖平面之间的透光度，使用塞尺测量亮度宽的位置，如图2—2—14所示。气缸盖长度小于300 mm的，允许其平面度误差在0.05 mm以内；气缸盖长度大于300 mm的，允许其平面度误差在0.1 mm以内。

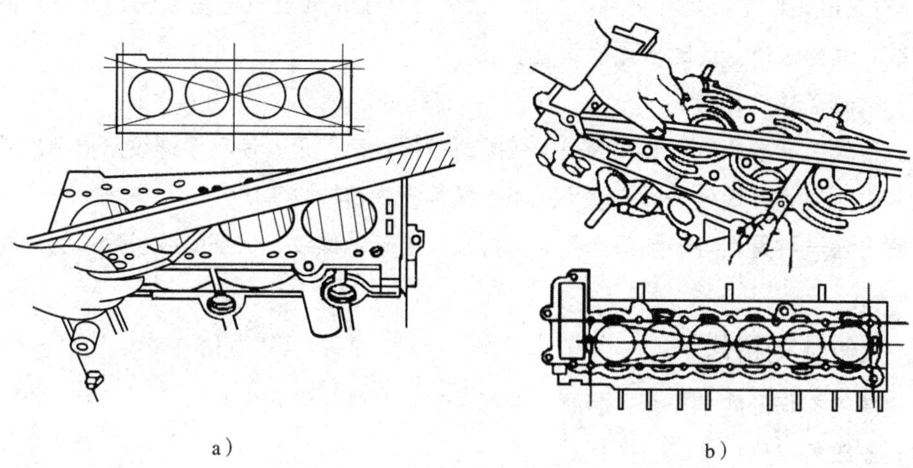

a）　　b）

图 2—2—12　气缸盖平面度的测量方法

a）4 缸及 4 缸以下气缸盖平面度测量方法　b）4 缸以上气缸盖平面度测量方法

图 2—2—13　观察透光度

图 2—2—14　使用塞尺测量间隙

3）气缸盖变形的修复。

气缸盖平面度超过磨损极限时，可用铲削或磨削的方法修磨至极限高度，否则应更换新的气缸盖。几种发动机气缸盖变形修复数据见表 2—2—1。

**表 2—2—1　　几种发动机气缸盖变形修复数据**

| 发动机 | 缸盖平面度磨损极限/mm | 缸盖修复后的极限高度/mm |
|---|---|---|
| ANQ | 0.1 | 139.25 |
| AJR | 0.1 | 133 |
| 6BTA5.9 | 0.3 | 93.75 |
| F23A3 | 0.05 | 缸盖标准高度：99.95～100.05<br>最大磨损极限：0.20 |

（4）气缸盖的腐蚀与击伤

1）气缸盖腐蚀主要是使用了不符合要求的冷却液，被腐蚀的部位一般是从冷却液孔向四周呈辐射状延伸。此时应更换气缸盖，也可采用钻孔铆填金属等方法修复。

2）气缸盖击伤主要是异物落入气缸，造成活塞上平面及气缸盖损伤，严重时使气缸盖出现裂纹，活塞破碎。此时应更换气缸盖。

(5) 气缸盖螺纹孔损坏

气缸盖螺纹孔损坏的主要原因是：装配时螺栓没有拧正；使用了螺纹已损坏的螺栓；螺栓的拧紧力矩过大；螺栓拧紧方法不正确；螺栓孔内有异物等。

修复方法一种是在可能加深螺孔时，再加工出新的螺纹，保证螺纹长度；另一种是镶螺套法。

**2. 气缸体的检修**

气缸体的损伤形式主要有：裂纹、变形、磨损和螺纹滑扣等。

(1) 裂纹的检修

气缸体裂纹常发生在主轴承隔壁、气缸套轴承孔、缸盖螺栓孔等处。水套因冰冻也会出现裂纹。

缸体和缸盖的裂纹通常用水压试验法检验。在零件检验时和镶换气缸套、气门座圈及气门导管等过盈配合件后，应各进行一次压力为 350～400 kPa、保压时间为 5 min 的水压试验。如由里向外有水珠渗出，即表明该处有裂纹。

对受力大的部位或温度高的部位的裂纹可用焊补法修复，或更换新件。

(2) 气缸体上平面的检修

气缸体与气缸垫和气缸盖相配合，密封气缸，在气缸体与气缸盖之间还有冷却水套、润滑油道相通，为保证气缸压力，冷却液和润滑油不泄露，所以要求气缸体上平面的平面度误差和气缸盖下平面一样尽量小。其检测方法同气缸盖平面度检测。

气缸体上平面的翘曲变形量较小时，用铲刀铲削的方法进行修平；当变形量较大时应以主轴承孔中心线为基准进行铣削或磨削修复。

(3) 气缸磨损的检修

1）气缸磨损的规律和原因。

气缸轴向截面的磨损规律：沿气缸轴向截面的磨损，在活塞环有效行程范围内，呈上大、下小的锥形，在第一道活塞环上止点处磨损最大。活塞环接触不到的气缸口部位几乎没有磨损，形成明显的台肩，称为“缸肩”。活塞下止点油环以下部位，气缸的磨损也很小，如图 2—2—15 所示。

气缸径向截面的磨损规律：在气缸的横截面上，气缸磨损也是不均匀的，呈不规则的椭圆形，一般是与活塞销轴线垂直的方向磨损较大，如图 2—2—16 所示。

在同一台发动机上，不同气缸的磨损情况不尽相同，一般水冷式发动机的第一缸和最后一缸的磨损较为严重。

气缸磨损的原因：

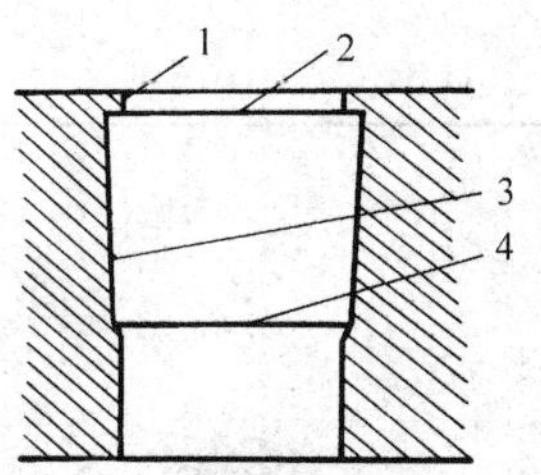


图 2—2—15　气缸轴向磨损

1—缸肩　2—第一道活塞环上止点

3—气缸壁　4—末道活塞环下止点

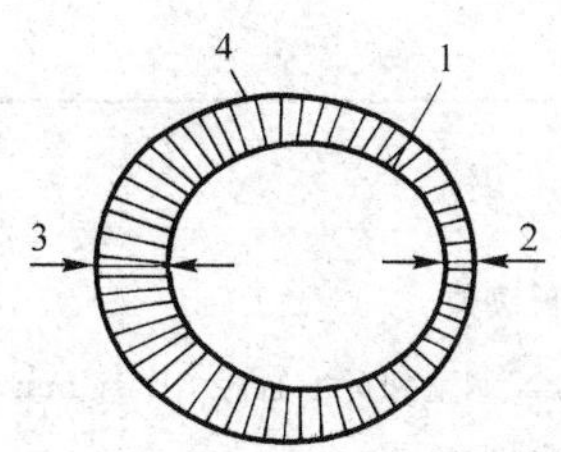


图 2—2—16　气缸径向磨损

1—原气缸横截面　2—磨损最小

3—磨损最大　4—磨损后的气缸横截面

①气缸表面轴向磨损成锥形的原因主要是：发动机工作时，气缸上部压力大，温度高，润滑油膜易被破坏，磨损较气缸下部大。另外，气缸表面还存在着腐蚀磨损和磨料磨损，腐蚀磨损主要是由于燃烧过程中产生的二氧化硫等物质引起的；磨料磨损主要是由于空气中的灰尘、润滑油中的机械杂质和发动机自身的磨屑等硬质颗粒造成的。

②气缸表面径向磨损成不规则的椭圆形，与发动机的工作条件、结构、修理装配质量等因素有关。

③发动机长期在较低的温度下工作，磨损尤为剧烈。

2）量缸表的组装与调校。

| | |
|---|---|
| 1. 检查缸体和准备工具 | 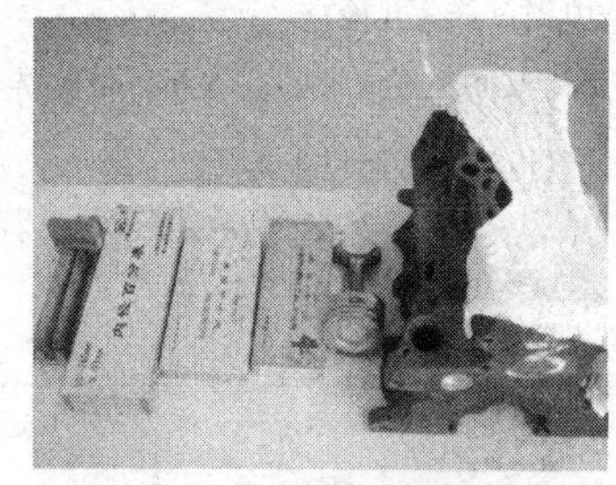 |
| 2. 清洁千分尺<br>注意：接触的两头都要清洁 | 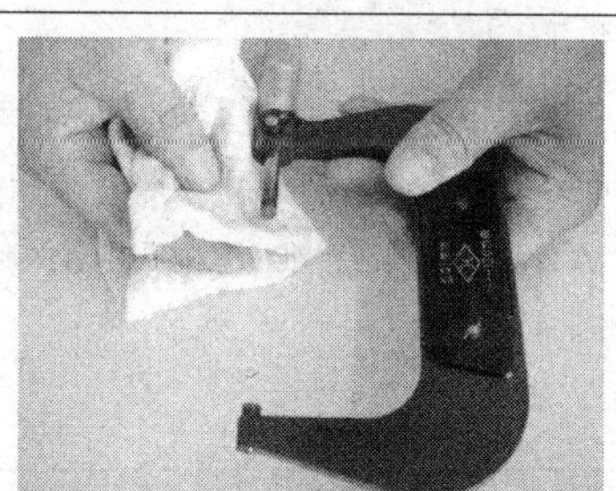 |
| 3. 校对千分尺<br>注意：先清洁标准杆。对于校对的结果，如果没有误差，则正常测量。如果有误差，则需消除误差。如不消除，则应将测量数据减去误差值 | 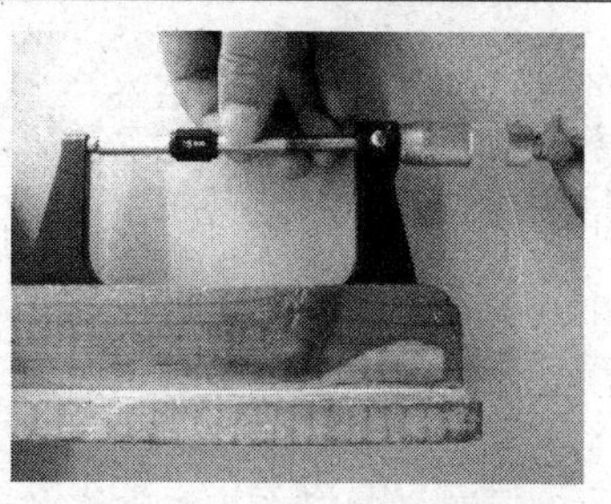 |

续表

| | |
|---|---|
| 4. 调整千分尺读数<br>方法：将千分尺调整到标准缸径 81.01 mm，向左拨动锁紧杆，再将千分尺锁紧<br>提示：标准缸径由汽车维修手册查得 | 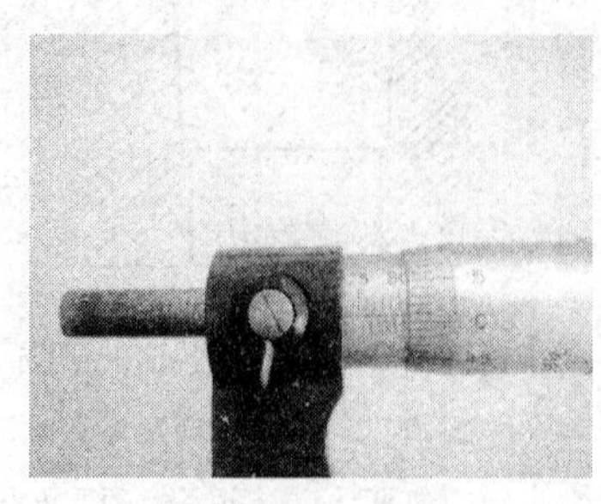 |
| 5. 固定千分尺<br>方法：把千分尺放到木架上，用木块夹紧 |  |
| 6. 清洁内径百分表并检查<br>方法：旋转表盘，看是否转动自如；拉百分表头部杆身，然后放手，看指针是否回位正常 | 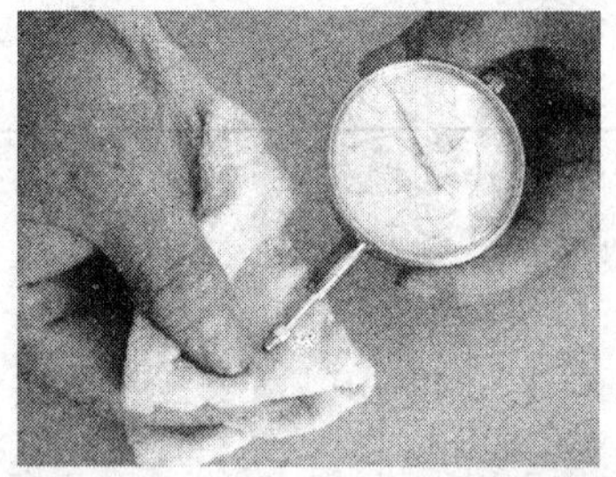 |
| 7. 安装百分表<br>方法：将百分表表头插入表杆上端，应使百分表读数被压缩 1～2 mm，然后锁住百分表<br>注意：百分表的方向应对准测量时测量者的眼睛，一般为垂直于测量推杆 | 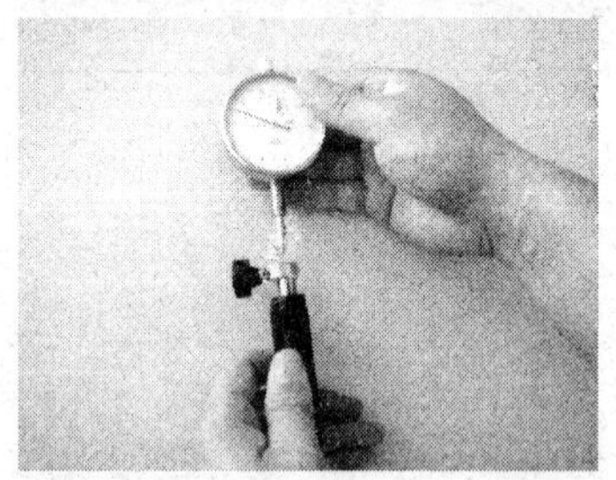 |
| 8. 百分表一次校零<br>方法：旋转表盘，使百分表大指针指向“0”刻度值，这时小指针也应指在小刻度盘的“0”上，然后使用第六步的方法，看指针是否能回到“0”位上<br>注意：动作要轻 |  |

续表

| | |
|---|---|
| 9. 选择测量推杆<br>方法：选择合适的测量推杆，先拧上锁紧螺母，拧到螺纹尽头 | 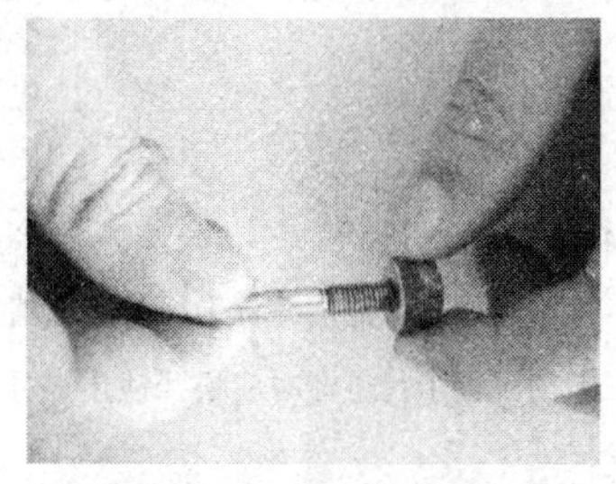 |
| 10. 安装测量推杆<br>方法：将测量推杆装到杆身上，先不用拧紧锁紧螺母 | 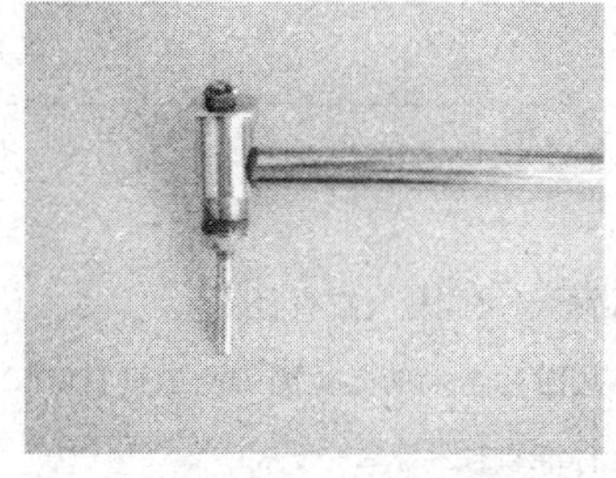 |
| 11. 调整测量推杆长度并锁紧<br>方法：利用准备好的外径千分尺，如右图所示转动测量推杆，使测杆有 2 mm 左右的压缩量，即百分表小指针在原有基础上再增加 2 mm 左右 | 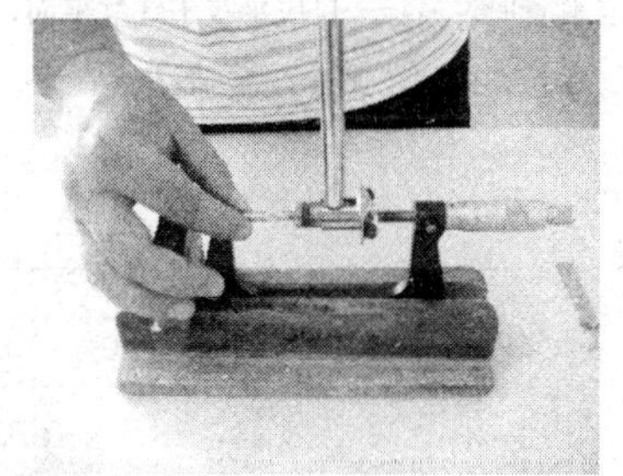 |
| 12. 量缸表校零<br>方法：转动百分表表盘，使大指针指向“0”刻度值<br>注意：量缸表测量推杆应平行于外径千分尺测量杆并过其轴心 |  |

3）气缸磨损的测量。

| | |
|---|---|
| 1. 清洁气缸 | 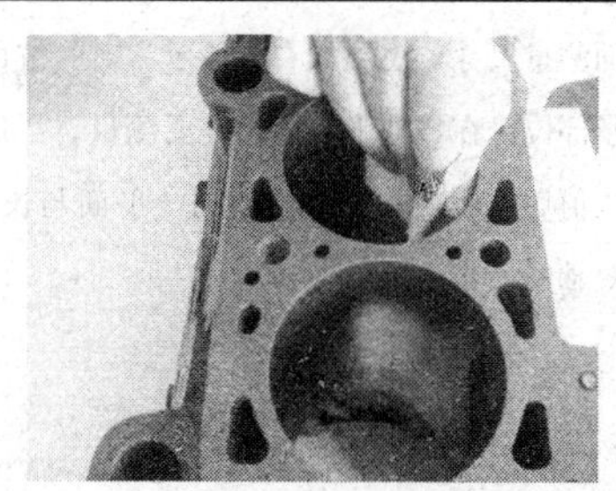 |

续表

| | |
|---|---|
| 2. 清洁游标卡尺并校零<br>方法：用干净的抹布清洁游标卡尺，重点清洁内径测脚<br>注意：拉动游标卡尺游标时应松开锁止螺母 | 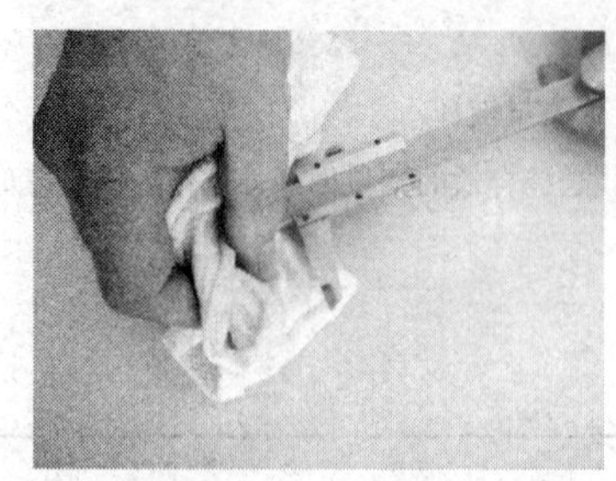 |
| 3. 用游标卡尺测量气缸直径<br>方法：用游标卡尺的内径测脚测量气缸缸口直径，应基本符合气缸标准直径<br>注意：测量时，游标卡尺应平行于气缸平面，且测量时应前后晃动卡尺，以便找到最大的测量值 | 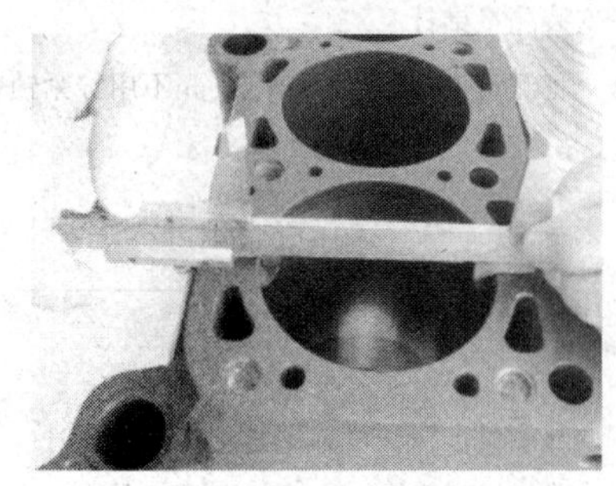 |
| 4. 将量缸表放入气缸准备测量<br>方法：将量缸表倾斜放入气缸内 |  |
| 5. 测量位置的选取<br>方法：测量部位要选在活塞环工作区域内，按上、中、下三个平面测量尺寸，位置如右图所示。对气缸的上、中、下三个测量部位，在径向平面内按需要测量，尽量找出长轴方向的最大值后，做上标记，再在同一平面与长轴成90°位置处测量短轴的最小值 | 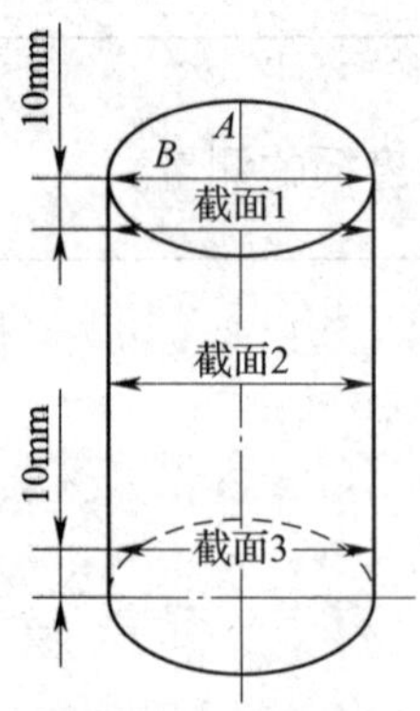 |

续表

| | |
|---|---|
| 6. 测量数据的读取<br>方法：测量时，一只手拿住量缸表的绝热套，另一只手托住测杆使之靠近气缸，将测杆倾斜并稍微压缩活动测杆放入气缸内，表杆可作左右微量偏摆。务必使测杆保持与气缸中心线垂直，指针指示的最小值即为被测值 | 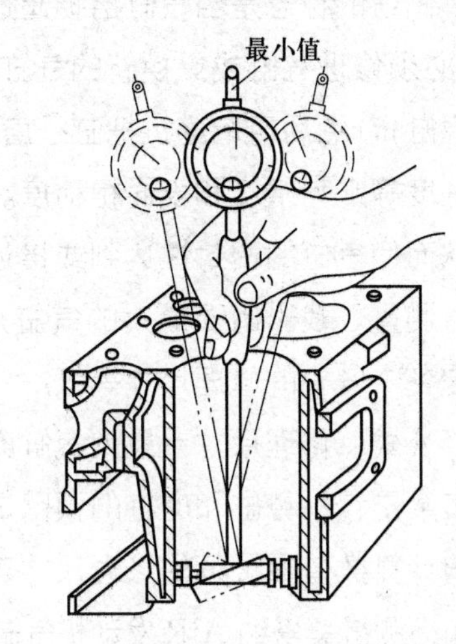 |

4）气缸磨损的数据分析及修理。

①将测量结果计入表 2—2—2 中。

表 2—2—2　　气缸磨损记录单　　mm

| 测量参数 \ 实测值 \ 缸数 | | 一 | 二 | 三 | 四 |
|---|---|---|---|---|---|
| $S_1'-S_1'$ | 长轴 | | | | |
| | 短轴 | | | | |
| $S_2'-S_2'$ | 长轴 | | | | |
| | 短轴 | | | | |
| $S_3'-S_3'$ | 长轴 | | | | |
| | 短轴 | | | | |
| $D_1$（最大值） | | | | | |
| $D_2$（最小值） | | | | | |
| 该缸的圆度误差 | | | | | |
| 该缸的圆柱度误差 | | | | | |
| 活塞直径 | | | | | |
| 修理尺寸 | | | | | |
| 修理等级 | | | | | |
| 配缸间隙 | | | | | |

②圆度误差、圆柱度误差的计算和修理尺寸的确定。

长短轴直径差值的一半即为该测量平面的圆度误差。

气缸长轴最大值与不同截面最小磨损处直径之差的一半，即为该气缸的圆柱度误差。

气缸修理的标志是当气缸磨损超过允许的限度时（即圆度误差、圆柱度误差超过允许的极限），必须修理气缸或更换新的气缸套。修理气缸的方法是用镗缸机在缸壁上切削掉一层金属（镗缸），然后用珩磨机把缸径磨削至规定尺寸，通过加大直径的方法，恢复气缸的圆度、圆柱度等几何精度和表面粗糙度。再选配直径加大了的活塞和活塞环，达到标准的配合间隙，从而使气缸的密封性达到或接近新发动机的水平。

通过测量，找出磨损最大的气缸尺寸，或损伤程度最大的一个气缸，以它的尺寸为基准，决定各个气缸的修理尺寸等级。

计算公式：修理尺寸＝最大气缸磨损直径＋加工余量

加工余量包括镗缸和磨缸的预留量，一般取 0.10～0.20 mm。

将与计算数值最接近的修理尺寸确定为气缸的修理等级。

例如：测得桑塔纳 AJR 发动机气缸的最大磨损直径为 $\phi$81.28 mm，加工余量为 0.20 mm。气缸修理尺寸则为 $\phi$81.48 mm，此数值接近第二级修理尺寸 $\phi$81.51 mm，最后选定为第二级修理尺寸。

同一缸体的各个气缸，均应为同一级修理尺寸。

## 四、机体组的安装

机体组的安装步骤如下：

| | |
|---|---|
| 1. 安装油底壳<br>注意：安装好曲柄连杆机构等相关零部件后，安装油底壳，并调整曲轴，将曲轴转动到第一缸活塞位于上止点位置，并且要清洁缸盖、缸体表面 |  |
| 2. 更换气缸垫<br>注意：更换新的气缸垫。安装气缸垫时，有标号（配件号）的一面必须可见，并且要定位准确 |  |

续表

| | |
|---|---|
| 3. 放置气缸盖<br>方法：将气缸盖放置到气缸体上，注意对准定位销。对不合格的气缸盖必须更换<br>注意：不可让气缸盖在气缸体上滑来滑去，应对准定位销垂直一次放正 |  |
| 4. 放置气缸盖螺栓<br>提示：更换新的气缸盖螺栓，将气缸盖紧固螺栓蘸取少量机油以润滑，然后放入螺栓孔 | 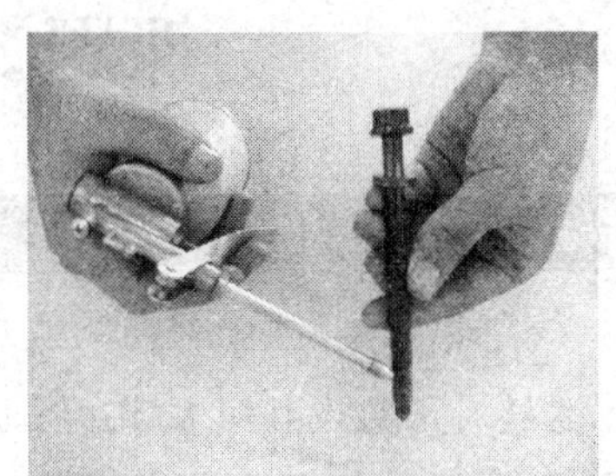 |
| 5. 预紧气缸盖螺栓<br>方法：先用手将气缸盖螺栓旋入 1～2 圈，再用摇把摇紧气缸盖螺栓 |  |
| 6. 气缸盖螺栓的紧固顺序<br>注意：如右图所示，按 1～10 的顺序旋紧气缸盖螺栓 | 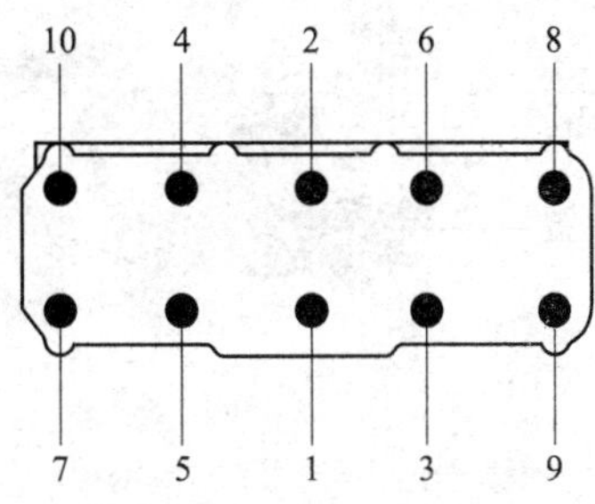 |

续表

| | |
|---|---|
| 7. 紧固气缸盖螺栓<br>方法：按维修手册规定的紧固顺序分 2～3 次拧紧气缸盖螺栓<br>注意：使用扭力扳手紧固，且紧固时用右手拉扭力扳手<br>提示：安装完毕后应做好 5S 检查 |  |

# 课题 3 活塞连杆组

## 学习目标

1. 掌握活塞连杆组零件的构造及工作原理。
2. 能够对活塞连杆组零件进行拆装与检修。

活塞连杆组主要由活塞、活塞环、活塞销和连杆等组成，如图 2—3—1 所示。其功用是与气缸、气缸盖构成工作容积和燃烧容积；承受燃气压力并通过连杆传给曲轴，将活塞的往复运动转变成曲轴的旋转运动并传递动力；密封气缸，以防燃气漏入曲轴箱和机油进入气缸。

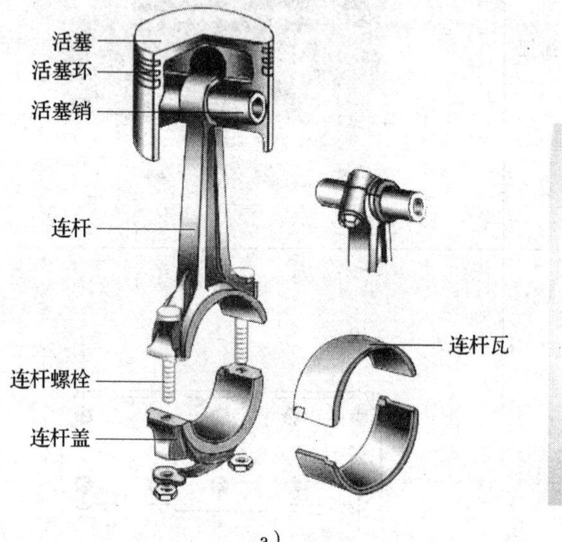


a）

b）

图 2—3—1 AJR 型发动机活塞连杆组

a）分解图 b）实物图

## 一、活塞连杆组的构造

### 1. 活塞

(1) 活塞的功用及工作条件

活塞的主要功用是承受燃烧气体压力，并将此力通过活塞销传给连杆以推动曲轴旋转。此外活塞顶部与气缸盖、气缸壁共同组成燃烧室。

活塞是发动机中工作条件最严酷的零件。作用在活塞上的有气体力和往复惯性力。活塞顶与高温燃气直接接触，使活塞顶的温度很高。活塞在侧压力的作用下沿气缸壁面高速滑动，由于润滑条件差，因此摩擦损失大，磨损严重。

现代汽车发动机不论是汽油机还是柴油机都广泛采用铝合金活塞，只在极少数汽车发动机上采用铸铁或耐热钢活塞。

(2) 活塞的构造

活塞可视为由顶部、头部和裙部三部分构成，如图 2—3—2 所示。

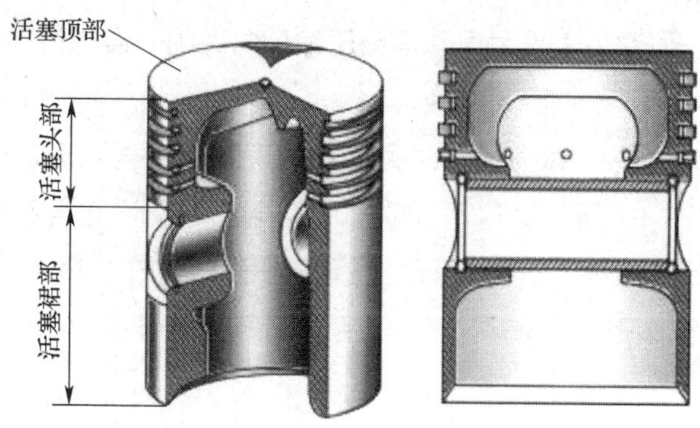


图 2—3—2　活塞的构造

1) 活塞顶部。

汽油机活塞顶部的形状（图 2—3—3）与燃烧室形状和压缩比大小有关。大多数汽油机采用平顶活塞，其优点是受热面积小，加工简单。若采用凹顶活塞，可以通过改变活塞顶上凹坑的尺寸来调节发动机的压缩比。

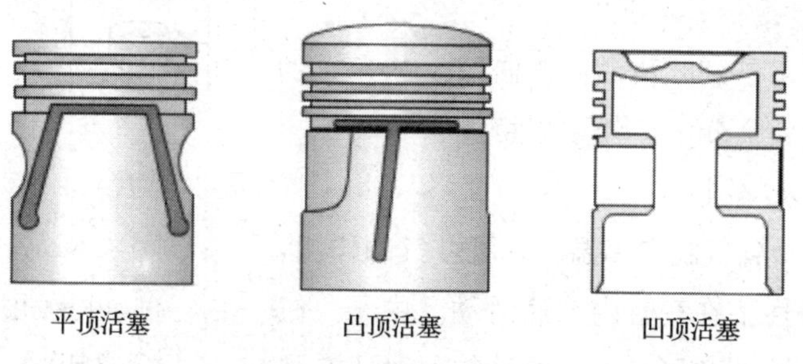


图 2—3—3　活塞顶部的形状

2）活塞头部。

由活塞顶至油环槽下端面之间的部分称为活塞头部。在活塞头部加工有用来安装气环和油环的气环槽和油环槽。在油环槽底部还加工有回油孔或横向切槽，油环从气缸壁上刮下来的多余机油，经回油孔或横向切槽流回油底壳。

活塞头部应该足够厚，从活塞顶到环槽区的断面变化要尽可能圆滑，过渡圆角 $R$ 应足够大，以减小热流阻力，便于热量从活塞顶经活塞环传给气缸壁，使活塞顶部的温度不致过高。

在第一道气环槽上方设置一道较窄的隔热槽的作用是隔断由活塞顶传向第一道活塞环的热流，使部分热量由第二道、第三道活塞环传出，从而可以减轻第一道活塞环的热负荷，改善其工作条件，防止活塞环黏结。

3）活塞裙部。

活塞头部以下的部分为活塞裙部。裙部的形状应该保证活塞在气缸内得到良好的导向，气缸与活塞之间在任何工况下都应保持均匀、适宜的间隙。若间隙过大，活塞敲缸；若间隙过小，活塞可能被气缸卡住。此外，裙部应有足够的实际承压面积，以承受侧向力。活塞裙部承受膨胀侧向力的一面称为主推力面，承受压缩侧向力的一面称为次推力面。

(3) 活塞的变形

发动机工作时，活塞在气体力和侧向力的作用下发生机械变形，而活塞受热膨胀时还发生热变形，如图 2—3—4 所示。这两种变形的结果都是使活塞裙部在活塞销孔轴线方向的尺寸增大。因此，为使活塞工作时裙部接近正圆形与气缸相适应，在制造时应将活塞裙部的横断面加工成椭圆形，并使其长轴与活塞销孔轴线垂直。现代汽车发动机的活塞均采用椭圆裙。

### 2. 活塞环

(1) 分类和作用

活塞环分为气环和油环两种，如图 2—3—5 所示。

气环的主要功用是密封和传热，保证活塞与气缸壁间的密封，防止气缸内的可燃混合气和高温燃气漏入曲轴箱，并将活塞顶部接受的热传给气缸壁，避免活塞过热。

油环的主要功用是刮除飞溅到气缸壁上的多余的机油，并在气缸壁上涂布一层均匀的油膜。

(2) 工作条件及材料

活塞环工作时受到气缸中高温、高压燃气的作用，并在润滑不良的条件下在气缸内高速滑动。由于气缸壁面的形状误差，使活塞环在上下滑动的同时还在环

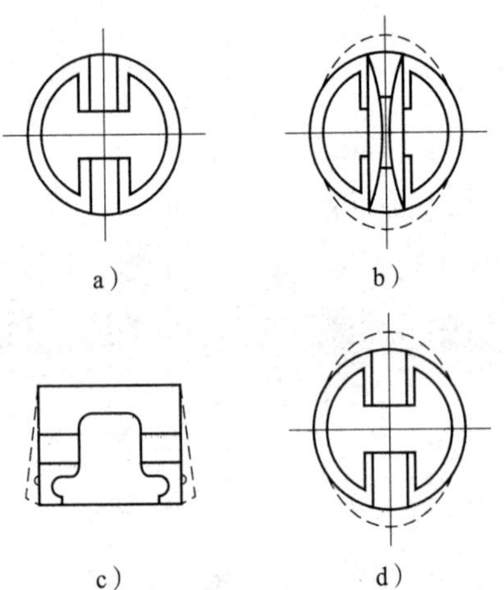


图 2—3—4 活塞变形图

a) 销座热膨胀 b) 挤压变形 c) 弯曲变形 d) 裙部变形

槽内产生径向移动。这不仅加重了环与环槽的磨损，还使活塞环受到交变弯曲应力的作用而容易折断。

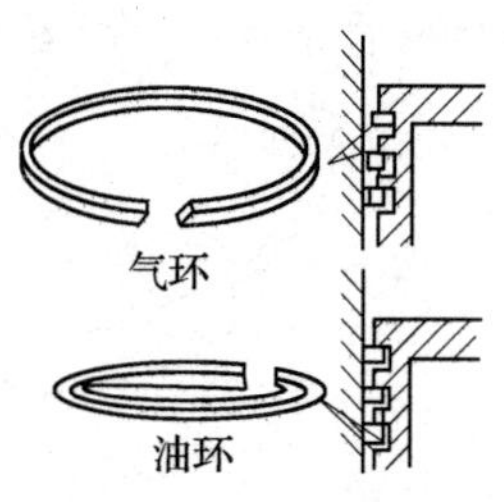

图 2—3—5 活塞环

根据活塞环的功用及工作条件，制造活塞环的材料应具有良好的耐磨性、导热性、耐热性、冲击韧性、弹性和足够的机械强度。目前广泛应用的活塞环材料有优质灰铸铁、球墨铸铁、合金铸铁和钢带等。第一道活塞环外圆面通常进行镀铬或喷钼处理。多孔性铬层硬度高，并能储存少量机油，可以改善润滑，减轻磨损。钼的熔点高，也具有多孔性，因此喷钼同样可以提高活塞环的耐磨性。

(3) 气环的密封原理

活塞环在自由状态下不是正圆形，其外廓尺寸比气缸直径大。当活塞环装入气缸后，在其自身的弹力作用下环的外圆面与气缸壁贴紧形成第一密封面，气缸内的高压气体不可能通过第一密封面泄漏。高压气体可能通过活塞顶部与气缸壁之间的间隙进入活塞环的侧隙和径向间隙中。进入侧隙中的高压气体使环的下侧面与环槽的下侧面贴紧形成第二密封面，高压气体也不可能通过第二密封面泄漏。进入径向间隙中的高压气体只能使环的外圆面与气缸壁更加贴紧。这时漏气的唯一通道就是活塞环的开口端隙。如果几道活塞环的开口相互错开，那么就形成了迷宫式漏气通道，如图 2—3—6 所示。由于侧隙、径向间隙和端隙都很小，气体在通道内的流动阻力很大，致使气体压力 $P$ 迅速下降，最后漏入曲轴箱内的气体就很少了，一般仅为进气量的 0.2%～1.0%。

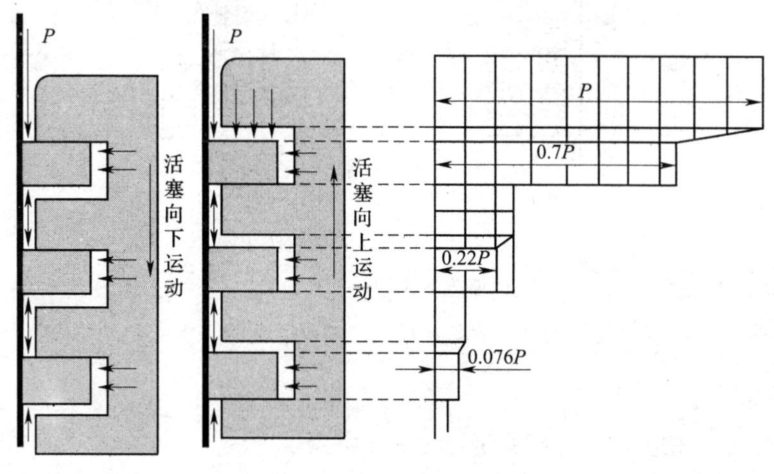

图 2—3—6 气环的密封原理图

(4) 气环的形状

气环的开口形状：开口形状对漏气量有一定影响。直开口工艺性好，但密封性差；阶梯形开口密封性好，工艺性差；斜开口的密封性和工艺性介于前两种开口之间，斜角一般为 30°或 45°，如图 2—3—7a 所示。

气环的断面形状：气环的断面形状多种多样，根据发动机的结构特点和强化程度，选择不同断面形状的气环组合可以得到最好的密封效果和使用性能。常见的气环断面形状如图2—3—7b所示。

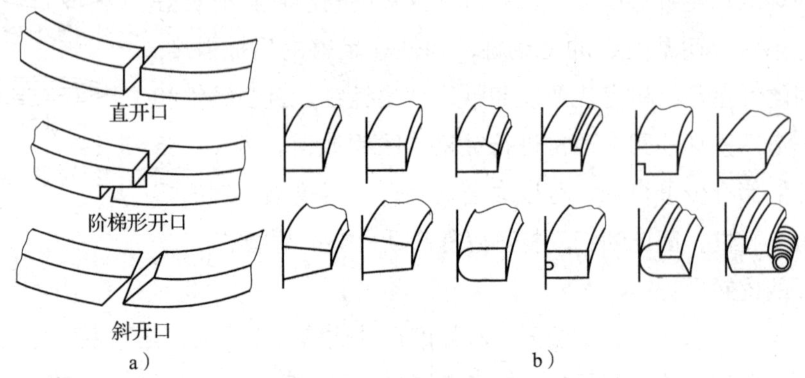


图2—3—7 气环的形状

a）气环的开口形状 b）气环的断面形状

矩形环断面为矩形，形状简单，加工方便，与气缸壁接触面积大，有利于活塞散热。但其磨合性差，而且在与活塞一起作往复运动时，在环槽内上下窜动，把气缸壁上的机油不断地挤入燃烧室中，产生“泵油作用”，使机油消耗量增加，活塞顶及燃烧室壁面积炭，如图2—3—8所示。

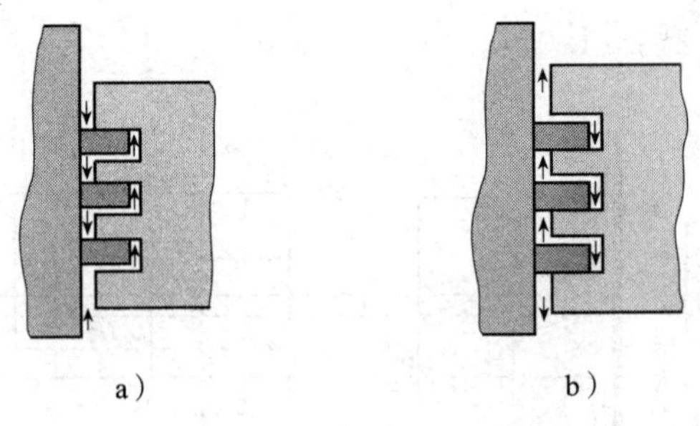


图2—3—8 矩形环的泵油作用图

a）活塞下行 b）活塞上行

(5）油环

1）油环的类型。

油环有槽孔式、槽孔撑簧式和钢带组合式三种类型。

2）槽孔式油环（图2—3—9）。

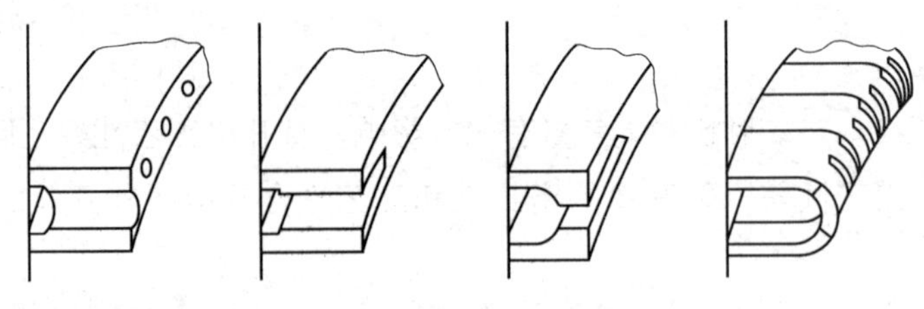

图2—3—9 槽孔式油环

因为油环的内圆面基本上没有气体力的作用，所以槽孔式油环的刮油能力主要靠油环自身的弹力。为了减小环与气缸壁的接触面积，增大接触压力，在环的外圆面上加工出环形集油槽，形成上下两道刮油唇，在集油槽底加工有回油孔。由上下刮油唇刮下来的机油经回油孔和活塞上的回油孔流回油底壳。这种油环结构简单、加工容易、成本低。

3）槽孔撑簧式油环

在槽孔式油环的内圆面加装撑簧即为槽孔撑簧式油环，一般作为油环撑簧的有板形弹簧、螺旋弹簧和轨形弹簧三种，如图 2—3—10 所示。这种油环由于增大了环与气缸壁的接触压力，而使环的刮油能力和耐久性有所提高。

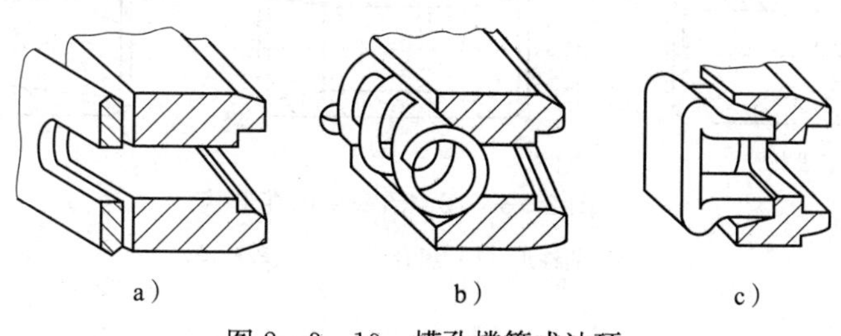


图 2—3—10　**槽孔撑簧式油环**

a）板形撑簧油环　b）螺旋撑簧油环　c）轨形撑簧油环

4）钢带组合式油环。

钢带组合式油环由上、下刮片和轨形撑簧组合而成，如图 2—3—11 所示。撑簧不仅使刮片与气缸壁贴紧，而且还使刮片与环槽侧面贴紧。这种组合油环的优点是接触压力大，既可增强刮油能力，又能防止上窜机油。另外，上下刮片能单独动作，因此对气缸失圆和活塞变形的适应能力强。但钢带组合式油环需用优质钢制造，成本高。

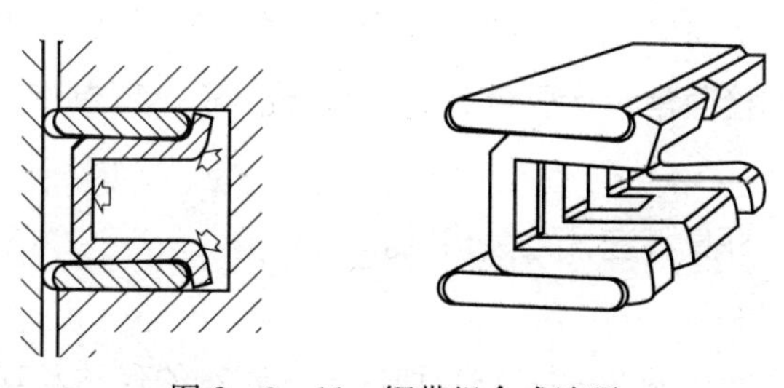

图 2—3—11　**钢带组合式油环**

## 3. 活塞销

（1）活塞销的功用及工作条件

活塞销用来连接活塞和连杆，并将活塞承受的力传给连杆或相反。活塞销在高温条件下承受很大的周期性冲击负荷，且由于活塞销在销孔内摆动角度不大，难以形成润滑油膜，因此润滑条件较差。为此，活塞销必须有足够的刚度、强度和耐磨性，质量尽可能小，销与销孔应该有适当的配合间隙和良好的表面质量。在一般情况下，活塞销的刚度尤为重要，如果活塞销发生弯曲变形，可能使活塞销座损坏。

(2) 活塞销的材料及结构

活塞销的材料一般为低碳钢或低碳合金钢，如 20、20Mn、15Cr、20Cr 或 20MnV 等。外表面渗碳淬硬，再经精磨和抛光等精加工。这样既提高了表面硬度和耐磨性，又保证有较高的强度和冲击韧性。

活塞销的结构形状很简单，基本上是一个厚壁空心圆柱，其内孔形状有圆柱形、组合形和两段截锥形，如图 2—3—12 所示。圆柱形孔加工容易，但活塞销的质量较大；两段截锥形孔的活塞销质量较小，且因为活塞销所受的弯矩在其中部最大，所以接近于等强度梁，但锥孔加工较难。

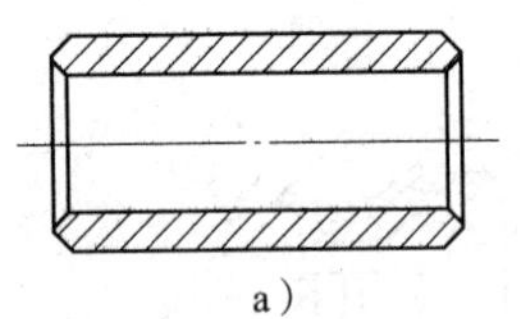
a)

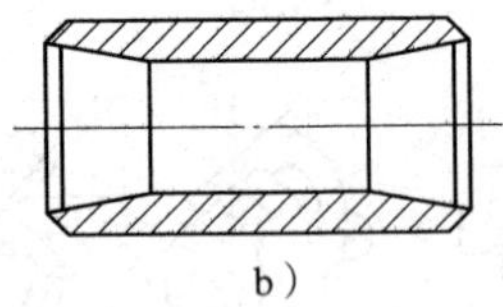
b)

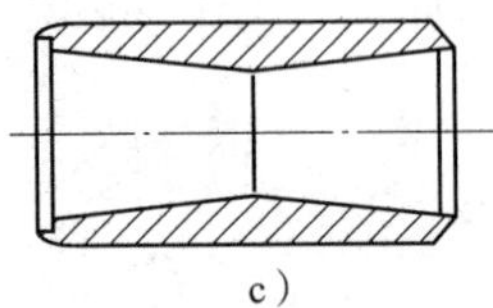
c)

图 2—3—12　活塞销内孔形状

a) 圆柱形　b) 组合形　c) 两段截锥形

## 4. 连杆组

连杆组包括连杆体、连杆盖、连杆螺栓和连杆轴承等零件。

(1) 连杆组的功用及工作条件

连杆组的功用是将活塞承受的力传给曲轴，并将活塞的往复运动转变为曲轴的旋转运动。连杆小头与活塞销连接，同活塞一起作往复运动；连杆大头与曲柄销连接，同曲轴一起做旋转运动，因此在发动机工作时连杆作复杂的平面运动。

(2) 连杆组的材料

连杆体和连杆盖由优质中碳钢或中碳合金钢，如 45、40Cr、42CrMo 或 40MnB 等，模锻或辊锻而成。连杆螺栓通常用优质合金钢 40Cr 或 35CrMo 制造。

(3) 连杆的构造

连杆由连杆小头、杆身和连杆大头构成。

1) 连杆小头。

连杆小头的结构形状（图 2—3—13）取决于活塞销的尺寸及其与连杆小头的连接方式。

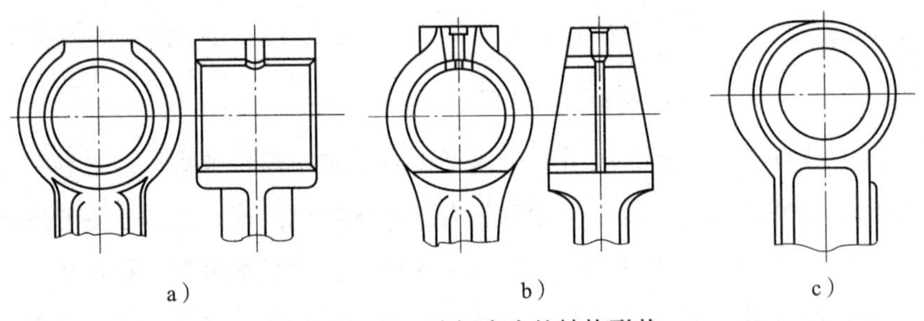


图 2—3—13　连杆小头的结构形状

a) 全浮式连杆小头　b) 楔形连杆小头　c) 半浮式连杆小头

在汽车发动机中连杆小头与活塞销的连接方式有两种，即全浮式和半浮式，如图 2—3—14 所示。全浮式活塞销工作时，在连杆小头孔和活塞销孔中转动，可以保证活塞销沿圆周磨损均匀。为防止活塞销两端刮伤气缸壁，在活塞销孔外侧装有活塞销挡圈。半浮式活塞销是用螺栓将活塞销夹紧在连杆小头孔内，这时活塞销只在活塞销孔内转动，在小头孔内不转动。小头孔不装衬套，销孔中也不装活塞销挡圈。

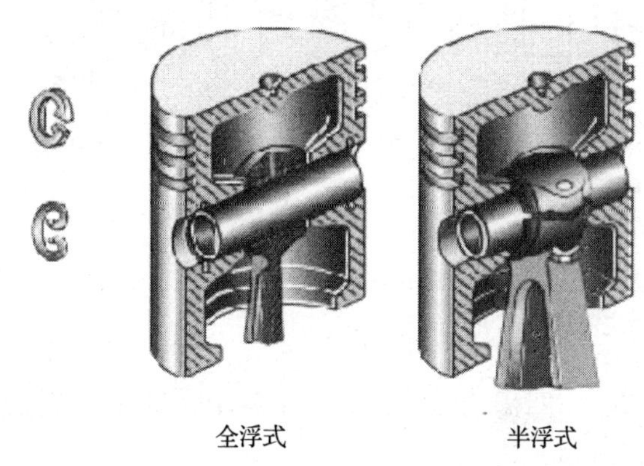


图 2—3—14　活塞销的连接方式

2）连杆杆身。

连杆杆身断面为工字形，如图 2—3—15 所示，其刚度大、质量轻，适于模锻。工字形断面的 $Y-Y$ 轴在连杆运动平面内。有的连杆在杆身内加工有油道，用来润滑小头衬套或冷却活塞。如果是后者，须在小头顶部加工出喷油孔。

3）连杆大头。

连杆大头（图 2—3—16）除应具有足够的刚度外，还应外形尺寸小、质量轻，拆卸发动机时能从气缸上端取出。连杆大头是剖分的，连杆盖用螺栓或螺柱紧固，为使结合面在任何转速下都能紧密结合，连杆螺栓的拧紧力矩必须足够大。

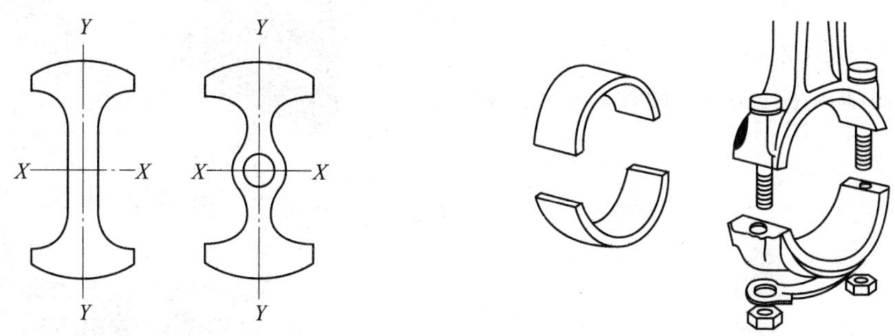


图 2—3—15　连杆杆身的断面

图 2—3—16　连杆大头的形状

4）连杆螺栓。

发动机工作时，连杆螺栓（图 2—3—17）承受交变载荷，因此在结构上应尽量增大连杆螺栓的弹性，而在加工方面要精细加工过渡圆角，消除应力集中，以提高其抗疲劳强度。连杆螺栓用优质合金钢制造，如 40Cr、35CrMo 等，经调质后滚压螺纹，表面进行防锈处理。

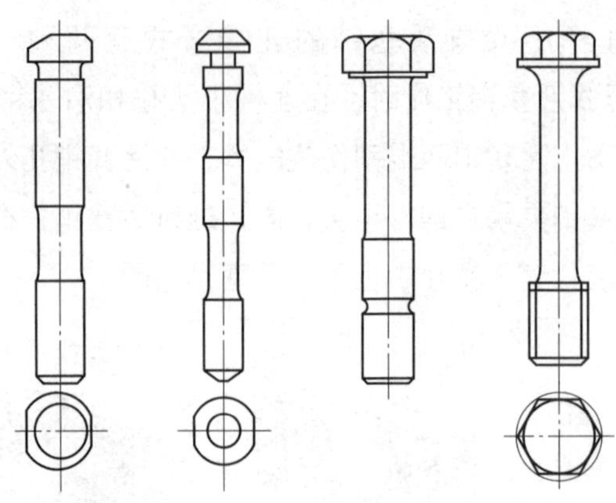

图 2—3—17　连杆螺栓

## 二、活塞连杆组的分解

将气缸盖总成、气缸体四周的附件、油底壳部件拆卸后，将气缸体放在工作架上，然后按如下步骤拆卸活塞连杆组。

| | |
|---|---|
| 1. 旋转发动机横置<br>方法：旋转发动机翻转架 90°，让发动机的气缸置于水平位置 |  |
| 2. 调整活塞连杆组的位置<br>方法：旋转曲轴，让一缸活塞处于压缩下止点位置 | 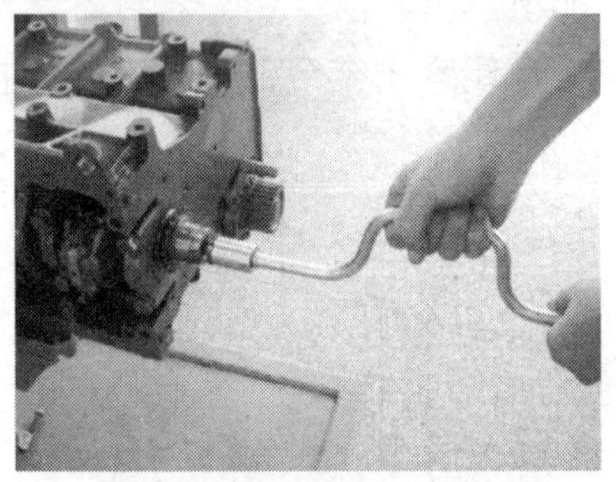 |
| 3. 观察活塞连杆组安装标记<br>提示：在拆卸之前应先找到安装标记，在连杆盖和连杆大头上面有装配标记 |  |

续表

| | |
|---|---|
| 4. 连杆螺栓卸力<br>方法：用扭力扳手加专用套筒旋松连杆螺栓<br>注意：卸力时应向上拉扭力扳手，不要向下推 | 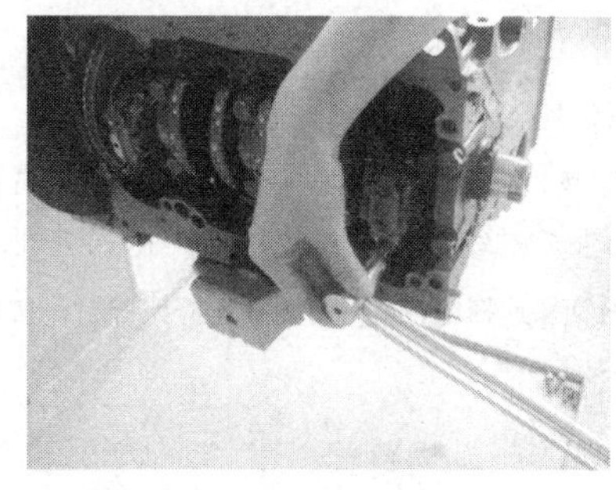 |
| 5. 拆卸连杆螺栓<br>方法：使用摇把配合专用套筒快速拆下连杆螺栓<br>注意：不要掉落连杆螺栓 | 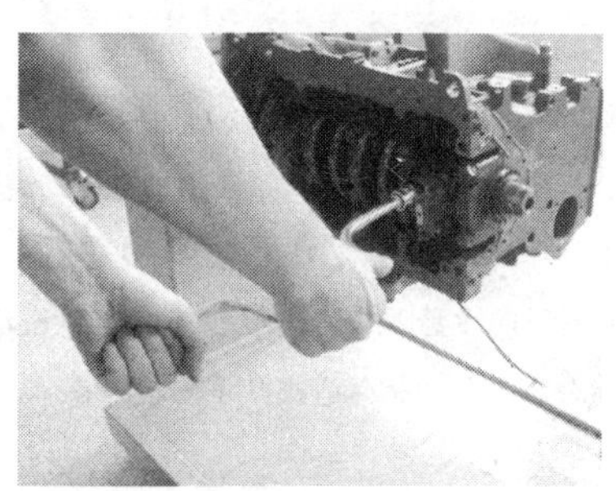 |
| 6. 取下连杆盖<br>提示：取下连杆盖及轴瓦，并按顺序摆放好 | 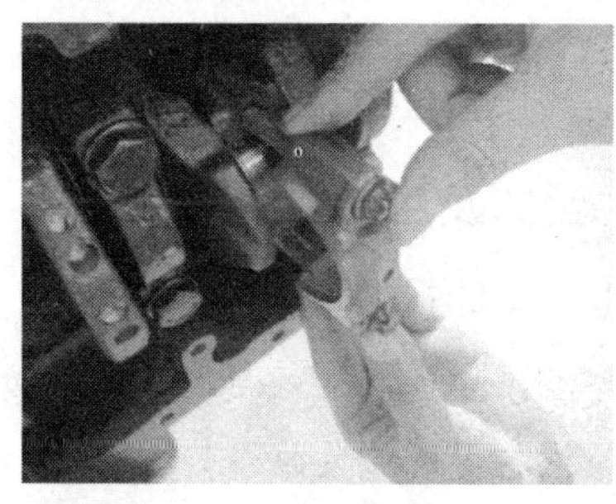 |
| 7. 取出活塞和连杆<br>方法：用木棍将活塞和连杆一起捅出气缸，并取下轴瓦<br>注意：活塞不能落地，活塞头部冒出气缸时应用左手及时接住，当心不要使轴瓦脱落 | 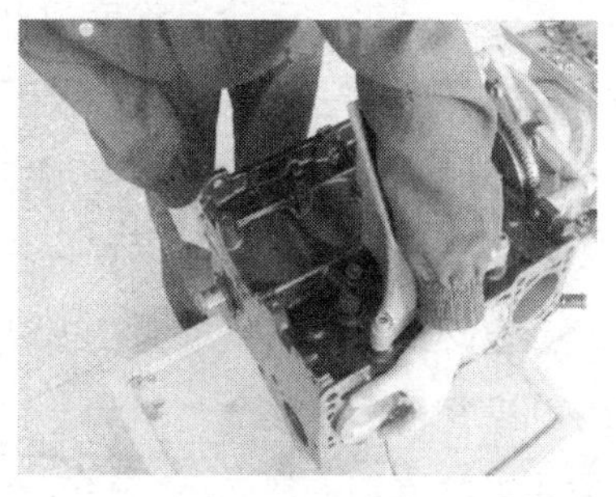 |

续表

| | |
|---|---|
| 8. 拆卸其余活塞连杆组<br>提示：按相同的方法拆卸其余的活塞连杆组，先拆卸1缸、4缸活塞连杆组，然后旋转曲轴180°，再拆卸2缸、3缸活塞连杆组，拆下的活塞连杆组配对，按顺序摆放整齐 | 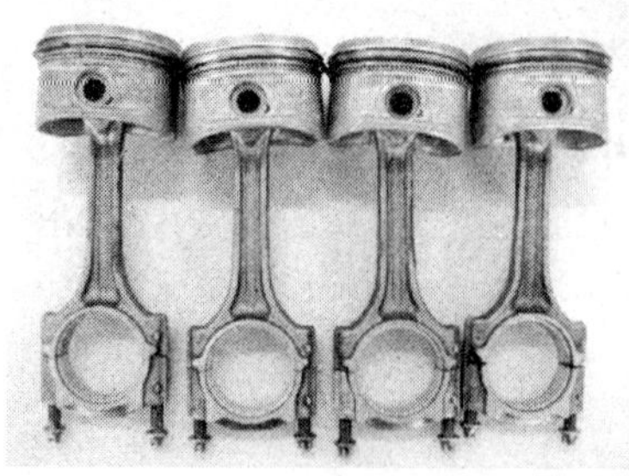 |
| 9. 拆卸活塞环<br>方法：使用活塞环拆装钳拆卸第一道和第二道气环，用手拆卸油环<br>注意：拆下的活塞环按顺序摆放好，注意观察活塞环的标记（TOP标记应指向活塞顶部） | 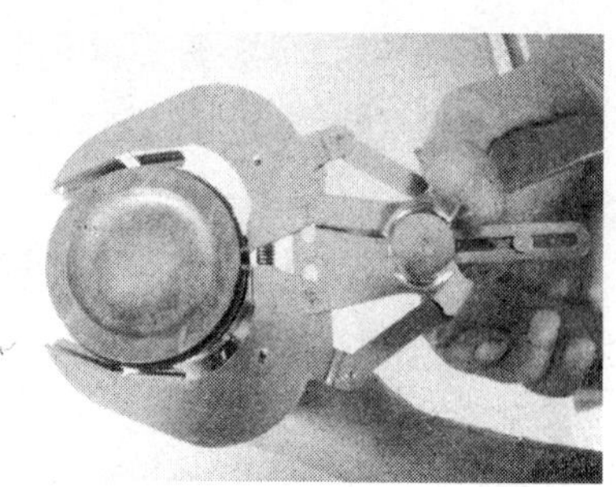 |

## 三、活塞连杆组的检修

### 1. 活塞及活塞销的检修

(1) 活塞的损伤

活塞的常见损伤主要有活塞环槽磨损、活塞裙部磨损和活塞销座孔磨损等。

(2) 活塞环槽的检修

最常见的活塞环槽磨损有两种情况，其一是环槽磨出锥度，外边磨损较多，里边磨损较少；其二是在环槽衬部有凸台，如图2—3—18所示，其中第一道环槽磨损最严重，以下各环槽的磨损逐渐减轻。无论是锥度或凸台，其磨损量以载货车控制在0.02 mm以下，轿车控制在0.01 mm以下为宜。对于活塞环槽磨损超规的活塞，以更换新的活塞为宜；对于个别车型也可以采用加宽环槽，选配加宽形活塞环的方法进行修理。

检测时可用专用的环槽磨损规进行测量，也可根据实际情况用自制的环槽磨损规测量，或采用新活塞环与塞尺多点检查的方法进行检测。

(3) 活塞裙部的检修

活塞裙部的磨损一般较小，当活塞裙部与缸壁间隙过大时，发动机易出现敲缸，并出现严重的窜机油现象。

对于桑塔纳 AJR 型发动机，用外径千分尺在距活塞裙部下边缘约 10 mm 处与活塞销垂直方向测量，如图 2—3—19 所示，测量值与标准尺寸的偏差最大为 0.04 mm。活塞裙部标准直径为 80.966 5 mm。

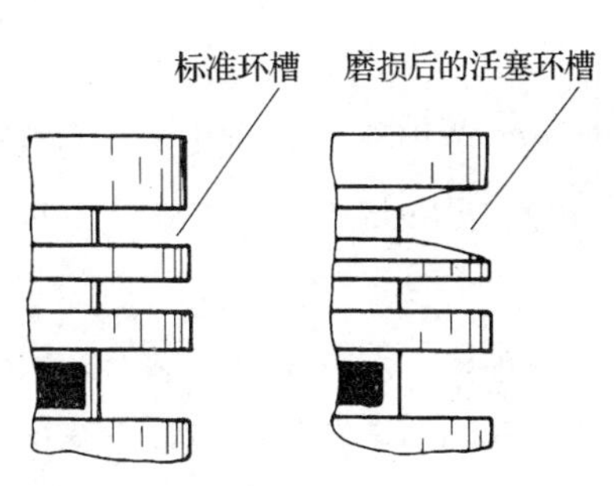


图 2—3—18　活塞环槽磨损

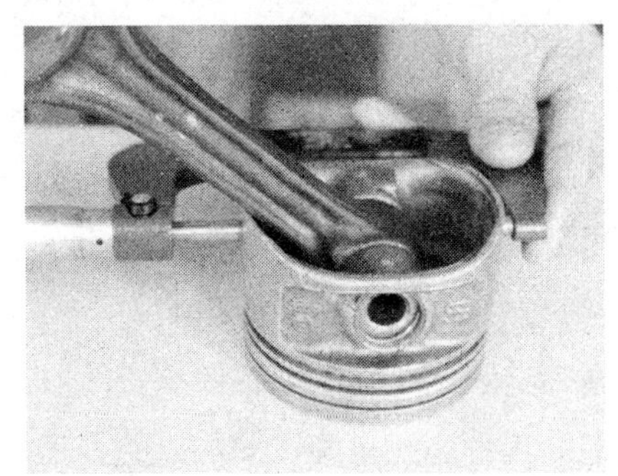

图 2—3—19　检查活塞裙部直径

(4) 活塞销及座孔的检修

活塞销座孔在活塞工作时，由于气体压力和惯性力作用形成椭圆形磨损，其最大磨损部位是座孔的上下方向，使活塞与销的配合松旷，出现不正常的响声。

当汽油机活塞销磨损量大于 0.05 mm，柴油机活塞销磨损量大于 0.075 mm 时，应更换活塞销。

(5) 活塞的选配

在发动机大修、更换气缸体（或气缸套）时，应同时更换全部活塞。在选配活塞时，应注意以下要求：

1) 活塞的修理尺寸要求。

活塞的修理尺寸是指活塞的直径较标准尺寸加大 1 个或几个修理等级。活塞的修理尺寸应与气缸的加大级别一致，见表 2—3—1。

**表 2—3—1**　　**部分发动机活塞的修理尺寸**　　mm

| 修理尺寸 | 桑塔纳 JV1.8 L 发动机 | EQ6100—1 发动机 | 修理尺寸 | 桑塔纳 JV1.8 L 发动机 | EQ6100—1 发动机 |
|---|---|---|---|---|---|
| 标准尺寸 | 80.985 | $100_{-0.060}^{0}$ | 三级修理尺寸 | 81.98 | 100.75 |
| 一级修理尺寸 | 81.23 | 100.25 | 四级修理尺寸 | — | 101.00 |
| 二级修理尺寸 | 81.48 | 100.50 | — | — | — |

2) 活塞的质量要求。

同一组活塞中，各活塞的质量应基本一致，中、低转速发动机活塞之间的质量误差应不大于 8 g，高转速发动机应不大于 5 g。

3) 活塞的材质要求。

同一台发动机上，应选用同一厂牌同一组的活塞，以便使材料、性能、质量、尺寸一致。同组活塞的直径差应不大于 0.02～0.025 mm。

4）活塞裙部的圆度和圆柱度应符合规定的要求。

汽油机活塞裙部的圆柱度为 0.005～0.015 mm，最大不得超过 0.025 mm；膨胀槽开到底的活塞应为 0.015～0.030 mm。活塞的圆度即活塞径向截面形状，多为椭圆形，具体尺寸视其车型和结构而异。

(6）活塞销的选配

发动机大修时，活塞销必须随活塞的更换而更换。活塞销除标准尺寸外，还有四级加大的修理尺寸，分别是：标准、+0.08 mm、+0.12 mm、+0.16 mm、+0.20 mm，以适应汽车在两次大修之间的修理要求。

活塞销与活销座孔的配合要求，一般是通过对活塞销座孔的铰削来实现的。现在国内生产的活塞，其销座孔是经过精加工的，它与标准修理尺寸的活塞销相配合，活塞销与座孔的标准尺寸又按直径分组，每组相差 0.002 5 mm，因为这一微小尺寸差无法测量，经常以不同颜色加以区别，使用时应选用颜色相同的活塞与活塞销进行装配。

### 2. 活塞环的检测

(1）活塞环的损伤

活塞环由于长期工作在高温、高压、高速条件下，且润滑条件差，其磨损失效往往比气缸磨损速度快。随着活塞环磨损的加剧，活塞环的弹力逐渐减弱，端隙、侧隙增大，使气缸密封性变差，容易造成窜机油和漏气现象，降低发动机的动力性和经济性。

活塞环除正常磨损失效外，还有断裂损坏。这主要是由于活塞环侧隙、端隙过小或安装不当，当发动机大负荷工作时，工作温度过高，活塞环压死在气缸壁上，在冲击负荷的作用下产生断裂。此外，在维护、小修更换活塞环时，如缸肩未刮平，也会造成第一道环的折断。

(2）活塞环弹力的检测

活塞环弹力检测指的是对其径向弹力的检查，可在图 2—3—20 所示的活塞环弹力检测仪上进行。检测时，将活塞环放在弹力检测仪上，把活塞环的开口间隙放置在水平位置，移动检测仪上的量块，当把活塞环开口间隙压缩至标准数值时，弹力大小应符合规定的技术要求。

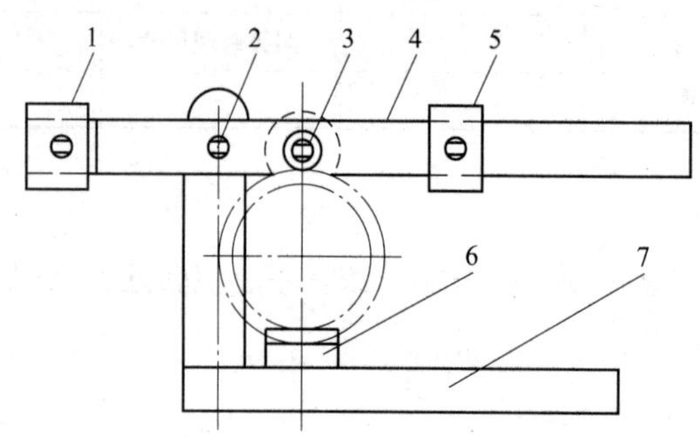


图 2—3—20　活塞环弹力检测仪

1—重锤　2—支撑销　3—滚轮　4—秤杆　5—活动量块　6—底座　7—底板

(3) 活塞环漏光度的检测

活塞环漏光度的检测可以在专用检验设备上进行，也可采用简易检验法。

采用简易检验法检测：将活塞环平放在气缸内，用活塞顶部推平活塞环。在活塞环上盖一个比缸径略小的硬纸板做成的遮光板，在气缸下部放置光源（灯泡），如图 2—3—21 所示，观察活塞环外圆与气缸壁之间是否漏光。

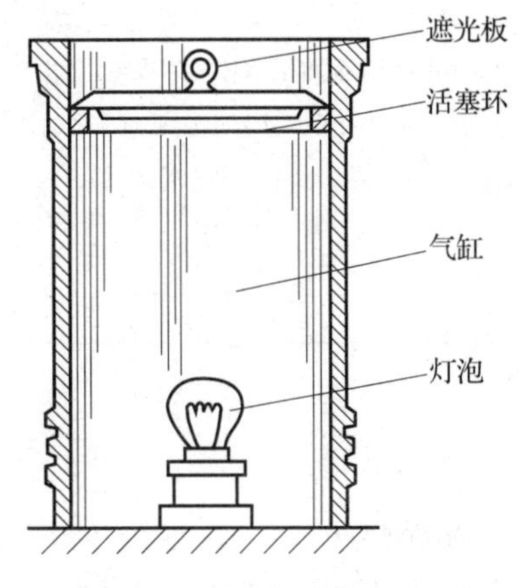

图 2—3—21 活塞环漏光度的检测

用塞尺和量角器测量其漏光度。在活塞环开口端左右对应的圆心角 30°范围内不允许漏光。同一根活塞环上漏光不应多于两处，每处漏光弧长所对应的圆心角不得超过 25°，同一环上漏光弧长所对应的圆心角总和不超过 45°，漏光处的缝隙应不大于 0.03 mm。

(4) 活塞环背隙的检测

背隙是活塞环装入气缸后，活塞环背面与活塞环槽底之间的间隙。为了测量方便，用游标卡尺测量槽深和环宽，用槽深和环宽之差表示。活塞环背隙过大或过小，应重新选配。

(5) 活塞环端隙的检测

| | |
|---|---|
| 1. 清洁活塞环 | 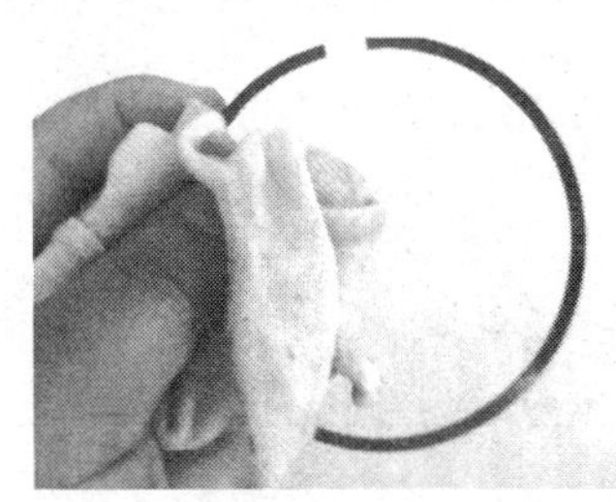 |
| 2. 清洁气缸体 | 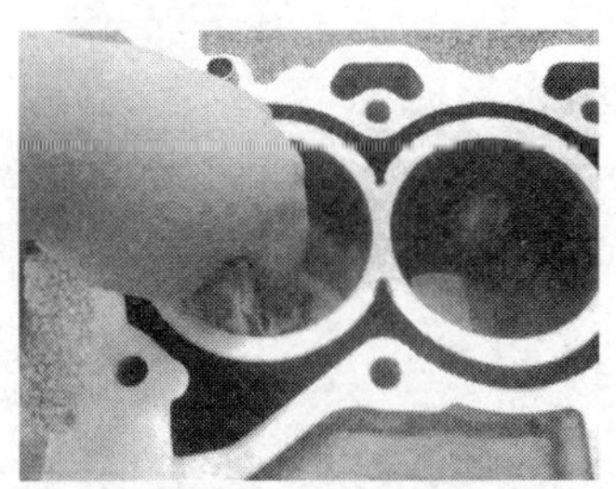 |
| 3. 将活塞环放入气缸<br>注意：将活塞环有标记的一面朝向气缸顶部 | 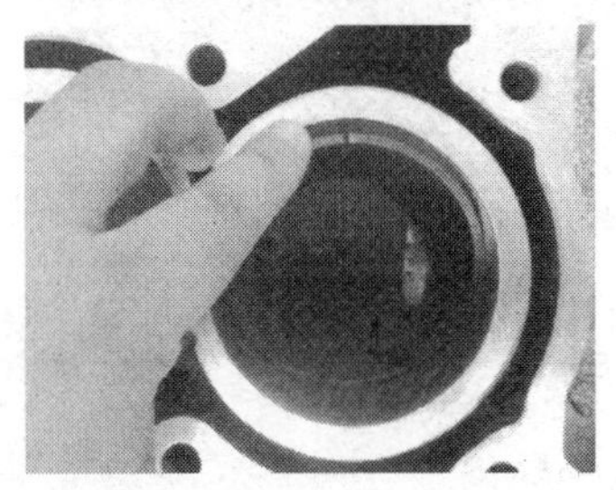 |

续表

| | |
|---|---|
| 4. 用活塞顶面将活塞环压到规定位置<br>注意：使用的活塞连杆组应是对应气缸的，且活塞环已拆卸 | 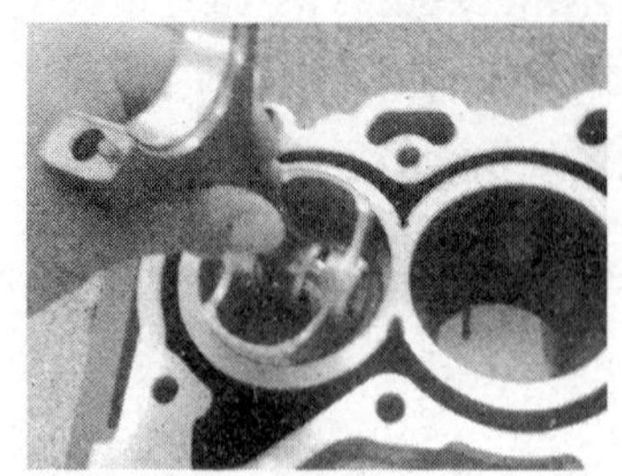 |
| 5. 清洁塞尺<br>注意：清洁需要测量的每片塞尺表面 |  |
| 6. 选择合适厚度的塞尺 |  |
| 7. 测量端隙<br>方法：用塞尺测量端隙，注意测量动作，活塞环开口应水平，确定端隙值并记录在表格内 | 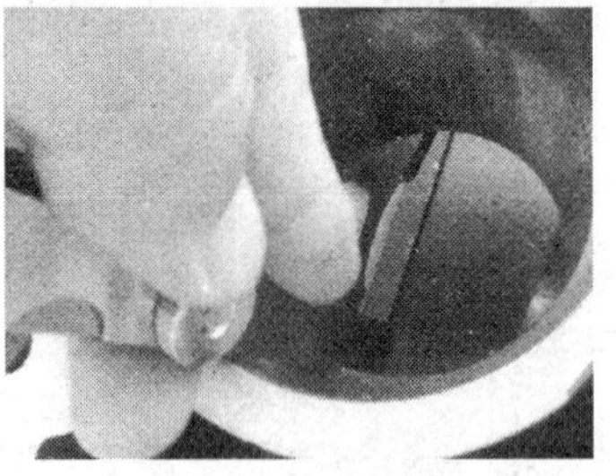 |
| 8. 整理、清洁设备及工量具 | 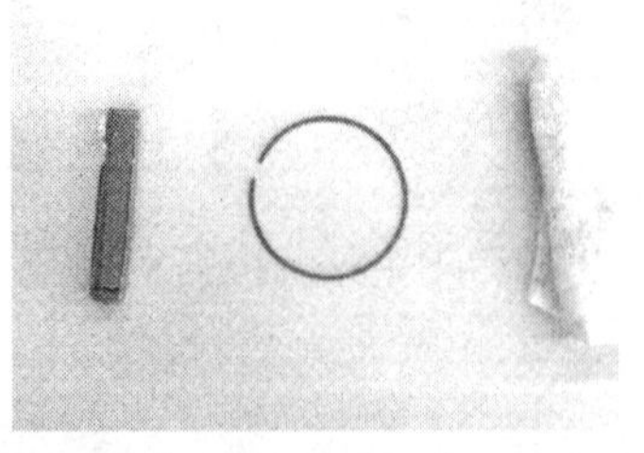 |

（6）活塞环侧隙的检测

| | |
|---|---|
| 1. 清洁活塞环 | 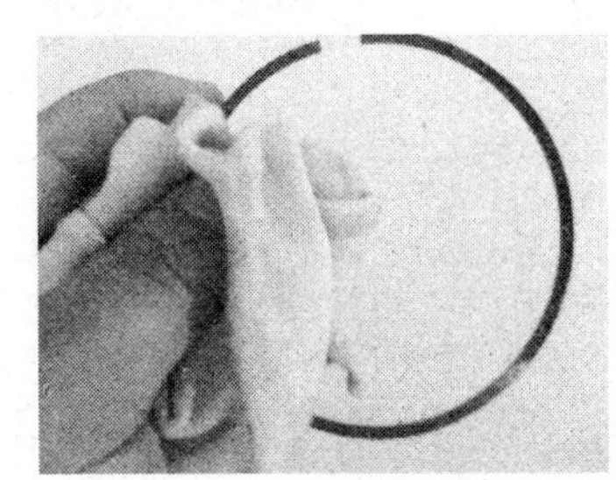 |
| 2. 清洁活塞环槽<br>方法：用损坏的活塞环或专用工具清洁活塞环槽 | 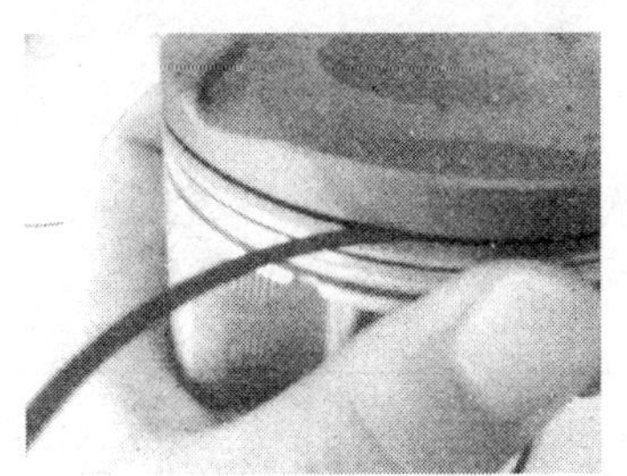 |
| 3. 将活塞环放在对应的环槽内<br>注意：活塞环有标记的一面应朝向活塞顶面 | 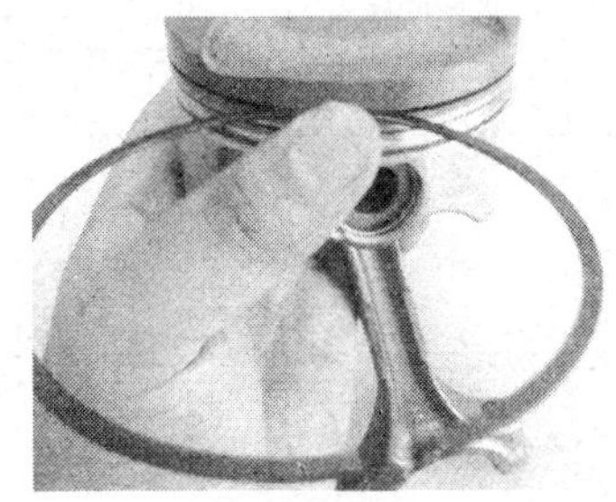 |
| 4. 清洁塞尺并选择合适的塞尺厚度 | 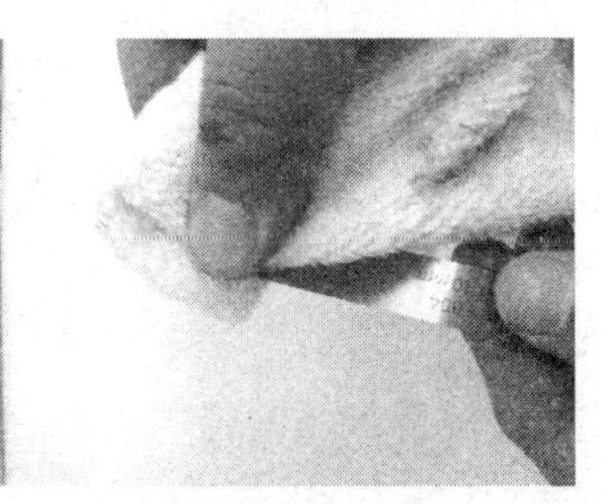 |
| 5. 测量活塞环与环槽的侧隙<br>方法：用塞尺侧面划过活塞环与环槽的间隙，确定侧隙值并记录在表格内 | 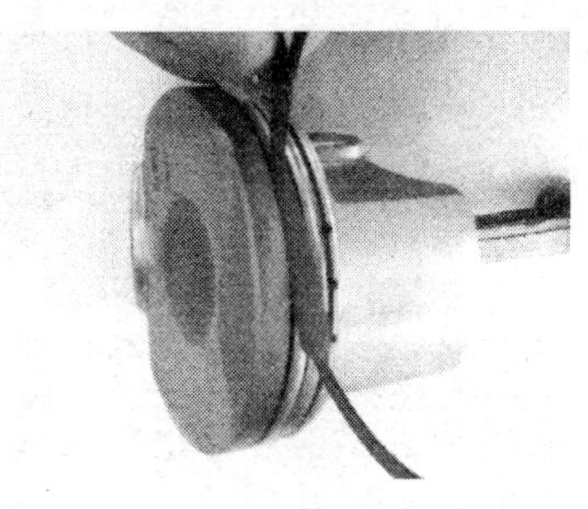 |

续表

| | |
|---|---|
| 6. 整理、清洁设备及工量具 | 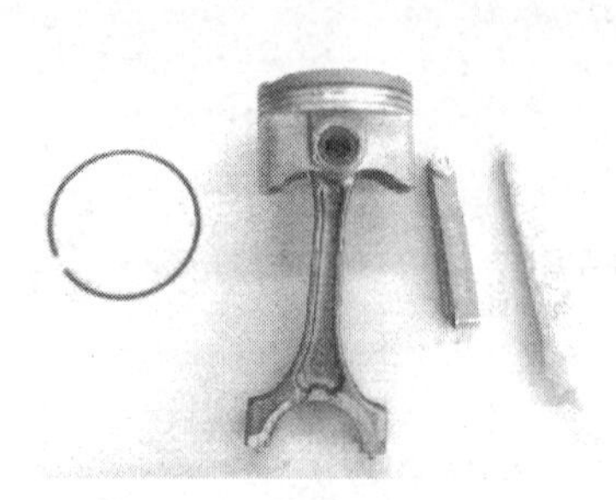 |

(7) 活塞环检测的数据分析

将测量结果记入活塞环检测记录单中，见表 2—3—2。

**表 2—3—2　　活塞环检测记录单**　　mm

| 项目 | 侧隙 | 端隙 |
|---|---|---|
| 测量值 | | |
| 标准间隙或极限间隙值 | | |
| 分析与结论 | | |

用新的活塞环测量，如果侧隙不符合规定，则更换活塞。如果端隙大于最大值，则更换活塞环。换上新的活塞环后，如果端隙仍大于最大值，则更换气缸体。

### 3. 连杆组的检修

(1) 连杆组的损伤

连杆轴承受活塞销传来的气体作用力以及本身摆动和活塞组往复运动时的惯性力，这些力的大小和方向都是周期性变化的，因此，连杆受到压缩、拉伸和弯曲等交变载荷。

连杆组的常见损伤主要有小头、大头内孔的磨损，杆身的弯曲、扭曲变形，连杆螺栓的损坏以及连杆裂纹等。

当连杆轴承与轴颈的径向间隙过大后，轴承对润滑油流动阻尼能力减弱，润滑油压下降，从而使连杆轴承与轴颈之间的油膜不易建立，破坏了轴承的正常润滑；加之引起的冲击载荷，又造成轴承疲劳应力剧增，使轴承疲劳而导致粘着咬死，发动机丧失工作能力。因此行车中应注意发动机机油压力变化，听察异响，发现异常应立即停车检修。

发动机工作中，有时也会出现连杆小端衬套磨损，造成与活塞销配合松旷而产生异响。

发动机工作中，在交变载荷作用、超负荷等的作用下，连杆杆身将会发生弯曲和扭曲等变形。连杆的弯曲是指连杆小端轴线与连杆大端轴线在轴线平面内的平行度误差；连杆的扭曲是指连杆小端轴线与连杆大端轴线在轴线平面法向上的平面度误差。

连杆螺栓与螺母在工作中，由于受到很大的交变载荷作用，会发生螺栓拉长变形、裂纹、螺纹损坏等损伤，严重时甚至断裂，造成严重事故。

(2) 连杆衬套的检测

在更换活塞销的同时，必须检查或更换连杆衬套，以恢复配合间隙。

1) 连杆衬套与连杆小头应有 0.06～0.10 mm 的过盈量，以保证衬套在工作时不走外圆。

分别测量连杆小头内径和新衬套外径，其差值就是衬套的过盈量，过盈量应符合要求，否则应进行更换。检测方法如下：

| | |
|---|---|
| 1. 测量连杆小头内径<br>提示：清洁测径规及连杆小头内径，用测径规测量连杆小头孔径并记录数据 | 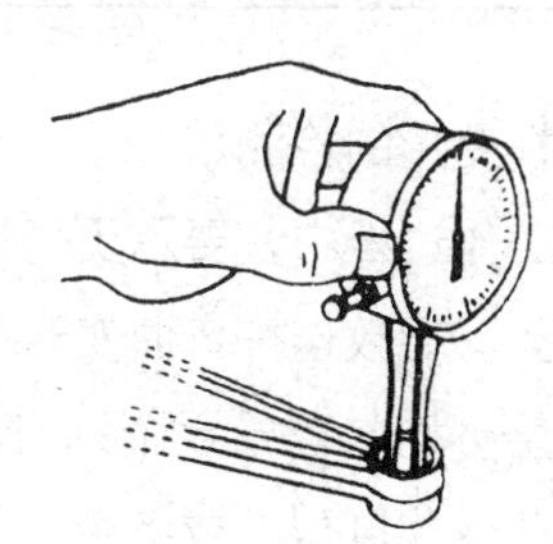 |
| 2. 测量连杆衬套的直径<br>提示：注意外径千分尺的清洁、校零和使用方法，并记录数据 | 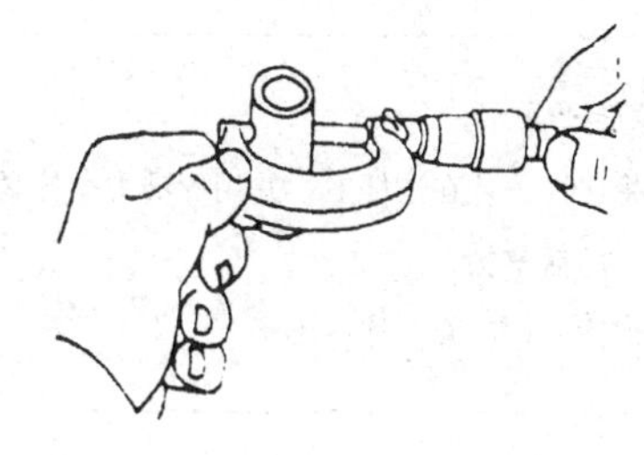 |

2) 连杆衬套与活塞销的配合在常温下应有 0.005～0.010 mm 的微量间隙。分别测量连杆小头（含连杆衬套）内径和活塞销的直径，其差值就是连杆衬套和活塞销的配合间隙。检测方法如下：

| | |
|---|---|
| 1. 测量连杆小头孔径（含连杆衬套）<br>提示：清洁测径规及连杆小头内径，用测径规测量连杆小头孔径并记录数据 | 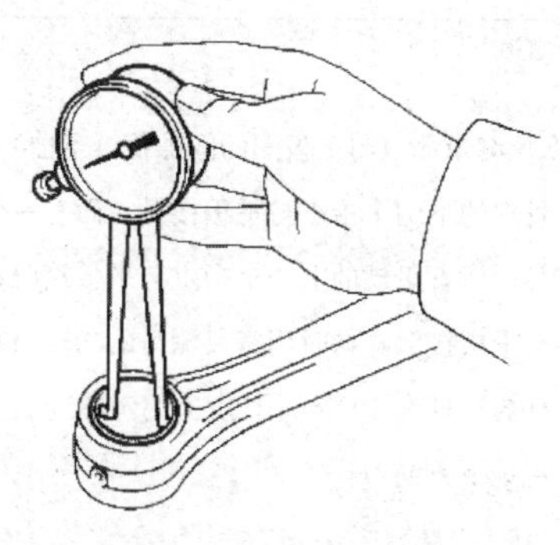 |

续表

| | |
|---|---|
| 2. 测量活塞销直径<br>方法：用外径千分尺测量活塞销的直径，注意外径千分尺的清洁和校零，测量位置的准确，并记录数据 | 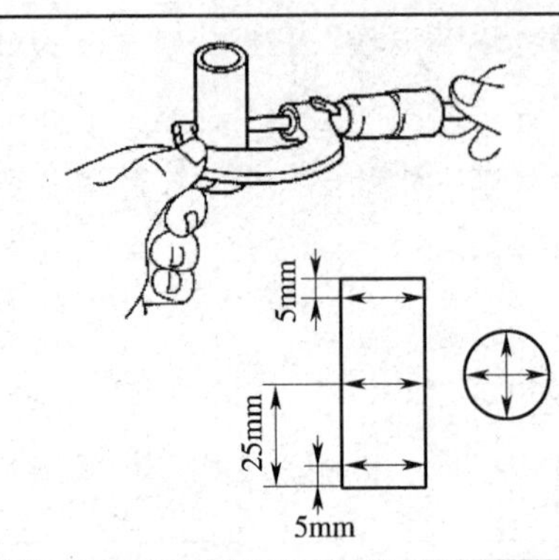<br> |

(3) 连杆变形的检测

连杆在工作过程中，要承受周期不断变化的燃烧压力和惯性力的交变载荷作用，其工作条件十分恶劣。导致连杆弯曲变形的最大可能是连杆在使用过程中曾受到过负荷损伤，运转中各缸供油量不均匀，导致个别缸长时间超负荷；或者供油提前角过早，气缸燃烧压力过高；机器负荷变化剧烈，或者突然停车。这些都会造成连杆过负荷损伤。

连杆变形的检测方法如下：

| | |
|---|---|
| 1. 安装连杆组<br>方法：将连杆盖装在连杆上，并用标准力矩拧紧，同时装上选配好的活塞销<br>注意：清洁连杆衬套及连杆轴承 | 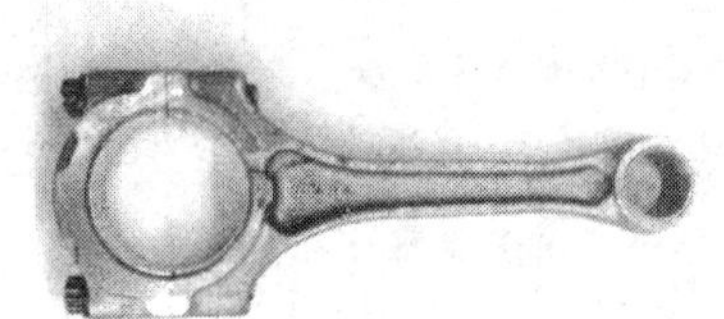 |
| 2. 将连杆组安装到连杆检验器上<br>方法：将连杆轴承孔套装在检验器的横轴上，转动轴端螺母，使横轴上的定心块向外张，将连杆固定在检验器上，并观察小角铁三个爪头与平面的接触情况 | 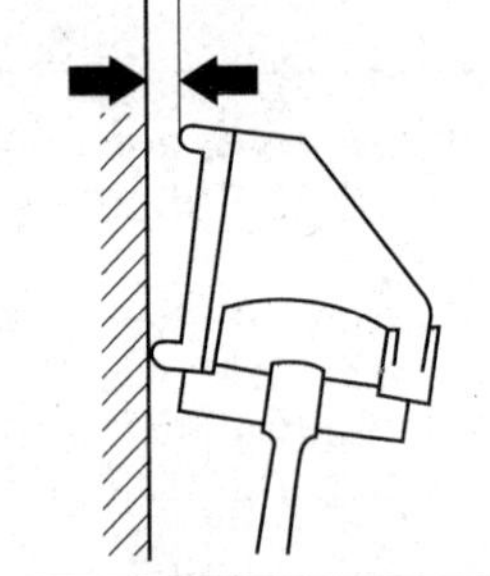 |
| 3. 用塞尺测量测点与平板间的间隙值（弯曲）<br>方法：量规的下两个指点与平板接触，而上一个指点不与平板接触；或者量规的上一个指点与平板接触，而下两个指点不与平板接触。这时用塞尺测得的测点与平板间的间隙值，即为连杆在 100 mm 长度上的弯曲度值<br>提示：应记下方向 | 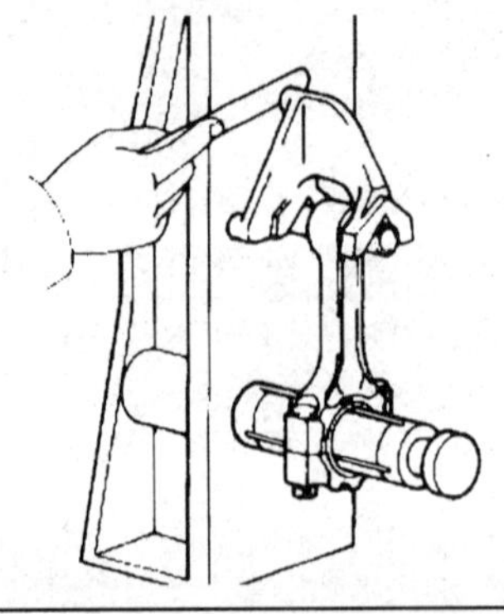 |

续表

| | |
|---|---|
| 4. 用塞尺测量测点与平板间的间隙值（扭曲）<br>方法：将上一指点、下两指点中的一指点接触平板，而另一指点不接触平板。这时用塞尺测得的该指点与平板之间的间隙为连杆在 100 mm 长度上的扭曲度数值<br>提示：应记下方向 | 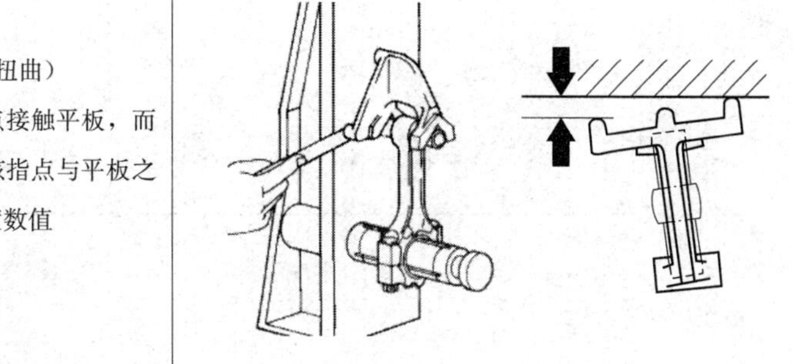 |

桑塔纳 AFE 发动机连杆变形的检测方法与丰田 1ZR－FE 发动机连杆变形的检测方法相同，但变形的极限值不同，在 100 mm 长度上，AFE 发动机连杆的弯曲变形量不得大于 0.05 mm，连杆扭曲量不得大于 0.15 mm，否则应进行校正。

而丰田 1ZR－FE 发动机连杆的弯曲和扭曲程度均不得大于 0.05 mm/100 mm。如最大偏差大于极限值，则应更换连杆。

（4）连杆的校正

连杆的双重弯曲通常不予校正，因为连杆大、小端对称平面偏移的双重弯曲极难校正，而双重弯曲对曲柄连杆机构的工作极为有害，因此应更换连杆。连杆发生弯扭变形时，首先要记下连杆弯曲与扭曲的方向和数值，用连杆校正器进行校正。通常是先校正扭曲，再校正弯曲。校正时，应避免反复过校正。

1）校正连杆扭曲时，先将连杆盖按规定装配和拧紧，然后用台虎钳口垫以软金属垫片夹紧连杆大端侧面，最后使用专用扳钳装卡在连杆杆身上、下部位，按图 2—3—22 所示的安装方法校正连杆的逆时针扭曲变形。校正顺时针扭曲变形时，将上下扳钳交换即可。

2）校正连杆弯曲时，将弯曲的连杆装入专用的压器，使弯曲的凸起部位朝上，在正丝杆的部位加入垫块，根据连杆的弯曲程度，扳动丝杠加压，如图 2—3—23 所示。

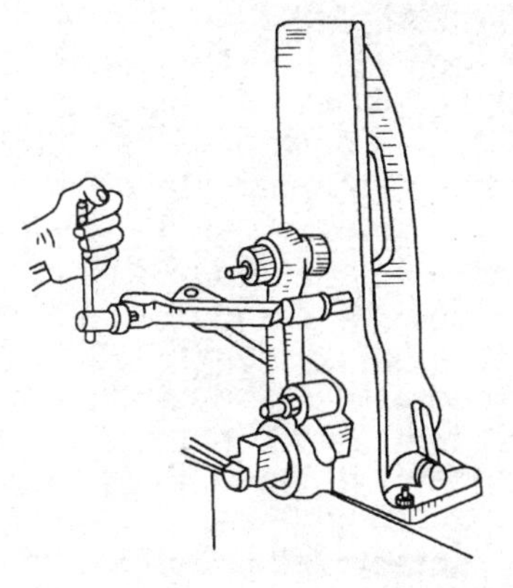

图 2—3—22　校正连杆扭曲

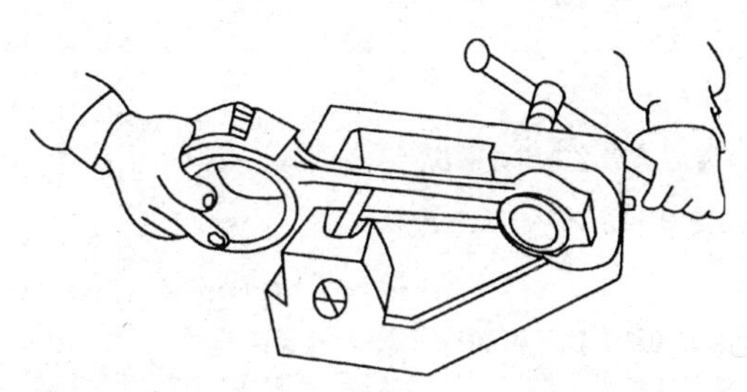

图 2—3—23　校正连杆弯曲

3）连杆的校正通常是在常温下进行冷压校正。

4）对于校正后的连杆，应多次从正反方向进行复查，直至确认合格为止。

## 四、活塞连杆组的安装

以桑塔纳 AJR 发动机为例，安装活塞连杆组，其中活塞销已连接了活塞及连杆。

| | |
|---|---|
| 1. 安装活塞环<br>方法：用手安装油环，然后用活塞环拆装钳安装气环<br>注意：先用活塞环安装钳张开活塞环，注意不可用力过大，否则会折断活塞环；区分第一道气环和第二道气环，活塞环上的“TOP”标记必须朝向活塞顶部 |  |
| 2. 调整曲轴位置<br>提示：如安装一缸活塞连杆组，则将一缸连杆轴颈调至下止点位置，以此类推 |  |
| 3. 清洁气缸及连杆轴颈并润滑<br>提示：清洁气缸表面及连杆轴颈表面，并用润滑油均匀地涂抹在气缸壁上 | 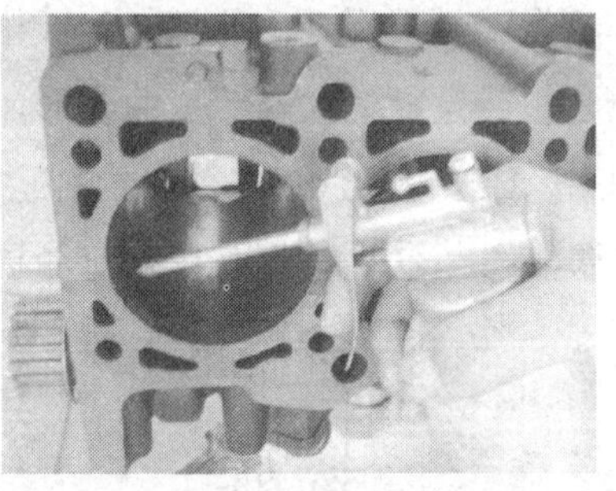 |
| 4. 清洁活塞连杆组并润滑<br>提示：重点清洁活塞及连杆轴承<br>注意：润滑活塞裙部及两岸轴承的内表面，连杆大头和连杆轴承的结合面不可润滑 | 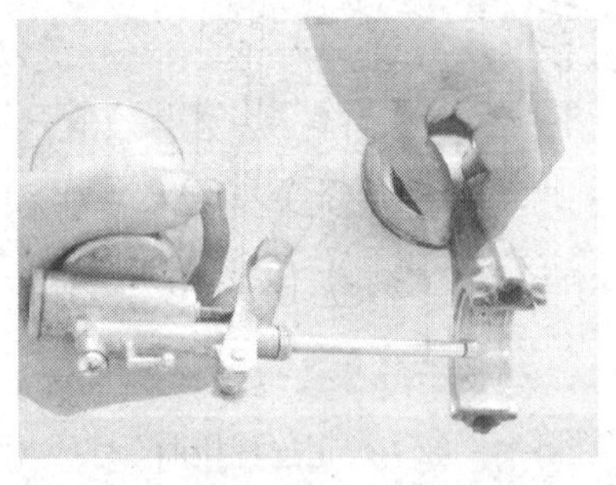 |

续表

| | |
|---|---|
| 5. 调整活塞环开口位置<br>方法：旋转活塞环，开口应错开 120°。可用手调节，并使第一道活塞环的开口位于侧压力小的一侧，且与活塞销轴线成 45° |  |
| 6. 收紧活塞环，并将活塞连杆组放入对应的气缸<br>方法：装上活塞环抱箍，包住全部活塞环并夹紧抱箍，使活塞环压缩到足够小；将连杆与活塞一起先放入相对应的气缸，活塞进入气缸约 1/3<br>注意：活塞及连杆的标记必须朝向发动机前方 |  |
| 7. 将活塞捅入气缸<br>方法：先用木棍敲平活塞环抱箍边缘后，再尝试收紧抱箍，然后用木棍将活塞捅入气缸<br>注意：捅的时候要注意连杆大头不要磕碰连杆轴颈 |  |
| 8. 安装连杆盖及连杆螺栓<br>注意：连杆盖必须与连杆对应，且连杆盖的标记也必须指向发动机前方 | 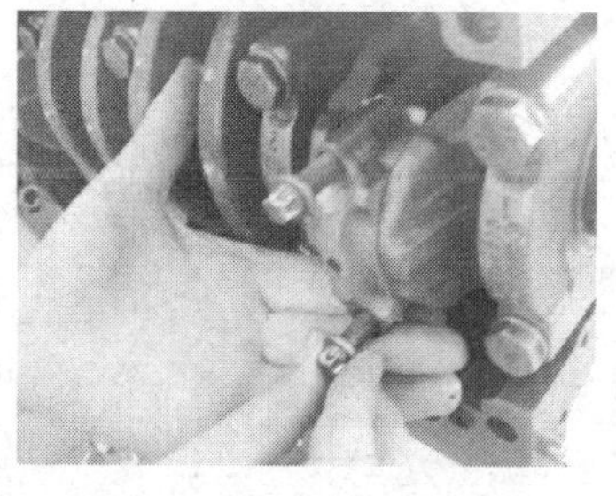 |
| 9. 紧固连杆螺栓<br>方法：按规定扭力要求用扭力扳手上紧<br>提示：连杆螺栓在拆卸后应更换，安装时先润滑螺纹和接触表面。注意扭力扳手的使用方法 | 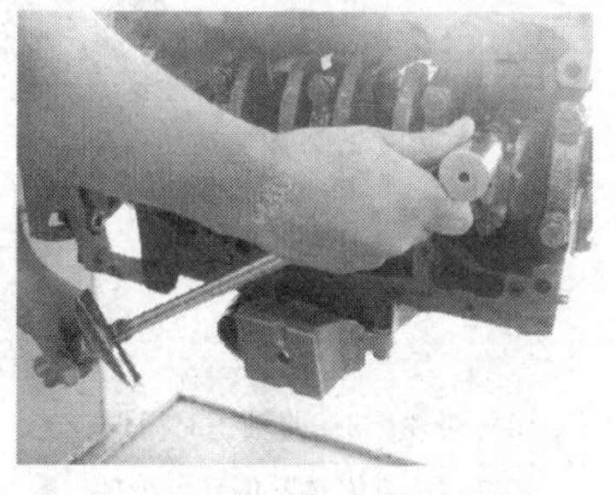 |

续表

| | |
|---|---|
| 10. 转动曲轴检验<br>提示：转动曲轴，应转动自如，否则应检查重装。每装一个活塞连杆组都应检查曲轴的转动情况 | 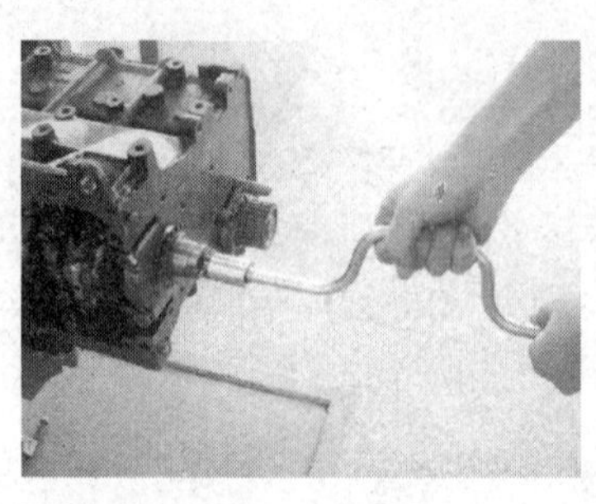 |

# 课题 4　曲轴飞轮组

## 学习目标

1. 掌握曲轴飞轮组零件的构造及工作原理。
2. 能够对曲轴飞轮组零件进行拆装与检修。

曲轴飞轮组如图 2—4—1 所示。曲轴的每个主轴颈上安装有对开半圆形主轴承，并通过主轴承盖用螺栓安装固定在气缸体上。曲轴上安装有半圆形止推片，用于限制曲轴的轴向定位移动，曲轴正时齿形带轮用键与曲轴相连，并用螺栓固定。V 形带轮及安装在它内部的曲轴扭转减振器用螺栓安装在曲轴正时带轮上。曲轴的末端凸缘盘上安装有离合器总成，飞轮通过螺栓和离合器盖相连接。

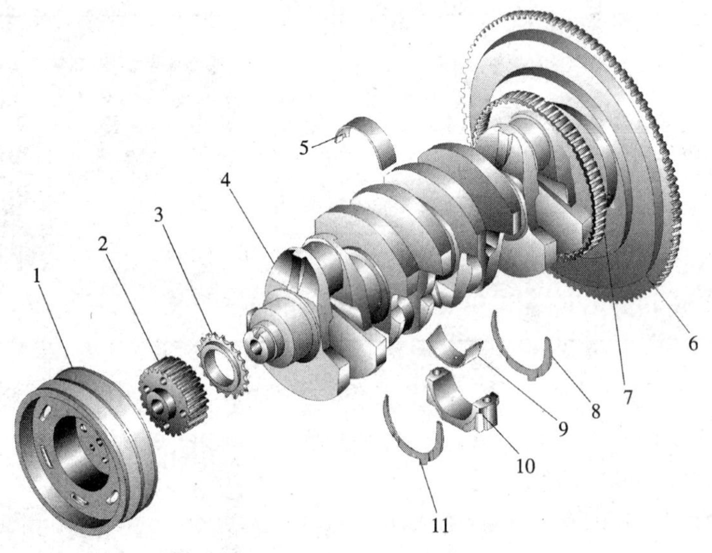


图 2—4—1　曲轴飞轮组

1—带轮　2—曲轴正时齿形带轮　3—曲轴链轮　4—曲轴　5—曲轴主轴承（上）　6—飞轮
7—转速传感器信号发生器　8、11—止推片　9—曲轴主轴承（下）　10—曲轴主轴承盖

## 一、曲轴飞轮组的构造

### 1. 曲轴

(1) 曲轴的功用及工作条件

曲轴的功用是把活塞、连杆传来的气体力转变为转矩，用以驱动汽车的传动系统和发动机的配气机构以及其他辅助装置。

曲轴在周期性变化的气体力、惯性力及其力矩的共同作用下工作，承受弯曲和扭转交变载荷。因此，曲轴应有足够的抗弯曲、抗扭转的疲劳强度和刚度；轴颈应有足够大的承压表面和耐磨性；曲轴的质量应尽量小；对各轴颈的润滑应该充分。

(2) 曲轴的材料

曲轴一般由45、40Cr、35Mn2等中碳钢和中碳合金钢模锻而成，轴颈表面经高频淬火或氮化处理，最后进行精加工。现代汽车发动机广泛采用球墨铸铁曲轴，球墨铸铁价格便宜，耐磨性能好，轴颈不需硬化处理，同时金属消耗量少，机械加工量也少。为提高曲轴的疲劳强度，消除应力集中，轴颈表面应进行喷丸处理，圆角处要经滚压处理。

(3) 曲轴的构造

曲轴基本上由若干个单元曲拐构成，如图2—4—2所示。一个曲柄销，左右两个曲柄臂和左右两个主轴颈构成一个单元曲拐。单缸发动机的曲轴只有一个曲拐，多缸直列式发动机曲轴的曲拐数与气缸数相同，V型发动机曲轴的曲拐数等于气缸数的一半。将若干个单元曲拐按照一定的相位连接起来再加上曲轴前、后端便构成一根曲轴。多数发动机的曲轴，在其曲柄臂上装有平衡重。按单元曲拐连接方法的不同，曲轴可分为整体式和组合式两类。

图2—4—2　曲轴飞轮组

### 2. 飞轮

对于四冲程发动机来说，每四个活塞行程做功一次，即只有做功行程做功，而排气、进气和压缩三个行程都要消耗功。因此，曲轴对外输出的转矩呈周期性变化，曲轴转速不稳定。为了改善这种状况，在曲轴后端装置有飞轮。

飞轮（图 2—4—3）是转动惯量很大的盘形零件，其作用如同一个能量存储器。在做功行程中发动机传输给曲轴的能量，除对外输出外，还有部分能量被飞轮吸收，从而使曲轴的转速不会升高很多。在排气、进气和压缩行程中，飞轮将其储存的能量释放出来补偿这三个行程所消耗的功，从而使曲轴转速不致降低太多。

除此之外，飞轮还有以下功用：飞轮是摩擦式离合器的主动件；在飞轮轮缘上镶嵌有供起动发动机用的飞轮齿圈；在飞轮上还刻有上止点记号，用来校准点火定时或喷油定时，以及调整气门间隙。

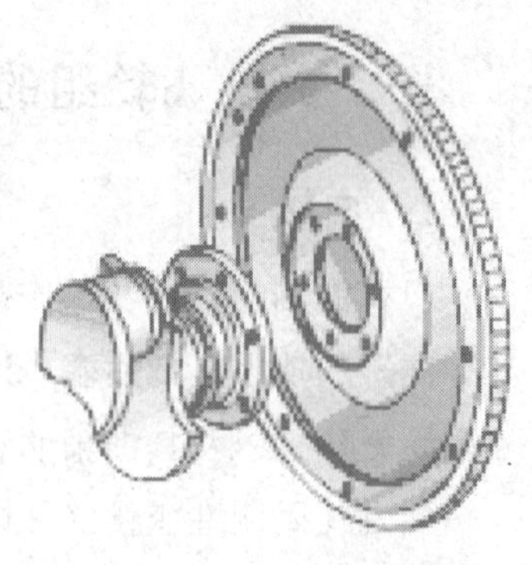

图 2—4—3 飞轮

## 二、曲轴飞轮组的分解

桑塔纳轿车的发动机为直列四缸，曲轴飞轮组采用整体式全支撑结构，在国产轿车中具有典型的代表性。其分解步骤如下：

| | |
|---|---|
| 1. 曲轴主轴承盖螺栓卸力<br>方法：摇动台架，使发动机缸体倒置。用扭力扳手旋松主轴承盖螺栓，按照 1、5、2、4、3 的顺序成对操作<br>注意：主轴承盖上有顺序编号及方向，卸力应分两次进行 |  |
| 2. 拆卸轴承盖螺栓<br>方法：用摇把按照 1、5、2、4、3 的顺序成对操作，快速地旋下主轴承盖螺栓 |  |
| 3. 取下主轴承盖<br>方法：利用两个螺栓，前后晃动轴承盖，然后取下主轴承盖<br>注意：取下的轴承盖按顺序放好，如将轴瓦也取下，应对好轴承盖，不可弄混 |  |

续表

| | |
|---|---|
| 4. 取下曲轴<br>注意：平行地抬起曲轴，不要磕碰，注意第三道主轴颈的止推片不要掉落 |  |
| 5. 放置曲轴<br>方法：将曲轴放置在 V 形架上，水平放置，即两个 V 形架分别对应第一和第五道主轴颈 |  |
| 6. 取下曲轴轴瓦<br>方法：将轴瓦取出，并将轴瓦对应轴承盖放好 |  |

## 三、曲轴飞轮组的检修

曲轴是发动机的主要零件之一，形状复杂，精度高。在工作中，曲轴承受着活塞连杆组传递的周期变化的冲击载荷和旋转运动产生的离心力。在这些力的作用下，曲轴常产生轴颈磨损、弯曲、扭曲变形，有时还产生裂纹，甚至断裂。因此，修理前必须查清曲轴损伤的部位和程度，对其进行正确的修理。

### 1. 曲轴的检修

(1) 曲轴裂纹的检修

1) 曲轴裂纹损伤部位。

曲轴的裂纹多发生在曲柄与轴颈之间的过渡圆角处，以及油孔处。前者是横向裂纹，危害极大，严重时造成曲轴断裂。后者多为轴向裂纹，沿斜置油孔的锐边向轴向发展。

曲轴的横向、轴向裂纹主要是由应力集中引起的，曲轴变形和修磨不慎也会使过渡区的应力陡增，加剧曲轴的疲劳断裂。

2）曲轴裂纹的检验。

曲轴清洗后，首先应检查有无裂纹。检查方法有磁力探伤法、超声波探伤法、着色探伤法等，也可用浸油敲击法检验。

用浸油敲击法检查时，可将曲轴置于煤油中浸一会儿，取出后擦净表面并撒上白粉，然后用手锤分段敲击每个曲柄臂，裂缝内的煤油受振动会从裂纹中渗出，使裂纹处的白粉上显出油迹。如有明显油迹出现，则表明该处有裂纹。

曲轴裂纹发生在非受力部位或裂纹不会延伸时，可予以修复，如曲轴轴向细小的裂纹可采用磨削的方法修复。若曲轴裂纹在曲柄臂与轴柄颈等受力部位时，应更换新件。

（2）曲轴变形的检验

1）曲轴扭曲的检验。

使用高度游标卡尺测量第一道和第四道连杆轴颈的高度差，通过计算公式算出扭曲度。

计算公式如下：$\theta=360\Delta H/(2\pi R)$ 其中，$\theta$ 是扭曲角，$\Delta H$ 是高度差，$R$ 是曲柄半径。

| | |
|---|---|
| 1. 准备设备及工量具<br>提示：需要平整的检验平板，使用高度游标卡尺测量 |  |
| 2. 清洁曲轴第一和第四道连杆轴颈<br>提示：第一和第四道连杆轴颈是需要测量的零部件，轴颈表面需清洁干净，可用汽油洗、气枪吹、抹布擦、除油纸擦拭 |  |
| 3. 清洁高度游标卡尺<br>提示：在拉动高度游标卡尺的游标尺前，先松开锁止螺母<br>注意：需重点清洁测量爪 | 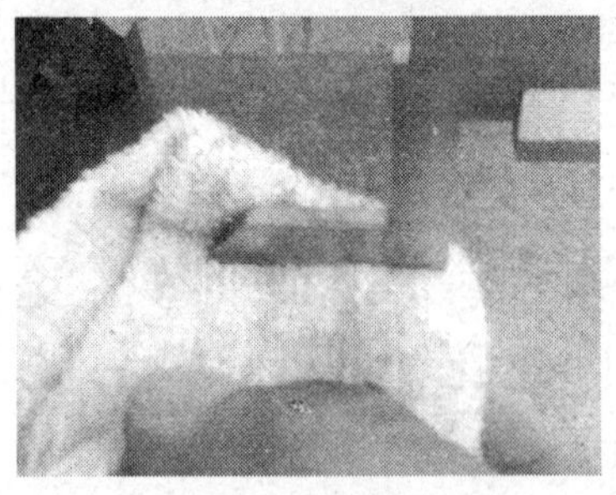 |

续表

| | |
|---|---|
| 4. 高度游标卡尺校零<br>方法：高度游标卡尺的底座不可脱离检验平板，将测量爪拉到接触检验平板，观察游标卡尺对数，如果游标尺和主尺的“0”对齐，则为零误差 |  |
| 5. 调整曲轴位置<br>提示：将四道连杆轴颈放置成一个平行于检验平板的水平面 | 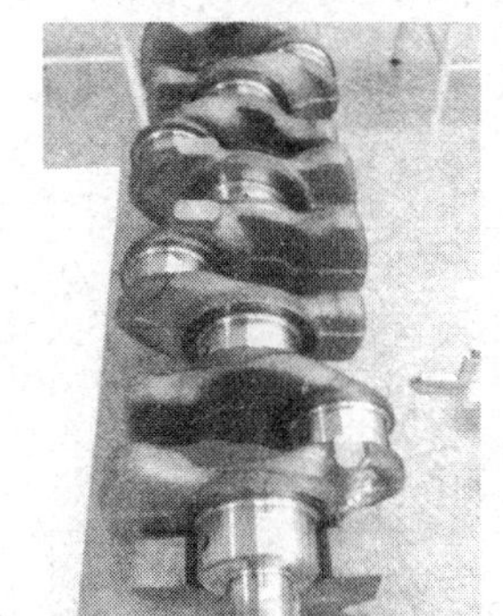 |
| 6. 测量第一道连杆轴颈到检验平板的高度<br>方法：使用高度游标卡尺，测量第一道连杆轴颈最高点到检验平板的高度，并记下数据<br>注意：动作要轻，在向下拉游标尺的时候不可太用力，不可碰动曲轴，且高度游标卡尺的底座不可翘起 |  |
| 7. 测量第四道连杆轴颈到检验平板的高度<br>方法：与测量第一道连杆轴颈相同，并记录测量数据<br>提示：扭曲度一般不超过 0.5° |  |

续表

| | |
|---|---|
| 8. 清洁整理<br>提示：清理曲轴及工量具，并且注意高度游标卡尺的存放 | 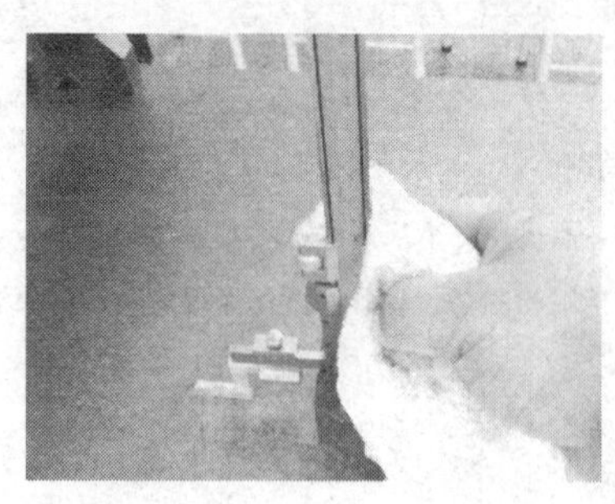 |

2）曲轴弯曲的检验。

使用含磁性表座的百分表测量曲轴的弯曲变形程度。

| | |
|---|---|
| 1. 准备设备及工量具<br>提示：将曲轴放置在V形架上，其中第一、第四道主轴颈放置在V形架上，同时需要平整的检验平板 |  |
| 2. 清洁曲轴及百分表<br>提示：清洁曲轴第三道主轴颈，百分表需要清洁并检查，方法见量缸项目 | 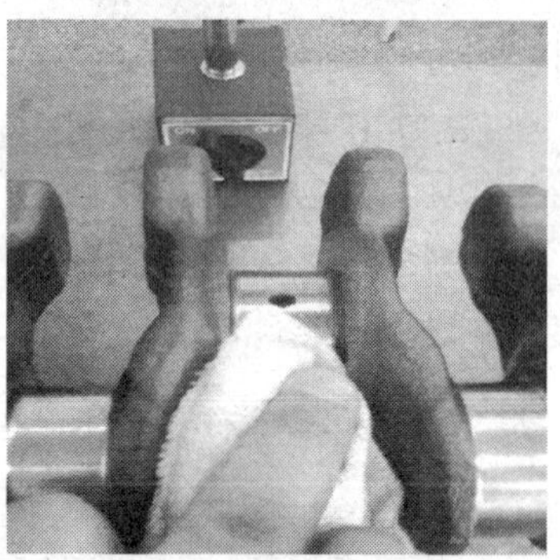 |
| 3. 调整百分表与曲轴的接触位置<br>提示：将百分表的测量头部放置在第三道主轴颈上，百分表测量杆应垂直于检验平板，且避开主轴颈的油孔位置 |  |

续表

| | |
|---|---|
| 4. 调整百分表的压缩量并校零<br>方法：调整磁性表座的螺母，使百分表测量头部接触主轴颈，并向下压 1～2 mm，然后紧固。再旋转百分表刻度盘，使大指针指向“0”刻度 |  |
| 5. 测量弯曲度<br>方法：旋转曲轴超过一圈，观察百分表读数，百分表最大摆量的一半即是弯曲度。一般弯曲度不可超过 0.15 mm，具体参见各发动机维修手册 | 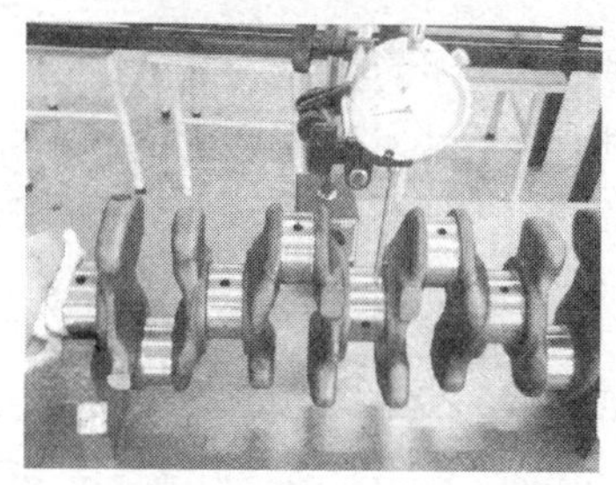 |

(3) 曲轴磨损的检测

曲轴轴颈磨损的检测方式是利用外径千分尺测量轴颈的直径，然后通过计算轴颈的圆度误差和圆柱度误差来判断曲轴的磨损情况，测量数据记录在表 2—4—1 中。

| | |
|---|---|
| 1. 设备及工量具准备<br>提示：将曲轴放置在 V 形架上，其中第一、第四道主轴颈放置在 V 形架上，同时需要平整的检验平板 | 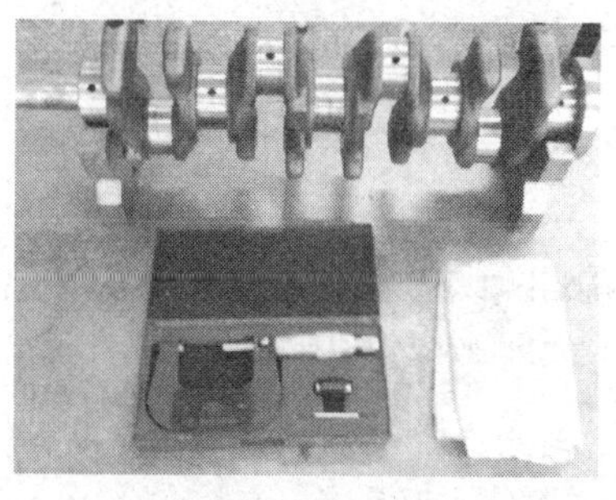 |
| 2. 清洁曲轴<br>提示：重点清洁轴颈部分，不可有毛刺、机油等异物 | 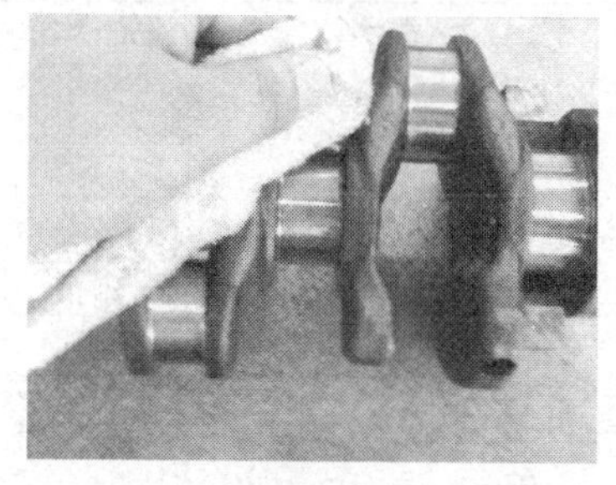 |

续表

| | |
|---|---|
| 3. 外径千分尺的准备<br>提示：外径千分尺需清洁测量表面、校准杆，需校零 | 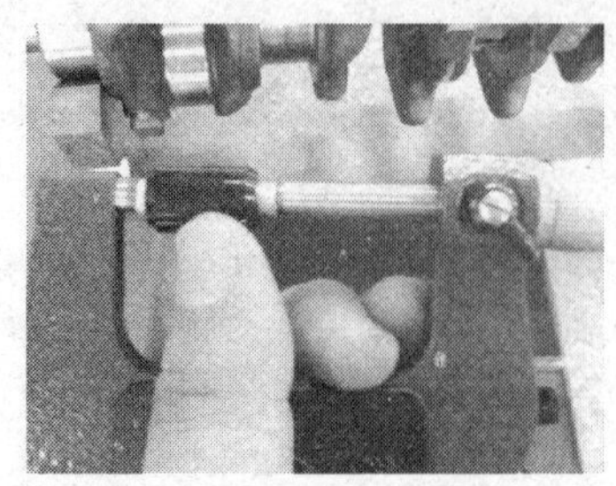 |
| 4. 测量曲轴主轴颈直径<br>方法：将外径千分尺调到略大于轴颈直径的尺寸，然后放入曲轴轴颈，测量杆的连线应过曲轴轴颈的轴心 | 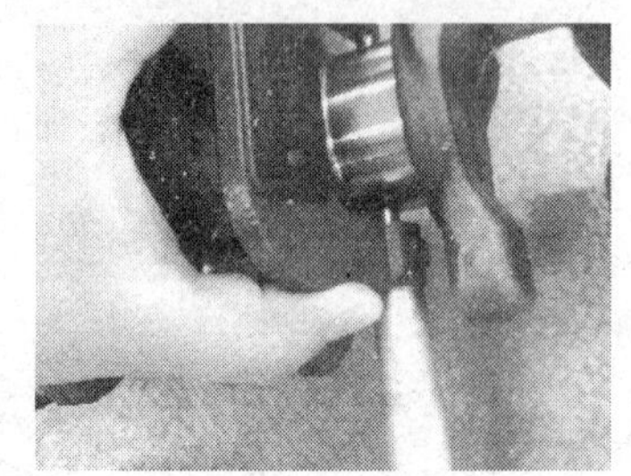 |
| 5. 测量位置<br>提示：一个轴颈需测量四个直径，分别是轴颈的前后及水平与垂直方向 | 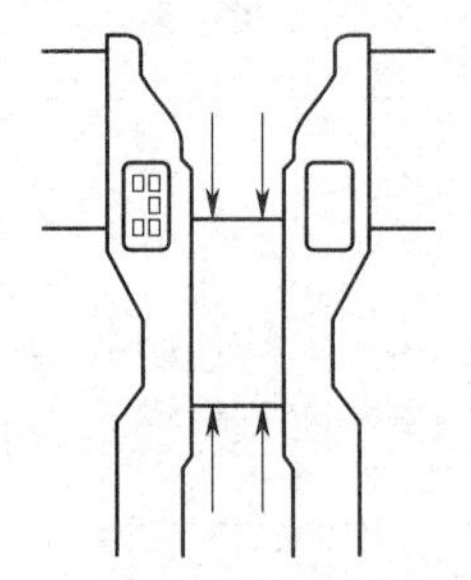 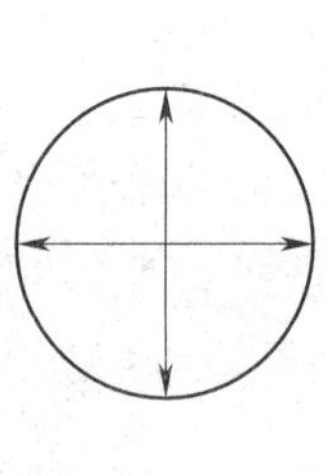 |
| 6. 测量连杆轴颈<br>提示：方法和要求与测量曲轴主轴颈相同 |  |
| 7. 清洁整理设备及工量具<br>提示：将外径千分尺退回到最小刻度并锁止 | 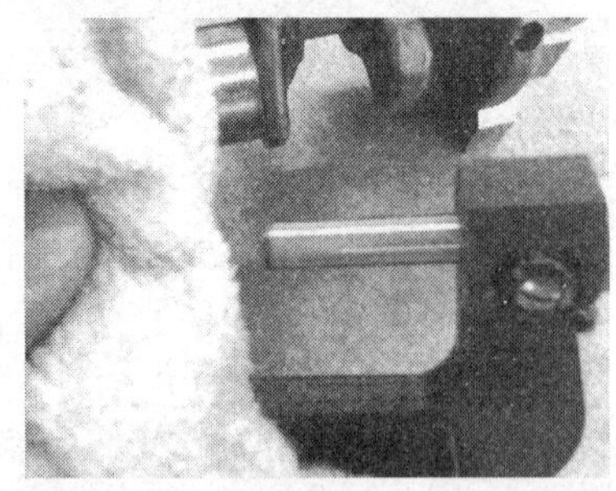 |

表 2—4—1　　曲轴测量记录单　　mm

| 检测项目 | 检测部位 | 检测数据 | | | |
|---|---|---|---|---|---|
| | | $D_1$ | $D_2$ | $D_3$ | $D_4$ |
| 曲轴主轴颈 | | | | | |
| | | | | | |
| 主轴颈圆度误差 | | | 主轴颈圆柱度误差 | | |
| 检测项目 | 检测部位 | $D_1$ | $D_2$ | $D_3$ | $D_4$ |
| 连杆轴颈 | | | | | |
| | | | | | |
| 连杆轴颈圆度误差 | | | 连杆轴颈圆柱度误差 | | |
| 曲轴弯曲度 | | | | | |
| 曲轴扭曲 | 检测部位 | 第一道连杆轴颈 | | 第四道连杆轴颈 | |
| | | | | | |
| 曲轴扭曲度 | | | | | |
| 结果判定 | | | | | |

(4) 曲轴的修复

若曲轴各轴颈的圆度和圆柱度小于或等于允许值，曲轴可不修理直接使用；若超过允许值，曲轴轴颈必须修理后方可使用。修理时，在保证磨削质量的前提下，尽可能选择最接近的修理级别，以延长曲轴的使用寿命。曲轴的连杆轴颈和主轴颈应分别磨削成同一级别的修理尺寸，以便选配轴承，保证合理的配合间隙。

在磨削曲轴时，定位基准选择得正确与否将直接影响曲轴的加工精度。

定位基准的选择原则：

1) 根据基准统一的要求，应选择与曲轴制造加工时相统一的定位基准。

2) 应选择在工作中不易磨损的过盈配合的轴颈表面。

因此，在磨削主轴颈时，一般选择曲轴前端螺孔的内倒角和曲轴后端中心轴承座孔为定位基准。在磨削连杆轴颈时，可选择曲轴前端正时齿轮轴颈和曲轴后端飞轮凸缘的外圆柱面为定位基准。磨削曲轴时应先磨削主轴颈，然后磨削连杆轴颈。

## 2. 曲轴轴承的检修

(1) 曲轴轴承轴向间隙的检测

主轴承与连杆轴承的检测方法相同，以主轴承的轴向间隙检测为例。

| | |
|---|---|
| 1. 设备及工量具准备<br>注意：安装磁性表座，清洁并检查百分表，清洁曲轴主轴颈测量表面 | 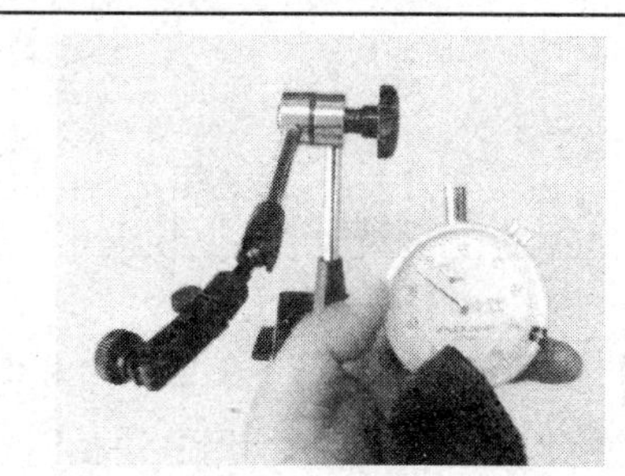 |

续表

| | |
|---|---|
| 2. 安装百分表及磁性表座<br>提示：需沿曲轴轴线方向安装 |  |
| 3. 调整百分表<br>提示：按百分表的使用规范调整 | 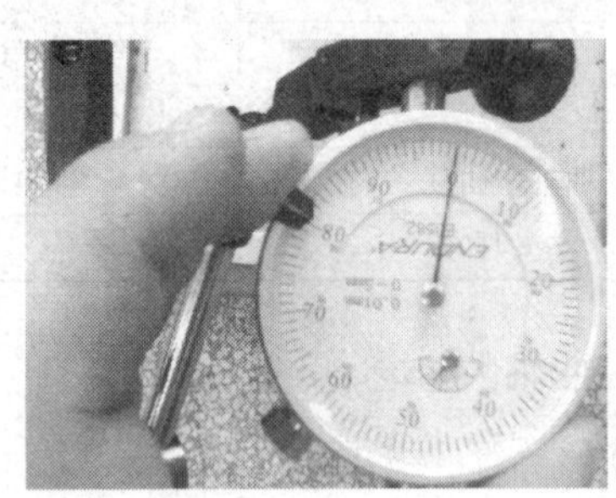 |
| 4. 测量曲轴轴向间隙<br>方法：前后撬动曲轴，观察百分表的摆动量即轴向间隙，并记录数据 |  |
| 5. 清洁整理<br>提示：清洁整理归位，取下磁性表座时要当心，不要掉落 | 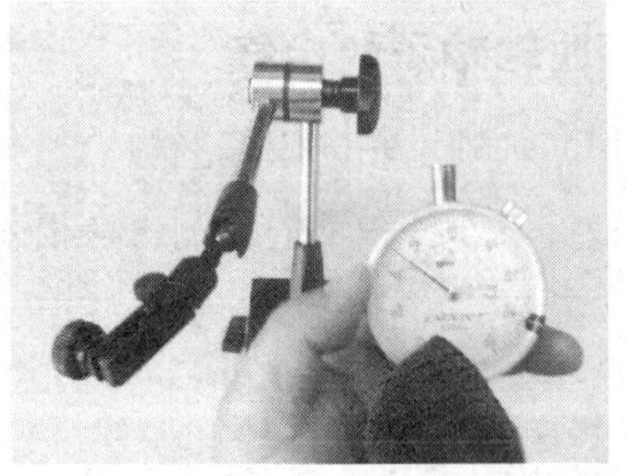 |

(2) 曲轴轴承径向间隙的检测

主轴承与连杆轴承的检测方法相同，以主轴承的径向间隙检测为例。

| | |
|---|---|
| 1. 安装活塞连杆，并清洁连杆轴颈 | 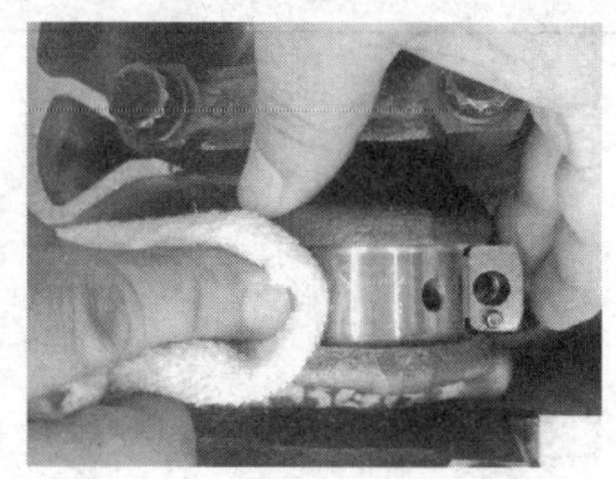 |
| 2. 清洁连杆盖轴瓦 |  |
| 3. 放置塑料线间隙规<br>提示：应放置与曲轴轴线方向一致，宽度与轴颈宽度相当 | 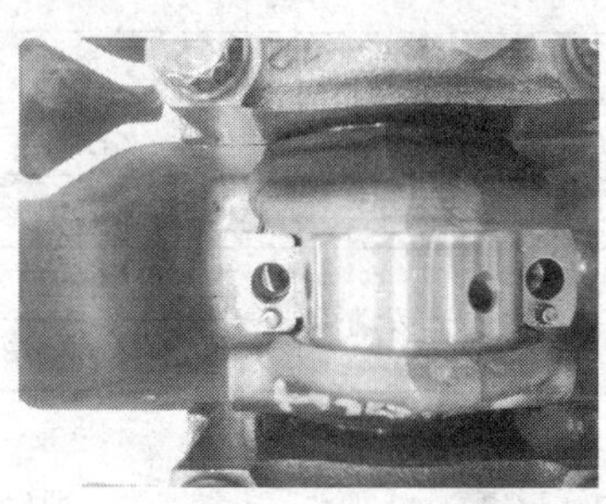 |
| 4 安装连杆盖<br>提示：按规定紧固连杆螺栓<br>注意：不可转动曲轴 |  |
| 5. 拆卸连杆盖 |  |

续表

| | |
|---|---|
| 6. 测量塑料间隙线的宽度<br>方法：对比标准间隙宽度 | 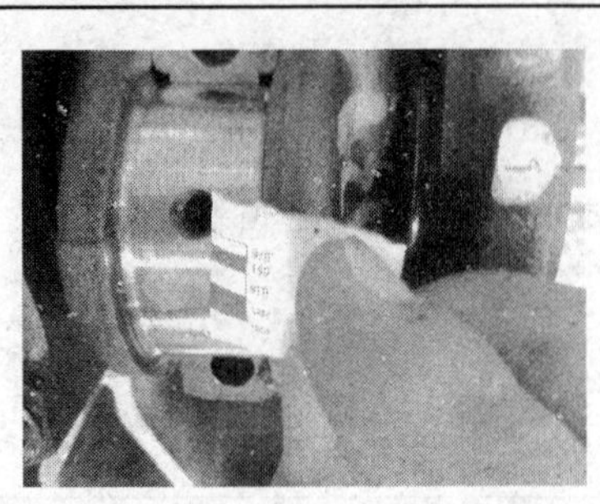 |

(3) 曲轴轴承的选配

根据轴颈选配轴承，轴承的修理尺寸与轴颈一样，具有相应的修理级别。因此，在选配轴承时，应根据曲轴轴颈的修理尺寸，按修理级别选用相应缩小尺寸的新轴承。

曲轴轴承与轴颈的径向和轴向配合间隙应符合要求，见表 2—4—2、表 2—4—3。

**表 2—4—2　　曲轴轴承与轴颈的径向间隙**　　mm

| 参数 | | 标准径向间隙 | 极限值 |
|---|---|---|---|
| 机型 | 项目 | | |
| 桑塔纳 JV 发动机 | 主轴承 | 0.030～0.080 | 0.170 |
| | 连杆轴承 | 0.024～0.048 | 0.120 |
| 丰田卡罗拉 1ZR—FE 发动机 | 主轴承 | 0.016～0.039 | 0.050 |
| | 连杆轴承 | 0.030～0.062 | 0.070 |

**表 2—4—3　　曲轴轴承与轴颈的轴向间隙**　　mm

| 参数 | | 轴向间隙 | 参数 | | 轴向间隙 |
|---|---|---|---|---|---|
| 机型 | 项目 | | 机型 | 项目 | |
| 桑塔纳 JV 发动机 | 主轴承 | 0.07～0.17 | 丰田卡罗拉 1ZR—FE 发动机 | 主轴承 | 0.04～0.14 |
| | 连杆轴承 | 0.10～0.37 | | 连杆轴承 | 0.160～0.342 |

## 四、曲轴飞轮组的安装

| | |
|---|---|
| 1. 清洁缸体主轴承座及轴瓦，安装轴瓦并润滑<br>提示：轴瓦顺序不可搞错，安装时，应让有定位槽的一边先到位，然后压另一侧安装轴瓦。只需润滑轴瓦的内表面，即与曲轴主轴颈接触的表面 |  |

续表

| | |
|---|---|
| 2. 清洁曲轴主轴颈并润滑<br>提示：主轴颈表面和连杆轴颈需清理干净，不可有异物，润滑需充分 | 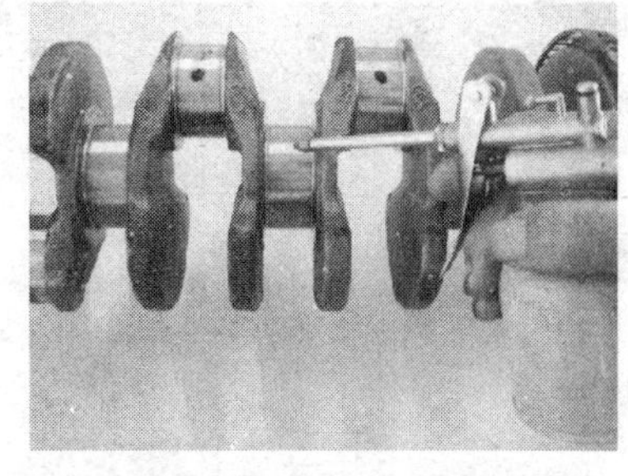 |
| 3. 安装曲轴<br>提示：应将曲轴平行地放入气缸体，不可发生磕碰，且注意曲轴的前后端方向 |  |
| 4. 安装曲轴主轴承盖<br>提示：不要漏装第三道主轴承盖的止推片，清洁轴承盖，并在轴承盖上轴瓦的内表面涂抹机油<br>注意：轴承盖按顺序及方向放入对应的轴承座上 |  |
| 5. 预紧轴承盖螺栓<br>方法：先用手把每个螺栓旋入 1～2 圈，再用橡胶锤将轴承盖敲到底，然后用摇把按 3—2—4—1—5 的顺序成对预紧 |  |
| 6. 紧固轴承盖螺栓<br>方法：用扭力扳手按 3—2—4—1—5 的顺序成对紧固<br>提示：按维修手册的要求分次紧固，如需上角度，还需配合角度盘进行紧固 |  |

续表

| | |
|---|---|
| 7. 转动曲轴检查安装情况 |  |

# 课题 5　综合故障诊断与排除

## 学习目标

1. 熟悉曲柄连杆机构故障检测和诊断的基本知识。
2. 掌握曲柄连杆机构常见故障的检测、诊断与排除方法。

曲柄连杆机构的常见故障主要是异响，如活塞敲缸响、活塞销响、曲轴轴承响、连杆轴承响等。

## 一、活塞敲缸响

### 1. 故障现象

发动机在怠速或低速运转时，在气缸的上部发出清晰而明显的“嗒、嗒”的金属敲击声，而中速以上运转时响声减弱或消失；发动机温度变化时响声也变化：多数情况下响声在冷车时明显，热车时减弱或消失，但个别原因造成的活塞敲缸响反而在温度升高后加重；响声严重时，负荷越大响声也越大，但机油压力不降低。

### 2. 故障原因

(1) 冷车起动时，由于活塞冷缩与气缸壁间隙较大，出现明显的敲击声，热机后活塞膨胀而与气缸壁间隙减小，故响声减弱或消失。

(2) 活塞与缸壁长期摩擦而磨损，相互间隙增大，在工作行程开始瞬间，活塞在气缸内摆动而敲缸。

(3) 由于连杆弯曲或扭转等原因使活塞在气缸内偏斜不正，造成气缸不正常磨损，使活塞敲击缸壁。

(4) 活塞与气缸壁润滑太差。

### 3. 故障诊断

(1) 将发动机转速控制在声响明显处，察看机油加注口是否冒烟，排气管是否冒蓝烟，将机油加油口盖打开，用旋具头抵触机油加油口一面的缸壁，将耳朵贴在旋具木把上，如所触处活塞敲缸就可听到有振动的敲击声。

（2）采取逐缸断油的办法来确定敲缸的位置，如果断到某个缸时，声音明显减小或者消失，而当恢复供油时能听到明显的“嗒、嗒”声音，说明是该缸的活塞敲缸。

（3）为了进一步证实该缸活塞敲缸，将有声响缸的火花塞拆下，并注入少量机油，装上火花塞，起动发动机，敲击声消失或减弱，运行一会敲击声再度出现，则可确定该缸活塞敲缸。

## 二、活塞销响

### 1. 故障现象

（1）发动机怠速时发出有节奏又清脆的声响，当突然加大节气门时，响声也随之加大。高速时，响声混浊不清。

（2）做断火试验时，声响减弱或消失。

（3）有火花塞跳火 1 次，发响 2 次的规律。

### 2. 故障原因

（1）活塞销与连杆衬套磨损过甚而松旷。

（2）活塞销与活塞销座孔松旷。

（3）润滑不良引起的活塞销严重烧蚀。

（4）活塞销锁环脱落而使活塞销窜动。

（5）活塞销折断。

### 3. 故障诊断

（1）使发动机处于怠速位置，抖动节气门到中速位置，如声响能灵活地随之变化，并且每抖动 1 次节气门都能听到明显、清晰、尖脆而连贯的“嗒、嗒”声响，则可诊断为活塞销响。

（2）将发动机转速控制在声响最明显处，然后逐缸断火试验。若断火后响声减轻或消失，复火时发出“嗒、嗒”的敲击声，且在气缸上部、中部听到的响声比在下部响声大，则可诊断为活塞销响。

（3）响声较严重，且发动机转速越高，响声越大时，可在响声最大的转速下对异响缸做断火试验，若声响不仅不消失，反而变得更加杂乱，则可诊断为活塞销与衬套配合松旷。

（4）当发动机怠速运转时，出现有节奏而较沉重的“吭、吭”碰击声，转速提高后，声响并不消失，同时伴随出现发动机抖动现象；做断火试验时，声响反而加大，可诊断为该缸的活塞销自由窜动。

（5）发动机急加速，此时声响剧烈而尖锐；再做断火试验，声响减轻或消失，则可诊断为该缸的活塞销折断。

## 三、曲轴轴承响

### 1. 故障现象

发动机突然加速时发出沉重而有力的“当当当”或“刚刚刚”的金属敲击声，严重时机体发生很大的振动，响声随发动机转速的提高而增大，随负荷的增加而增强，响声的部位在气缸下部的曲轴箱内。单缸断火时，声响无大变化，而相邻两缸断火时，声响明显减弱。

### 2. 故障原因

(1) 主轴承盖固定螺钉松动。

(2) 主轴承与主轴颈磨损过甚，轴向止推装置磨损过甚，造成径向与轴向间隙太大。

(3) 主轴承减磨合金烧毁或脱落。

(4) 曲轴弯曲，致使曲轴中部或两端主轴承配合间隙太大。

(5) 机油压力太低或机油黏度太小。

### 3. 故障诊断

(1) 发动机在低速、中速状态下抖动节气门，发出明显而沉闷的连续敲击声，同时发动机伴随有振抖现象，则可诊断为曲轴轴承响。

(2) 进行单缸断火试验，声响变化不大，而相邻两缸断火时，声响明显减弱或消失，则可诊断为两缸之间的曲轴轴承响。

(3) 高速运转发动机，机体振动较大，同时伴有机油压力显著下降，则可诊断为曲轴轴承与轴颈间隙过大或轴承合金脱落。

(4) 发动机转速并不高，机件却振动较大，甚至有摆动现象，同时发出沉重、粗闷而较大的“嘣、嘣”敲击声，则可诊断为曲轴断裂。

(5) 发动机声响随温度升高而增大，到高速时声响变得杂乱，则可能是曲轴弯曲。

## 四、连杆轴承响

### 1. 故障现象

(1) 发动机突然加速时，有连续且明显的敲击声，响声较清脆、短促，响声随发动机的转速升高而增大，随负荷的增加而增加。

(2) 响声在发动机温度变化时，变化不大。

(3) 在怠速和中速运转时，可以听到“格楞”的声音。

(4) 做断油试验，响声明显地减弱。

### 2. 故障原因

(1) 连杆轴承与轴颈磨损过量，径向间隙过大。

(2) 连杆轴承盖紧固螺栓松动。

(3) 连杆轴承合金烧蚀、脱落。

(4) 连杆轴颈失圆。

(5) 连杆轴承润滑不良。

### 3. 故障诊断

(1) 做逐缸断油试验，从怠速到中速，转速再升高，抖动油门，响声随发动机的转速升高而增大。轻轻地抖动油门，可以听到“格楞”的响声，而且响声在加油的瞬间突出，断油响声减小；恢复供油的瞬间响声变大。听到这种声音，即可判断为连杆轴瓦响。

(2) 拿掉机油加油口盖，能听到较强的“铛、铛”的敲击声。

(3) 车辆在运行中，加大油门，或由低速挡猛加油时，听到发动机的“铛、铛”的敲击声，且发动机伴随振动；做断火试验时声响不改变，则可诊断为连杆轴承合金烧蚀。

# 单元三　配 气 机 构

## 课题 1　配气机构概述

**学习目标**

1. 掌握配气机构的功用、结构及组成。
2. 掌握配气机构的分类。
3. 掌握配气机构的工作原理。

配气机构的作用是按照发动机工作顺序和各缸工作循环的要求，定时开启和关闭进、排气门。

### 一、配气机构的组成

配气机构通常由气门组和气门传动组两部分组成。

如图 3—1—1 所示为桑塔纳 2000AJR 发动机配气机构。

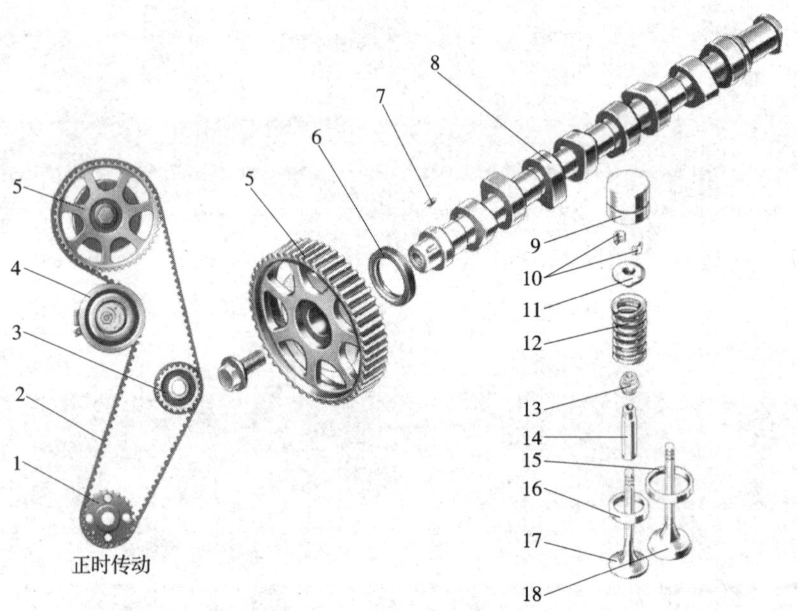


图 3—1—1　配气机构的组成

1—曲轴正时齿形带轮　2—正时齿形带　3—水泵齿形带轮　4—张紧轮　5—凸轮轴正时齿形带轮　6—凸轮轴油封　7—半圆键　8—凸轮轴　9—液压挺柱　10—气门锁片　11—上气门弹簧座　12—气门弹簧　13—气门油封　14—气门导管　15—进气门座　16—排气门座　17—排气门　18—进气门

气门组主要由气门锁片、上气门弹簧座、气门弹簧、气门油封、气门导管、进气门座、排气门座、排气门、进气门等组成。

气门传动组主要由液压挺柱、曲轴正时齿形带轮、正时齿形带、水泵齿形带轮、张紧轮、凸轮轴正时齿形带轮、凸轮轴油封、半圆键、凸轮轴等组成。

## 二、配气机构的分类

### 1. 按气门位置分类

配气机构按气门位置不同可以分为气门侧置式和气门顶置式两种，如图 3—1—2 所示。目前，汽车基本采用气门顶置式配气机构，气门侧置式已经逐步淘汰。

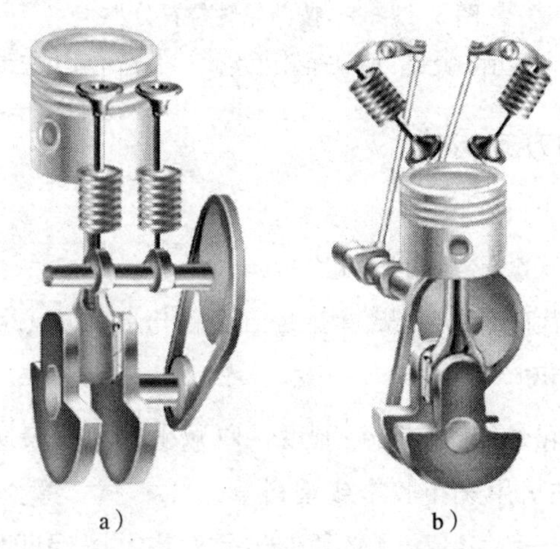


图 3—1—2 气门位置示意图

a）气门侧置式 b）气门顶置式

### 2. 按凸轮轴的位置分类

（1）凸轮轴下置式

该形式的布置如图 3—1—3a 所示，其主要缺点是气门和凸轮轴相距较远，因而气门传动零件较多，结构较复杂，发动机高度也有所增加。

（2）凸轮轴中置式

凸轮轴位于气缸体的中部，由凸轮轴经过挺柱直接驱动摇臂，省去推杆，如图 3—1—3b 所示。

（3）凸轮轴上置式

凸轮轴布置在气缸盖上，如图 3—1—3c 所示。凸轮轴上置式有两种结构：一是凸轮轴直接通过摇臂来驱动气门，这样既无挺柱，又无推杆，往复运动质量大大减小，此结构适用于高速发动机；另一种是凸轮轴直接驱动气门或带液力挺柱的气门，此种配气机构的往复运动质量更小，特别适用于高速发动机。

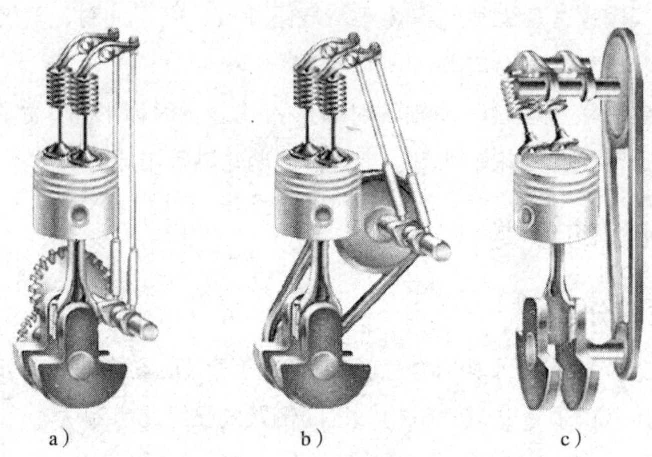


图 3—1—3 按凸轮轴位置分类

a）凸轮轴下置式 b）凸轮轴中置式 c）凸轮轴上置式

### 3. 按凸轮轴的驱动方式分类

（1）齿轮传动（图 3—1—4a）

1）齿轮传动用于下置式凸轮轴的驱动。

2）汽油机用一对正时齿轮传动；柴油机上凸轮轴与曲轴中心距较大，且需要同时驱动喷油泵，需加入中间惰轮传动。

3）正时齿轮都用斜齿轮且用不同材料制成，以减小噪声和磨损。通常小齿轮用中碳钢，大齿轮柴油机用钢，而汽油机用夹布胶木或塑料。

4）正时齿轮上有正时记号，装配时必须使记号对齐，以保证配气正时，如图 3—1—4a 中的 $A$—$B$ 所示。

（2）链条传动（图 3—1—4b）

1）链条传动噪声小，一般用于中置式或上置式凸轮轴的发动机上。

2）为了防止链条抖振，设有导链板和张紧装置。张紧装置有机械式和液压式两种，液压式是用发动机的机油进入液压腔，推动其内部的活塞向外移动，使张紧链轮压向链条。

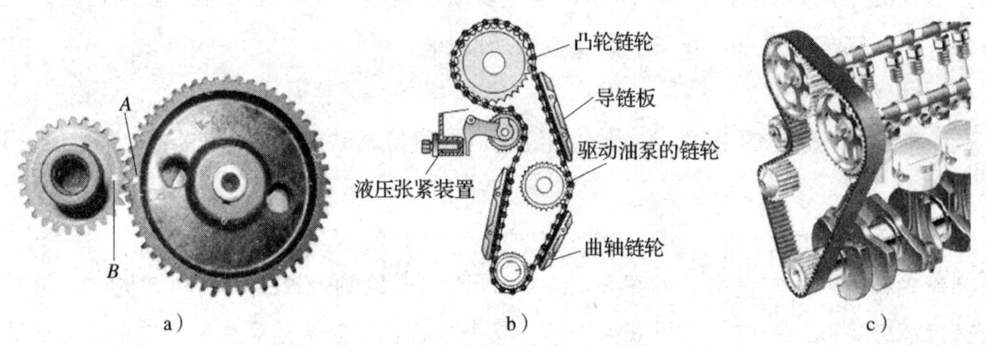


图 3—1—4 按凸轮轴的驱动方式分类

a）齿轮传动 b）链条传动 c）同步带传动

(3) 同步带传动（图 3—1—4c）

近年来高速汽车发动机上广泛采用同步带来代替传动链。同步带传动噪声小、工作可靠、成本低。

## 4. 按照发动机每缸气门数量的不同分类

(1) 二气门式

一般发动机都采用每缸两气门，即一个进气门和一个排气门的结构。

(2) 多气门式

当气缸直径较大，活塞平均线速度较高时，为保证良好的换气质量，有些发动机采用每缸多气门结构，如三气门、四气门或五气门结构。

三气门发动机每缸两个进气门，一个排气门，排气门头部直径比进气门大。

五气门发动机每缸三个进气门，两个排气门。这种结构能够明显地增加进气量。图 3—1—5 所示为捷达王轿车 EA113 型发动机五气门的布置方式。

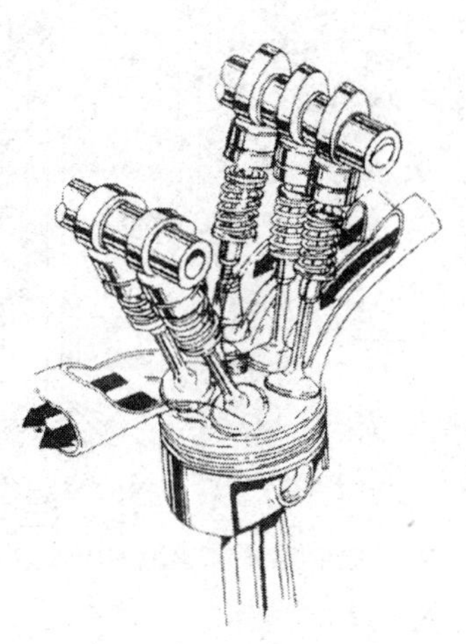

图 3—1—5　五气门的布置方式

四气门发动机的气门排列方式有两种：一种是同名气门排成两列（图 3—1—6a），由一个凸轮通过 T 形驱动杆同时驱动，并且所有气门都可以由一根凸轮轴驱动。采用这种布置时，两同名气门在气道中的位置不同，可能会使两者的工作条件和工作效果不一致。另一种是同名气门排成一列（图 3—1—6b），它弥补了上述缺点，但一般要用两根凸轮轴。

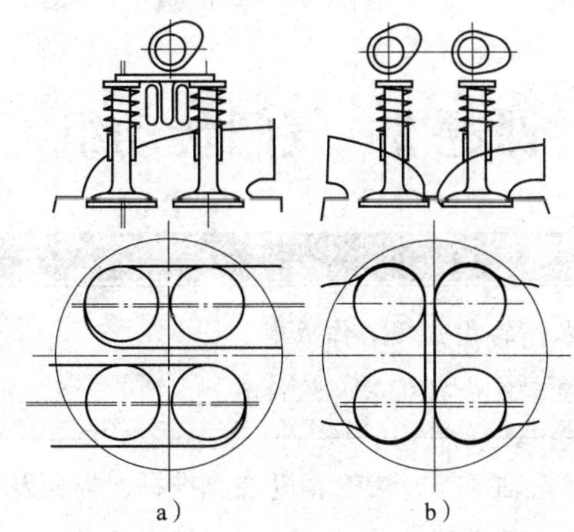


图 3—1—6　每缸四气门的布置及其驱动

a）同名气门排成两列　b）同名气门排成一列

一般来说，柴油机的进、排气门分别置于气缸盖的两侧，主要是避免进气受到预热而影响充气效率；汽油机的进、排气道通常置于气缸盖的同一侧，利用排气歧管的废气热量对进气歧管进行预热。

## 三、配气机构的工作原理

发动机工作时曲轴通过正时齿轮驱动凸轮轴旋转，当凸轮的凸起部分顶起挺柱时，挺柱推动推杆一起上行，作用于摇臂上的推动力驱使摇臂绕轴转动，摇臂的另一端压缩气门弹簧使气门下行，打开气门，如图 3—1—7a 所示。随着凸轮轴的继续转动，当凸轮的凸起部分离开挺柱时，气门便在气门弹簧弹力的作用下上行，关闭气门，如图 3—1—7b 所示。

四冲程发动机每完成一个工作循环，曲轴旋转两周，各缸的进、排气门各开启一次，此时凸轮轴只旋转一周。因此，曲轴与凸轮轴的传动比为 2∶1。

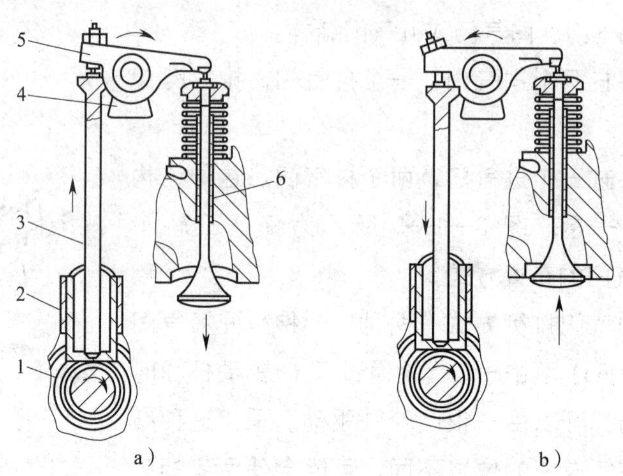


图 3—1—7　配气机构的工作原理

a）气门开启　b）气门关闭

1—凸轮轴　2—挺柱　3—推杆　4—摇臂轴支座　5—摇臂　6—气门

# 课题 2　气门传动组

**学习目标**

1. 掌握气门传动组零件的构造及工作原理。
2. 能够对气门传动组零件进行拆装与检修。

气门传动组主要包括凸轮轴、正时齿轮、挺柱、推杆、摇臂及摇臂轴等。气门传动组的作用是控制进、排气门按配气相位要求的时刻开闭，且保证有足够的开度。

## 一、气门传动组的构造

### 1. 凸轮轴

凸轮轴是气门传动组的主要部件，其作用是控制气门的开闭及升程的变化规律。下置凸轮轴式发动机还依靠凸轮轴来驱动汽油泵、机油泵和分电器等装置。

(1) 凸轮轴的结构

凸轮轴主要由凸轮和轴颈两部分组成。单根凸轮轴一般将进气凸轮和排气凸轮布置在同一根凸轮轴上，其结构如图 3—2—1 所示。双顶置凸轮轴配气机构的两根凸轮轴，一根是进气凸轮轴，上面布置着进气凸轮；一根是排气凸轮轴，上面布置着排气凸轮。

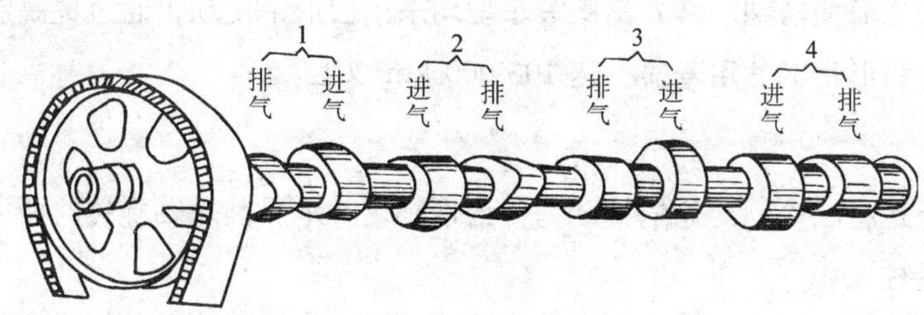


图 3—2—1　凸轮轴的结构

1) 凸轮轴轴颈。

凸轮轴轴颈用以安装和固定凸轮轴，通常采用全支承和非全支承两种支承方式。

2) 凸轮轴的轴向定位。

为了防止凸轮轴轴向窜动，凸轮轴必须有轴向定位装置。多数发动机凸轮轴采用止推凸缘来实现轴向定位。当凸轮轴产生轴向移动时，止推凸缘便与凸轮轴轴颈端面或与正时齿轮毂接触，从而防止了轴向窜动。上海桑塔纳轿车发动机采用凸轮轴第五道轴承盖的两端面来实现轴向定位。

3) 凸轮轴的布置形式。

凸轮轴的布置形式根据凸轮轴在发动机机体中的安装位置而不同，分为下置式、中置式和顶置式三种。

(2) 凸轮轴的工作原理

发动机工作时，曲轴通过链条或齿形带驱动凸轮轴旋转。在进气行程开始时，进气凸轮凸起部分开始推动摇臂绕轴转动，摇臂的另一端则克服气门弹簧弹力推动气门离开气门座圈下行，使进气门打开。随着凸轮轴的继续旋转，当凸轮轴的凸起部分离开摇臂时，气门在气门弹簧的作用下上行而落座，使进气门关闭。同样在排气行程，由凸轮轴上的排气凸轮驱动排气门打开。

顶置式凸轮轴的另一种形式是用凸轮轴来直接驱动气门，使气门传动机构更加简练，如图 3—2—2 所示。上海桑塔纳、一汽奥迪 100 型轿车发动机均采用这种形式。

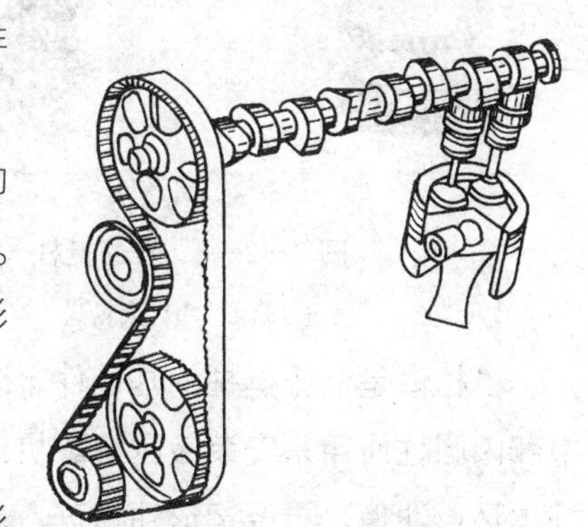

图 3—2—2　顶置式凸轮轴

(3) 凸轮轴的传动方式

凸轮轴的传动方式一般有齿轮传动、链传动和齿形带传动三种。

凸轮轴下置、中置的配气机构大多采用圆柱形正时齿轮传动。一般从曲轴到凸轮轴的传动只需一对正时齿轮，必要时可加装中间齿轮。为了啮合平稳，减小噪声，正时齿轮多采用斜齿。

齿轮传动正时精度高，但不适合顶置凸轮轴式配气机构，顶置凸轮轴必须采用链传动或齿形带传动。

一汽奥迪、上海桑塔纳、神龙富康等车型均采用齿形带传动，通过提高制造材料性能和改进制造工艺，齿形带的使用寿命可达 100 000 km 以上。

**2. 挺柱**

挺柱的作用是将凸轮轴凸轮的推动力传给推杆，并承受凸轮轴旋转时所施加的侧向力。

(1) 普通挺柱

常见的普通挺柱形状有菌形、筒形（图 3—2—3a）和滚轮式（图 3—2—3b）三种。通常把挺柱底部工作面设计成球面，并将凸轮制成锥形，使两者的接触点偏离挺柱轴线。工作中，当挺柱被凸轮顶起时，接触点间的摩擦力会使挺柱绕自身的轴线旋转，以实现均匀磨损，延长使用寿命。

(2) 液压挺柱

目前，一汽大众奥迪 100 型、上海桑塔纳轿车发动机都采用了液压挺柱，靠液压挺柱轴向自动调整功能改变挺柱长度，随时补偿气门的热膨胀量，不需预留气门间隙。与普通挺柱相比，液压挺柱简化了结构和维修过程，消除了因气门间隙引起的冲击和噪声，提高了使用性能。

1）液压挺柱的构造。

如图 3—2—4 和图 3—2—5 所示，液压挺柱由挺柱体、液压缸、柱塞、单向球阀、单向阀弹簧和柱塞回位弹簧等部件组成。

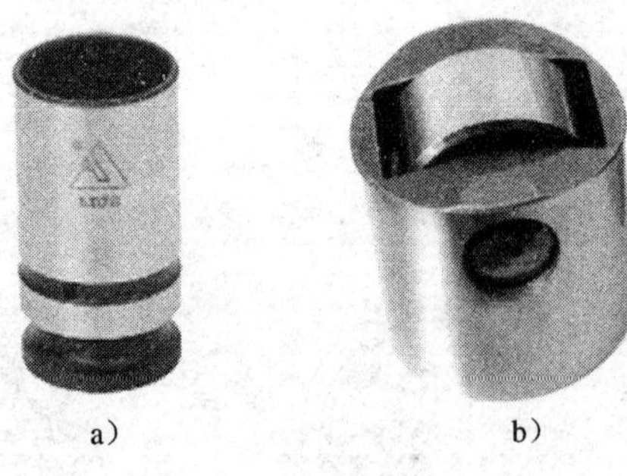

a） b）

图 3—2—3 普通挺柱

a）筒形 b）滚轮式

图 3—2—4 液压挺柱实物图

挺柱体是液压挺柱的基础件，外圆柱面上加工有环形油槽，顶部内侧加工有键形油槽，中部内圆柱面用来安装液压缸。机油通过缸盖上的主油道及专门设计的量孔、斜油孔进入挺柱体环形油槽，再经键形油槽进入柱塞上部的低压油腔，这样缸盖主油道与液压挺柱的低压油腔之间便形成了一个通路。

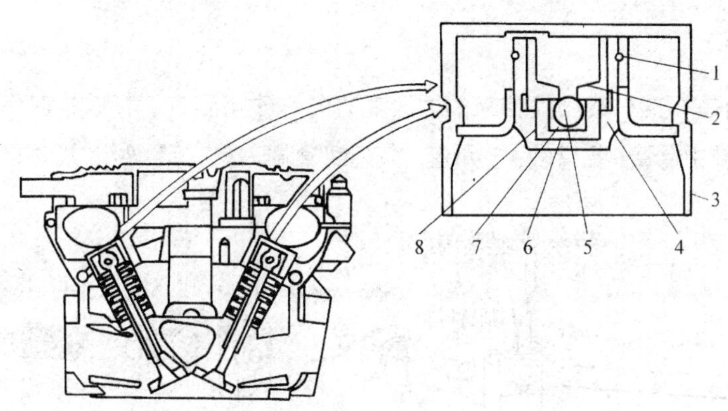


图 3—2—5　液压挺柱的结构

1—卡夹　2—柱塞　3—挺柱体　4—液压缸　5—球

6—单向阀罩　7—单向阀弹簧　8—柱塞回位弹簧

液压缸、柱塞、单向球阀和单向阀弹簧装配到一起便构成了气门间隙补偿偶件。球阀将液压缸下部和柱塞上部分隔成两个油腔。当球阀关闭时，上部为低压油腔，下部为高压油腔；当球阀打开时，上、下油腔连通。

2）液压挺柱的工作原理。

杯形液压挺柱装在气缸盖的挺柱孔内，挺柱顶面与凸轮轴凸轮直接接触，液压缸底面则与气门杆尾端接触，如图 3—2—6 所示。当凸轮的升程段与挺柱顶面接触时，挺柱受凸轮推动力和气门弹簧力的作用下移，高压腔内的机油被压缩，单向球阀在压力差和单向阀弹簧的作用下关闭，高、低压油腔被分隔开。由于液体的不可压缩性，液压缸与柱塞成为一个刚性整体推动气门打开。

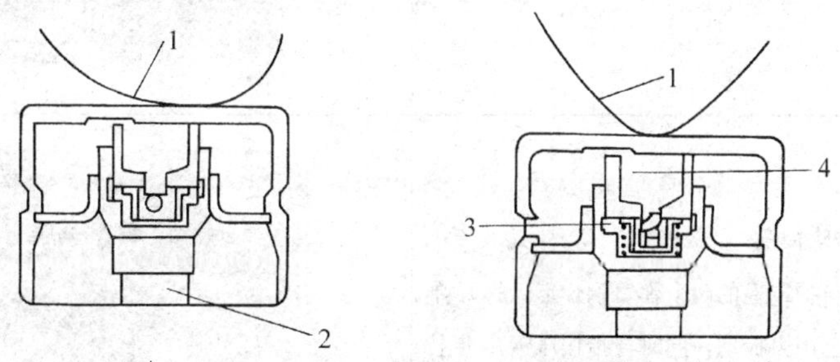


图 3—2—6　液压挺柱的工作原理

1—凸轮　2—气门杆　3—高压油腔　4—低压油腔

随着凸轮的转动，当凸轮升程段结束，挺柱与凸轮基圆接触时，气门落座，挺柱不再受凸轮推动力和气门弹簧力的作用，高压油腔中的压力油与回位弹簧推动柱塞上行，高压油腔的压力下降，单向球阀打开，低压油腔中的机油流入高压油腔，使两腔连通。这时，液压挺柱的顶面仍然和凸轮基圆接触，从而补偿了气门间隙。

### 3. 推杆

推杆的作用是将挺柱传来的推力传给摇臂。它是配气机构中最易弯曲的零件，要求有很高的刚度。在动载荷大的发动机中，推杆应尽量做得短些。

### 4. 摇臂

摇臂的作用是将推杆或凸轮传来的力改变方向，作用到气门杆以推开气门。

摇臂组件主要由摇臂、摇臂轴、支承座、气门间隙调整螺钉等零件组成，如图 3—2—7 所示。

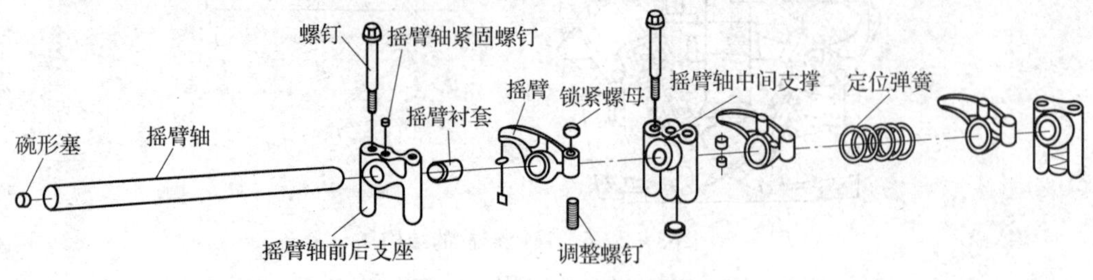


图 3—2—7 摇臂组件

## 二、气门传动组的分解

桑塔纳轿车发动机配气机构气门传动组采用同步齿形带驱动、单根顶置凸轮轴结构，在国产轿车中具有典型的代表性。其分解步骤如下：

| | |
|---|---|
| 1. 检查台架和准备工具<br>提示：已将发动机固定到专用拆装台架上<br>要求：台架完好、零件齐全，工具摆放整齐、有序 | 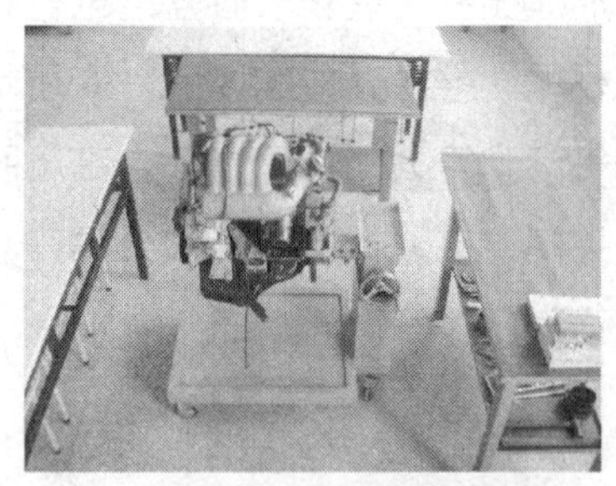 |
| 2. 拆卸正时齿形带防护罩<br>注意：用两手打开防护罩上的两个弹簧钢片卡。打开弹簧钢片卡时，食指向上用力扳动，同时拇指按压钢片卡上的弧形拱起部位，这样可以较省力地打开钢片卡 |  |
| 3. 检查配气正时<br>方法：使用扭力扳手转动曲轴 |  |

续表

| | |
|---|---|
| 4. 检查凸轮轴位置<br>方法：使凸轮轴齿形带上带有沟槽的轮齿与正时齿形带后防护罩上的箭头标记对齐，这是一对配合标记，确认发动机配气正时，两者要对齐。此时，发动机一缸的进、排气门均处于关闭状态 | 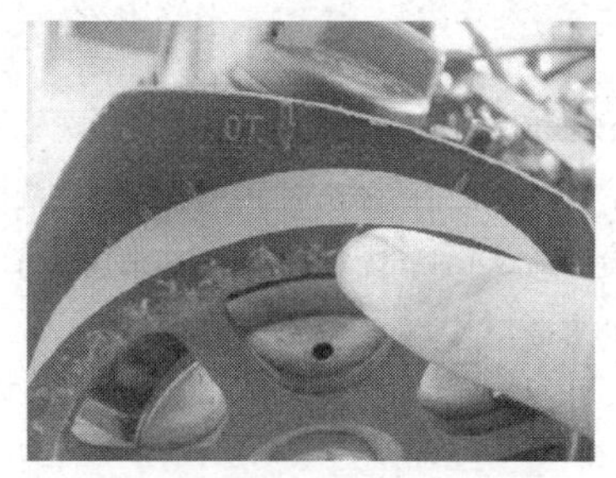 |
| 5. 检查曲轴位置<br>方法：曲轴带轮上的内侧边沿上的缺口标记与正时齿形带下防护罩上的箭头标记也是一对配合标记，两者要对齐。此时，发动机一缸的活塞位于压缩行程上止点的位置 |  |
| 6. 拆卸曲轴带轮<br>方法：使用套筒、扭力扳手固定凸轮轴。使用内六角接头、接杆、棘轮扳手拧松曲轴带轮的 4 条固定螺栓，并用手旋下螺栓，取下带轮 | 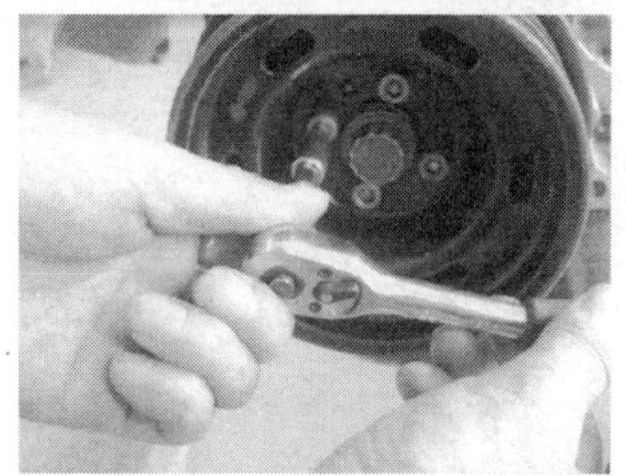 |
| 7. 拆卸正时齿形带中防护罩<br>方法：采用套筒接杆、棘轮扳手拆卸。正时齿形带的中防护罩上共有 3 个固定螺栓，其中下端的 2 个螺栓是与下防护罩共用的 |  |
| 8. 拆卸正时齿形带下防护罩<br>提示：正时齿形带的下防护罩上有一个箭头指示标记，注意确认，它是和曲轴带轮上的缺口相对应的配气正时标记 |  |

续表

| | |
|---|---|
| 9. 松开正时齿形带的张紧轮<br>提示：正时齿形带的张紧轮是一个偏心轮，旋松其固定螺母后便自动减小或消除对正时齿形带的压紧力，便于取下正时齿形带 |  |
| 10. 拆卸正时齿形带、拆下张紧轮<br>方法：使用梅花扳手拧松正时齿形带张紧轮的固定螺母，松开并取下正时齿形带，然后拆下张紧轮 |  |
| 11. 拆卸正时齿形带上防护罩<br>方法：拆卸正时齿带上防护罩，拧下气门室罩盖的紧固螺母，取下加强压条、气门罩盖、挡油板及密封衬垫 | 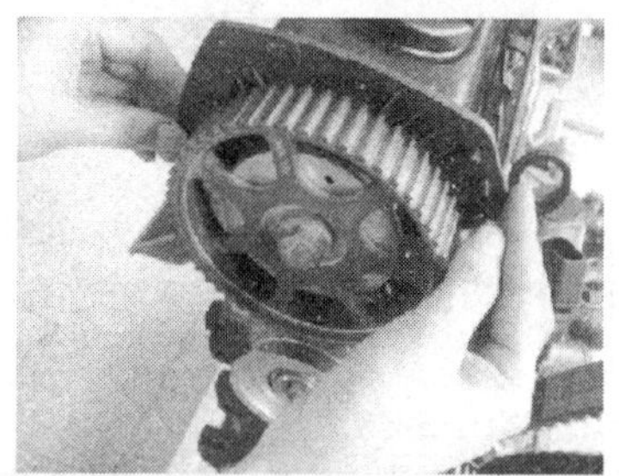 |
| 12. 拆下曲轴齿形带轮<br>方法：拧下曲轴正时齿形带上的紧固螺栓，拆下曲轴齿形带轮。如果凸轮轴跟转，可用活络扳手固定凸轮轴 |  |
| 13. 拆卸凸轮轴轴承盖<br>注意：先交替对角拆下第 1、3、5 号凸轮轴轴承盖，然后交替对角松开第 2、4 号轴承盖。将拆卸下来的轴承盖按顺序摆放整齐 |  |

续表

| | |
|---|---|
| 14. 取出凸轮轴和凸轮轴油封<br>方法：取下凸轮轴，并放置在 V 形架上 |  |
| 15. 取出液压挺柱<br>方法：取出液压挺柱，按顺序排列或在内壁上做出标记 |  |

## 三、气门传动组的检修

### 1. 凸轮轴的修理

凸轮轴的主要损伤有凸轮工作面磨损，轴颈、偏心轮、齿轮磨损，凸轮轴弯曲变形等。

将凸轮轴清洗干净，检查有无裂纹，凸轮轴轴颈有无明显擦伤，否则，应换用新件。

(1) 凸轮磨损的检验

用外径千分尺测量凸轮的全高 $h$ 和凸轮基圆直径 $D$ 的差值来确定凸轮的磨损程度，如图 3—2—8 所示。EQ6100—1 进气凸轮的升程应不小于 6.9 mm，排气凸轮的升程应不小于 6.5 mm；上海桑塔纳轿车凸轮最小高度不得低于 4.72 mm，否则，应更换凸轮轴。

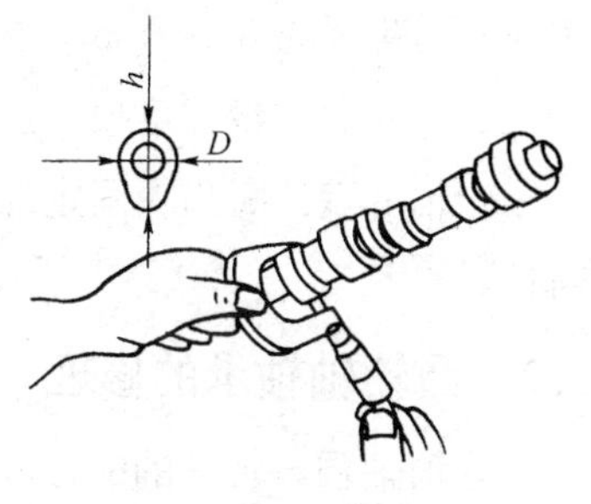

图 3—2—8　测量凸轮的高度和直径

(2) 凸轮轴弯曲变形的检查

将凸轮轴放在车床两顶尖间，或放在平台的 V 形架上，以两端轴颈为支点，如图 3—2—9 所示，将百分表测头抵在中间的轴颈上，并缓慢转动凸轮轴一周，若百分表摆动超过 0.10 mm，应采用冷压法校正，校正后的弯曲度应不大于 0.03 mm。

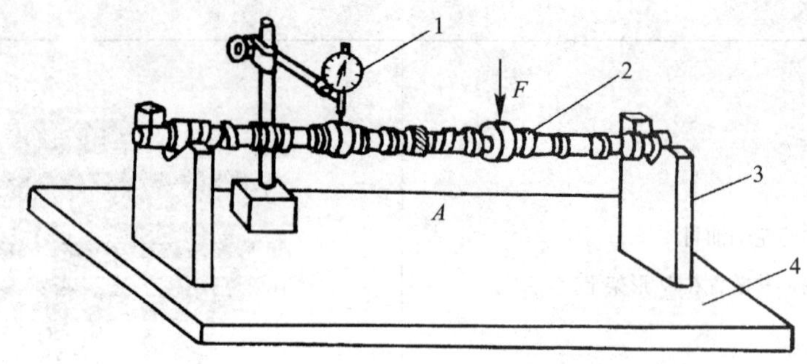


图 3—2—9 凸轮轴弯曲变形的检查

1—百分表 2—凸轮轴 3—V 形架 4—平板

(3) 凸轮轴轴颈磨损的检查

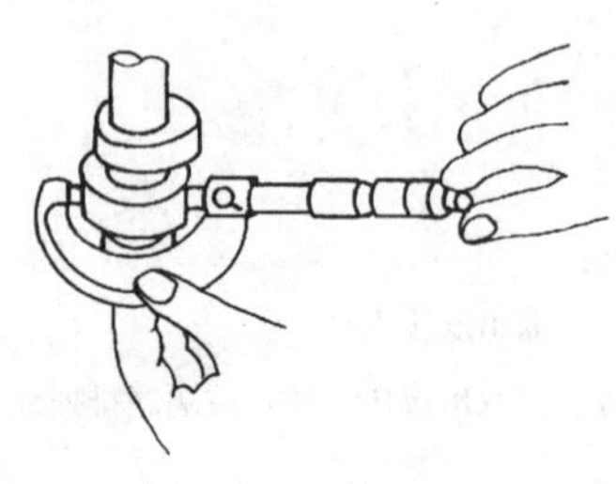

图 3—2—10 凸轮轴轴颈磨损的检查

如图 3—2—10 所示，凸轮轴轴颈磨损的检查是指用外径千分尺测量轴颈的圆度及圆柱度误差，若超过规定值，应按修理尺寸磨削轴颈，即缩小轴颈尺寸，配用相应修理尺寸的凸轮轴轴承。例如，东风 EQ6100—1 发动机大于 0.015 mm，解放 CA6102 发动机大于 0.030 mm，就需要磨削轴颈，其修理尺寸见表 3—2—1。

**表 3—2—1　　凸轮轴轴颈修理尺寸**　　mm

| 车型及名称 / 等级尺寸 | 级差 | EQ6100—1 | | CA6102 | |
|---|---|---|---|---|---|
| | | 轴颈直径 | 轴承内径 | 轴颈直径 | 轴承内径 |
| 标准尺寸 | 0.00 | $\phi$51.5 | $\phi$51.5 | $\phi$53.9 | $\phi$54.0 |
| 第一级修理尺寸 | 0.10 | $\phi$51.4 | $\phi$51.4 | $\phi$53.8 | $\phi$53.9 |
| 第二级修理尺寸 | 0.20 | $\phi$51.3 | $\phi$51.3 | $\phi$53.7 | $\phi$53.8 |
| 第三级修理尺寸 | 0.30 | $\phi$51.2 | $\phi$51.2 | $\phi$53.6 | $\phi$53.7 |
| 第四级修理尺寸 | 0.40 | $\phi$51.1 | $\phi$51.1 | $\phi$53.5 | $\phi$53.6 |

(4) 凸轮轴其他损伤的处理

凸轮轴上偏心轮磨损，可采用堆焊修复或换用新件。

凸轮轴上驱动分电器及机油泵的齿轮磨损，应换用新件。EQ6100—1 发动机凸轮轴上的齿轮法向齿厚为 3.14 mm，如果齿厚磨损大于 0.50 mm，应换用新件。

正时齿轮键与键槽磨损，应换用新件。

凸轮轴上装正时齿轮固定螺栓的螺纹损坏，如多于 2 牙，可堆焊修复，重新车螺纹或换用新件。

### 2. 凸轮轴轴承的修理

凸轮轴轴颈与轴承的配合间隙一般在 0.03～0.07 mm，使用极限不超过 0.15 mm，否则应换用新轴承，轴承的修配方法有镗削法、铰削法、刮削法等。

### 3. 气门挺杆与导孔的修理

(1) 气门挺杆的修理

如图 3—2—11 所示，用外径千分尺测量气门挺杆。其圆度和圆柱度误差应不大于 0.03 mm，气门挺杆直径的磨损应不超过 0.05 mm；否则，应修理或换用新件。

(2) 气门挺杆底部球形工作面的检修

如图 3—2—12 所示，气门挺杆底部球面磨损可用样板检查漏光缝隙，当漏光缝隙大于 0.20 mm 时，应换用新件。

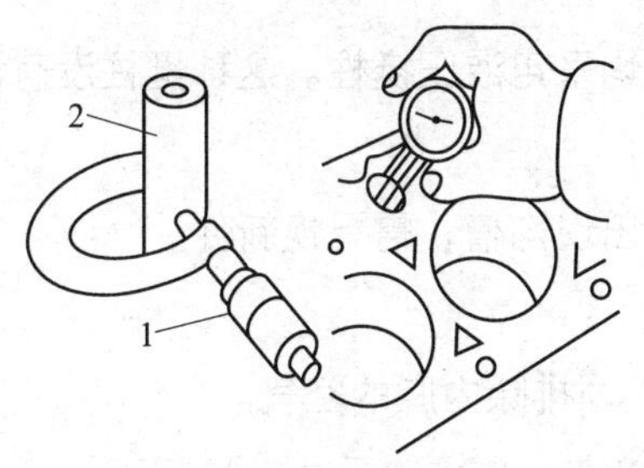


图 3—2—11 测量气门挺杆

1—千分尺 2—气门挺杆

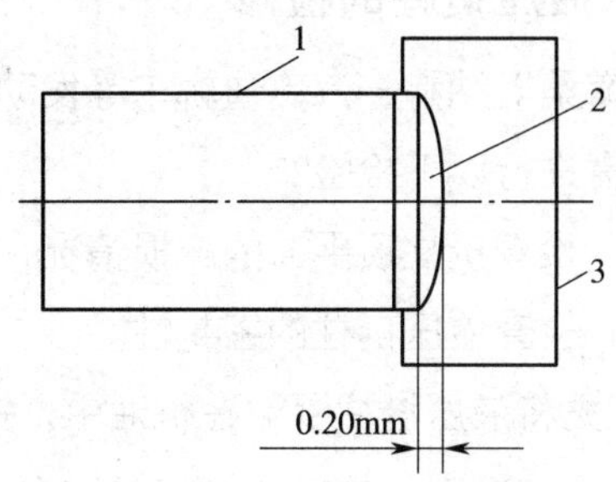


图 3—2—12 气门挺杆球面磨损的检查

1—挺杆 2—球面 3—样板

### 4. 气门推杆的检修

首先，应检查推杆杆身，表面应光滑、平直，不得有锈蚀及裂纹现象。气门推杆在使用过程中易产生弯曲。测量其直线度误差应不大于 0.30 mm，若超过规定值，应进行冷压校直。另外，推杆下端凸球面半径应符合规定。

### 5. 摇臂与摇臂轴的修理

(1) 摇臂轴损伤的修理

摇臂轴的损伤主要是轴颈磨损和弯曲变形。

1) 摇臂轴轴颈磨损量大于 0.02 mm，与摇臂的配合间隙大于 0.10 mm，应换用新件或采用涂镀法修复。测量摇臂与摇臂轴的间隙如图 3—2—13 所示。

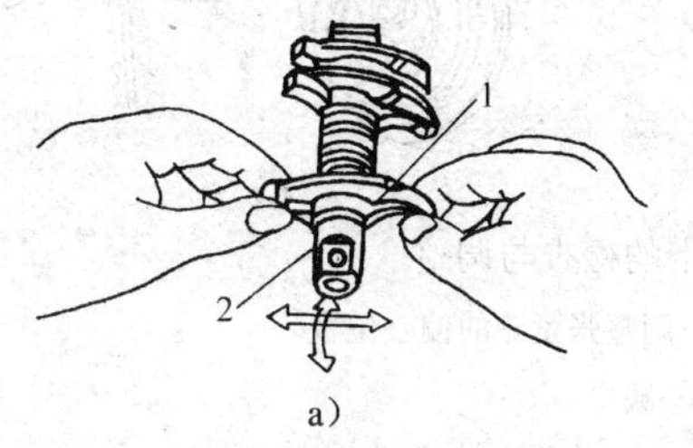


a)

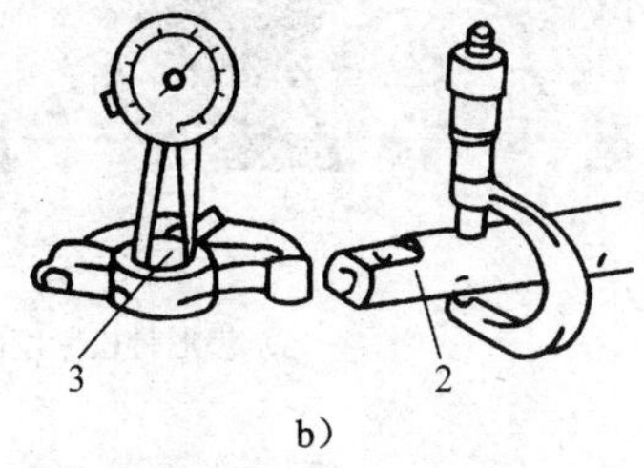


b)

图 3—2—13 测量摇臂与摇臂轴的间隙

a) 检查摇臂与摇臂轴的配合 b) 测量摇臂轴的间隙

1—摇臂 2—摇臂轴 3—摇臂轴承孔

2）检查摇臂轴弯曲变形，其直线度误差应不大于 0. 20 mm，若超过此值，应冷压校直，校正后的直线度误差在 100 mm 长度上应不大于 0. 03 mm。

（2）摇臂损伤的修理

摇臂组件的损伤主要有：摇臂头部磨损、摇臂轴承孔磨损、调整螺钉损坏。

1）摇臂头部磨损后，其凹陷量应不大于 0. 50 mm，若超过规定，应采用堆焊，然后铣平的方法修复。

2）摇臂上的调整螺钉螺纹孔损坏应换用新件。

### 6. 液压挺柱的检修

上海桑塔纳和一汽奥迪轿车等发动机的配气机构均采用液压挺柱。这种挺柱没有调整垫片，但需进行以下检验：

（1）检查挺柱顶平面的磨损情况，若磨损严重或出现沟槽，需更换新件。

（2）检查液压挺柱的密封性。

1）先将液压挺柱浸泡在机油中，推拉柱塞若干次，排除内腔的空气。

2）将排净空气的挺柱放在试验台上，在柱塞上施加 196N 的压力，柱塞下滑 2 mm 左右，测量其 1 mm 的滑降时间。在 20℃时，其标准值应大于 65 s/cm，若低于该规定值，应更换液压挺柱。注意：液压挺柱需成组更换。

### 7. 齿形带的检查与调整

检查齿形带有无裂纹、老化、破损或折断现象，如有应换用新件。为保证配气机构的正常工作，齿形带的张紧力应符合要求，具体检查方法是：用手指捏住齿形带的中间位置用力翻转时（凸轮轴齿形带轮和中间齿形带轮的中间位置），齿形带应刚好转过 90°，如图 3—2—14a 所示。否则，应松开张紧轮紧固螺母，利用专用工具转动张紧轮进行齿形带张紧度的调整，如图 3—2—14b 所示。

a）

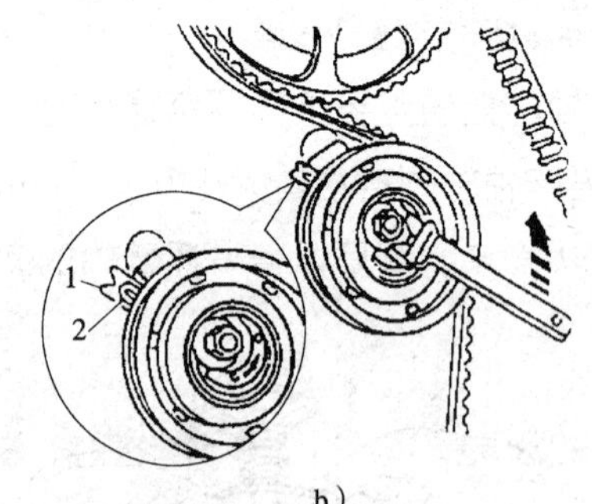


b）

图 3—2—14　齿形带的检查与调整

a）齿形带松紧度的检查　b）调整张紧轮的偏心位置

1—指针　2—缺口

### 8. 正时链轮和链条的检查

（1）正时链条的检查

测量链条长度的方法是对链条施以一定的拉力拉紧后测量其长度，如图 3—3—15 所示。

测量时的拉力为 50 N，丰田 2Y、3Y 发动机的链条长度应不超过 291.4 mm，若超过此值时，应更换新链条。

(2) 正时链轮的检查

测量最小的链轮直径。将链条分别包住凸轮轴正时链轮和曲轴正时链轮，用游标卡尺测量其直径，如图 3—3—16 所示，其直径不得小于允许值。例如，丰田 2Y、3Y 发动机允许的最小值：凸轮轴正时链轮为 114 mm；曲轴正时链轮为 59 mm。若小于此值，应更换链条和链轮。

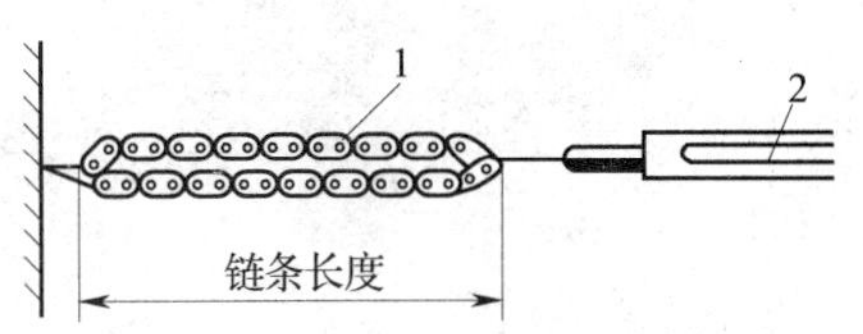


图 3—2—15 正时链条长度的检查

1—链条 2—弹簧秤

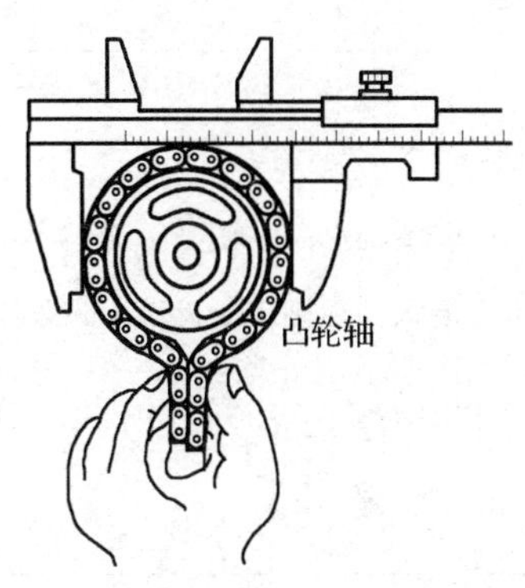


图 3—2—16 链轮直径的测量

## 四、气门传动组的装配

| | |
|---|---|
| 1. 对挺柱、凸轮轴、凸轮轴轴承盖进行清洁和润滑<br>方法：可用清洁剂先对零件清洁，再用压缩空气吹干净，然后用机油润滑 | 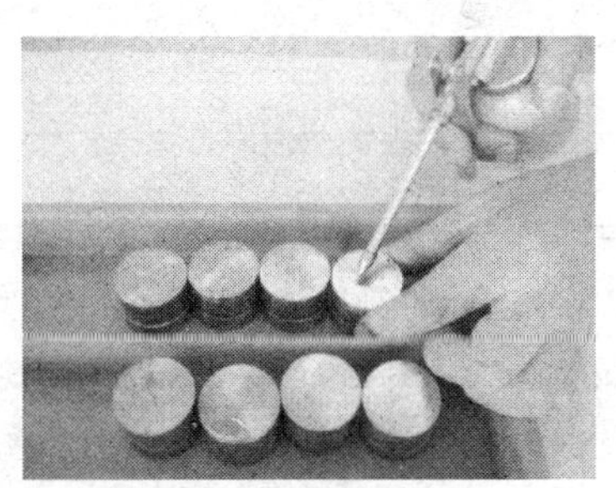 |
| 2. 安装凸轮轴<br>方法：先安装挺柱，注意按原来的顺序装入，再安装凸轮轴。安装凸轮轴时，第一缸凸轮必须朝上。安装前放上轴承盖，确定安装位置（注意孔的上、下两半部要对准）。凸轮轴转动时，曲轴不可置于上止点位置，否则会损坏气门和活塞顶部 |  |

续表

| | |
|---|---|
| 3. 安装凸轮轴轴承盖<br>方法：先对角交替拧紧第 2、4 号轴承盖螺栓，拧紧力矩为 20 N·m；装上第 1、3、5 号轴承盖，其螺栓拧紧力矩为 20 N·m |  |
| 4. 安装凸轮轴正时齿带轮<br>方法：装入凸轮轴正时齿带轮并紧固，拧紧力矩为 80 N·m |  |
| 5. 安装正时齿带上防护罩<br>方法：安装挡油板、密封衬垫及气门罩盖，放上加强压条，安装正时齿带上防护罩；安装张紧轮 |  |
| 6. 将正时齿带套安装在曲轴正时齿轮上并拉紧<br>方法：安装正时齿带时，要保持双手干净，严禁将油、水等黏附到齿带上。否则，容易出现齿带跳齿现象，破坏发动机正常的配气正时，使发动机的输出功率下降或丧失。另外，油、水等物质也会加剧正时齿带的损坏程度。确保正时齿带与曲轴正时带轮正确接触 | 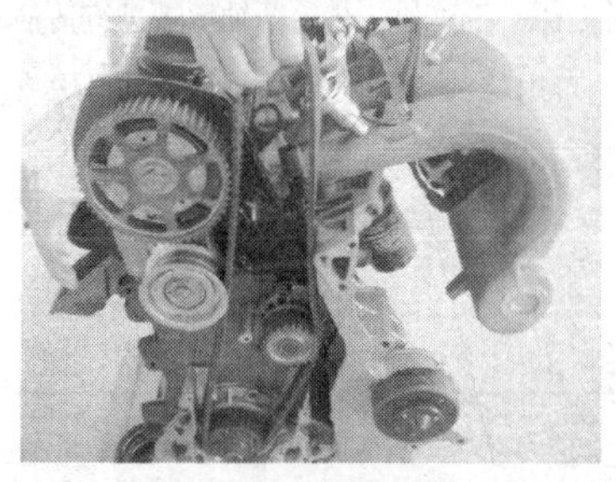 |
| 7. 装上正时齿带下防护罩<br>注意：在安装正时齿带下防护罩时，注意不要松脱正时齿带。否则，不能保证齿带和带轮的正确接触 | 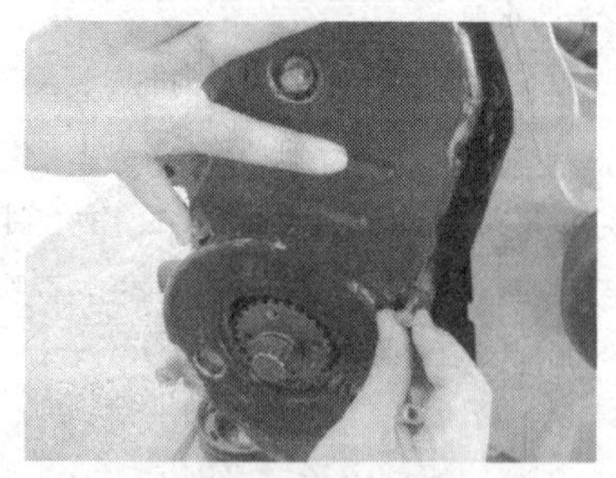 |

续表

| | |
|---|---|
| 8. 装上曲轴带轮<br>提示：曲轴带轮和正时齿带轮两者之间有着严格的位置规定，通过定位孔和定位销来保证。一旦出现偏差，将会影响到发动机配气正时的准确性 | 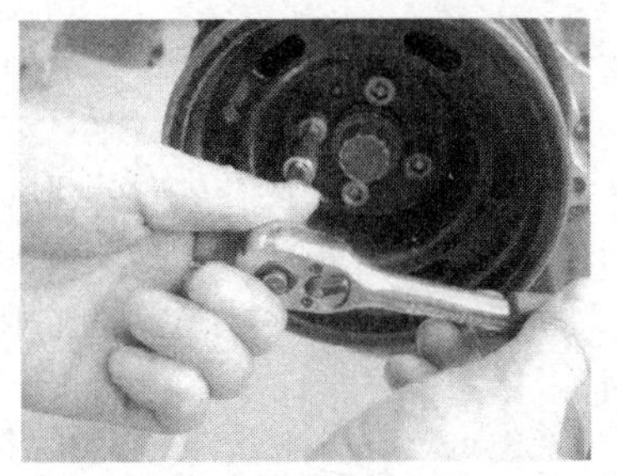 |
| 9. 确认凸轮轴正时记号已对准<br>提示：如果没有对准，则轻微转动凸轮轴后对准记号 | 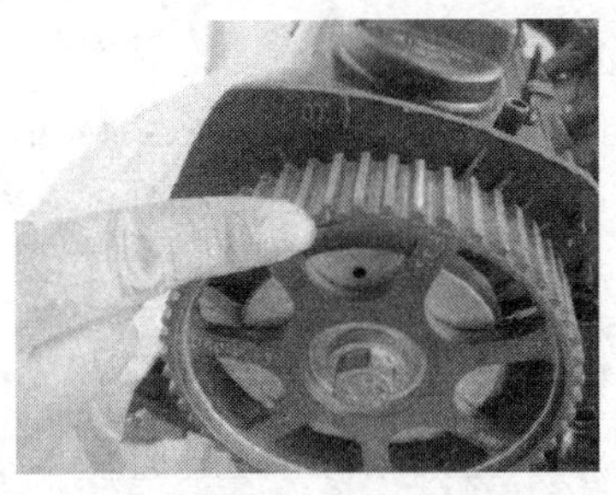 |
| 10. 确认曲轴上记号已对准<br>方法：转动曲轴，确认曲轴带轮上的缺口标记对齐下防护罩上的箭头标记 |  |
| 11. 按照正确的绕向装上正时齿带<br>方法：安装正时齿带的过程中，注意避免正时齿带与曲轴正时齿带轮松脱和曲轴转动。否则不能保证齿带与曲轴带轮间的正确接触以及发动机配气正时的准确性 |  |

续表

| | |
|---|---|
| 12. 使用张紧轮扳手调整张紧轮的偏心位置，张紧正时齿带<br>方法：将半自动张紧轮逆时针转动，直到可以使用专用工具为止，如右图箭头所示。松开张紧轮，直到指针 1 位于缺口 2 下方约 10 mm 处。旋紧张紧轮，直到指针 1 和缺口 2 重叠 | 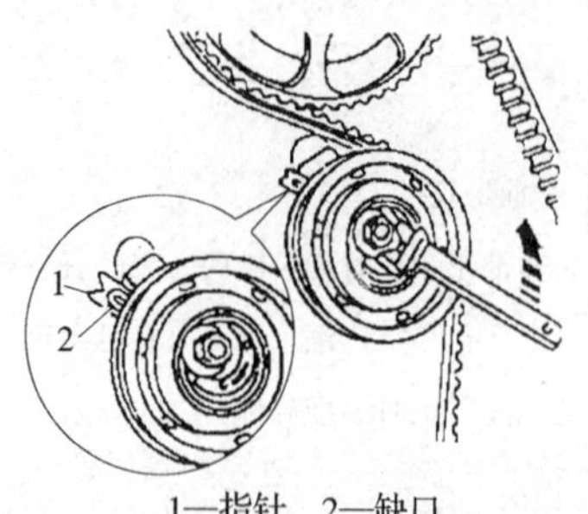<br><br>1—指针 2—缺口 |
| 13. 按规定力矩拧紧<br>方法：将张紧轮上锁紧螺母以 15 N·m 的力矩拧紧<br>注意：拧紧时，应将专用扳手和套筒扳手配合使用，否则，正时齿带的挠度会发生变化 | 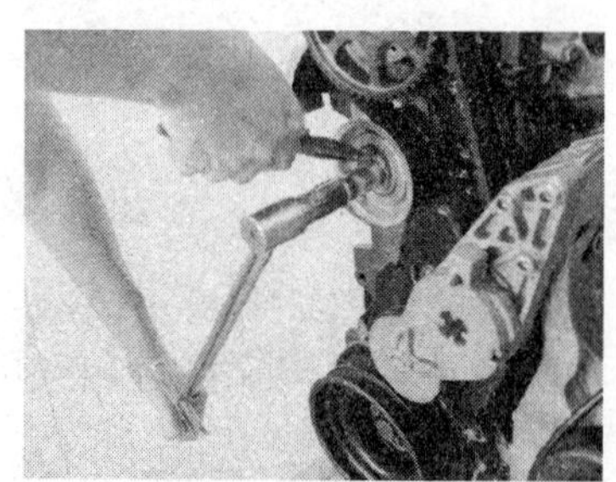 |
| 14. 检查并调整正时齿带的安装情况<br>提示：转动曲轴几圈的主要目的是使带齿和轮齿充分接触，便于检查正时齿带的挠度变化情况和安装情况，防止发生正时齿带损伤和发动机机械故障 |  |
| 15. 安装正时齿带防护罩<br>方法：安装正时齿带防护罩；清洁台架工具，恢复原样 | 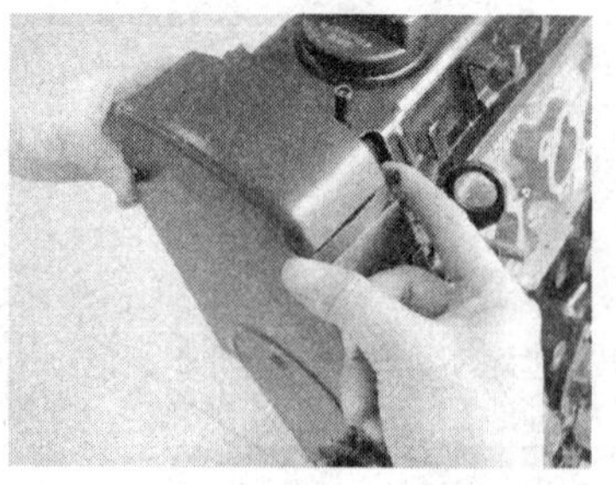 |

东风 EQ6100－1 型发动机配气机构气门传动组的拆装和桑塔纳轿车发动机配气机构气门传动组的拆装相类似，安装凸轮轴时必须对准正时齿轮副上的标记。另外，需按照维修手册的要求调整气门间隙。

# 课题3　气　门　组

**学习目标**

1. 掌握气门组零件的构造及工作原理。
2. 能够对气门组零件进行拆装与检修。

## 一、气门组的构造

气门组包括进气门、排气门、气门导管、气门座及气门弹簧等零件，如图 3—3—1 所示。气门组的作用是实现对气缸的可靠密封。

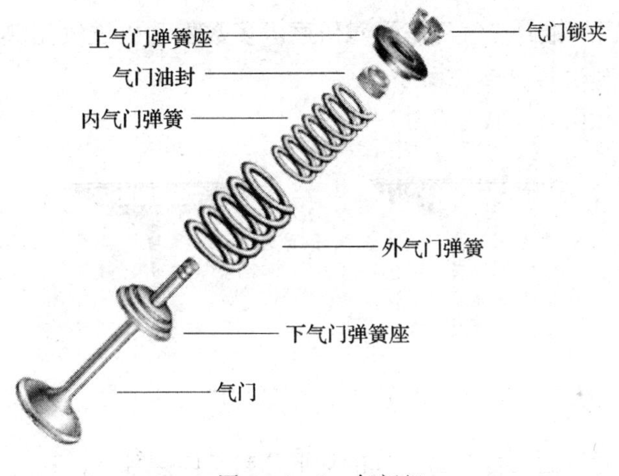


图 3—3—1　气门组

### 1. 气门

(1) 气门的布置形式

气门的布置形式有两种：侧置气门式和顶置气门式。侧置气门式的配气机构结构简单，但动力性和经济性指标低，在现代汽车发动机中应用很少。

顶置气门式配气机构的气门安装在气缸盖中，处于气缸的顶部，可以用于半球形、盆形、楔形等各种形状的燃烧室，结构紧凑、压缩比高，改善了燃烧过程，减少了热量损失，提高了热效率，有利于提高发动机的动力性和经济性，目前汽车中都采取这种形式的气门。

(2) 气门的结构

气门分进气门和排气门两种，其结构相似，都由头部和杆部两部分组成，如图 3—3—2 所示。

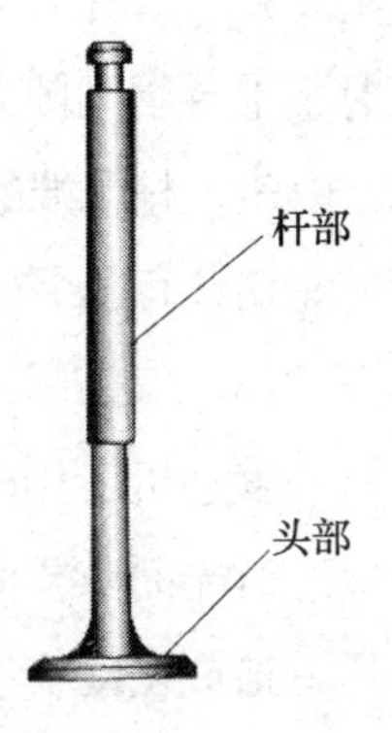


图 3—3—2　气门

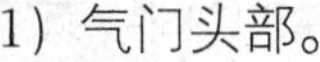

1) 气门头部。

气门头部的形状有平顶、球面顶和凹顶等，如图 3—3—3 所示。平顶结构简单，制造方便，吸热面积小，进、排气门都可采用，目前应用最为广泛。为减少进气阻力，提高气缸的充气系数，多数发动机进气门的头部直径比排气门大。

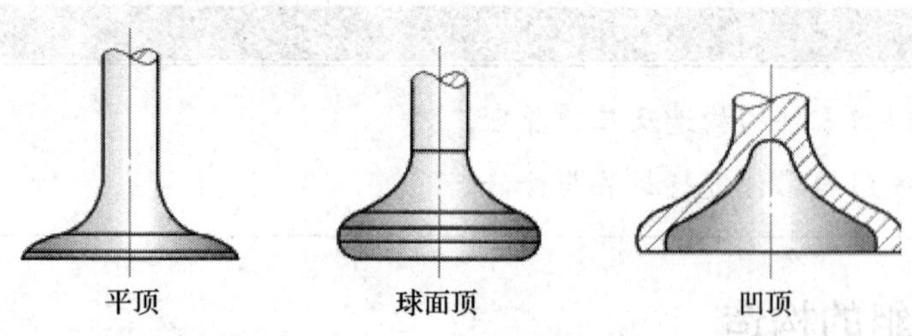


图 3—3—3 气门头部的形状

2）气门锥角。

气门密封锥面的锥角称为气门锥角，一般做成 45°。进气门锥角也有 30°的，如图 3—3—4 所示。气门密封锥面与气门座配对研磨。多数发动机进气门头部直径比排气门大，两气门一样大时，排气门有记号。

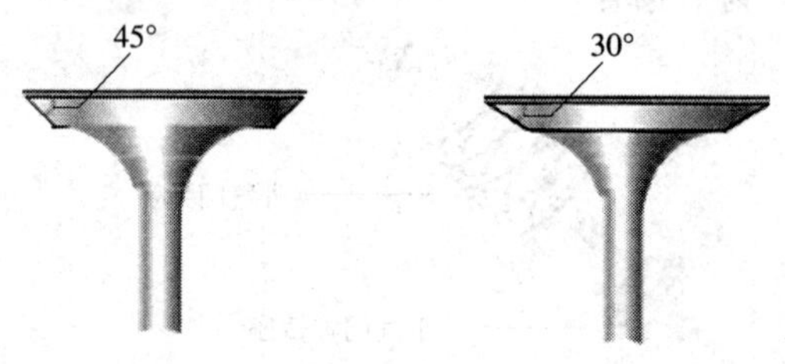


图 3—3—4 气门锥角

气门与气门座密封锥面相接触时形成的环形密封带叫接触带，其位置应位于气门密封锥面的中部，宽度应符合厂家设计要求。桑塔纳轿车发动机的接触带宽度：进气门为 2 mm，排气门为 2.40 mm。

3）气门杆部。

气门在导管中上下运动，依靠气门杆部起导向和传热作用。所以，对气门杆部表面加工精度和耐磨性有较高的要求，使气门与气门导管之间有合理的间隙，以保证精确导向和排气时不沿导管间隙漏气。

气门杆尾端的形状取决于气门弹簧座的固定方式，有锁销式和锁片式两种。锁销式在气门杆尾端钻有一个径向孔用来安装锁销；锁片式在气门杆尾端切有周向环槽来安装锥形锁片。

(3）气门间隙

发动机工作时，气门及其传动件将因温度升高而膨胀。如果在气门及其传动件之间，在冷态时无间隙或间隙过小，那么在热态下，气门及其传动件受热膨胀必然会引起气门关闭不严，造成发动机在压缩和做功行程中漏气，功率下降，严重时甚至不易起动。为了消除这种现象，通常在发动机冷态装配时，在气门杆的尾端与其传动机构的摇臂或挺柱间留有适当间隙，以补偿气门受热后的膨胀量，这一间隙称为气门间隙，如图 3—3—5 所示。有的发动机，如桑塔纳轿车、奥迪轿车，采用液压挺柱，能自动改变挺柱的轴向长度，则不需预留气门间隙。

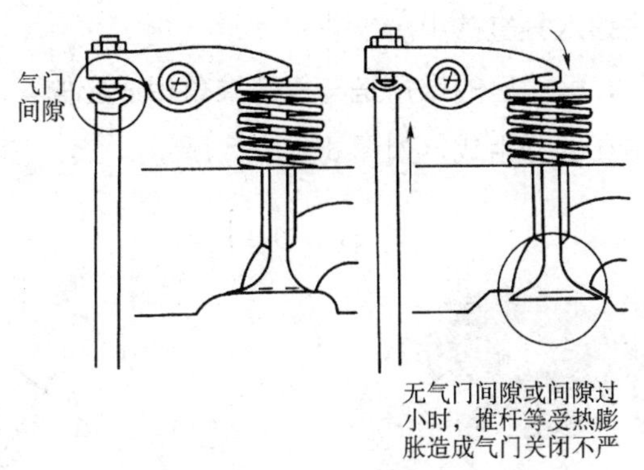


图 3—3—5　气门间隙

气门间隙的大小一般由发动机制造厂根据试验确定。一般在冷态时，进气门间隙值为 0.25～0.30 mm，排气门间隙值为 0.30～0.35 mm。如果间隙过小，热态下会导致漏气，发动机功率下降，甚至烧坏气门；间隙过大，会使传动零件之间以及气门和气门座之间造成很大的冲击，产生强烈的磨损和噪声，同时使气门的开启时间减少，气缸进气不充分，排气不彻底。

（4）多气门发动机配气机构

传统汽车发动机每缸有一进一排两个气门，从 20 世纪 80 年代开始，为了满足日益严格的动力性、经济性和排放标准要求，汽车厂家先后推出了三气门、四气门和五气门等多气门发动机配气机构。

在多气门发动机中，尤其以顶置双凸轮轴和四气门配气机构技术最完善，动力性和经济性最好，使用最为广泛。

## 2. 气门导管

气门导管（图 3—3—6）起导向作用，保证气门作直线往复运动，使气门与气门座能正确贴合。气门导管还起导热作用，将气门杆的热量传给气缸盖或气缸体。

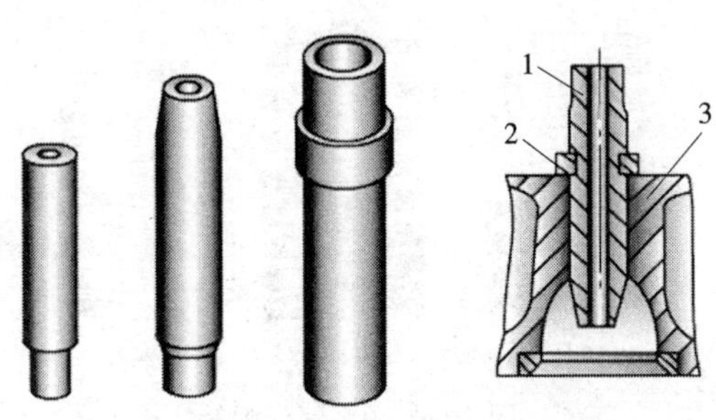


图 3—3—6　气门导管

1—气门导管　2—卡环　3—气缸盖

### 3. 气门座

气门座（图 3—3—7）与气门头部共同对气缸起密封作用，并接受气门传来的热量。气门座有两种：一种是在气缸盖上直接镗削加工而成；另一种是用合金铸铁或奥氏体钢单独制作成气门座圈，用冷缩法镶入气缸盖中。

常见气门座都有锥角，气门座的锥角是与气门锥角相适应的，以保证两者紧密贴合，可靠密封。气门座的锥面由三部分组成，如图 3—3—8 所示。

图 3—3—7 气门座

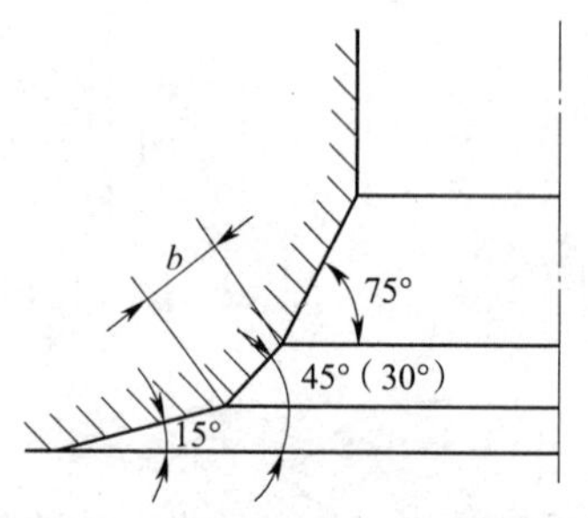


图 3—3—8 气门座的锥面

45°（或 30°）的锥面是与气门工作锥面相配合的工作面，其宽度 $b$ 通常为 1～3 mm，这一锥面应与气门工作锥面的中部附近相吻合。15°和 75°锥角是用来修正工作锥面的宽度和上下位置的，以使其达到规定的要求。

### 4. 气门弹簧

气门弹簧的作用是保证气门自动回位关闭而密封，还保证气门与气门座的座合压力，吸收气门在开启和关闭过程中传动零件所产生的惯性力，以防止各种传动件彼此分离而破坏配气机构正常工作。

在工作中，气门弹簧承受着频繁的交变载荷，为保证气门弹簧可靠地工作，要求气门弹簧具有合适的弹力，还要具有足够的强度和抗疲劳强度。

气门弹簧是圆柱形螺旋弹簧，分为等螺距、不等螺距和反向螺旋弹簧三种，如图 3—3—9 所示。其一端支承在气缸盖（体）上，而另一端则压靠在气门杆端的弹簧座上，弹簧座用锁片固定在气门杆的末端。气门弹簧的两端面要经磨光并与弹簧轴线相垂直。

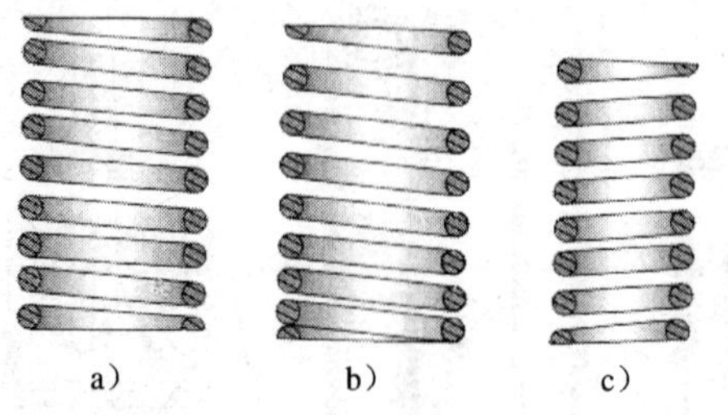


图 3—3—9 气门弹簧

a）等螺距弹簧 b）不等螺距弹簧 c）反向螺旋弹簧

## 二、气门组的分解

桑塔纳轿车发动机配气机构采用单列顶置气门、筒形液压挺柱、直顶式结构，在国产轿车中具有典型的代表性。解体时，应使用专用工具，按照由外到内的顺序进行。具体步骤如下：

| | |
|---|---|
| 1. 准备工作<br>方法：将拆除外围附件的气缸盖置于工作台架上，取出液压挺柱，按顺序摆放或在内壁上做出标记 |  |
| 2. 拆气门弹簧<br>方法：用专用工具 VW2037 压下气门弹簧，取出气门锁片、气门弹簧座、气门弹簧及进、排气门，各机件按顺序摆放或做出标记，不得错乱 | 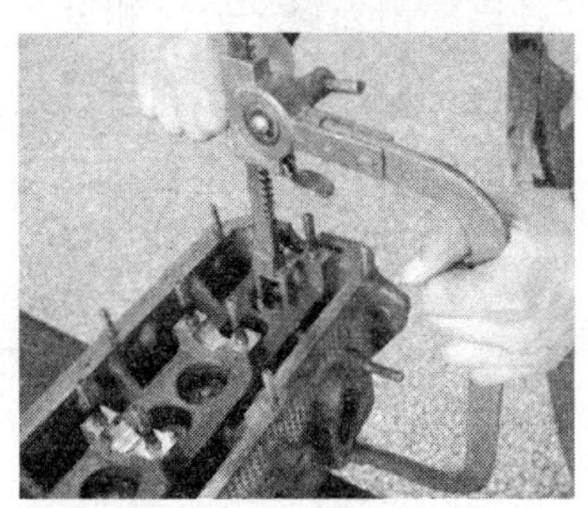 |
| 3. 拆下气门<br>方法：取出各缸进、排气门，拆卸时必须对气门做上标记，气门不可互换 |  |
| 4. 拆气门油封<br>方法：用气门油封钳取出气门油封 |  |

续表

| | |
|---|---|
| 5. 拆气门导管<br>方法：将气缸盖倒置，用外径略大于气门导管内径的铜冲冲出气门导管 |  |

## 三、气门组的检修

气门的主要损伤有：气门杆磨损、气门杆端面磨损、气门工作面磨损或烧蚀、气门杆变形等。

### 1. 气门杆磨损的检修

气门杆磨损用外径千分尺测量，如图 3—3—10 所示。在气门杆磨损最大的部位和气门杆尾部未磨损部位进行对比测量，磨损量一般不得超过 0.04 mm。桑塔纳轿车发动机气门杆磨损不得超过 0.05 mm，否则，应更换新件。

### 2. 气门杆弯曲的检修

气门杆弯曲变形用百分表测量，如图 3—3—11 所示。其方法如下：

(1) 将气门置于相距 100 mm 的 V 形架上，用支撑钉顶住气门两端面。

(2) 将百分表测头抵在气门杆中间，转动气门杆一圈，百分表所示最大与最小读数之差，即为气门杆的弯曲度。

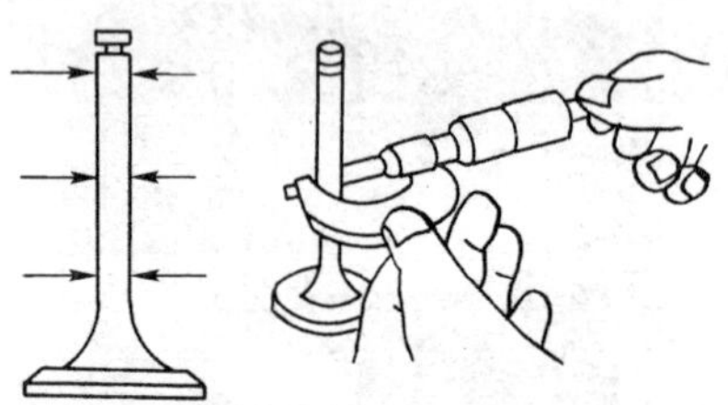

图 3—3—10　气门杆磨损量的检查

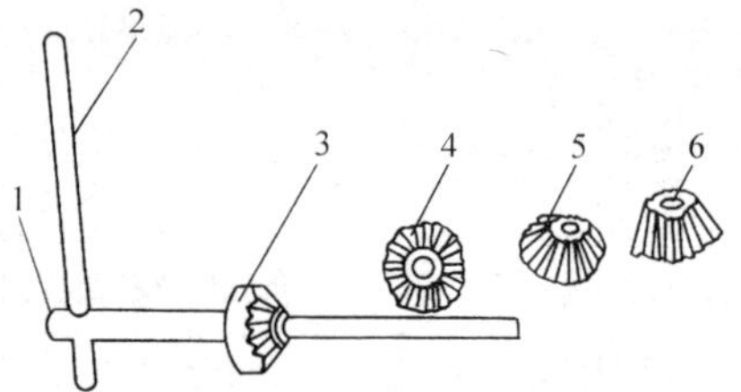


图 3—3—11　气门杆弯曲的检查

1—气门　2—百分表

3—V 形架　4—顶针　5—平板

(3) 将百分表测头抵住气门头平面，转动气门一圈，百分表所示最大与最小读数之差，即为气门头部摆差。

(4) 弯曲度不能超过 0.03 mm，摆度不能超过 0.05 mm，否则，应冷压校直。

### 3. 气门杆端面磨损的检验

将气门放置在两个 V 形架上，用百分表检查其端面，百分表指针摆差应不大于 0.03 mm，否则，可用气门光磨机将气门杆端面磨平。

#### 4. 气门工作面磨损的检修

气门工作面磨损将破坏气门与气门座的密封性，导致漏气，并改变气门间隙。气门工作面的检查主要是查看工作面是否有疲劳层引起的点蚀、擦伤引起的刻痕、烧伤和偏磨引起的凹陷。气门工作面的修理主要在气门光磨机上进行，具体步骤如下：

(1) 检查砂轮是否平整，按气门杆外径选择夹头，并夹好气门。

(2) 按气门规定锥角调整夹架。

(3) 先打开冷却液开关，再打开夹架电动机，观察气门是否摇摆，然后开动砂轮电动机。

(4) 操纵纵横向进给手柄，使砂轮缓慢接触气门工作面，然后停止进给。

(5) 左右转动横向手柄，使气门工作面在砂轮面上左右慢慢移动，并进行 3～5 次空进给，直至没有火花为止。

(6) 用 "00" 号砂布磨光工作面。

(7) 关闭冷却泵和砂轮电动机。

#### 5. 气门座的检修

气门座磨损是由于冲击负荷引起塑性变形，同时还受高温气体烧蚀，使气门座工作面宽度增大，表面呈现斑点、凹陷，造成气门关闭不严而漏气。一般采用对气门座进行铰削和磨削的方式予以修复。

(1) 气门座的铰削

气门座的铰削应在气门导管修配后进行。通常使用气门座铰刀，如图 3—3—12 所示。

1) 选择铰刀和铰刀刀杆。根据气门直径和导管内径来选择合适的铰刀和铰刀刀杆。

2) 砂磨硬化层。铰削时，铰刀会在气门座硬化层上打滑，可用 1 号砂布垫在铰刀下面砂磨硬化层。

3) 粗铰的铰削方法如图 3—3—13 所示。铰削时，铰刀刀杆应直立，两手用力要均衡，转动要平稳，直到将烧蚀、斑点等缺陷铰去为止。

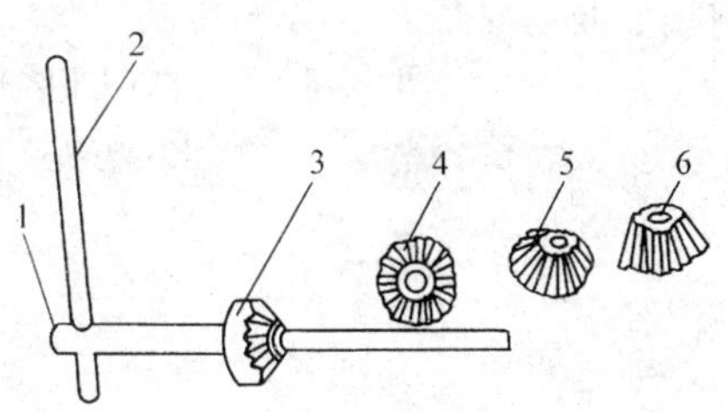

图 3—3—12　气门座铰刀

1—铰刀刀杆　2—铰刀把　3—45°角细刃铰刀
4—15°角座面铰刀　5—45°角粗刃铰刀　6—75°角座面铰刀

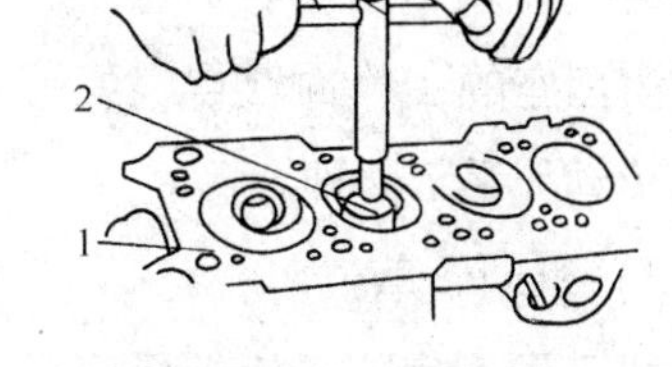

图 3—3—13　铰削气门座

1—气缸盖　2—铰刀　3—铰刀刀杆

图 3—3—14 所示为 EQ6100－1 气门座的铰削顺序：

①用 45°角粗刃铰刀铰削工作面。

②用 75°角铰刀铰削上斜面。

③用 15°角铰刀铰削下斜面。

④试配和修整气门工作面。

用相配合的气门进行试配。气门与气门座的接触面应位于气门座的中下部，接触面宽度一般为：进气门为 1～2 mm，排气门为 1.5～2.5 mm。如果接触面尺寸和位置不符合要求，可进行修铰，其方法如下：

①接触面偏上时，用 75°角铰刀铰上口，使接触面下移。

②接触面偏下时，用 15°角铰刀铰下口，使接触面上移。

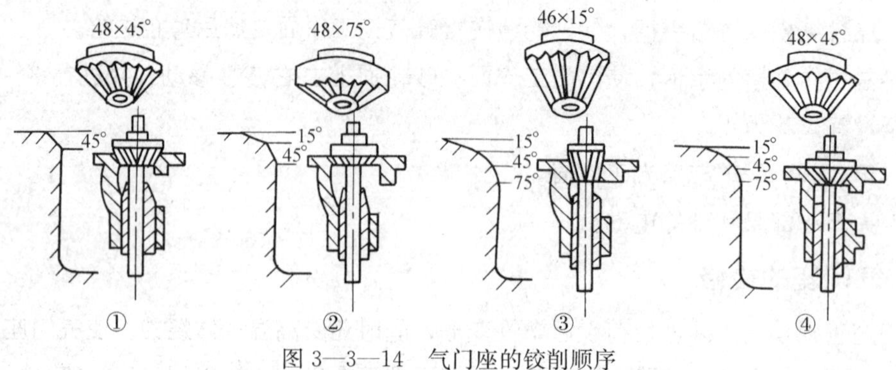


图 3—3—14　气门座的铰削顺序

4）用 45°精刃铰刀精铰或在铰刀下垫细砂布进行光磨，以达到表面粗糙度要求。

(2) 气门座的磨削

气门座工作面可用高速砂轮进行磨削，主要是利用砂轮代替铰刀，以小型电动机为动力。用这种设备磨气门速度快、质量高，特别适用于硬度高的气门座。气门座磨光机的结构如图 3—3—15 所示，主要由电动机、磨头和导杆三部分组成。

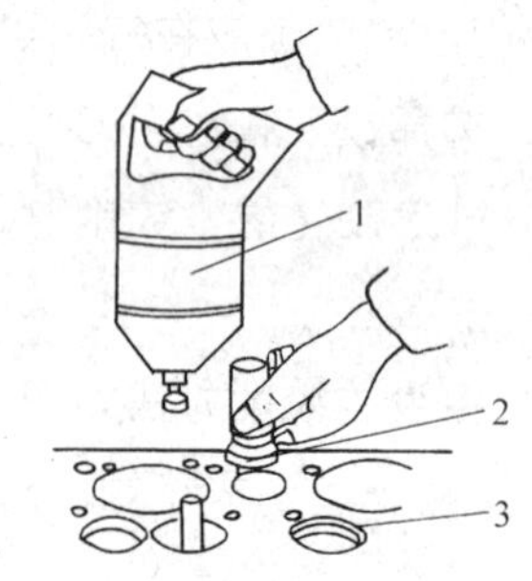


图 3—3—15　气门座磨光机

1—磨光机　2—砂轮锥形磨头　3—气缸盖

(3) 气门座的研磨

当气门、气门座及气门导管经上述修理达到规定标准，则不需要研磨。若达不到标准，可采用研磨，使气门与气门座的工作面获得良好配合。气门的研磨方法可分为机动和手工两种。

1）机动研磨法。

机动研磨气门在气门研磨机上进行。

2）手工研磨法。

①研磨前，将气门、气门座及导管清洗干净，按顺序对气门做标记。

②在气门工作面上涂上一层薄薄的研磨砂，气门杆上涂上少许机油，套上一只细软螺旋弹簧，将气门杆插入导管内，如图 3—3—16 所示。

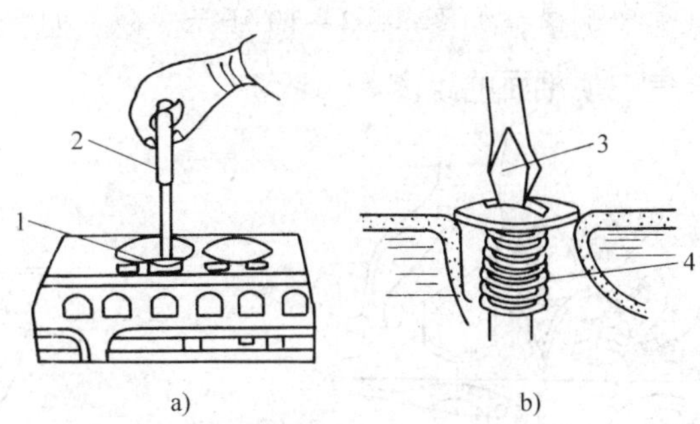


图 3—3—16　手工研磨气门

a）用橡胶捻子研磨气门　b）用螺钉旋具研磨气门

1—橡胶碗　2—木柄　3—螺钉旋具　4—弹簧

③利用橡胶捻子或螺钉旋具往复旋转气门，转角一般以 10～30°为宜，并适时地提起和转动气门以改变接触位置。研磨要轻，不要用力敲击，以免出现砂痕，不要使研磨砂进入导管，以免磨损导管。

④当气门和气门工作面出现一条整齐、无斑痕、无麻点的接触带时，取出气门，洗掉粗研磨砂，换细研磨砂，继续研磨，直至工作面出现一条整齐、灰色、无光泽的环带时，再洗掉细研磨砂，涂上机油，继续研磨几分钟，然后进行密封性试验。

（4）气门密封性试验

气门与气门座光磨或研磨后，需进行密封性试验，其方法如下：

1）渗油法。

将气门放入相配的气门座中，用汽油或煤油浇在气门顶面上，观察其有无渗漏现象，如无渗漏表明密封良好。

2）划线法。

如图 3—3—17 所示，用铅笔在气门工作面上画若干条分布均匀的素线。然后将气门插入气门座内，轻敲或转动，取出气门观察所画素线是否均匀切断，如果有线条未被切断则表明密封不严，需进行研磨。

3）用检验仪器检验。

采用带有气压表的气门密封性检验仪进行检验，如图 3—3—18 所示。先将检验仪的空气容筒紧紧地压在装有气门的气门座上，捏动橡胶气囊，使空气筒内具有 60～70 kPa 压力时，停留 30 s，如气压表指示压力不下降，即密封性合格。

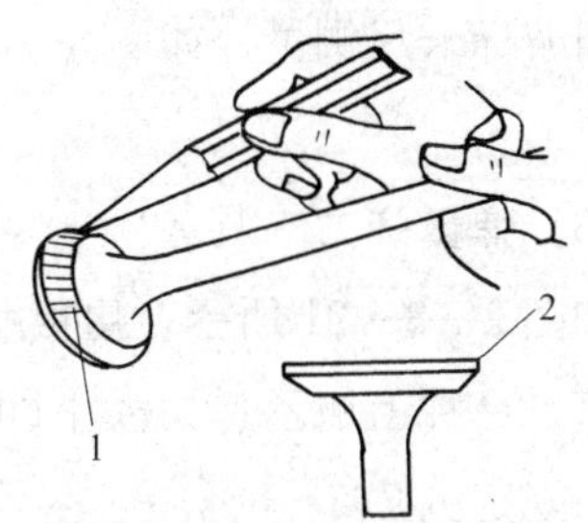


图 3—3—17　划线法检查气门与气门座的密封性

1—在气门工作面上划线　2—拍打后的工作面

（5）气门座圈的镶配

气门座经过多次铰削或磨削，当气门工作面下陷低于气缸盖 2 mm 时，或原气门座圈有裂纹，严重烧蚀或松动时，应重新镶配气门座圈。气门工作面的下陷量可用深度游标卡尺测量，如图 3—3—19 所示。以气缸盖平面为基准，用深度游标卡尺测量气缸盖平面至气门顶平面的距离。

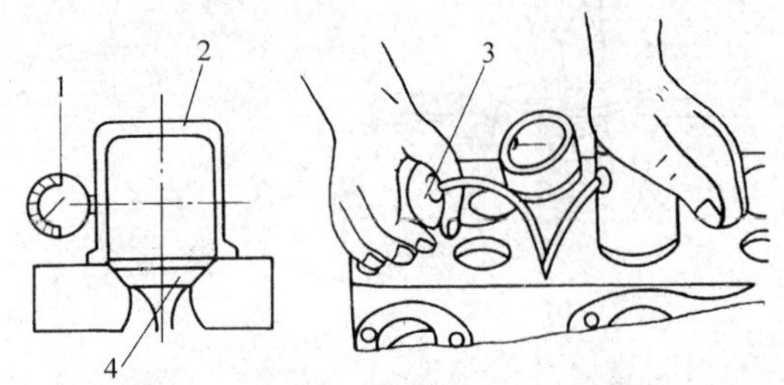


图 3—3—18 用检验仪检验气门与气门座的密封性

1—气压表 2—空气容筒 3—橡胶气囊 4—气门

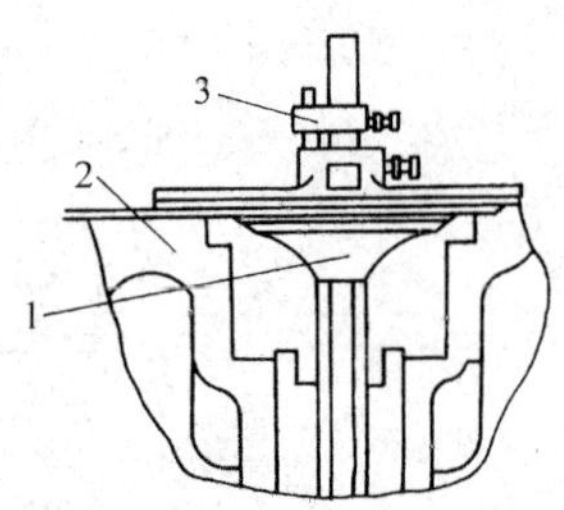


图 3—3—19 气门下陷量的测量

1—气门 2—气缸盖 3—深度游标卡尺

镶配气门座圈的工艺如下：

1）取出旧气门座圈，原来未镶过气门座圈的，用镗削或钻削的方法除去原气门座圈；已镶过气门座圈的，用撬棒等工具取出原气门座圈。

2）检查气门座承孔，其圆度误差超过 0.02 mm，圆柱度误差超过 0.05 mm，表面粗糙度 $Ra$ 值大于 1.25 μm，须经镗削和铰削的方法加大原气门座承孔，镶配以合适的新气门座圈。

3）气门座圈材料的性能应与基体材料相近。

4）气门座圈与气门座孔为过盈配合。用冷镶法，过盈量为 0.05～0.15 mm；用热镶法，过盈量为 0.20～0.25 mm。座圈镶入后，上端面与基体平面平齐，高出平面部分应予以修平。

### 6. 气门弹簧的检修

气门弹簧经长期使用后，由于受力压缩产生塑性变形，自由长度缩短或折断，必须认真检修。其方法如下：

(1) 检视法

从外观上检查气门弹簧，不允许有任何变形、裂纹或折断，如有则应更换。

(2) 气门弹簧自由长度的检查

用游标卡尺测量，如图 3—3—20 所示。自由长度的缩短不得超过 3%～4%，否则应更换。

(3) 弹簧弹力的测量

如图 3—3—21 所示，用检测仪测量弹簧弹力，将弹簧压至规定长度，台秤上所示弹力大小即为所测弹簧弹力，弹力减弱不得超过原规定的 7%～8%。

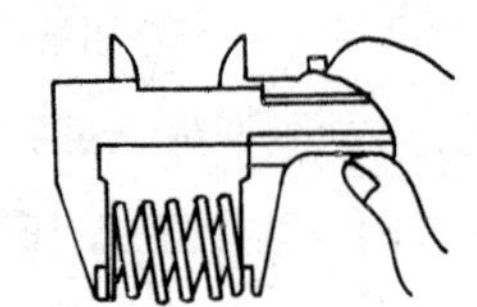

图 3—3—20 测量弹簧的自由长度

(4) 气门弹簧弯曲和扭曲的检验法

可将气门弹簧放在平板上，用直角尺检查，如图 3—3—22 所示。如 $\delta>1.5$ mm，弹簧轴线偏移 $\alpha>2°$ 时，应予以更换。

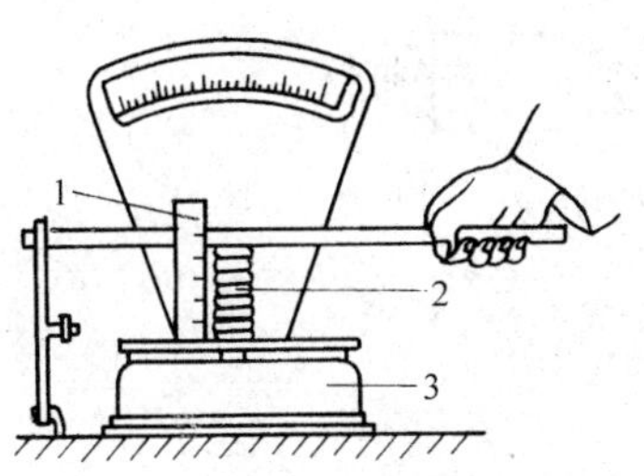


图 3—3—21　测量弹簧弹力

1—量尺　2—被检弹簧　3—台秤

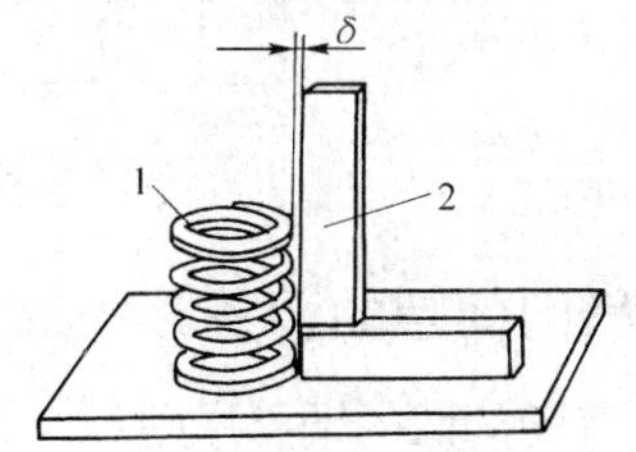


图 3—3—22　在平板上检查弹簧的变形

1—被检弹簧　2—直角尺

## 7. 气门导管的检修

(1) 气门杆与气门导管的检查

1) 如图 3—3—23 所示，装配气门杆和气门导管，安装百分表，同时将气门杆升高 15 mm 左右。

2) 使百分表测头抵在气门头部边缘，然后左右摆动气门，百分表指针摆动读数的一半即为被测气门杆与导管的配合间隙，如超过使用极限，应予以更换。

(2) 气门导管的镶配

1) 根据车型，选择新气门导管。按图 3—3—24a 所示，用直径小于导管外径 1.0～1.5 mm 的铜冲，压出或冲出气门导管，并清洁导管孔。

2) 将选择好的新导管外面涂上一层薄机油，然后按图 3—3—24b 所示，用铜冲压入或冲入新导管。

3) 镶入后，气门导管的压入深度必须符合规定。

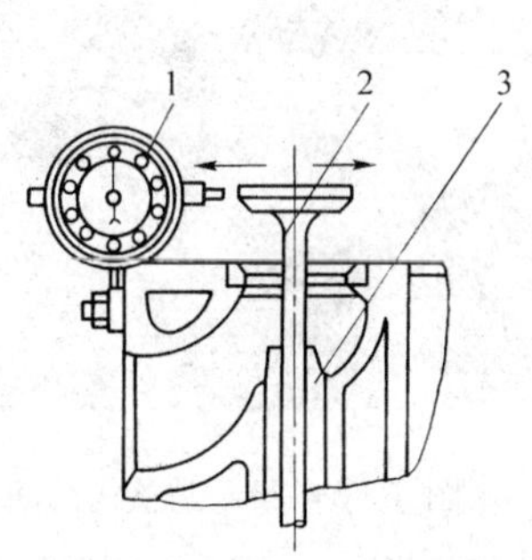


图 3—3—23　气门杆与气门导管配合间隙的检查

1—百分表　2—气门　3—气门导管

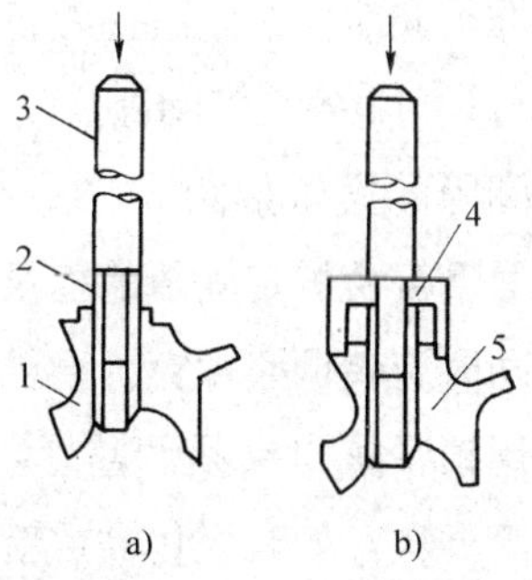


图 3—3—24　气门导管的镶配

a) 拆卸　b) 镶装

1—气缸套　2—气门导管　3—铜冲　4—支架　5—气缸盖

(3) 气门导管的铰削

镶好的气门导管一般用气门导管铰刀进行铰削，以达到与气门杆的配合要求，铰刀如图 3—3—25 所示。铰削时，将铰刀放入导管孔内，铰刀要求正直，用板钳夹住手柄顺时针转动刀杆，双手用力要均匀，边铰边试配，直至达到规定的配合要求。

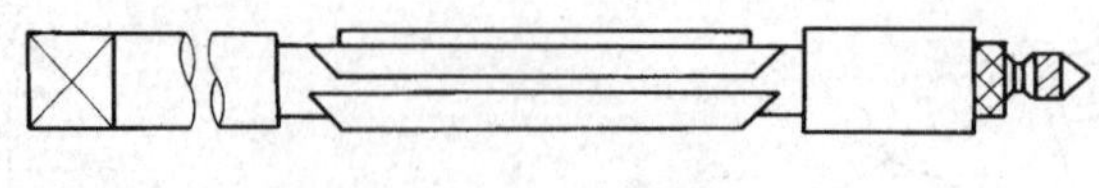

图 3—3—25 气门导管铰刀

### 8. 气门间隙的调整

(1) 气门间隙的调整原则

挺柱（或摇臂）必须落在凸轮的基圆上才可以调整气门间隙。因此，进、排气门在开启过程中不能调整。另外，在配气相位中，由于气门的早开迟闭，在刚要开启或关闭不久的一段时间也不能调整。即正在进气、将要进气、进气刚结束的进气门不能调整；正在排气、将要排气、排气刚结束的排气门不能调整。

(2) 气门间隙的调整方法

1) 逐缸调整法。

转动曲轴至 1 缸压缩终了，调整 1 缸的进、排气门。然后摇转曲轴，按点火顺序使下一缸达到压缩终了，再调整这一气缸的进、排气门，依次类推，逐缸调整完毕。

2) 两次调整法。

在生产实践中，普遍采用两次调整法调整气门间隙，即第 1 缸压缩行程上止点时，调整所有气门的半数，再摇转曲轴一周，便可调整其余半数气门，两次调整完毕。

以 EQ6100—1 型汽油机为例。摇转曲轴，使飞轮上的记号对准飞轮壳检查孔上刻线，此时，六缸进、排气门处于微开状态，一缸则是压缩行程终了，可调整 1、2、4、5、8、9 各气门间隙。

再将曲轴摇转一圈，使飞轮上的记号再次与飞轮壳检查孔刻线对准，此时为第六缸压缩行程终了，可调整 3、6、7、10、11、12 各气门间隙。

调整气门间隙的方法如图 3—3—26 所示：先旋松锁紧螺母，用厚度符合规定间隙的塞尺插入气门杆端面与摇臂之间，同时旋转调整螺钉，直至拉动塞尺感到稍有阻力，最后用锁紧螺母锁紧调整螺钉。调整完毕后，应再用塞尺复查一次，如有变化需重新调整。

图 3—3—26 调整气门间隙

1—螺钉旋具 2—气门调整螺钉 3—塞尺

## 四、气门组的装配

按配气机构气门组拆卸时的相反顺序装配，并应注意以下事项：

1. 装配前必须对各机件进行清洗、检验。
2. 各零件必须按原位装入，不得装错。
3. 如图 3—3—27 所示，气门杆油封需用专用工具 VW10－204 安装，以防损坏。
4. 各紧固件必须按规定的顺序和拧紧力矩拧紧。

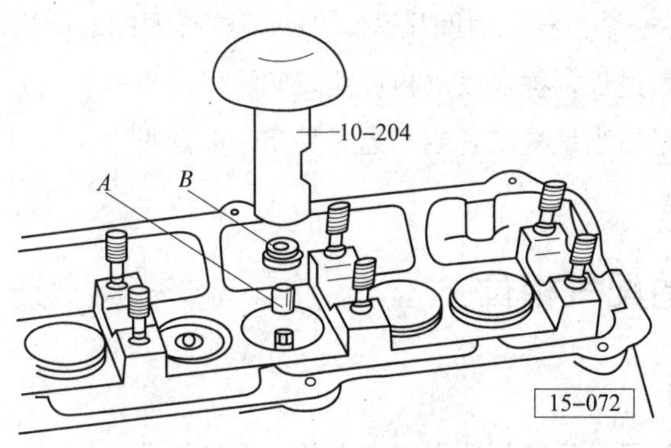


图 3—3—27　安装气门杆油封

东风 EQ6100—1 型发动机配气机构气门组的拆装和桑塔纳轿车发动机配气机构气门组的拆装相类似，但需注意，装配完毕后，需按该车维修手册的要求，调整气门间隙至规定值。

# 课题 4　配 气 相 位

## 学习目标

1. 了解配气相位的定义、作用及工作原理。
2. 掌握配气相位的检查与调整方法。
3. 了解可变气门正时技术。

配气相位是指进、排气门的实际开闭时刻，通常用曲轴转角来表示。配气相位的各个角度可用配气相位图来表示，如图 3—4—1 所示。

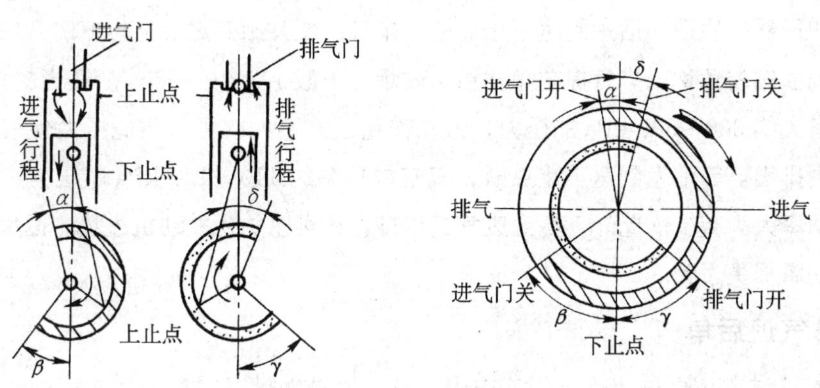


图 3—4—1　配气相位图

理论上四冲程发动机的进气门当活塞处于上止点时开启，当活塞处于下止点时关闭，排气门则当活塞处于下止点时开启，处于上止点时关闭，进气时间和排气时间各占 180°曲轴转角。但实际情况并非如此，由于发动机转速很高，一个行程的时间极短，如四冲程发动机转速为 3 000 r/min 时，一个行程的时间只有 0.01 s，这样短的时间内难以做到进气充分，排气彻底。为了改善换气过程，提高发动机性能，实际发动机的气门开启和关闭并不恰好在活塞的上、下止点，而是适当地提前开启和迟后关闭，以延长进、排气时间，气门开启行程中曲轴转角都大于 180°。

## 一、进气门的配气相位

### 1. 进气提前角

在排气行程接近终了，活塞到达上止点之前，进气门便开始开启。从进气门开始开启到上止点所对应的曲轴转角称为进气提前角，用 $\alpha$ 表示，一般 $\alpha$ 为 10°～30°。进气门早开，有利于提高充气量。

### 2. 进气迟后角

在进气行程下止点过后，活塞又上行一段，进气门才关闭。从下止点到进气门关闭所对应的曲轴转角称为进气迟后角，用 $\beta$ 表示，一般 $\beta$ 为 40°～80°。活塞到达下止点时，由于进气阻力的影响，气缸内压力仍低于大气压，且气流还有相当大的惯性，仍能继续进气。下止点过后，随着活塞的上行，气缸内压力逐渐增大，进气气流速度逐渐减小，至流速等于零时，进气门关闭最为适宜。若 $\beta$ 角过大，会出现进入气缸的气体被重新压回进气管内的现象。

由上可见，进气门开启持续时间内的曲轴转角，即进气持续角为 $\alpha+180°+\beta$。

## 二、排气门的配气相位

### 1. 排气提前角

在做功行程的后期，活塞到达下止点前，排气门便开始开启。从排气门开始开启到下止点所对应的曲轴转角称为排气提前角，用 $\gamma$ 表示，一般 $\gamma$ 为 40°～80 °。适当的排气门早开，气缸内还有大约 300～500 kPa 的压力，做功作用已经不大，可利用此压力使气缸内的废气迅速地自由排出。等活塞到达下止点时，气缸内只剩约 110～120 kPa 的压力，使排气行程所消耗的功率大为减少。此外，高温废气的早排，还可以防止发动机过热。但角度一定要适当，否则功率损失过大。

### 2. 排气迟后角

在活塞越过上止点后，排气门才关闭。从上止点到排气门关闭所对应的曲轴转角，称为排气迟后角，用 $\delta$ 表示，一般 $\delta$ 为 10°～30°。由于活塞到达上止点时，气缸内的压力仍高于大气压，且废气气流具有一定的惯性，所以排气门适当晚关可以将废气排得更加彻底。

由此可见，排气门开启持续时间内的曲轴转角，即排气持续角为 $\gamma+180^{\circ}+\delta$。

## 三、气门叠开

由配气相位图可以看出，由于进气门在上止点前开启，而排气门在上止点后关闭，这就出现了在上止点附近，同一段时间内，进、排气门同时开启的现象，通常称为气门叠开。同时开启的角度，即进气提前角和排气迟后角的总和称为气门叠开角。

## 四、配气相位的检查与调整

配气相位的准确性和可靠性对发动机的经济性、动力性有很大的影响。汽车经长期运行后，由于凸轮轴上凸轮的磨损，使原有几何形状改变。因此，在发动机维修过程中，需对配气相位进行检查与调整。

配气相位的检查方法有检验气门控制点和检验气门重叠开度两种方法。

1. 检验气门控制点是在调整好气门间隙的基础上，找出各气门控制点相对曲轴转角与标准配气相位角进行比较，来判断配气相位正确与否。

2. 检验气门重叠开度，同样应先调整好气门间隙，将 1 缸（或 6 缸）活塞摇到压缩行程上止点位置，用塞尺插入气门与气门座接合面来测量气门重叠期的微开量。若 6 缸发动机的点火顺序为 1—5—3—6—2—4，可按 6—2—4—1—5—3 的顺序进行测量，并把各缸的微开量值分别记录好，再与该机型标准配气相位进行比较，来判断该机型配气相位的准确性。

3. 影响配气相位正时的零件应予以报废，换用新件后，应重新调整配气相位。

**知识拓展**

### 可变气门正时技术

在现代轿车发动机上，经常可以看到 VVT—i、VTEC、VVTL—i、i—VTEC 等技术标号。这些标号都代表发动机采用了可变配气相位控制系统。

1. 可变气门正时的简单分类

(1) 连续可变气门正时和不连续可变气门正时

简单的可变配气相位 VVT 只有两段或三段固定的相位角可供选择，通常是 00 或 300 中的一个。更高性能的可变配气相位 VVT 系统能够连续可变相位角，根据转速的不同，在 00 和 300 之间线性调整配气相位。显而易见，连续可变气门正时系统更适合匹配各种转速，因而能有效提高发动机的输出性能，特别是发动机的输出平顺性。

VVT—i 控制系统

(2) 可变进气门正时和可变排气门正时

市场上的大部分气门正时系统都可以实现进气门正时在一定范围内无级可调，而少数发动机还在排气门也配备了 VVT 系统，从而在进、排气门都实现气门正时无级可调(就是D—VVT、双 VVT 技术)，进一步优化了燃烧效率。

2. 可变气门正时技术的应用

帕萨特 B5 和奥迪 A6 轿车选用的发动机对可变进气门正时进行了特别设计，其传动方式以及进、排气凸轮轴分布如下图所示。排气凸轮轴安装在外侧，进气凸轮轴安装在内侧。曲轴通过齿形带首先驱动排气凸轮轴，排气凸轮轴通过链条驱动进气凸轮轴。两轴之间设置一个可变气门正时调节器，在内部液压缸的作用下，调节器可以上升和下降。

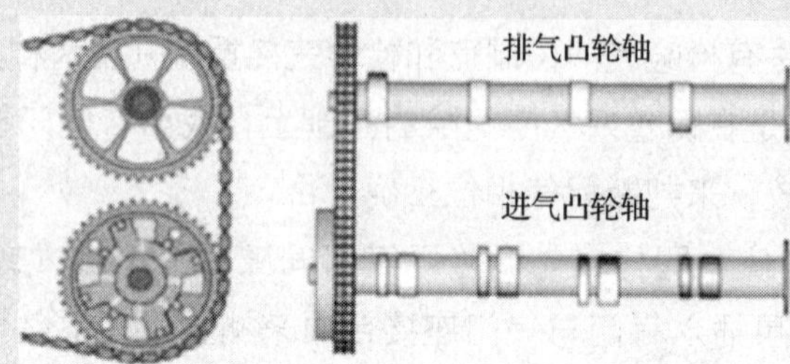


帕萨特 B5 的传动方式以及进、排气凸轮轴分布

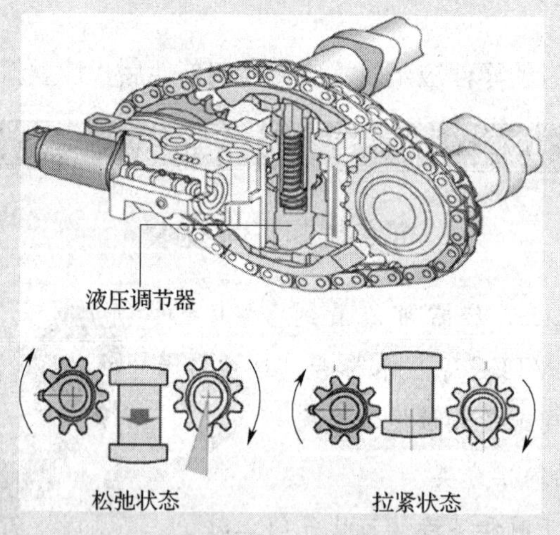


可变气门正时的工作原理

当发动机转速下降时，可变气门正时调节器下降，上部链条被放松，下部链条作用着排气凸轮旋转拉力和调节器向下的推力。由于排气凸轮轴在曲轴正时带的作用下不可能逆时针反旋，所以进气凸轮轴受到两个力的共同作用：一是在排气凸轮轴正常旋转带动下链条的拉力；二是调节器推动链条，传递给排气凸轮的拉力。进气凸轮轴顺时针额外转过 $\theta$ 角，加快了进气门的关闭，即进气迟后角减少 $\theta$ 度。

当转速提高时，调节器上升，下部链条被放松。排气凸轮轴顺时针旋转，首先要拉紧下部链条成为紧边，进气凸轮轴才能被排气凸轮轴带动旋转。就在下部链条由松变紧的过程中，排气凸轮轴已转过$\theta$角，进气凸轮才开始动作，进气门关闭变慢了，即进气迟后角增大$\theta$度。

# 课题5　综合故障诊断与排除

## 学习目标

1. 熟悉配气机构故障检测和诊断的基本知识。
2. 掌握配气机构常见故障的检测、诊断与排除方法。

配气机构的主要故障是异响，常见异响有气门响、气门座圈响、气门挺柱响、凸轮轴响、正时齿轮响等。配气机构出现异响表明各机件磨损或调整不当，发动机的动力性和经济性下降，应该重新调整或更换机件。

## 一、气门响

### 1. 故障现象

(1) 发动机怠速时，在气门室处发出有节奏的“嗒、嗒”声响。

(2) 发动机转速增高，声响也随之增高，中速以上时声响变得模糊嘈杂。

(3) 发动机温度变化或做断火试验，声响都不随之变化。

### 2. 故障原因

(1) 气门杆端和摇臂之间磨损或调整不当，致使气门间隙过大而产生碰击声。

(2) 气门间隙调整螺钉磨损偏斜。

(3) 气门弹簧脱落。

(4) 气门杆与气门导管间隙过大。

### 3. 故障诊断与排除

(1) 在气门室侧或气门罩处听声检查，声响随发动机转速不同而改变频率，且高、中、低速时均有异响，同时发动机温度变化或断火试验时声响不随之变化，可诊断为气门响。

(2) 拆下气门室盖或罩，逐个检查气门间隙，如间隙值超过标准值，一般是间隙过大的气门发响。

(3) 调整气门间隙至规定值后仍发响，则可诊断为气门杆与气门导管磨损过量或气门弹簧座脱落而发响。

## 二、气门座圈响

### 1. 故障现象

(1) 发动机冷车发动时，响声易出现。

(2) 声响与转速无关，只是偶尔发出清脆的“礅气门”声响，但很快就会消失，严重时，此声响将频繁出现。

(3) 声响出现，伴随出现个别缸不工作；声响消失后，发动机恢复正常。

(4) 有火花塞跳火 1 次，发响 1 次的规律。

### 2. 故障原因

(1) 气门座圈与缸体镶配过盈量过小造成松旷。

(2) 选用气门座圈的材料不当，热胀系数太小。

### 3. 故障诊断与排除

(1) 当声响出现时，伴随有个别缸不工作现象；声响消失，发动机又恢复正常，则可诊断为不工作缸的气门座圈松脱。

(2) 利用气缸压力表逐缸测量气缸压力，压力低的缸即为异响缸。

## 三、气门挺柱响

### 1. 故障现象

(1) 发动机怠速运转时，在机体凸轮轴一侧发出有节奏且清脆的“咯、咯”声响。

(2) 发动机怠速运转时，声响较明显，中速以上可能减弱或消失。

(3) 发动机温度变化或断火试验，声响不随之变化。

### 2. 故障原因

(1) 挺柱与导管的圆度、圆柱度超差，或配合松旷，使挺柱撞击导管壁而发出响声。

(2) 挺柱杯形球面或凸轮磨损变形，致使挺柱在导管内转动不灵活或不转动。

(3) 飞溅润滑不良。

### 3. 故障诊断与排除

需检查某一挺柱响时，可用铁丝钩住有声响的挺柱，如图 3—5—1 所示，若声响减弱或消失，则为该挺柱响。

## 四、凸轮轴响

### 1. 故障现象

(1) 发动机中速时，从缸体凸轮轴一侧发出钝重的声响；高速时，声响混沌不清。

(2) 单缸断火试验时，声响不变。

(3) 凸轮轴轴承附近伴有振动。

### 2. 故障原因

(1) 凸轮轴轴承与轴颈配合间隙过大、松旷。

(2) 凸轮轴轴承松转或轴承合金烧蚀、剥落或磨损过大。

(3) 凸轮轴轴向间隙过大或凸轮轴弯曲。

### 3. 故障诊断与排除

(1) 使发动机在声响最强的转速下运转，如图 3—5—2 所示。用螺钉旋具在缸体的 $C-C$ 区域听诊，若某处声响强并伴有振动，则可诊断为该处轴承发响。

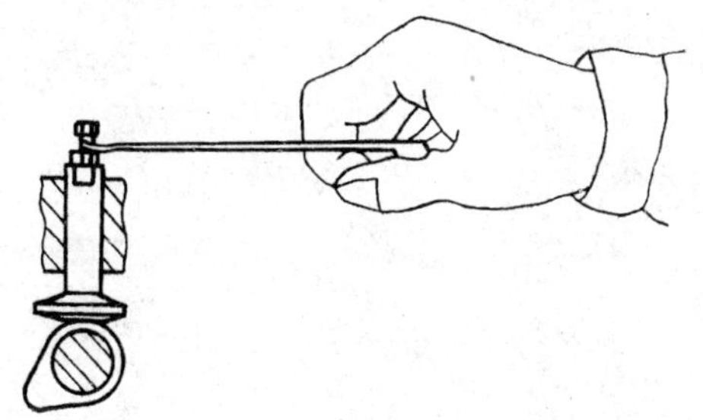

图 3—5—1　气门挺柱响的诊断

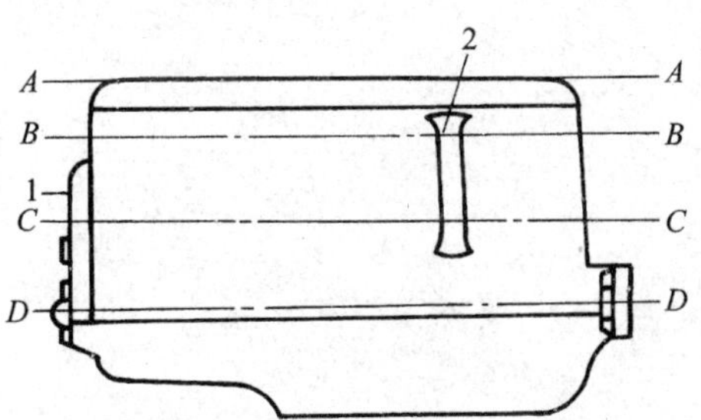


图 3—5—2　发动机异响振动的分布区域

1—正时齿轮盖　2—加机油口

(2) 进行断火试验，声响无变化，可缓慢变换节气门，若怠速时声响清晰，中速时声响明显，高速时声响减弱，则可诊断为凸轮轴轴向间隙过大或轴承松动。

## 五、正时齿轮响

### 1. 故障现象

(1) 当发动机怠速运转或转速改变时，正时齿轮盖处发出杂乱而轻微的“嘎啦”声响；转速提高后，声响消失；急减速时，声响尾随出现。

(2) 声响有时受温度影响，温度高时，声响明显。

(3) 声响有时伴有正时齿轮盖振动。

### 2. 故障原因

(1) 正时齿轮磨损或装配不当，使啮合间隙过大或过小。

(2) 曲轴和凸轮轴中心线不平行。

(3) 凸轮轴正时齿轮松动或润滑不良。

(4) 凸轮轴正时齿轮轮齿折断，或齿轮径向破裂。

### 3. 故障诊断与排除

(1) 发动机怠速运转时发出有节奏的“嘎啦、嘎啦”声，中速时突出，高速时杂乱。用螺钉旋具触及正时齿轮盖附近听诊，若声响更明显，则可诊断为正时齿轮啮合间隙过大。

(2) 使发动机怠速运转，若发出有节奏的“嘎、嘎”声响，且随发动机转速提高，声响随之加大，则表明齿轮啮合不均匀。

(3) 将发动机逐渐提高到某一较高转速，若突然发出强烈而杂乱的声响，然后急减速，同样会发出一声“嘎”的声响，然后消失，可诊断为凸轮轴正时齿轮松动。

(4) 若新车或更换正时齿轮后出现连续不断的“呜、呜”声，转速越高越明显，则表明齿轮啮合间隙过小。

# 单元四　电子控制汽油喷射系统

## 课题1　电子控制汽油喷射系统概述

**学习目标**

1. 了解电控发动机的发展历程。
2. 掌握可燃混合气形成及浓度的定义。
3. 掌握电子控制汽油喷射系统的基本组成及工作原理。

电控汽油喷射系统（Electronic Fuel Injection）简称EFI，该系统是以电控单元（Electronic Control Unit，简称ECU）为控制中心，并利用安装在发动机上的各种传感器测出发动机的各种运行参数，再按照ECU中预存的控制程序精确地控制喷油器的喷油量，使发动机在各种工况下都能获得最佳空燃比的可燃混合气。

### 一、电控发动机的发展历程

#### 1. 第一阶段（初级阶段）

美国苯迪克斯公司最早研制出了汽车电子燃油喷射装置，并于1957年开始将这种真空管电子控制系统安装在克莱斯勒豪华型轿车和赛车上。1958年，德国BOSCH公司首次采用在进气歧管上安装喷油嘴、燃油分组、机械控制式汽油喷射装置并将这种形式的发动机装配在梅赛德斯·奔驰220S型轿车上，这种简单的电子控制汽油喷射方式装有电子元件，为后来汽车电控汽油喷射系统的发展指明了正确的方向。

1967年，德国BOSCH公司研制成功了K—Jetronic机械式汽油喷射系统，改进后成为机电结合式的KE—Jetronic汽油喷射系统。它是在K—Jetronic系统的油量分配器上增设一只电液式压差调节器，用控制计量槽前后的压差，快速、大幅度地调节燃油量，提高操纵灵活性，并增加控制功能。同年，BOSCH公司又开发出一款利用进气歧管的绝对压力传感器来检测进气空气量的汽油喷射系统，被称为D—Jetronic系统。

#### 2. 第二阶段（发展阶段）

1972年，BOSCH公司开发了用翼片式空气流量传感器直接测量进入发动机气缸内空气的体积流量的LH—Jetronic型电控汽油喷射系统。与D型燃油喷射系统相比，L型电控汽油喷射系统的测量精度和控制精度大大提高，稳定性好。之后的LH—Jetronic系统既可精确测量进气质量，又可补偿大气压力和温度变化的影响，而且进气阻力进一步减小，响应速度更快，性能更加卓越。

1974 年，美国通用汽车公司开始使用集成电路 IC 式点火控制器，加大火花塞的电极间隙，同时采用高能点火装置，并将点火线圈与集成电路式点火控制器安放在分电器壳体内。

1979 年，德国 BOSCH 公司开始生产集电子点火和电控汽油喷射于一体的 Motmnic 数字式电控发动机综合控制系统，它能对空燃比、点火时刻、怠速转速和废气再循环等方面进行综合控制。

1979 年，福特公司研制成功了 EEC—Ⅲ系统，它在原有的空燃比反馈控制和怠速控制等控制内容的基础上进一步完善控制功能。与此同时还推出了能综合控制点火时刻、废气再循环、空燃比和怠速转速，并具有自我诊断功能的电子式发动机集中控制系统。

1981 年，德国 BOSCH 公司推出了 LH 型燃油喷射系统，该系统采用热丝式空气流量传感器，能直接测量出单位时间内进入发动机气缸的空气量，其测量精度不受进气温度和大气压力的影响，空燃比控制精确，提高了发动机的动力性和经济性，改善了发动机排放性能。

1982 年，德国 BOSCH 公司开发出 KE—Jetronic 机电组合型机械燃油喷射系统。KE—Jetronic 中的“E”代表“电子控制”。

1983 年，德国 BOSCH 公司又推出了燃油压力只有 0.1 MPa 的 Mono—Jetronic 单点低压中央喷射系统。

1984 年，丰田推出速度密度型的 TCCS 汽油喷射装置，能在各种工况下运转，对喷射时间、点火时间进行了有效、出色地控制。

**3. 第三阶段（精确控制阶段）**

1990 年以后，美国通用、福特和克莱斯勒三大汽车公司生产的汽车全部采用电控汽油喷射方式供油。现在的电子控制汽油喷射系统将必需的 CPU、存储器、附属电路变为单芯片，使其成本更低，应用相当广泛。

## 二、可燃混合气的形成及浓度

**1. 可燃混合气的形成过程**

电控燃油喷射系统中混合气的形成是在进气管或气缸中进行的。喷油器将来自供油系统的具有一定压力的汽油喷射到进气门前方的进气歧管内，与来自空气供给系统的新鲜空气在缸外混合形成可燃混合气，进入气缸被点燃做功。由于汽油是从细小的喷嘴喷出，可以充分雾化，所以能够与空气均匀地混合，形成良好的可燃混合气；而且由于喷油量是由 ECU 控制的，所以混合气的浓度是最佳的。

**2. 可燃混合气浓度**

可燃混合气浓度常用空燃比来表示。空燃比 $R$ 是可燃混合气中空气质量与燃油质量的比值，即：

$$\text{空燃比}\ R=\frac{\text{空气质量（kg）}}{\text{燃油质量（kg）}}$$

理论上，1 kg 汽油完全燃烧需要的空气量为 14.7 kg，即可燃混合气的空燃比为 14.7∶1 时，称为标准混合气；$R>14.7$ 时称为稀混合气；$R<14.7$ 时称为浓混合气。

另外，可燃混合气浓度还可以用过量空气系数来表示。过量空气系数 $\alpha$ 是指燃烧过程中 1 kg 燃料实际供给的空气质量（kg）与 1 kg 燃料理论上完全燃烧所需要的空气质量（kg）之比。即：

$$\alpha=\frac{\text{燃烧 1 kg 燃料实际所需的空气质量}}{\text{理论上完全燃烧 1 kg 燃料所需的空气质量}}$$

$\alpha=1$ 时，称为标准混合气；

$\alpha>1$ 时，称为稀混合气；

$\alpha<1$ 时，称为浓混合气。

### 3. 可燃混合气浓度对发动机工作的影响

可燃混合气浓度对发动机工作有着重要的影响。当可燃混合气过浓或过稀到一定程度时，发动机将不能工作。能够维持发动机运转的可燃混合气浓度 $R$ 值应在 6.5～20 的范围内。当然，$R>14.7$ 时，燃料能够完全燃烧，经济性最好。

发动机输出的扭矩需与汽车施加给发动机的阻力矩（即发动机负荷）相平衡。由于发动机的扭矩是随节气门开度变化而变化的，可以用节气门的开度大小来表示负荷的大小。

## 三、电控发动机的基本组成

电控发动机的基本组成包括电控发动机空气供给系统、电控发动机燃油供给系统、电控发动机排放控制系统、电控发动机点火系统、电控发动机辅助控制系统和随车自诊断系统等，如图 4—1—1 所示。

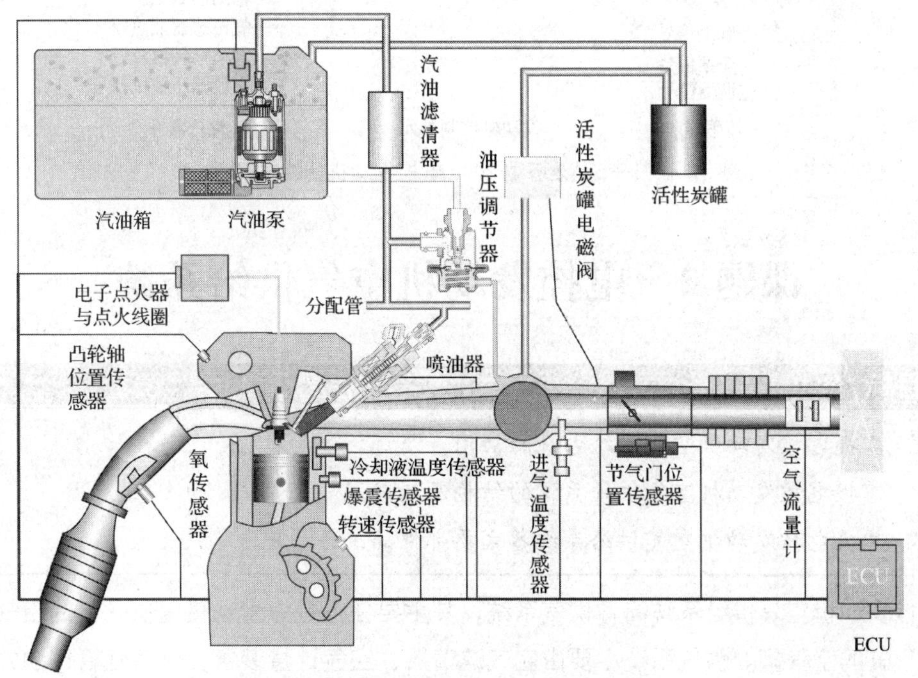


图 4—1—1　电控发动机的基本组成

## 四、电控发动机的基本工作原理

电控汽油喷射尽管形式多样，但它们都具有相同的控制原则，即以电子控制单元(ECU)为控制核心，以空气流量和发动机转速为控制基础，以喷油器为控制对象，保证发动机在各种工况下获得最佳的混合气，以满足发动机动力性、经济性和排放要求。相同的控制原则决定了各类电控汽油喷射系统具有相同的组成和类似的结构。

桑塔纳 2000 电控发动机的组成部件如图 4—1—2 所示。

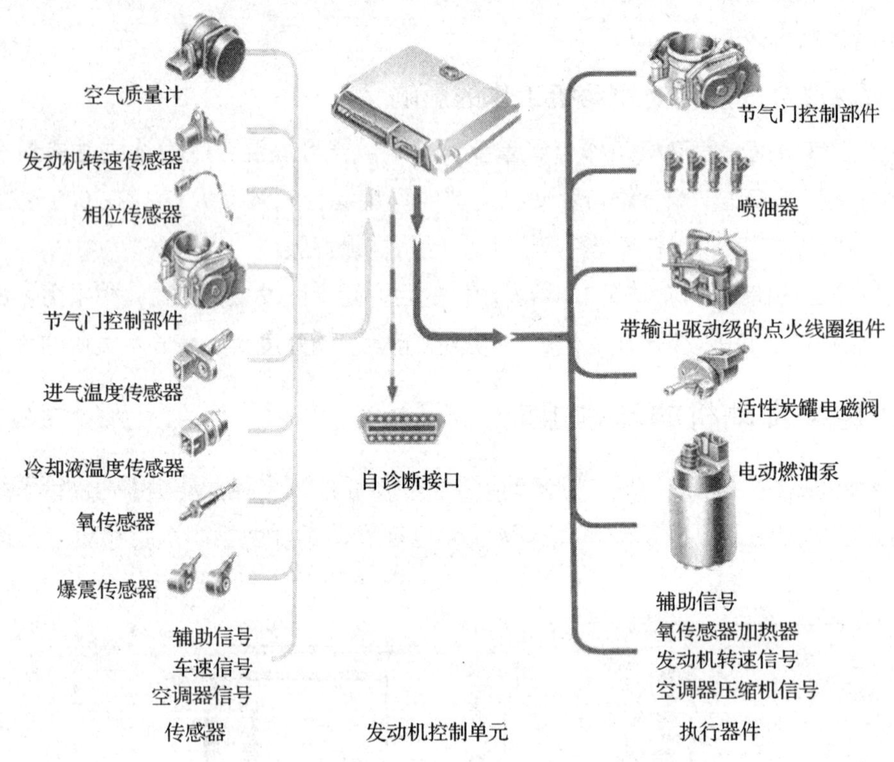

图 4—1—2 桑塔纳 2000 电控发动机的组成部件

# 课题 2 电控发动机空气供给系统

**学习目标**

1. 掌握电控发动机空气供给系统的功用。
2. 掌握电控发动机空气供给系统的结构及组成。
3. 掌握电控发动机空气供给系统各主要部件的工作原理。

电控发动机空气供给系统简称供气系统，其主要任务是为发动机提供必要的空气，并检测进入气缸的空气量。供气系统主要由空气滤清器、空气计量装置、进气软管、动力腔、节气门体（节气门体内有怠速调节器、节气门及节气门位置传感器等）、进气温度传感器、进气歧管等元器件组成。

如图 4—2—1 所示，在桑塔纳 2000GSi 发动机的进气行程时，活塞下移，进气门打开，活塞上腔产生真空吸力，在真空吸力的作用下，空气经过空气滤清器滤清后进入空气流量计，空气流量计测量进入的空气量，并将此信号传送给 ECU，节气门控制进入气缸的空气量，从而调节发动机的输出功率，节气门调节发动机所需的空气量，通过动力腔进入进气歧管，再由发动机进气门进入气缸。由于电控发动机的进气道比较长，所以电控发动机特别增加了动力腔这一装置，这是为了提高发动机的动力性而特别添置的，其工作原理是利用了进气惯性的增压作用来增大进气量。

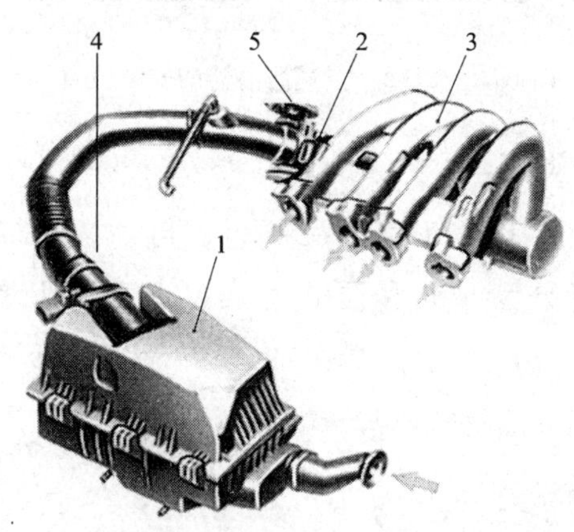


图 4—2—1 桑塔纳 2000GSi 发动机的空气供给系统

1—空气滤清器 2—进气总管 3—进气歧管 4—空气流量计 5—节气门控制组件

## 一、空气滤清器

汽车空气滤清器位于发动机进气系统的前端，它是由一个或几个清洁空气的滤清器部件组成的总成。汽车空气滤清器主要负责清除空气中的微粒杂质，原因是发动机在工作过程中要吸进大量的空气，如果空气不经过过滤，那么空气中所含有的灰尘等杂质就将增人气缸、活塞、活塞环、气门及气门座的磨损，其中较大的颗粒如果进入活塞与气缸之间，甚至会造成严重的“拉缸”现象，所以发动机进气系统必须装有空气滤清器。

空气滤清器的日常保养很重要，若空气滤清器因为使用时间过长或者环境条件较差，会导致空气滤清器脏污，继续使用就会使发动机进气不足，燃油燃烧不完全，导致发动机工作不稳定、动力下降、耗油量增加等现象发生。因此，必须保持空气滤清器的清洁。

### 1. 空气滤清器的组成

如图 4—2—2 所示，空气滤清器由滤芯和壳体两部分组成。对空气滤清器的主要要求是滤清效率高、流动阻力低、能较长时间连续使用而无须保养。一般来说，空气滤清器的使用寿命，轿车为 3 万公里，商务车为 8 万公里。而汽车修理企业通常建议客户每行驶 1.5 万公里更换一次。经常在恶劣环境中工作的车辆应当不超过 1 万公里更换一次。

图 4—2—2　空气滤清器的安装位置

## 2. 空气滤清器的分类

空气滤清器的形式多种多样（图 4—2—3），目前，发动机上使用的空气滤清器根据滤芯材料是否浸油可分为干式和湿式两类，还可分为惯性式、过滤式、油浴式三种。

图 4—2—3　形式多样的空气滤清器

惯性式：由于杂质的密度较空气的密度大，当杂质随空气旋转或急转弯时，离心惯性力的作用能使杂质从气流中分离出来。

过滤式：引导空气流过金属滤网或滤纸等，将杂质阻挡并黏附在滤芯上。

油浴式：在空气滤清器底部设有机油盘，利用气流急转冲击机油，将杂质分离并黏滞在机油中，而被激荡起的机油雾滴随气流流经滤芯，并黏附在滤芯上。空气流过滤芯时能进一步吸附杂质，从而达到滤清的目的。

### 3. 空气滤清器的维护

以桑塔纳车型为例，汽车空气滤清器的维护步骤如下：

| | |
|---|---|
| 1. 工具准备<br>方法：选用合适的工具，正确掌握工具的使用方法，注意工具在使用过程中的注意事项 | 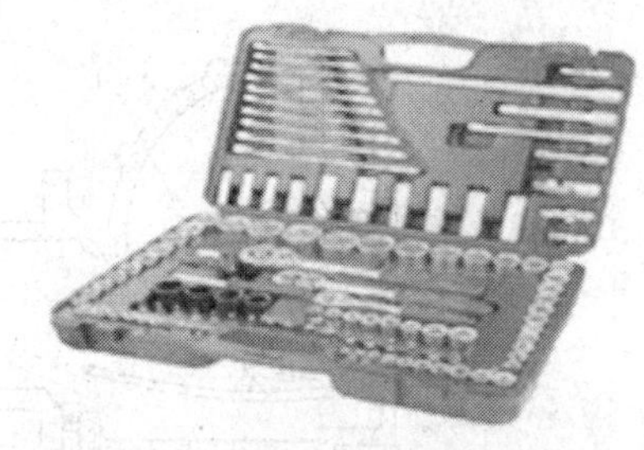 |
| 2. 拆卸空气滤清器罩盖<br>方法：松开滤清器锁扣，用抹布擦拭空气滤清器外部，防止杂质掉入里面，取出滤芯 | 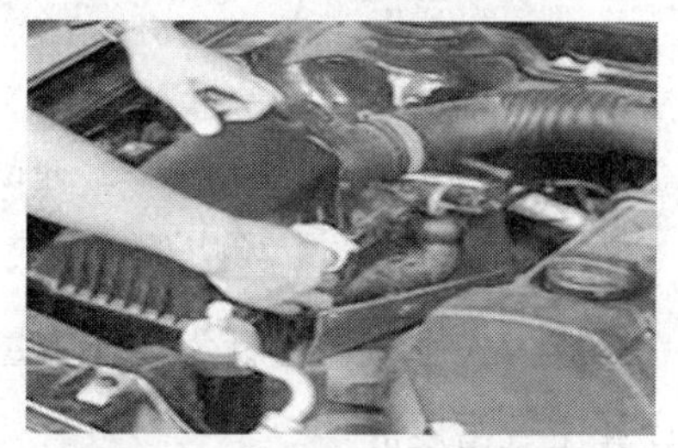 |
| 3. 空气滤清器的外观检查<br>方法：取出空气滤清器，检查空气滤清器是否有凹陷、破损、脏污，若有应进行修整或更换 | 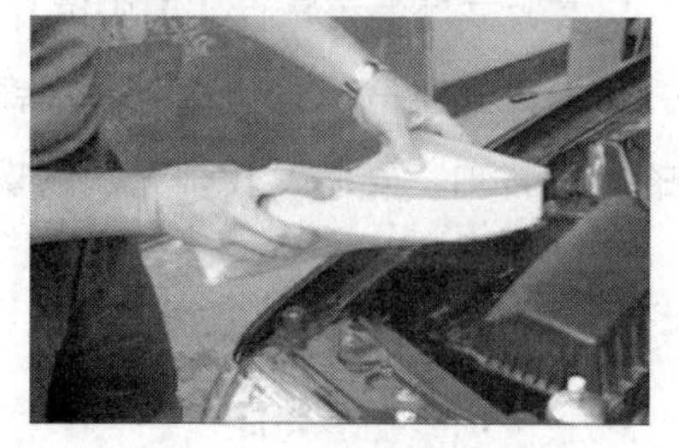 |

## 二、空气计量装置

在电控汽油喷射系统中有两种方法测量进入气缸的空气量：一种方法是用空气流量计直接测量进气的体积流量或质量流量，称为流量型汽油喷射系统，又称 L 型电控发动机；另一种方法是测量进气歧管的绝对压力，然后由 ECU 根据测得的进气歧管绝对压力、转速和节气门开度，换算出相应的空气流量，称为压力型汽油喷射系统，又称 D 型电控发动机。

### 1. 空气流量计

(1) 翼片式空气流量计

翼片式空气流量计又称为活门式空气流量计或叶片式空气流量计，特点是体积较大，而且有一个明显的圆弧，是电控发动机中最早使用的一种空气流量计。

翼片式空气流量计的工作原理（图 4—2—4）：进气时翼片的摆动带动滑动变阻器的滑臂摆动，从而改变滑动变阻器的电阻，进而改变 ECU 所测得的电压值，通过电压值与进气量的比较，计算单位时间内的进气量。

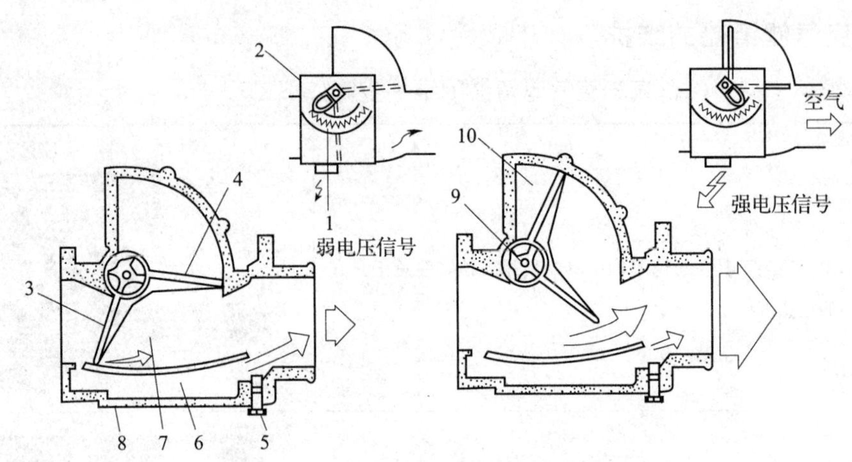


图 4—2—4 翼片式空气流量计的工作原理

1—卷簧 2—电位计 3—翼片 4—缓冲片 5—旁通空气调节螺钉

6—旁通空气道 7—主流道 8—空气流量计壳体 9—销轴 10—缓冲室

翼片式空气流量计为体积流量型，为了换算为质量流量，还需要测量压力和温度，从而计算空气密度。

翼片式空气流量计主要由翼片部分、电位计和接线插头三部分组成，如图 4—2—5 所示。

翼片式空气流量计的翼片由铸成一体的测量翼片和缓冲翼片、安装在空气流量计壳体上的翼片转轴、安装在转轴一端的螺旋复位弹簧和旁通气道等组成（图 4—2—6）。

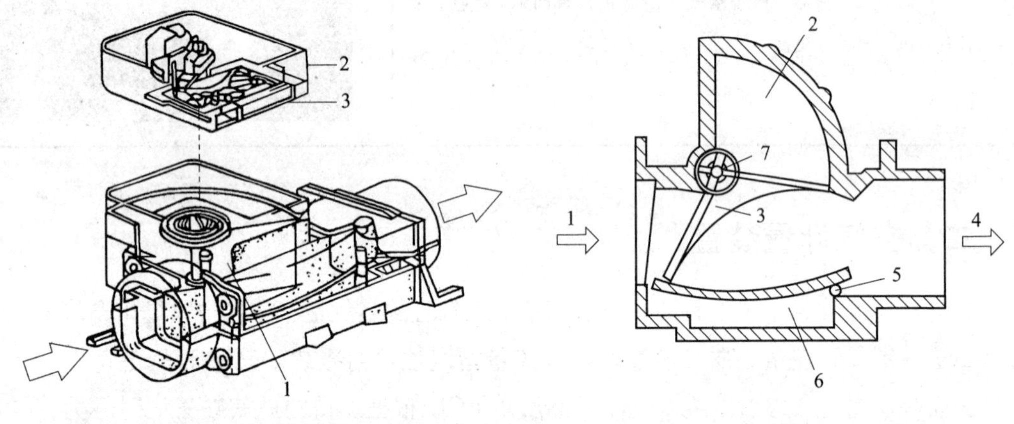


图 4—2—5 翼片式空气流量计的结构

1—测量翼片 2—电位计 3—接线插头

图 4—2—6 翼片部分的结构

1—来自空气滤清器的空气 2—阻尼室

3—翼片阀门 4—至进气总管

5—怠速调整螺钉 6—旁通气道 7—翼片转轴

测量翼片随空气流量的变化，在主空气通道内偏转，同时缓冲翼片在缓冲室内偏转。缓冲室内的空气阻力对缓冲翼片起阻尼作用，当发动机吸入的空气量急剧变化和气流产生脉动时，能够减小测量翼片的脉动，以保证输出信号平稳。当复位弹簧的弹力与吸入的空气气流对测量翼片的推力平衡时，翼片即处于某一稳定位置。

空气流量计主空气道下方设置有空气旁通通道，在旁通通道的一侧设有可改变旁通空气量的怠速调整螺钉，以便在小空气流量时，对空气流量计的输出特性进行调节。这是因为怠速时的空燃比会因发动机、燃油喷射装置和系统的不同出现一些偏差，可通过调节旁通通道的面积，使空气流量计的输出与目标一致。

电位计部分布置在空气流量计壳体上方，由平衡配重、滑臂、螺旋复位弹簧、调整齿圈和印制电路板组成，如图 4—2—7 所示。

翼片式空气流量计的接线插头一般有 7 个（图 4—2—8），有的插头取消了电位器部分内的燃油泵控制触点，从而使接线插头变为 5 个。

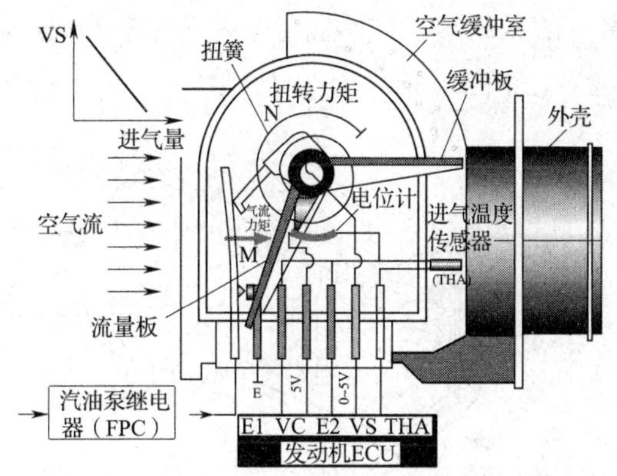


图 4—2—7　翼片式空气流量计的电位计部分

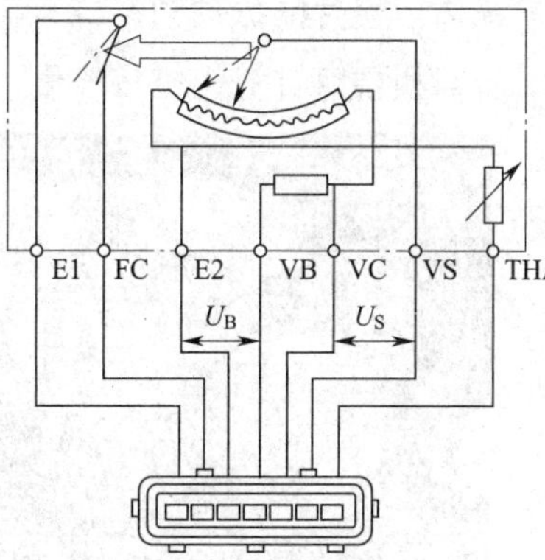

图 4—2—8　翼片式空气流量计内部结构图

(2) 卡门涡流式空气流量计

卡门涡流式空气流量计是根据卡门涡流理论，当均匀气流流过涡源体时，在涡源体的下游气流中会产生一系列不对称却十分规则的空气旋涡，其移动速度与空气流速成正比。因此，通过测量单位时间内流过的旋涡数量，便可计算出空气的流速和流量。旋涡数量的测量方法有超声波测量法和反射镜（光学）检测法两种。

1）超声波测量法。

超声波卡门涡流传感器如图 4—2—9 所示，其工作原理如图 4—2—10 所示。

图 4—2—9　超声波卡门涡流传感器

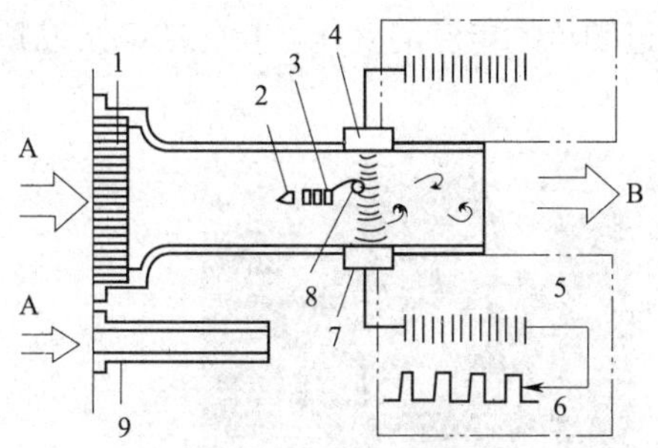


图 4—2—10　超声波卡门涡流传感器的工作原理

A—来自空气滤清器　B—流向发动机

1—整流器　2—旋涡发生器　3—旋涡稳定板　4—超声波发生器

5—与旋涡数对应的疏密超声波　6—整形后的矩形波

7—超声波接收器　8—卡门旋涡　9—空气旁通通道

在涡源体的下游两侧设置一对超声波发生器和接收器，当超声波通过气流中的旋涡时，其频率相位会受到干扰而发生变化。ECU 根据这一变化便可计算出单位时间内流过的旋涡数量，从而测得空气流速和流量。

2）反射镜（光学）检测法。

反射镜（光学）式卡门涡流式空气流量计（图 4—2—11）是在空气流量计内设置一个反射镜和一对发光二极管和光敏晶体。反射镜安装在很薄的金属片上，簧片在气流旋涡压力作用下产生振动。这时，发光二极管通过反射镜射到光敏晶体上，光束方向随之发生变化，使光敏晶体以簧片的振动频率导通和截止。簧片的振动频率与单位时间内流过的旋涡数量成比例，计算机便可计算出空气流量，如图 4—2—12 所示。

图 4—2—11　凌志 400 反射镜（光学）式卡门涡流式空气流量计

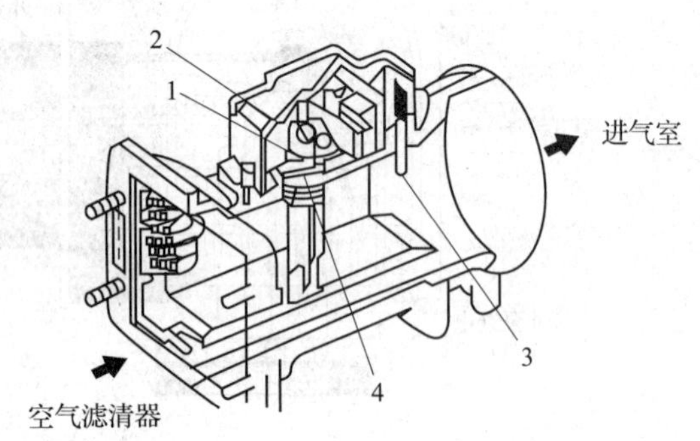

图 4—2—12　反射镜式卡门涡流空气流量计的工作原理

1—反光镜　2—光敏晶体管组件

3—进气温度传感器　4—导压孔

(3) 热线式空气流量计

热线式空气流量计（图 4—2—13）在其进气道内的取样管中有一根铂丝（即热线），铂丝通电发热。如图 4—2—14 所示，当发动机起动后，空气流过铂丝周围，使其热量散失，温度下降，与铂丝相连的桥式电路即改变电流，以保持铂丝温度恒定。将这种因空气流量变化而引起的流过铂丝的电流的变化，转化成电压或频率信号输入 ECU，即可测得实际的空气流量。

图 4—2—13　热线式空气流量计

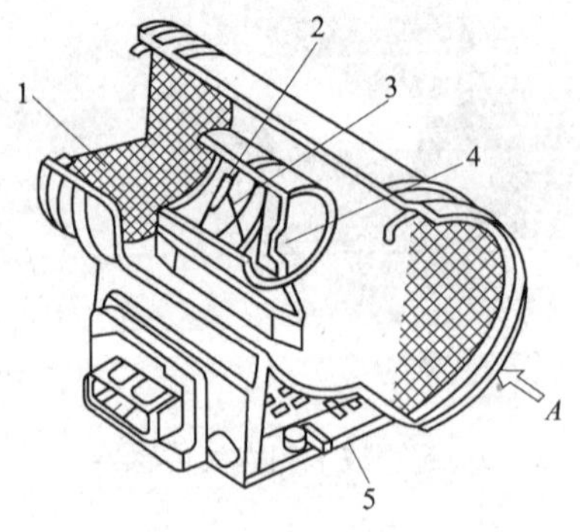

图 4—2—14　热线式空气流量计的基本结构

1—防护网　2—采样管　3—铂丝热线

4—铂薄膜电阻　5—控制线路板

热线式空气流量计的前后端均装有保护网，前面的用于进气整流，后面的可以防止发动机回火把铂丝烧坏。这种流量计的热线和进气温度传感器都安装在主气道中的取样管内，故称为主通式热线空气流量计。另一种是将热线绕在陶瓷心管上，并置于旁通气道内，称为旁通式热线空气流量计。

这两种流量计均具有污物自洁功能。前者在发动机熄火后，ECU 能自动将热线加热至 1 000℃，时间约 1 s，从而烧掉黏附在热线上的尘埃。后者工作时，其控制电路能始终保持热线的温度比大气温度高出 200℃，以防止污物黏附。

(4) 热膜式空气流量计

热膜式空气流量计（图 4—2—15）的工作原理与热线式空气流量计基本相同。

热膜式空气流量计的主要特点是：发热体由热线改为热膜，热膜为固定在薄的树脂膜上的金属铂，或者用厚膜工艺将热线、冷线、精密电阻镀在一块陶瓷片上，有效地降低了制造成本。热膜式空气流量计的发热体不直接承受空气流动所产生的作用力，从而提高了发热体的强度和工作可靠性，且结构简单，使用寿命长，不易受尘埃污染。这种流量计的主要缺点是空气流速不均匀，易影响测量精度。

(5) 空气流量计的检查

以桑塔纳车型为例说明汽车空气流量计的检查步骤，所使用的检测设备为 V. A. G1552（图 4—2—16）。

图 4—2—15 热膜式空气流量计

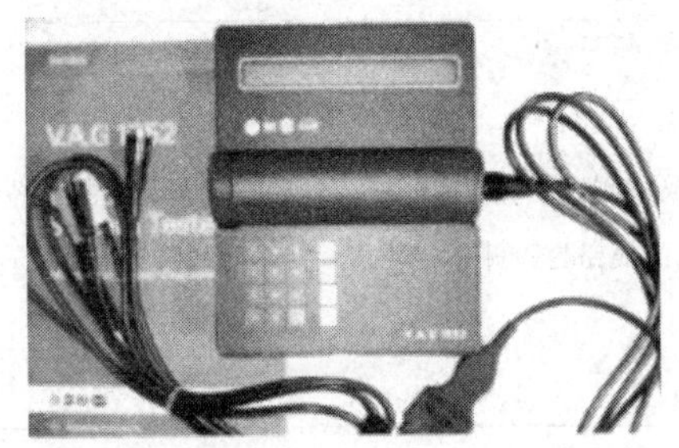


图 4—2—16 大众系列专用检测设备 V. A. G1552

1) 连接 V. A. G1552。

2) 起动发动机，使其怠速运转。

3) 输入地址码 01 进入发动机控制模块。

4) 输入功能码 08 阅读测量数据块。

5) 选择显示组 02。

第二组数据流中的第四行显示空气质量，标准值应为 2.0～4.0 g/s，如果显示的数值不在标准范围内，应查询空气流量计是否工作或者存在故障。

若空气流量计不工作，首先检查其供电电压是否符合要求。

检查方法如下：

| | |
|---|---|
| 1. 检查附加熔丝 S123 | 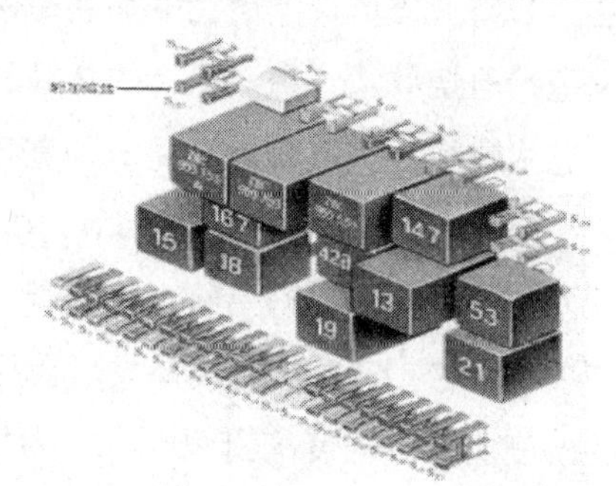 |
| 2. 如果熔丝正常，用试电笔或万用表连接空气流量计插头端子 2 和发动机搭铁点 | 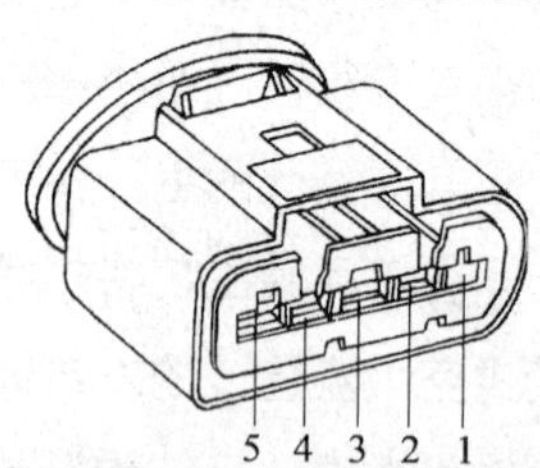 |
| 3. 起动发动机，试电笔的发光二极管应点亮，若使用万用表，则万用表应显示发电机工作电压 |  |
| 4. 如果检测灯不亮，应检查熔丝和空气流量计插头端子 2 之间的线路是否短路和断路，并排除故障 | 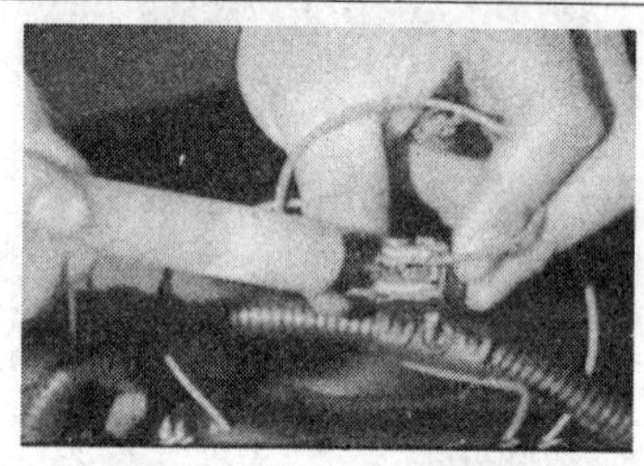 |
| 5. 如果熔丝和线路均正常，但检测灯仍然不亮，应检查燃油泵继电器 J17 | 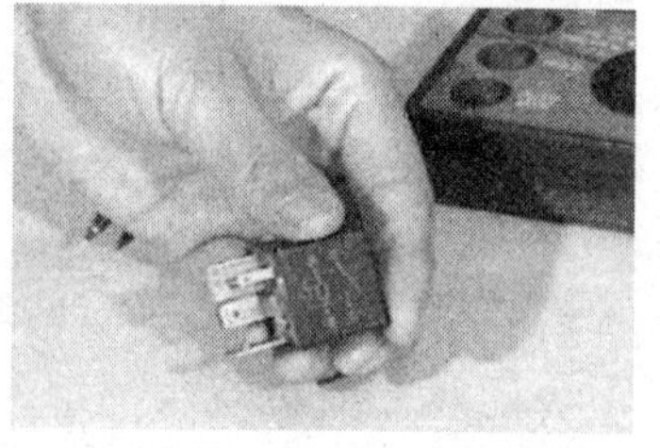 |

(6) 空气流量计信号电压的检测

1) 拔下空气流量计插头。

2) 用数字式万用表（量程为 20 V 电压挡）连接插头端子 4 和发动机搭铁点。

3) 打开点火开关，参考电压为 5 V。

4) 如果超出标准范围，更换发动机 ECU。

## 2. 进气压力传感器

进气压力传感器（图 4—2—17）简称 MAP，是以真空管连接进气歧管，随着引擎不同的转速负荷，感应进气歧管内的真空变化，再从感知器内部电阻的改变，转换成电压信号，供 ECU 修正喷油量和点火正时角度。

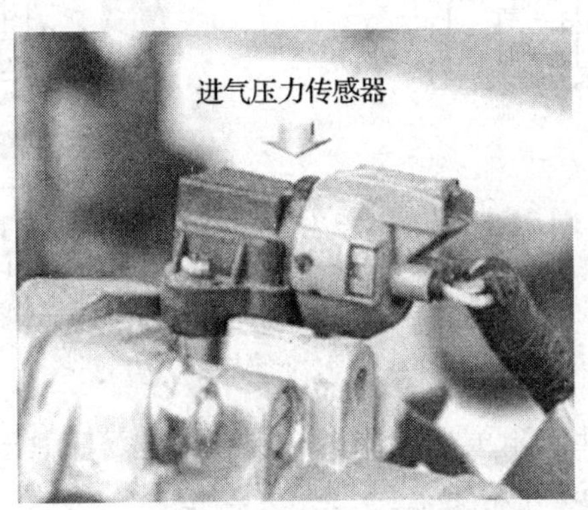


图 4—2—17　进气压力传感器

利用进气歧管真空度检测进气量的电控汽油喷射系统是用进气压力传感器来间接地测量发动机吸入空气量的。

常见的进气压力传感器有膜盒式和压电效应式两种。

（1）膜盒式进气压力传感器（图 4—2—18）

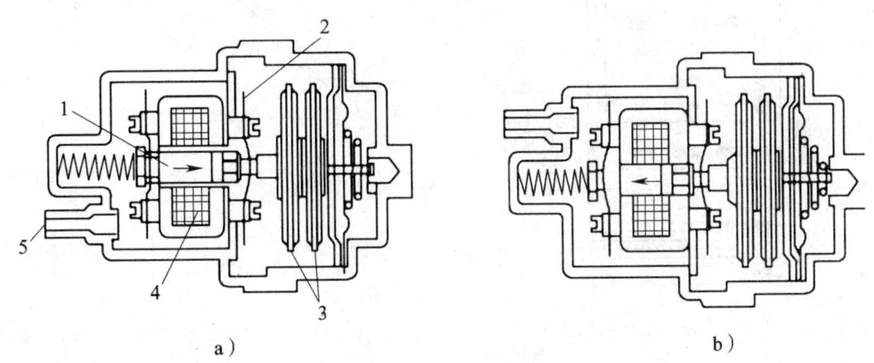


图 4—2—18　膜盒式进气压力传感器的结构及原理

1—铁芯　2—弹片　3—真空膜盒　4—传感线圈　5—接进气歧管

膜盒式进气压力传感器内的弹性金属膜盒与大气相通，与膜盒连接在一起的衔铁可以在线圈绕组中移动。当进气歧管压力发生变化时，膜盒膨胀，衔铁在线圈绕组内的位置随之发生相应的变化，从而影响线圈绕组周围的电磁场。这样便可以把膜盒的机械运动转换成电信号，ECU 根据这个信号即可测出进气歧管压力。

（2）压电效应式进气压力传感器

如图 4—2—19 所示，压电效应式进气压力传感器主要由硅膜片、真空室、硅杯、底座、真空管接头和引线电极等组成。硅杯与壳体、底座之间组成的腔室为真空室，真空室为基准压力室，基准压力为 0。

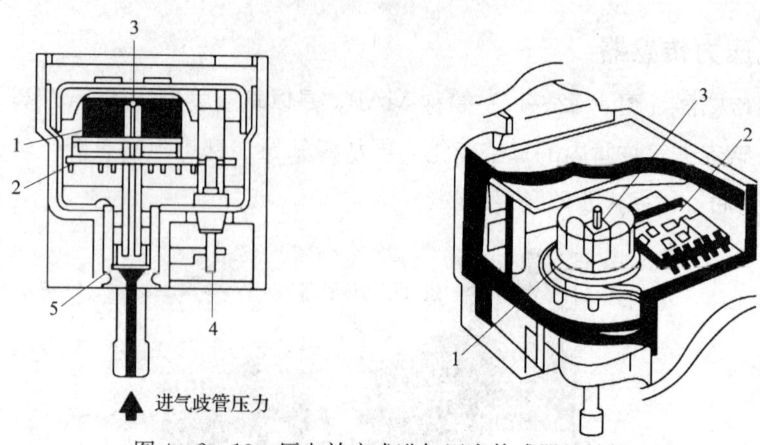

图 4—2—19 压电效应式进气压力传感器的结构

1—绝对真空室 2—集成电路 3—硅膜片 4—接线端 5—滤清器

硅膜片是压力转换元件，用单晶硅制成，中央部位薄膜片表面的圆周上制作有四只阻值相等的应变电阻片（应变片），如图 4—2—20 所示。

四只电阻连接成惠斯顿电桥电路（图 4—2—21），再与传感器内部的温度补偿电路和信号放大电路等混合集成电路连接。

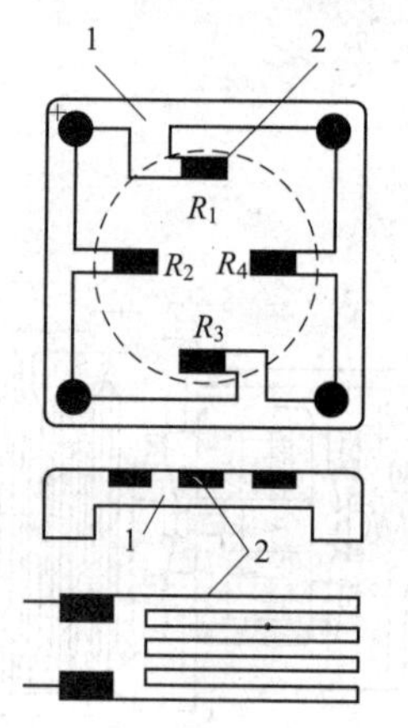

图 4—2—20 进气压力传感器

1—硅膜片 2—应变电阻

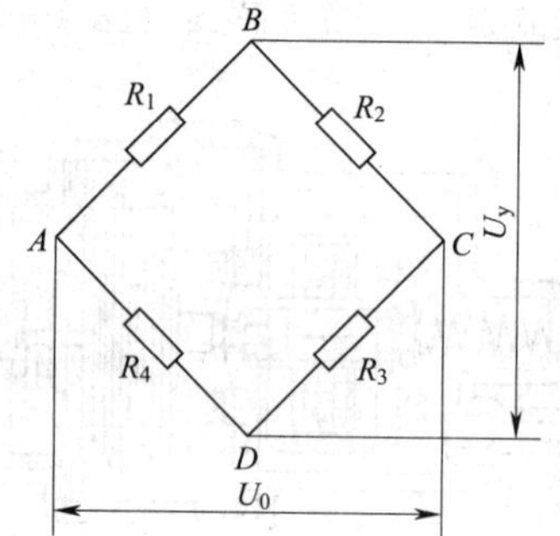

图 4—2—21 惠斯顿电桥电路

进气歧管内绝对压力越高，硅膜片的变形越大，其变形量与压力成正比。当传感器结构和输入电压一定时，作用在圆形硅片上的压力越高，输出电压越高。由于压力转换元件输出的电信号很弱，所以需用混合集成电路进行放大后才能输出。

(3) 压力传感器的检测

以桑塔纳 2000GLi 压力传感器（图 4—2—22）为例。

1）电阻的检查。

断开点火开关，拔下控制器线束插头和传感器线束插头，检测两插头上各端子之间的导线电阻，应当符合规定（见表 4—2—1）。如阻值过大或为无穷大说明线束与端子接触不良或断路，应予以修理。

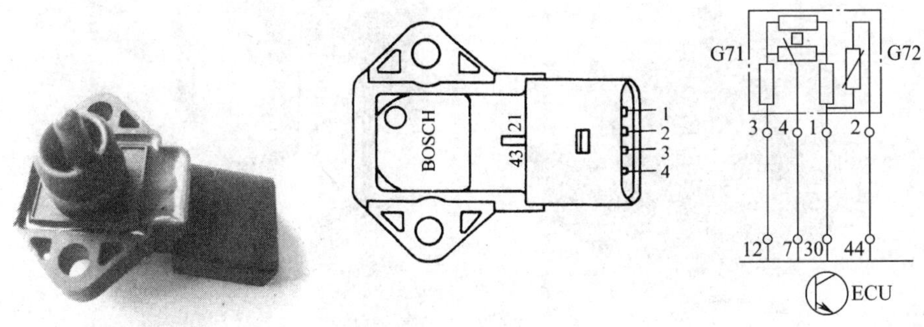


图 4—2—22　桑塔纳 2000GLi 压力传感器

1—接地　2—进气温度信号　3—电源（+5 V）　4—进气压力信号

**表 4—2—1　　桑塔纳 2000GLi 压力传感器与 ECU 连接端子间的电阻标准值**

| 检测部位 | 标准值 |
|---|---|
| 控制器 12 端子至传感器插头 3 端子 | <0.5 Ω |
| 控制器 7 端子至传感器插头 4 端子 | |
| 控制器 30 端子至传感器插头 1 端子 | |
| 控制器 44 端子至传感器插头 2 端子 | |

2）电压的检查。

当用万用表直流电压挡就车检测电压时，接通点火开关，检测传感器端子 3 与传感器端子 1 之间的电源电压应为 5 V 左右。

当点火开关接通，发动机不起动时，检测传感器输出端导线（传感器端子 4 连接的导线）与搭铁端导线（传感器端子 1 连接的导线）之间的信号电压，应为 3.8～4.2 V。

当发动机怠速运转时，信号电压应为 0.8～1.3 V。当加大油门时，信号电压应随油门加大而升高。如信号电压不符合上述规定，说明传感器失效，应予以更换。

## 三、节气门体

节气门体是控制发动机吸气多少的一个阀门，在节气门体的中间是一个圆形的钢片，由一根轴带动旋转且和油门拉线连接，由油门拉线控制。

节气门体（图 4—2—23）是发动机进气系统上的一个装置，一般分为三部分：执行器、节气门片和节气门位置传感器，它们一般被封装为一体。通常阀体材料都是铝质，也有少量的塑料等。

### 1. 节气门控制组件的作用

（1）节气门位置传感器感应发动机各种工况下的节气门开度位置信号（怠速工况、节气门全开工况）。

（2）节气门开启与关闭过程中的速度信号（加速工况、减速工况）。

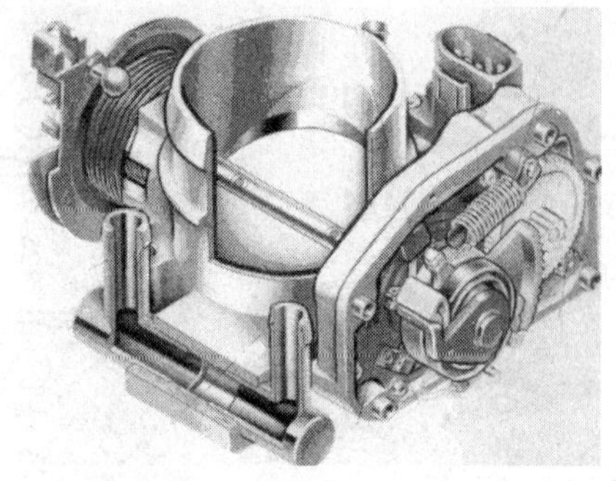

图 4—2—23 节气门体

(3) 把节气门位置信号传输给发动机控制单元。

(4) 把节气门位置信号(发动机负荷信号)传输给自动变速器控制系统。

发动机控制单元根据节气门位置信号,计算并控制发动机在各种工况下所需的最佳混合气比例,确定切断喷油及恢复喷油的时间(控制喷油脉宽),并且控制怠速混合气供给量与怠速转速。

自动变速器控制单元根据发动机节气门位置信号(发动机负荷信号)与车速信号等,确定换挡时刻(升挡、减挡及强制降挡)。

### 2. 节气门控制组件的组成(图 4—2—24)

桑塔纳节气门体将节气门电位计、节气门定位电位计、节气门定位器及怠速开关合成一体。节气门体由发动机 ECU 控制,ECU 收到怠速开关、节气门电位计和节气门定位电位计有关节气门位置的信号后,控制节气门定位器的动作,使发动机转速稳定在规定的怠速范围内。

**注意:**

节气门体的壳体不能打开,内部有电动机等。节气门体内部元件(如电位计和怠速开关)是不能进行人工修理和调节的。

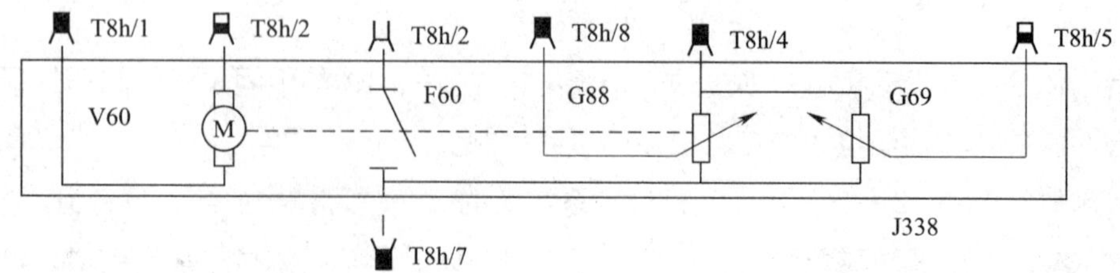


图 4—2—24 桑塔纳 2000(时代超人)节气门控制组件的组成

(1) 节气门电位计(图 4—2—25)

节气门电位计直接与节气门轴相连接。当驾驶员踩加速踏板时,节气门轴转动,节气门电位计也同时转动,使其电阻发生变化。此信号会通知发动机 ECU 目前节气门打开的位置,自动变速器 ECU 也利用这个信号。

（2）节气门定位电位计（图 4—2—26）

节气门定位电位计与节气门定位器相连接。当节气门定位器转动时，节气门定位电位计也同时转动，使其电阻发生变化。在怠速范围内，节气门定位器所处的位置由节气门定位电位计的信号告知 ECU。超过怠速范围，节气门继续打开时，节气门定位电位计维持不动。

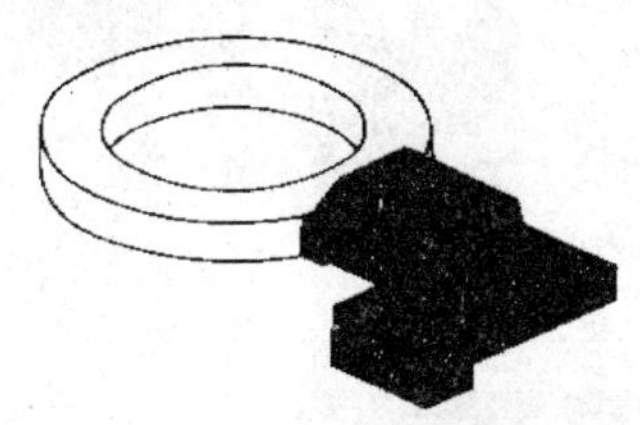

图 4—2—25　节气门电位计（G69）

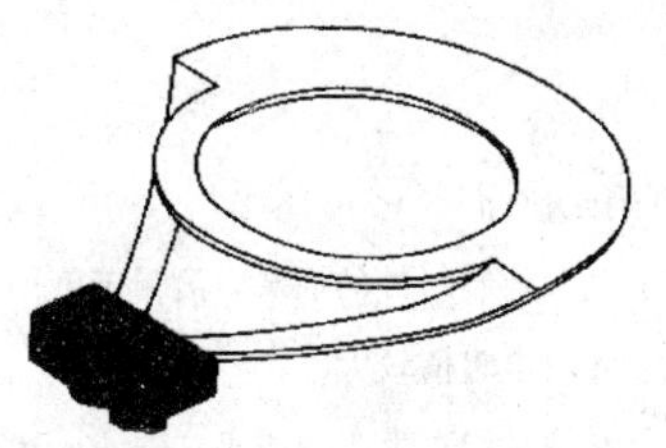

图 4—2—26　节气门定位电位计（G88）

（3）怠速开关（图 4—2—27）

怠速开关在怠速范围内，其触点是闭合的。驾驶员踩加速踏板，怠速开关触点打开。当怠速开关触点闭合时，ECU 通过此信号来判别是否为怠速工况。

（4）节气门定位器（图 4—2—28）

节气门定位器也称为怠速电动机，通过齿轮传动控制节气门开度，使发动机怠速保持在规定转速范围内。

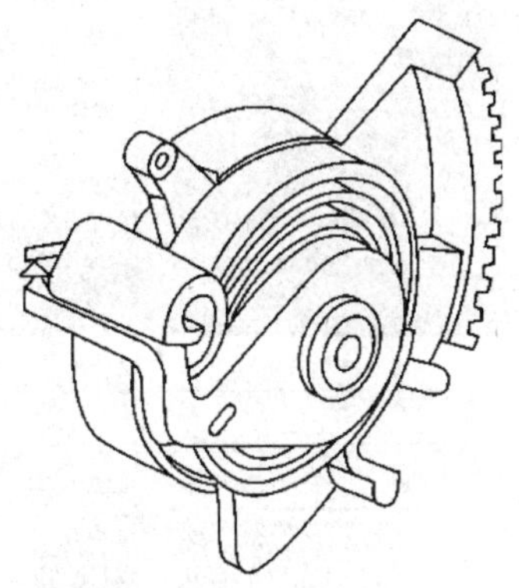

图 4—2—27　怠速开关（F60）

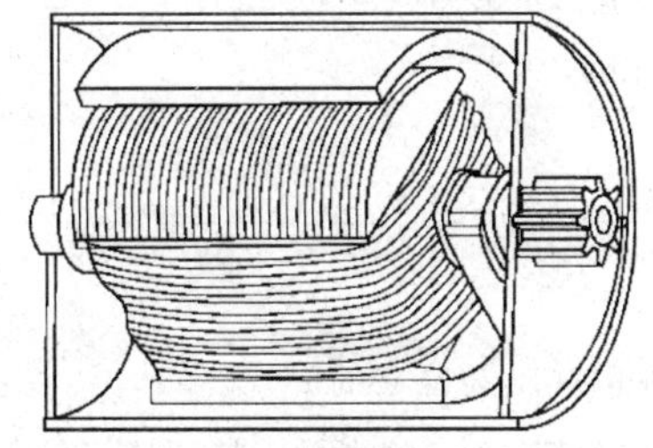

图 4—2—28　节气门定位器（V60）

### 3. 桑塔纳 2000 节气门控制组件的检测

| 1. 测量节气门控制组件供电电压<br>方法：打开点火开关，测量节气门控制组件插头，端子 4 和 7 之间电压约为 5 V | 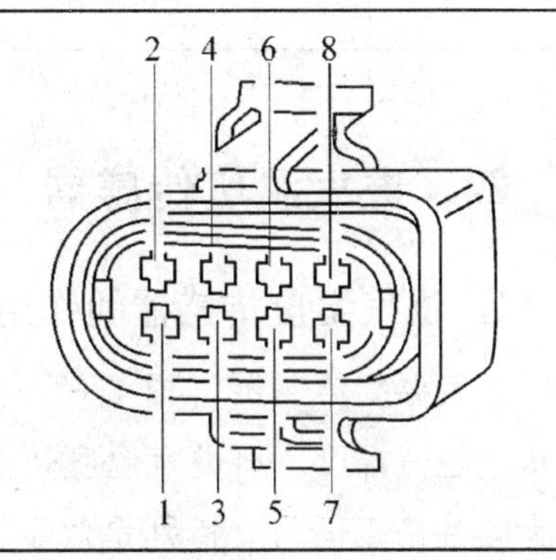 |
| --- | --- |

续表

| | |
|---|---|
| 2. 检查节气门电位计（G69）<br>方法：拔下节气门控制组件的插头，测量节气门控制组件 5 和 7 端子之间的电阻，此时电阻值较大<br>然后，缓慢打开节气门，电阻值应平稳变小，说明节气门电位计正常 | <br>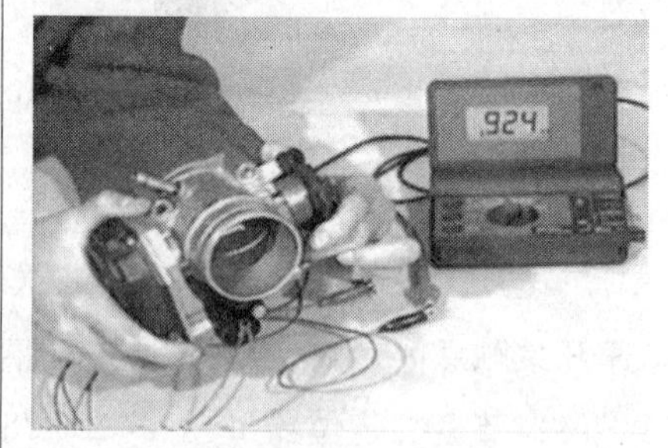 |
| 3. 检查怠速开关（F60）<br>方法：拔下节气门控制组件的插头，测量节气门体 3 和 7 端子之间的电阻<br>节气门关闭时，触点闭合，电阻应小于 1.5 Ω；节气门打开时，触点断开，电阻应为无穷大 |  |
| 4. 检查节气门定位器（V60）<br>方法：拔下节气门控制组件的插头，测量节气门控制组件 1 和 2 端子之间的电阻，实际为检测怠速直流电动机绕组的阻值，应为 3～200 Ω | 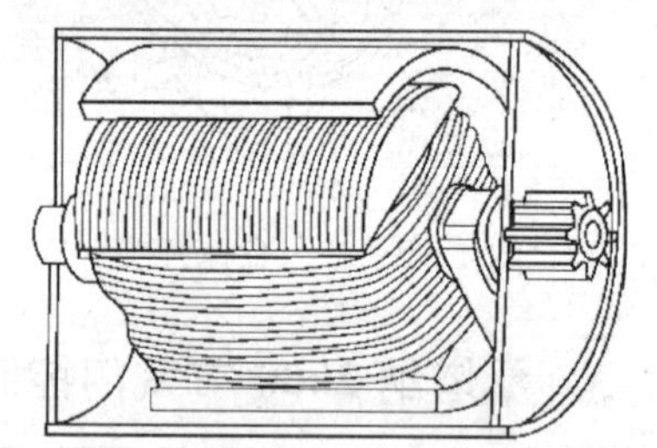 |

## 四、进气温度传感器

### 1. 进气温度传感器的作用

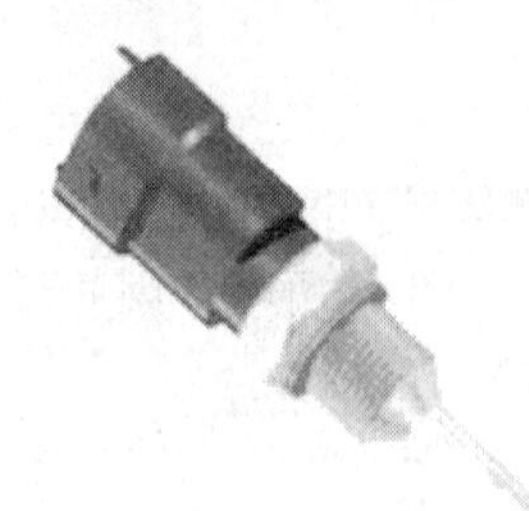

图 4—2—29　进气温度传感器

进气温度传感器（图 4—2—29）的主要作用是检测发动机的进气温度，将进气温度转变为电压信号输入给 ECU 作为喷油修正信号。特别是对于翼片式和卡门旋涡式空气流量计，由于吸入空气的密度随温度的变化而变化，因此需要根据进气温度对喷油量进行修正。

### 2. 进气温度传感器的工作原理

进气温度传感器也是双线传感器，安装在进气管上或空气流量计内。进气温度传感器是一个负温度系数热敏电阻，根据电阻变化而产生不同的信号电压。在冷车时，进气温度传感器的信号与发动机水温传感器信号基本相同；在热车时，其信号电压约为水温传感器的 2～3 倍。

### 3. 进气温度传感器的分类

常用的温度传感器有热敏电阻式、绕线电阻式、扩散电阻式、半导体晶体管式和热电偶式等。目前应用较多的是热敏电阻式温度传感器。

热敏电阻式温度传感器（图 4—2—30）是利用半导体材料的电阻随温度变化而改变的特性（图 4—2—31）制成的。按其电阻—温度特性的不同特点，有 NTC（负温度系数）和 PTC（正温度系数）两种。

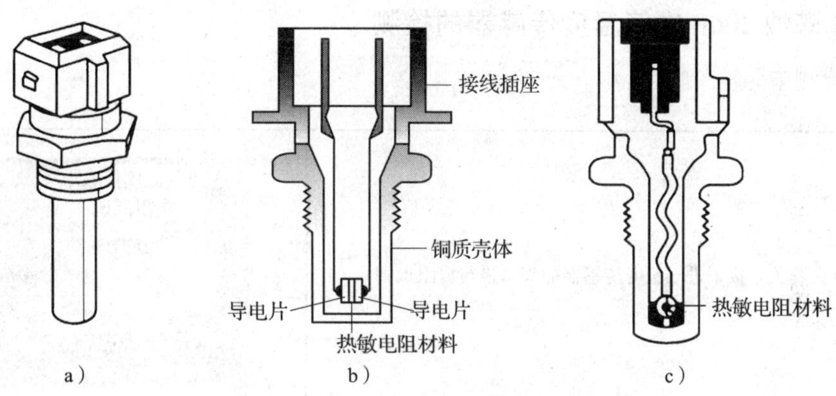


图 4—2—30　热敏电阻式温度传感器的结构

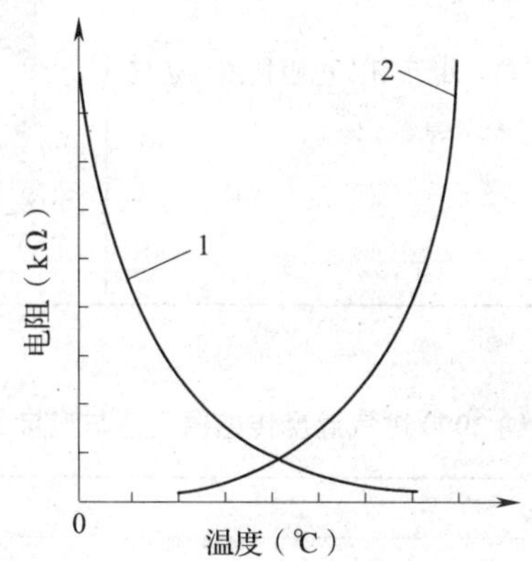


图 4—2—31　热敏电阻式温度传感器的特性

1—NTC（负温度系数）电阻特性　2—PTC（正温度系数）电阻特性

一般温度传感器有两根导线，一根为接地线，另一根为电源信号线，提供 5 V 参考电压，5 V 参考电压经一个分压电阻后反馈温度电压信号。

进气温度传感器端子及电路连接如图 4—2—32 所示。

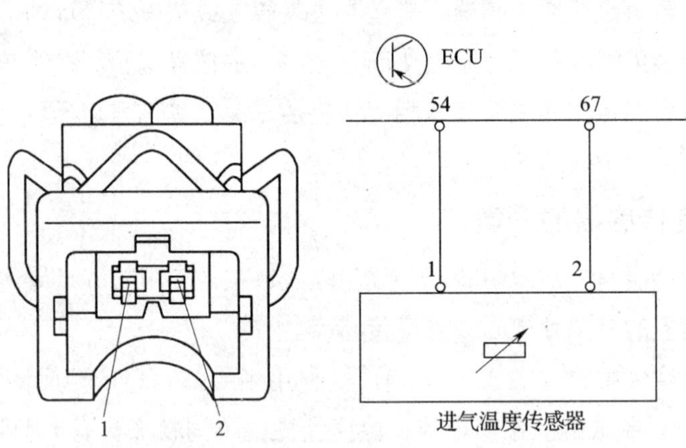


图 4—2—32　进气温度传感器端子及电路连接图

## 4. 桑塔纳 2000 进气温度传感器的检测

(1) 检测电阻

| | |
|---|---|
| 1. 关闭点火开关，拔下进气温度传感器插头，进行电阻检测 | 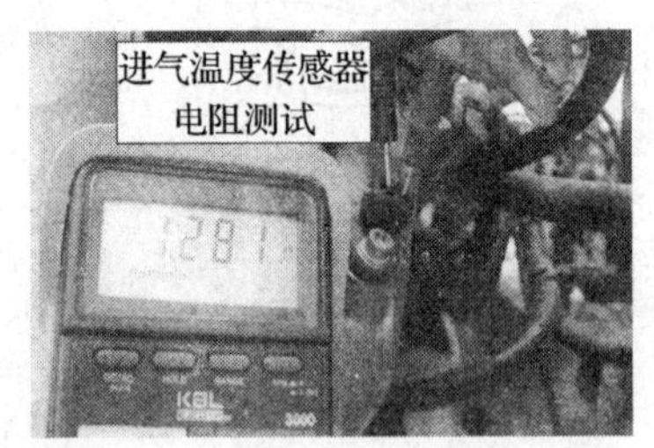 |
| 2. 取一电吹风给进气温度传感器加热，用万用表电阻挡测量进气温度传感器电阻值的变化，具体数值可参考表 4—2—2 | 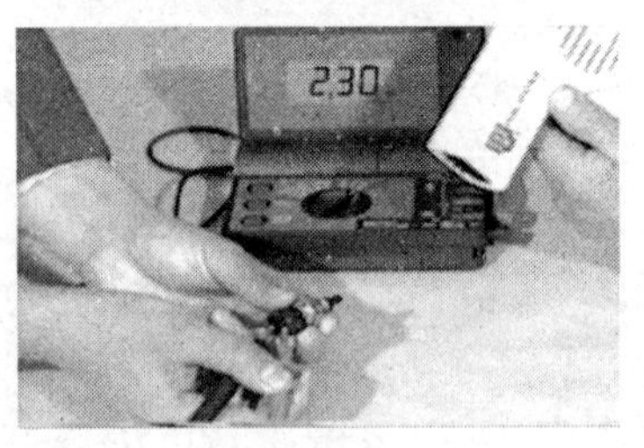 |

表 4—2—2　　桑塔纳 2000 进气温度传感器阻值与温度的关系

| 温度/℃ | 电阻值/Ω |
|---|---|
| 0 | 5 000～6 500 |
| 10 | 3 350～4 400 |
| 20 | 2 250～3 000 |

续表

| 温度/℃ | 电阻值/Ω |
| --- | --- |
| 30 | 1 500～2 100 |
| 40 | 950～1 400 |
| 50 | 700～950 |
| 60 | 540～675 |
| 70 | 400～500 |
| 80 | 275～375 |

（2）检测电压

| | |
| --- | --- |
| 1. 关闭点火开关，拔下进气温度传感器插头，进行电压检测<br>2. 用万用表直流电压挡测量发动机线束插头之间的电压，打开点火开关，电压应为 5 V 左右，插上插头电压应为 0.5～4.5 V<br>3. 如果无电压，则检测发动机供电及连接线路的导通性 | 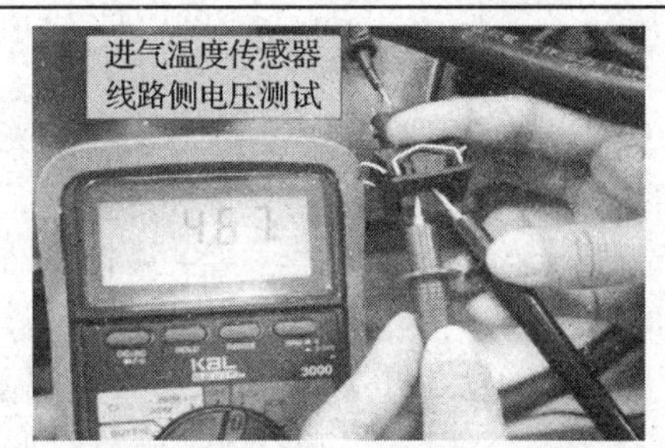 |

（3）检测线束导通性

| | |
| --- | --- |
| 根据电路图所示，进气温度传感器插头 1 脚应与 ECU 的 54 号端子导通，进气温度传感器插头 2 脚应与 ECU 的 67 号端子导通，所以检查它们之间电阻值应小于 1 Ω | 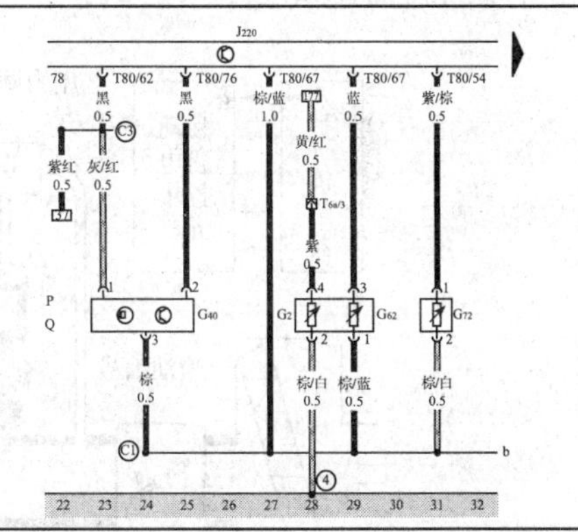 |

# 课题 3　电控发动机燃油供给系统

## 学习目标

1. 掌握电控发动机燃油供给系统的功用。
2. 掌握电控发动机燃油供给系统的结构及组成。
3. 掌握电控发动机燃油供给系统各主要部件的工作原理。

燃油供给系统的作用是根据发动机运转工况的需要，向发动机供给一定数量、清洁、雾化良好的汽油，以便与一定数量的空气混合形成可燃混合气。

桑塔纳燃油供给系统如图 4—3—1 所示。

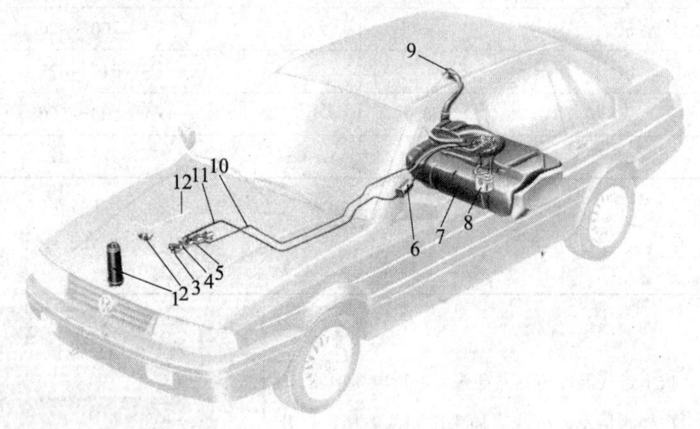


图 4—3—1 桑塔纳燃油供给系统

1—活性炭罐 2—活性炭罐电磁阀 3—燃油压力调节器 4—燃油分配管 5—喷油器 6—燃油滤清器 7—燃油箱 8—电动燃油泵 9—加燃油口 10—回油管 11—供油管 12—燃油箱油气排放管

燃油供给系统由汽油箱、汽油滤清器、汽油泵、油路、喷油器等部件组成，还包括燃油表等辅助装置，如图 4—3—2 所示。

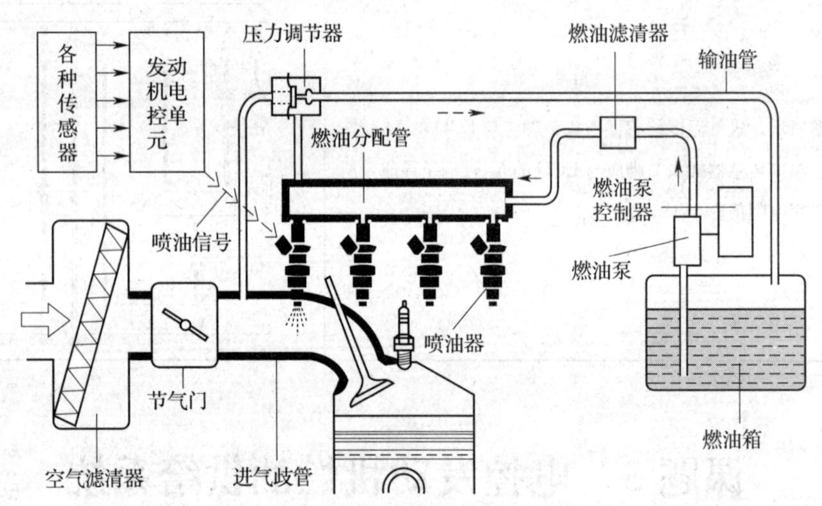


图 4—3—2 燃油供给系统的组成

当发动机开始工作时，电动燃油泵把汽油从油箱泵出并加压，经汽油滤清器过滤后送至燃油分配管，在汽油压力调节器的作用下使油压与进气歧管内气压差始终保持恒定，ECU 控制喷油器适时开启，将定量定压的汽油喷入进气歧管，多余的汽油经回油管回到油箱。

## 一、燃油泵

电动燃油泵的作用是从燃油箱中抽取燃油，将油压提高到规定值（供油压力高于进气歧管压力 250～300 kPa），然后通过供给系统送到喷油器，及时向发动机供给各种工况下所需要的燃油量。

电动燃油泵的最高输出油压为 450～600 kPa，其供油量比发动机最大耗油量大得多，多余的燃油从回油管返回油箱。

电动燃油泵的类型多种多样，按照其安装位置不同可分为油箱内置式（图 4—3—3）和油箱外置式两种。

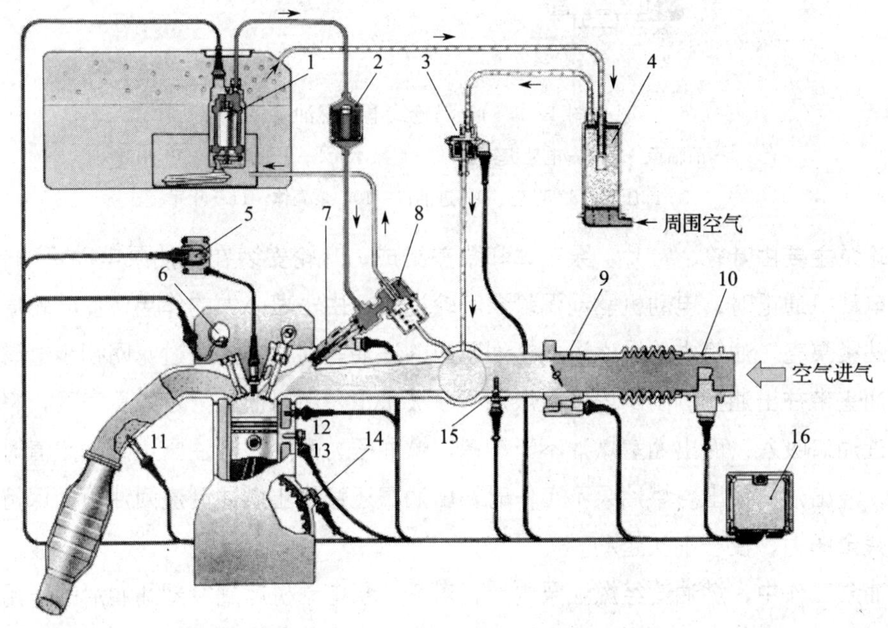


图 4—3—3　使用内置燃油泵的电喷系统简图

1—内置式电动燃油泵　2—燃油滤清器　3—燃油管路　4—活性炭罐　5—点火线圈　6—凸轮轴位置传感器　7—喷油器　8—燃油压力调节器　9—节气门体　10—空气流量计　11—氧传感器　12—水温传感器　13—爆震传感器　14—曲轴位置传感器　15—进气压力传感器　16—发动机 ECU

油箱内置式电动燃油泵的特点：具有噪声小、不易产生气阻、不易泄漏、安装管路较简单等优点，应用较为广泛。

油箱外置式电动燃油泵的特点：容易布置，安装自由度大，维修方便；但噪声大，燃油供给系统易产生气阻，所以只在少数车型上仍在使用。

按照电动燃油泵的结构不同，可以分为涡轮式电动燃油泵、滚柱式电动燃油泵和齿轮式电动燃油泵。

### 1. 涡轮式电动燃油泵（图 4—3—4）

涡轮式电动燃油泵主要由燃油泵电动机、涡轮泵、单向阀、安全阀等组成。

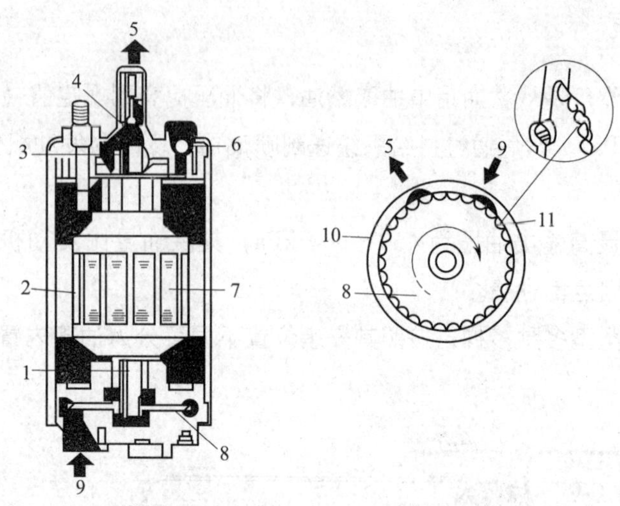


图 4—3—4　涡轮式电动燃油泵

1—前轴承　2、7—电动机转子　3—后轴承　4—出油阀　5—出油口
6—卸压阀　8—叶轮　9—进油口　10—泵壳体　11—叶片

涡轮泵主要由叶轮、叶片、泵壳体和泵盖组成，叶轮安装在燃油泵电动机的转子轴上。燃油泵电动机通电时，电动机驱动涡轮泵叶轮旋转，由于离心力的作用，使叶轮周围小槽内的叶片贴紧泵壳，油箱内的燃油进入燃油泵内的进油室前，首先经过滤网初步过滤，然后燃油从进油室带往出油室。由于进油室燃油不断被带走，所以形成一定的真空度，将油箱内的燃油经进油口吸入；而出油室燃油不断增多，燃油压力升高，当油压达到一定值时，则顶开出油阀，经出油口输出。燃油泵不工作时，出油阀还可阻止燃油倒流回油箱，保持油路中有一定的残余压力，便于下次起动。

燃油泵工作中，燃油流经燃油泵内腔，对燃油泵电动机起到冷却和润滑的作用。燃油泵不工作时，出油阀关闭，使油管内保持一定的残余压力，以便发动机起动和防止气阻产生。卸压阀安装在进油室和出油室之间，当燃油泵输出油压达到 0.4 MPa 时，卸压阀开启，使油泵内的进油室和出油室连通。燃油泵工作只能使燃油在泵的内部循环，以防止输油压力过高。

涡轮式电动燃油泵具有泵油量大、泵油压力较高（可达 600 kPa 以上）、供油压力稳定、运转噪声小、使用寿命长等优点，所以应用最为广泛。

### 2. 滚柱式电动燃油泵

滚柱式电动燃油泵（图 4—3—5）主要由燃油泵电动机、滚柱式燃油泵、出油阀、卸压阀等组成。限压阀是为了防止系统油压过高，单向阀是为了防止发动机停转时而引起燃油倒流。

滚柱式电动燃油泵的输油压力波动较大，在出油端必须安装脉动阻尼器，这使燃油泵的体积增大，所以一般都安装在油箱外面，即属于外置式。

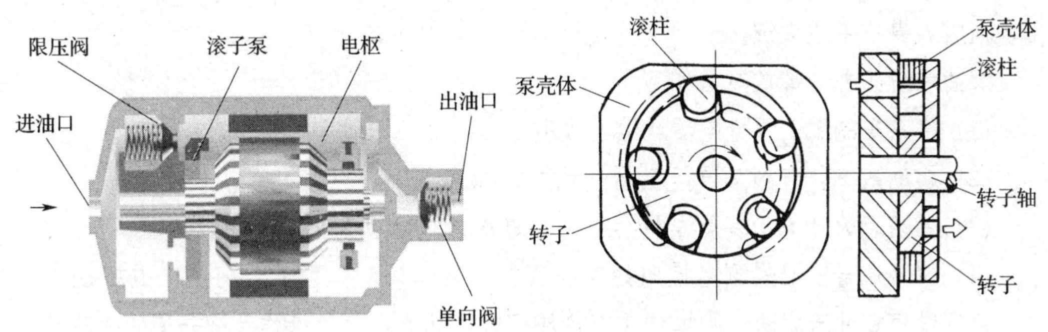


图 4—3—5　滚柱式电动燃油泵

脉动阻尼器主要由膜片和弹簧组成，它可吸收燃油压力波的能量，降低压力波动，以便提高喷油控制精度。

滚柱泵装有滚柱的转子呈偏心状，置于泵壳内，由直流电动机驱动，当转子旋转时，位于转子槽内的滚柱在离心力的作用下，紧压在泵体内表面上，对周围起密封作用，在相邻两个滚柱之间形成了工作腔。在燃油泵运转过程中，工作腔转过出油口后，其容积不断增大，形成一定的真空度，当转到与进油口连通时，将燃油吸入；而吸满燃油的工作腔转过进油口后，其容积又不断减小，使燃油压力提高，受压燃油流过电动机，从出油口输出。出油阀和卸压阀的作用与涡轮式电动燃油泵相同。

### 3. 齿轮式电动燃油泵

齿轮式电动燃油泵（图 4—3—6）由两个齿轮、泵体与前后盖组成两个封闭空间。当齿轮转动时，齿轮脱开侧的空间的体积从小变大，形成真空，将液体吸入；齿轮啮合侧的空间的体积从大变小，将液体挤入管路中去。吸入腔与排出腔是靠两个齿轮的啮合线来隔开的。

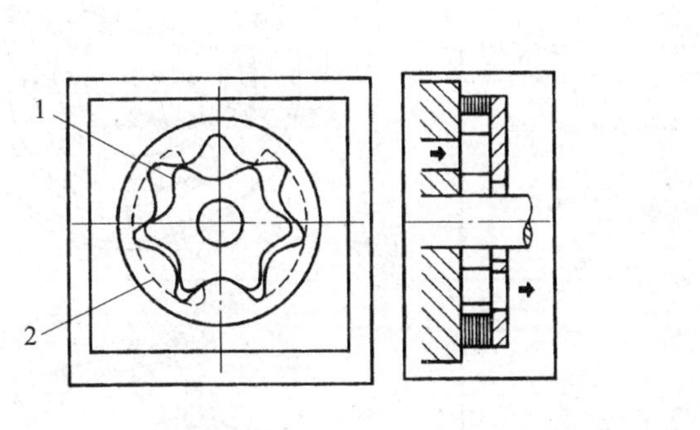


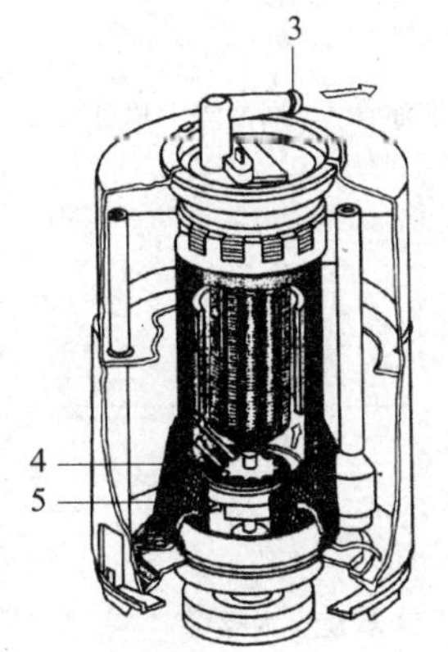


图 4—3—6　齿轮式电动燃油泵

1—主动齿轮　2—从动齿轮　3—出油口　4—齿轮泵　5—燃油泵滤网

### 4. 燃油系统压力的释放

汽油喷射发动机为便于再次起动，在发动机熄火后，燃油系统内仍保持有较高的残余压力。在拆卸燃油系统内任何元件时，都必须首先释放燃油系统压力，以免系统内的压力油喷出，造成人身伤害或火灾。

燃油系统压力的释放方法如下:

(1) 将汽车的燃油泵继电器或熔丝拔下。

(2) 起动汽车，直到其自行熄火，反复 2~3 次。

(3) 关闭点火开关，装上油泵熔丝或电动燃油泵电源接线。

(4) 将燃油导轨上的测量接口处用适当的工具慢慢向内顶入，将流出的燃油用抹布接住，直到没有燃油流出时，则燃油压力释放完成。**注意：此项操作具有一定的危险性，需要操作人员配备专业的防护用品，遵从相应的安全操作规范，非专业人员切勿尝试。**

### 5. 燃油泵单体检查

卸压后拆下燃油泵，单体检测燃油泵，其电动机两端子之间电阻应为 2~3 Ω。

用蓄电池直接给燃油泵通电，应能听到油泵电动机高速旋转的声音。**注意：通电时间不能过长，以防燃油泵损坏。**

使用压力表连接燃油导轨上的测量接口，起动发动机，使发动机怠速运转，检查压力表的读数，应为 0.2~0.3 MPa，由此判断电动燃油泵的供油压力是否符合要求。

### 6. 燃油泵的更换

以桑塔纳车型为例说明电动燃油泵的更换流程。

| | |
|---|---|
| 1. 释放燃油系统压力 | |
| 2. 关闭点火开关，断开蓄电池负极 | |
| 3. 拆下汽油箱盖板（后排座椅下或行李箱内） | |
| 4. 拔下进油管 4、回油管 1 和通气管 2，再拔下 3 个端子的导线插头 3 | 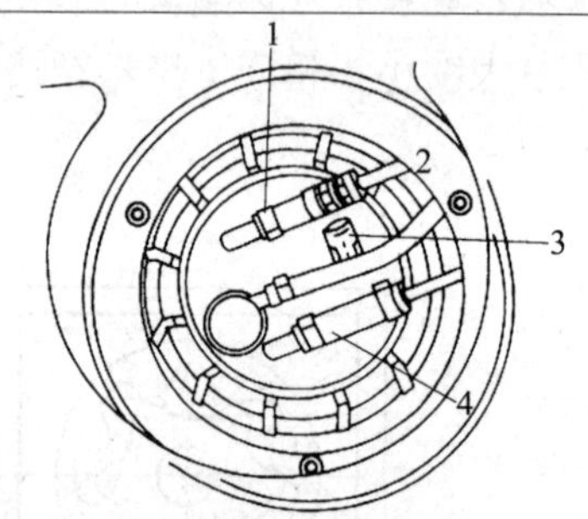 |
| 5. 用专用工具旋下大螺母 | 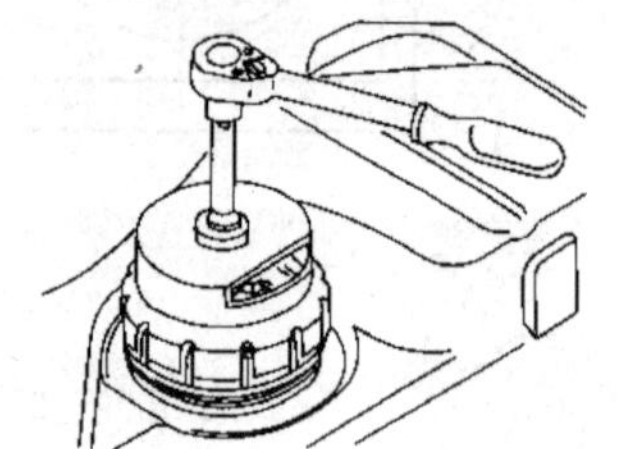 |
| 6. 从汽油箱开口处拉出密封凸缘和橡胶密封件 | |
| 7. 拔下密封凸缘内的燃油表导线插头 | |

续表

| | |
|---|---|
| 8. 使用专用工具旋松燃油泵 | 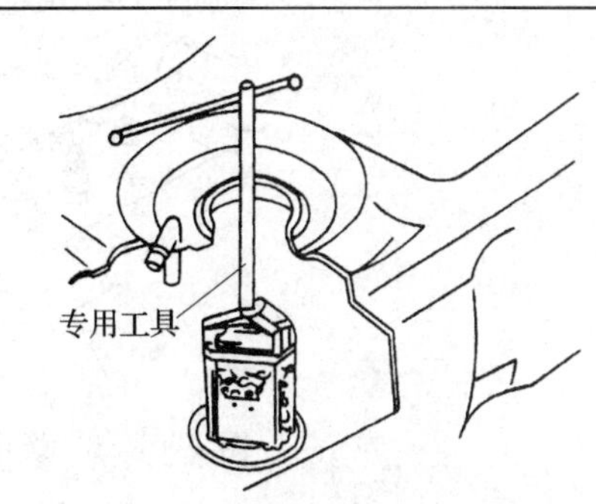 |
| 9. 从汽油箱中拉出燃油泵 | 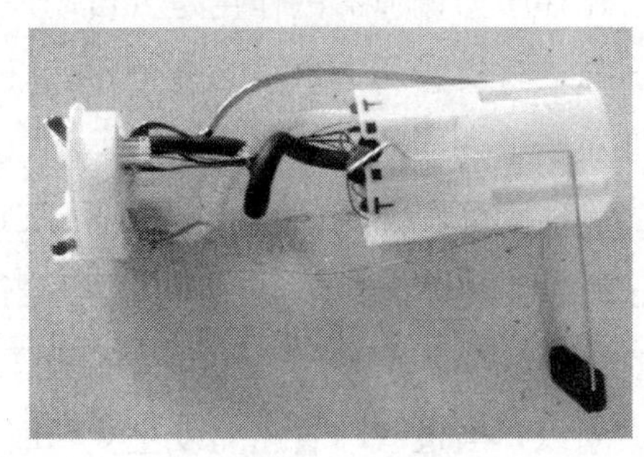 |
| 10. 燃油泵更换完成后，安装顺序与拆卸顺序相反 | |

## 二、燃油压力调节器

### 1. 燃油压力调节器概述

燃油压力调节器（图 4—3—7）俗称油压调节器，一般安装在燃油分配管的末端（相对压力调节器），一些新款轿车也有安装在油泵出口处的（绝对压力调节器）。燃油压力调节器是燃油系统内部的燃油压力调节部分，受系统油压与进气支管压力（负压）的控制。

燃油压力调节器在实车上的安装位置如图 4—3—8 所示。

图 4—3—7 燃油压力调节器

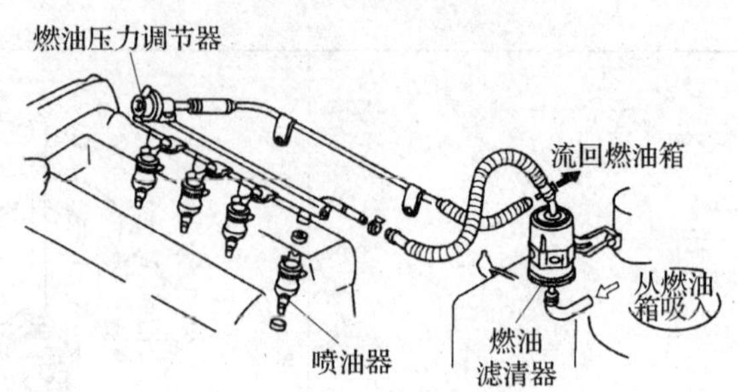


图 4—3—8　燃油压力调节器在实车上的安装位置

燃油压力调节器的作用是要自动保持整个油压系统的燃油压力为一定值，使供油总管内油压与进气支管压力之差为一恒定值（一般为 250～300 kPa)。当压力差保持恒定时，喷油量取决于喷油器的开启时间。

发动机需求的燃油喷射量是根据 ECU 给喷油器的通电时间的长短来控制的，如果不控制燃油压力，假设喷油器的通电时间相同，当燃油压力过高时，燃油的喷射量会增加；当燃油压力过低时，燃油的喷射量就会减少。如果油压经常出现波动，就会引起发动机振动等一系列问题。

所以，当进气歧管压力发生变化时，燃油压力调节器会根据系统油压与进气支管压力差的变化作相应的变化，使油路中的燃油压力与进气管压力之差保持常数，这样从喷油器喷出的燃油量便唯一地取决于喷油器的开启时间，使电控单元能够通过控制电脉冲宽度来精确控制喷油量。

如图 4—3—9 所示，燃油压力调节器中的膜片 4 将油压调节器分隔成上下两个腔。上腔由进油口 1 连接燃油分配管，回油口 2 与汽油箱连通。下腔通过真空接管 6 与节气门后的进气管相连。当燃油压力与进气管压力之差超过预调的压力值时，膜片上方的燃油就推动膜片向下压缩弹簧，打开回油阀，超压的燃油流回燃油箱，以保持一定的燃油压力。燃油供给系统的压力与进气管压力之差由油压调节器中的弹簧 5 的弹力限定，调节弹簧预紧力即可改变两者的压力差，也就是改变喷油压力。燃油压力调节器装在燃油分配管的一端，可使燃油压力调节在正常范围内。

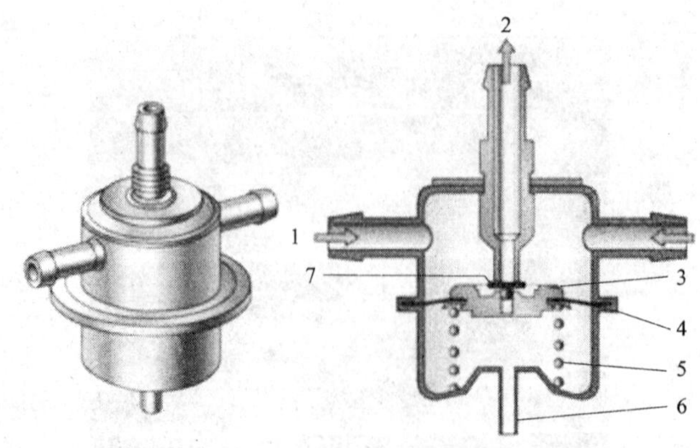


图 4—3—9　燃油压力调节器的结构

1—进油口　2—回油口　3—阀座　4—膜片　5—弹簧　6—真空接管　7—片面阀

电动燃油泵停止工作时，膜片在弹簧力的作用下将回油口关闭，使电动燃油泵与燃油压力调节器之间的油路内保持一定的残余压力，如图 4—3—10 所示。

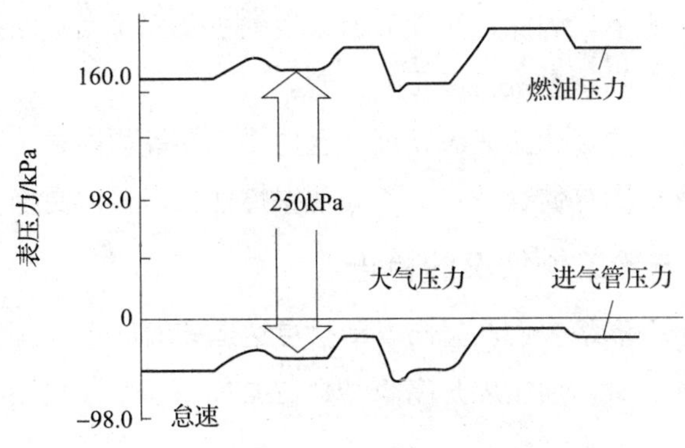


图 4—3—10　燃油压力调节器的工作原理

目前，汽油喷射式发动机大都采用相对压力调节器，但是这种供油系统存在一定的不足。燃油分配管中的一部分燃油会通过回油管回到油箱，这部分燃油吸收了发动机的热量，其温度较高。流入燃油箱后将导致油箱内油温升高，一方面加速了油箱内燃油的蒸发速度，使得油箱内蒸气压力升高，增加了蒸发排放控制系统的工作负荷；另一方面导致热机起动时，由于泵入供油管路的汽油温度较高，部分汽油汽化而使喷油量减少，从而导致发动机的热起动性能较差。

为了解决这些问题，一些车辆采用了无回油燃油供给系统（图 4—3—11），该系统是将燃油泵、燃油滤清器及燃油调节器等均内置于燃油箱中，燃油压力调节器工作时的回油在油箱内完成回流，从燃油箱到燃油分配管只有一根供油管，燃油箱只有泵出的燃油而没有回流的燃油。这种系统使用绝对压力调节器，使喷油器内的燃油压力保持恒定。

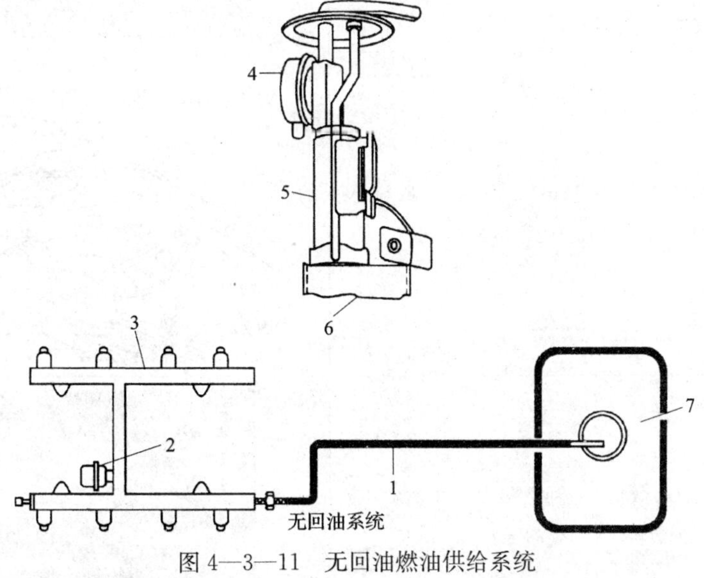


图 4—3—11　无回油燃油供给系统

1—供油管　2—燃油脉冲减振器　3—燃油总管　4—燃油压力调节器
5—电动燃油泵　6—燃油滤清器　7—燃油箱

采用无回油燃油供给系统虽然可以解决有回油燃油供给系统的问题，但是无回油燃油供给系统用绝对燃油压力调节器来稳定燃油压力，其喷油压力会随进气歧管压力而变化，从而对喷油量控制精度产生影响。因此，汽油喷射式发动机采用无回油燃油供给系统时，必须有根据进气歧管压力变化对喷油量进行修正的控制。

无回油燃油供给系统的燃油滤清器及燃油压力调节器等均内置，占用了燃油箱的一部分空间，一方面减少了燃油的存储量，另一方面使得燃油滤清器的更换变得很不方便。

### 2. 燃油压力调节器工作情况的检查

检查时用油压表接入油路中，测量出发动机怠速运转时的燃油压力，同时观察，当拆下压力调节器上的真空软管时，油压应升高 50 kPa 左右，同时发动机的转速也应当有所上升，否则应更换燃油压力调节器。

### 3. 燃油压力调节器本体检查

从系统中拆下燃油压力调节器，检查进油管和真空软管，两者之间应不通。如相通表明有泄漏，应更换燃油压力调节器。

### 4. 燃油压力调节器油压测试

以桑塔纳 2000 车型为例说明燃油压力测试流程。

| | |
|---|---|
| 1. 关闭点火开关，系统卸压，将燃油分配管处的进油管拆下 |  |
| 2. 用适配器 1318/6 和 1318/7 将压力测试仪 V. A. G1318 与汽油供油管和汽油分配管相连接 | 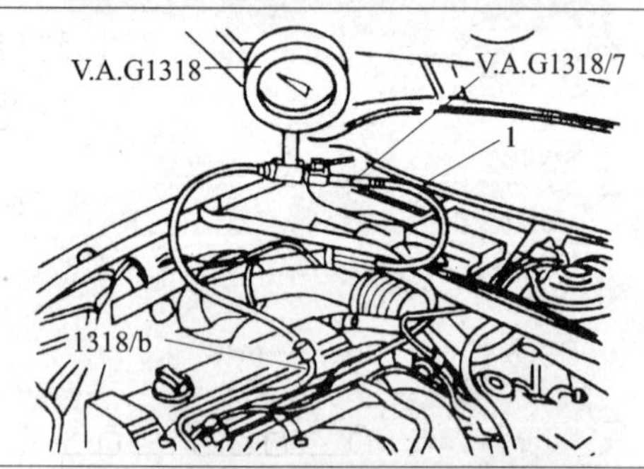 |
| 3. 打开压力测试仪的截止阀，即手柄指向汽油流动方向。起动发动机，怠速运转，测试燃油压力 |  |

续表

| 发动机工况 | | 燃油压力/kPa |
|---|---|---|
| 怠速 | 未拔下调压器真空管 | 250±20 |
| | 拔下调压器真空管 | 300±20 |
| 急加油 | | 300±20 |
| 熄火后 10 min 内 | | ≥150 |

## 三、喷油器

### 1. 喷油器概述

喷油器（图 4—3—12）是燃油供给系中的重要零件，通常安装在进气歧管或气缸盖上，根据发动机 ECU 发出的喷油脉冲信号，将计量精确的燃油适时、适量地喷入节气门附近的进气歧管内或气缸内。

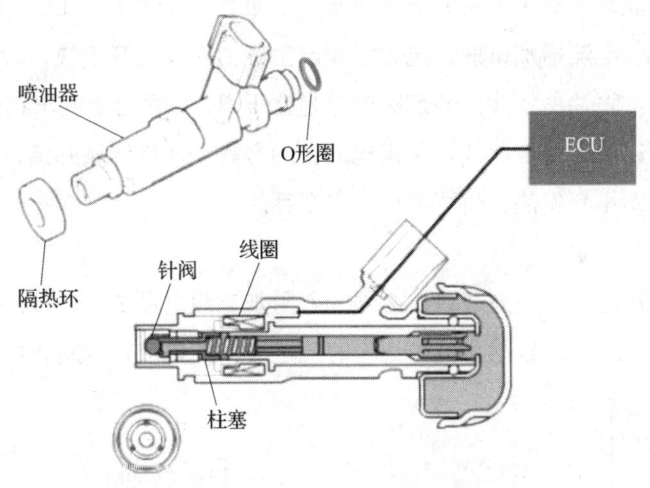


图 4—3—12　喷油器的结构

喷油器实际上是一个电磁阀，ECU 通过控制其电磁阀线圈的电流通断（接地线的通断）来控制喷油器的工作。

当喷油器的电磁线圈接通电流时，线圈中就会产生电磁吸力吸引针阀阀体。当电磁吸力大于复位弹簧的弹力时，阀体使弹簧压缩而上升（上升行程很小，一般为 0.1～0.2 mm）。阀体上升时，针阀（球阀或片阀）随阀体一同上升，针阀（球阀或片阀）离开阀体时，阀门被打开，燃油便从喷孔喷出，喷出燃油的形状为小于 35°的圆锥雾状。由于燃油压力较高，因此喷出燃油雾化较好。

当喷油器的电磁线圈电流切断时，电磁吸力消失，阀体在复位弹簧的弹力作用下复位，针阀（球阀或片阀）回落到阀座上将阀门关闭，喷油停止。

### 2. 喷油器的驱动方式

喷油器的驱动方式可分为电流驱动和电压驱动两种。

电流驱动方式只适用于低阻值喷油器，电压驱动方式对高阻值和低阻值喷油器均可使用。

(1) 电流驱动方式

在采用电流驱动方式的喷油器（图 4—3—13）控制电路中不需附加电阻，低阻喷油器直接与蓄电池连接，通过 ECU 中的晶体三极管对流过喷油器线圈的电流进行控制。

蓄电池通过点火开关与主继电器（或熔丝）直接给喷油器和 ECU 供电，ECU 控制喷油器和主继电器线圈的搭铁回路。点火开关接通时，继电器触电闭合，ECU 中的喷油器驱动电路使晶体三极管 $VT_1$ 导通，流过喷油器线圈的电流在 $VT_1$ 发射极电阻上产生电压降。$A$ 点的电压达到设定值时，喷油器驱动电路使 $VT_1$ 截止。当蓄电池电压为 14 V 时，流过喷油器线圈的峰值电流为 2 A。在此过程中，$VT_1$ 以 20 Hz 的频率导通或截止，即电压变化频率为 20 Hz。

在喷油器电流驱动回路中，由于无附加电阻，回路的阻抗小，ECU 向喷油器发出指令时，流过喷油线圈的电流增加迅速，电磁线圈产生磁力使针阀开启快，喷油器喷油迟滞时间缩短，响应性更好。喷油器针阀的开启时刻总是比 ECU 向喷油器发出指令的时刻晚，此时间称为喷油器喷油迟滞时间。此外，采用电流驱动方式，保持针阀开启，使喷油器喷油时的电流较小，喷油线圈不易发热，也可减小功率损耗。

(2) 电压驱动方式

低阻喷油器采用电压驱动方式时，必须加入附加电阻（图 4—3—14）。因为低阻喷油器线圈的匝数较少，加入附加电阻可减少工作时流过线圈的电流，以防止线圈发热而损坏。

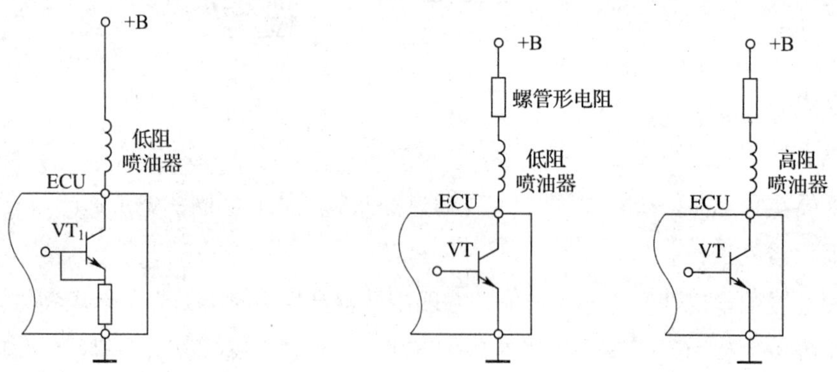


图 4—3—13 电流驱动式喷油器

图 4—3—14 电压驱动式喷油器

电压驱动方式中的喷油器驱动电路较简单，但因其回路中的阻抗大，喷油器的喷油滞后时间长。其中，电压驱动高阻喷油器的喷油滞后时间最长，电压驱动低阻喷油器次之，电流驱动的喷油器最短。

### 3. 喷油器的类型

喷油器的类型很多，按照不同的分类方法，有以下几种：

(1) 按照安装位置不同可分为单点喷射喷油器和多点喷射喷油器。

(2) 按照喷口数量不同可分为单喷口式喷油器和多喷口式喷油器。

(3) 按照电磁线圈的电阻值不同可分为低阻喷油器和高阻喷油器。

(4) 按照燃油进入的部位不同可分为上部给油喷油器和底部给油喷油器。

(5) 按照喷油器针阀的结构特点不同可分为轴针式喷油器、球阀式喷油器和片阀式喷油器。

1) 轴针式电磁喷油器（图 4—3—15）。

电磁喷油器安装在燃油分配管上，主要由燃油滤网、电磁线圈、针阀阀体、阀座、复位弹簧、密封圈等组成。

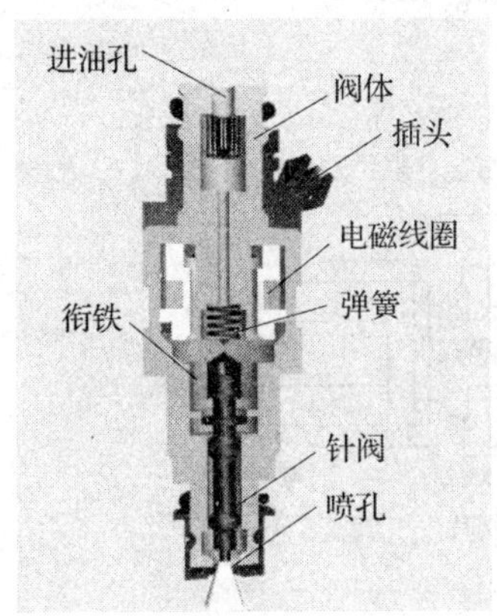

图 4—3—15 轴针式电磁喷油器

当电磁线圈不通电、无电流时，喷油器内的针阀被回位弹簧压在喷油器出口处的密封锥形阀座上，喷口被密封，无燃油喷出。

电磁线圈通电时，产生磁场吸力使衔铁移动，衔铁带动针阀从其座面上升高约 0.1 mm，燃油从精密环形间隙中流出。由于燃油与出口的气体之间存在一定的压力差值，所以，当喷口打开时，燃油是喷射出去的。

为使燃油充分雾化，针阀前端磨出一段喷油轴针，使燃油喷射出去时，燃油是以向外扩散的形状喷出的。喷油器针阀上升及下降时间为 1～1.5 ms。

在燃油分配管上，设有喷油器专用的安装支座，支座为橡胶成型件，起到隔热作用，防止喷油器中的燃油产生气泡，有助于提高发动机的热起动性能。

2) 球阀式电磁喷油器（图 4—3—16）。

球阀式喷油器的结构与轴针式基本相同，主要区别在于阀体结构不同。

球阀式喷油器的阀体由球阀、导杆和弹簧座组成，其导杆为空心结构。球阀是用激光束将钢球、空心短导杆和衔铁等焊接在一起制成的，其质量只有轴针的一半，因此其具有更好

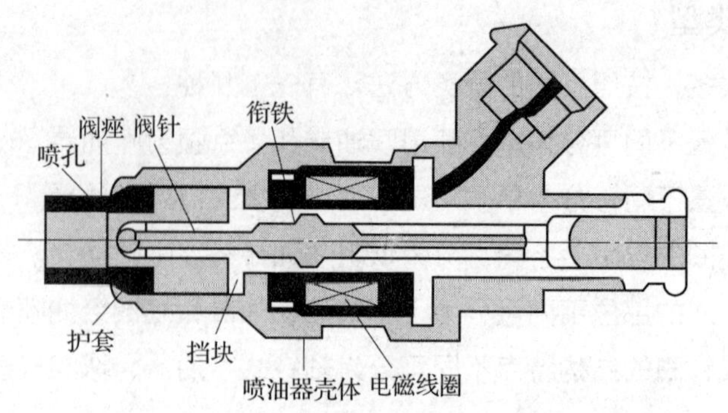


图 4—3—16 球阀式电磁喷油器

的响应性。轴针式喷油器的阀体采用的是针阀，为了保证阀体轴移动时不发生偏移和阀门密封良好，必须具有较长的导杆，因此质量较大。球阀式喷油器的球阀具有自动定心作用，无须较长导杆，因此质量较小，且具有较好的密封性能。

3）片阀式电磁喷油器（图 4—3—17）。

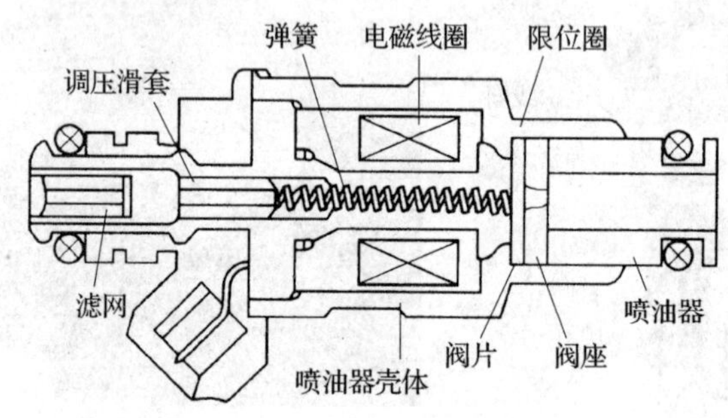


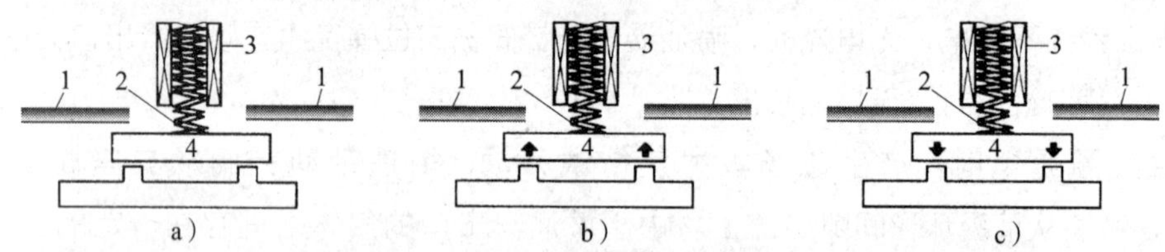


图 4—3—17 片阀式电磁喷油器

a）阀片静止在阀座上 b）阀片抬离阀座直至抵住挡圈 c）阀片离开挡圈落座

1—限位圈 2—弹簧 3—电磁线圈 4—阀片

片阀式喷油器的结构与轴针式喷油器大致相同，主要区别也是阀体有所不同。

片阀式喷油器的特点是阀体由质量较轻的片阀、导杆和带孔阀座组成。与前两种喷油器的线状密封不同，片阀式属于平面密封，所以不仅具有较大的动态流量范围，而且抗堵塞能力较强；但是对阀片和阀座的材料和加工要求很高，否则很难密封。

## 4. 喷油器燃油喷射量特性

喷油器的燃油喷射量特性是指喷射的燃油量与喷油器电磁线圈通电时间之间的变化

规律。

喷油器的喷射量包括静态喷射量和动态喷射量。

(1) 喷油器的静态喷射量

通常是指喷油器在规定的喷油压力和喷油背压（喷油器前方气体的压力）下，使阀体保持在最大开度位置时单位时间内喷射的燃油量，单位为 $cm^3/min$ 或 mL/min。静态喷射量表示喷油器的理论喷射能力。

(2) 喷油器的动态喷射量

通常是指某一通电时间内喷油器的实际燃油喷射量，常以通电时间为 2.5 ms 时喷油器的喷射量来表示，单位为 $mm^3/str$（立方毫米/行程）。所以动态喷射量反映了喷油器的实际供油能力。

### 5. 喷油器的检测

<table>
<tr><td rowspan="2"><br>1. 简单检查<br>方法：在发动机工作时，用手触摸或用听诊器检查喷油器针阀开闭时的振动声响，如果感觉无振动或听不到声响，说明喷油器或其电路有故障</td><td>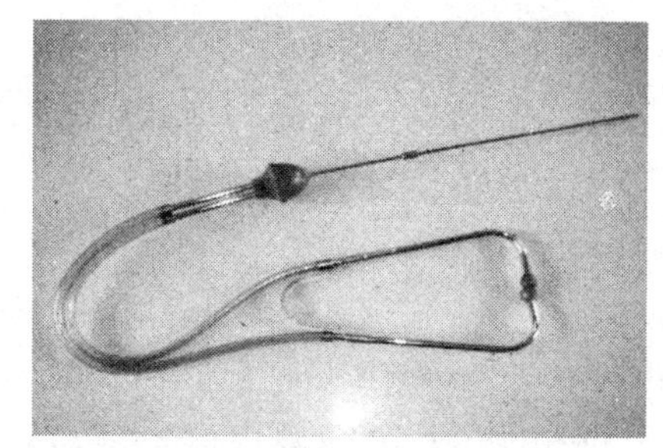</td></tr>
<tr><td>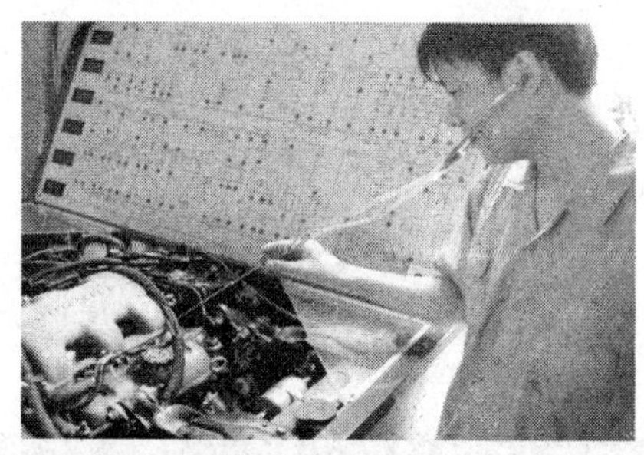</td></tr>
<tr><td>2. 喷油器电阻检查<br>方法：拆开喷油器线束连接器，用万用表测量喷油器两端子之间的电阻，低阻值喷油器应为 2～3 Ω，高阻值喷油器应为 13～16 Ω，否则应更换喷油器</td><td>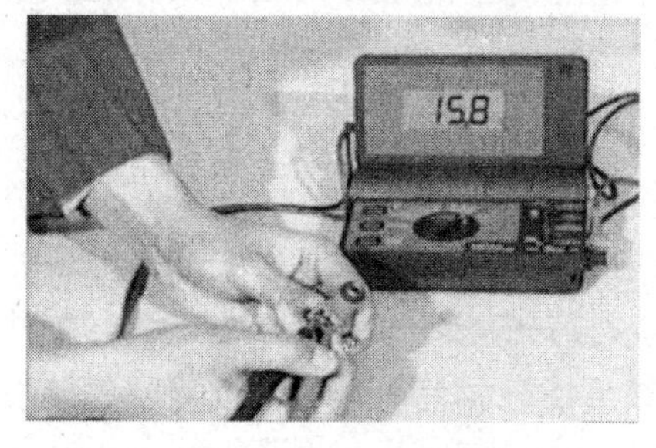<br></td></tr>
</table>

续表

| | |
|---|---|
| 3. 喷油器控制电路检测<br>方法：使用数字万用表、示波器或LED试灯等工具进行检测，将LED测试灯连接在喷油器插头两个插孔中，打开点火开关<br>（1）如果LED灯一直点亮，表示晶体管C极和E极短路<br>（2）如果LED灯不亮，起动发动机，如果LED灯仍不亮，表示晶体管C极和E极断路<br>（3）起动发动机时，LED灯会闪亮，说明传感器和ECU没问题 | 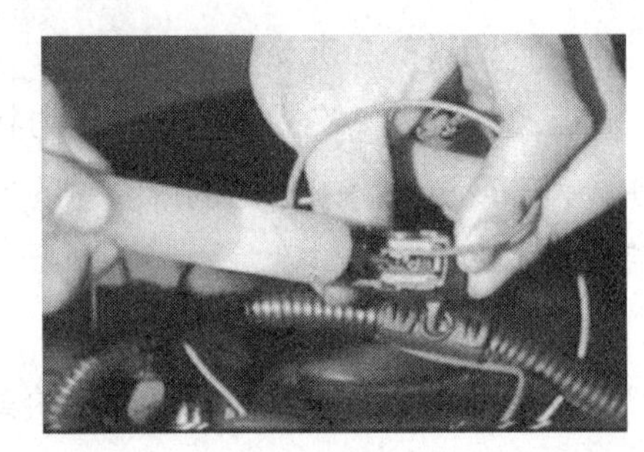<br>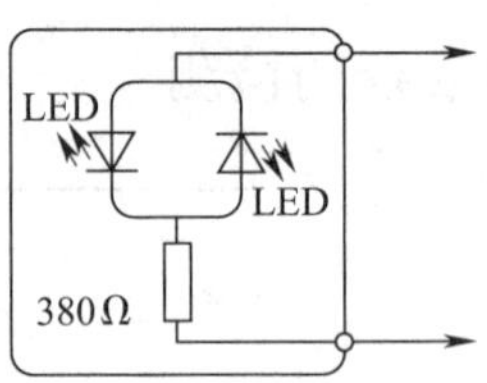<br> |
| 4. 喷油器滴漏检查<br>方法：在专用设备上进行检查，也可以将喷油器和输油总管拆下，再与燃油系统连接好，用专用导线将诊断座上的燃油泵测试端子跨接到12 V电源上，然后打开点火开关，或直接用蓄电池给燃油泵通电。燃油泵工作后，观察喷油器有无滴漏现象。若检查时，在1 min内喷油器滴油超过1滴，应更换喷油器 | 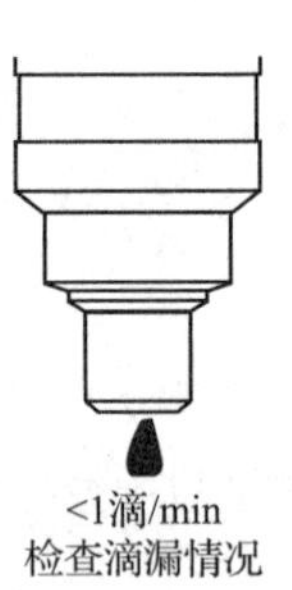<br> |

# 课题4　电子控制系统

## 学习目标

1. 掌握电控单元的作用和组成。
2. 掌握各类传感器的性能及检测方法。

汽车电控系统（图4—4—1）由电控单元（ECU）、传感器和执行器等组成。

各类传感器将空气进气流量或压力、进气温度、冷却水温度、节气门位置、发动机转速、排气中氧的含量等状况，转换成相应的电信号输送给ECU；ECU经过处理和计算后，向有关执行器发出指令，以控制最佳喷油量和点火时刻，使发动机在各种工况下都处于最佳状态，发挥最好的性能，保持最低的排放。

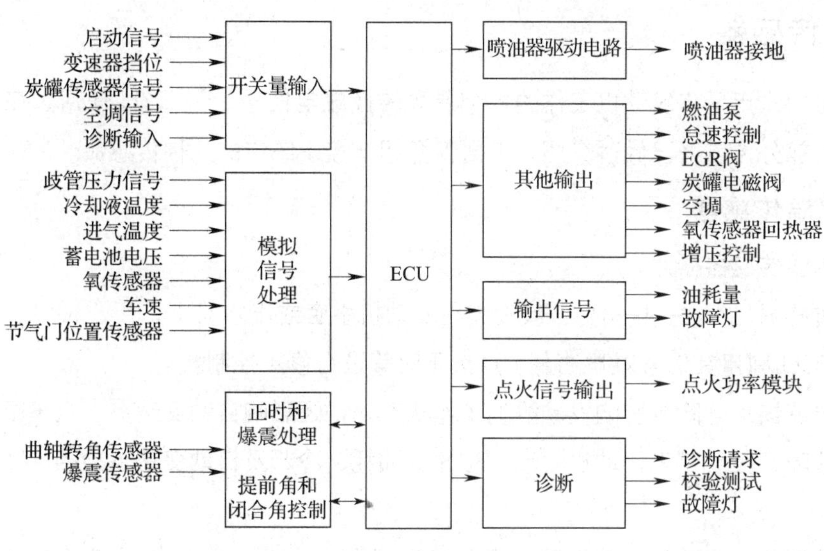


图 4—4—1　汽车电控系统

## 一、电控单元（ECU）

电控单元（图 4—4—2）的作用是根据发动机的进气量和转速信号，计算出基本喷油持续时间，以接近理想空燃比的混合气供给发动机工作，并控制其运转。

图 4—4—2　发动机电控单元（ECU）

为了及时地发现发动机电控汽油喷射系统故障，并在故障发生时保持汽车最基本的行驶能力，以便进厂维修，现代电控汽油喷射发动机的 ECU 都具有故障自诊断和失效保护功能。在 ECU 内设有专门的自诊断电路，当发动机运转时 ECU 不断地监测各个部分的工作情况，一旦发现异常情况，便将故障信号存于存储器内，并以故障代码显示。

在 ECU 内还备有应急回路。当收到监控回路发出的异常信号时，便立即启用备用的简单控制程序，使发动机各种工况的喷油量和点火时刻均按原设定程序进行控制，从而使汽车能保持基本的行驶能力。

## 二、传感器

传感器的作用是将发动机工作的各个参数转换成电信号，供ECU使用。在前面相关课题中，对大部分传感器已做过介绍，下面仅介绍电控系统中的几种传感器。

### 1. 水温传感器

(1) 水温传感器概述

水温传感器（图4—4—3）一般安装在发动机水套或出水管上，用于检测发动机冷却液的温度，ECU利用其信号对喷油量、点火正时等进行修正控制。

水温传感器信号除了影响发动机的工作状态外，还影响自动变速器、汽车空调等的工作状态，其故障往往会带来发动机起动、怠速、油耗、冷却及自动变速器换挡、空调制冷等方面的问题。

在一些车型中，若检测到发动机冷却液温度低于60℃，为保护行驶装置，自动变速器控制单元将进入“安全运行模式”，车辆只能以90 km/h以下的速度行驶。

如果冷却液温度传感器出现故障或信号中断，发动机电控单元将启动备用模式，将水温值设定在80℃左右，同时记录故障代码P00522。此时车辆虽然能够行驶，但发动机会出现冷车或热车起动困难、油耗增加、排放超标等。

汽车上所用的水温传感器一般都采用了负温度系数（NTC）热敏电阻，可以用万用表直接测量其电阻随温度的变化情况，另外还需要测量该传感器与ECU之间的线路连接情况。

(2) 水温传感器的检修

使用桑塔纳2000型轿车作为试验车型，其发动机冷却液温度传感器为负温度系数的热敏电阻。冷却液温度传感器的连接电路如图4—4—4所示。

图4—4—3 水温传感器

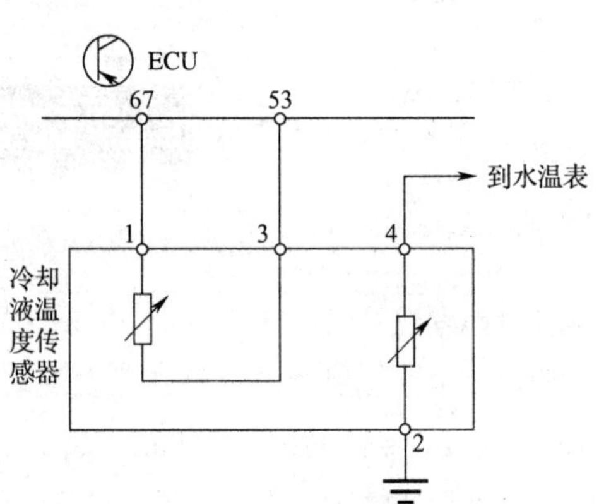


图4—4—4 冷却液温度传感器连接电路图

传感器的热敏电阻通过导线与ECU相连，并与ECU内部的分压电阻串联，形成分压电路。ECU向该分压电路提供稳定的工作电压（一般为5 V），热敏电阻所获得的分压值即为测得的温度信号。

温度升高时，热敏电阻的电阻值减小，其上的分压值降低；反之，温度降低时，其上的分压值升高（图 4—4—5）。ECU 根据该分压值的大小，即可判断被测对象的温度。

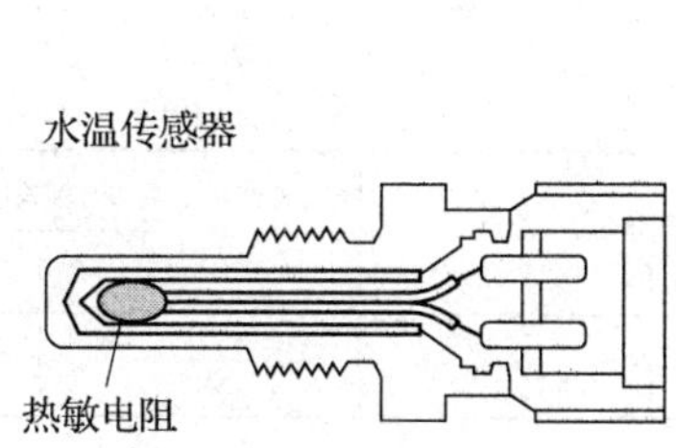


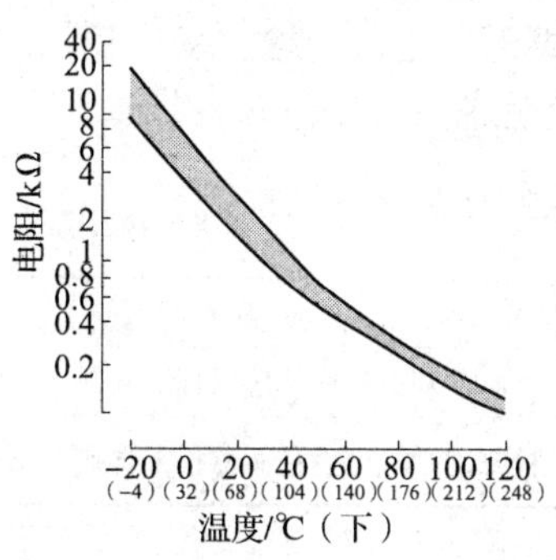


图 4—4—5　水温传感器阻值与温度的关系

1）电阻检测。

<table>
<tr><td colspan="2">1. 关闭点火开关，拔下冷却液温度传感器插头，进行电阻检测<br>方法：将冷却液温度传感器放在热水杯中，热水杯中放有温度计，用万用表检测冷却液温度传感器的电阻值</td><td>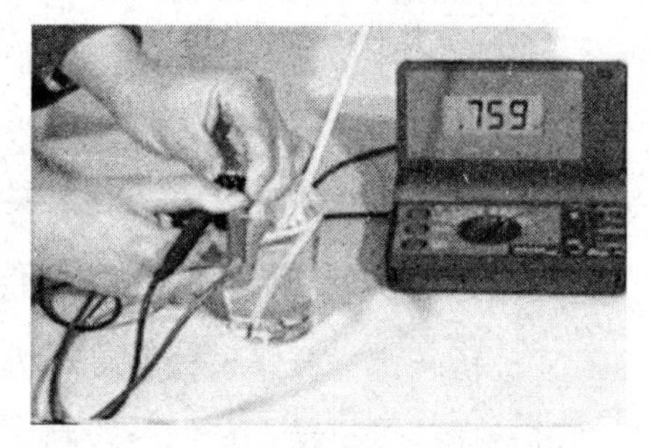</td></tr>
<tr><td colspan="2">2. 阻值测量<br>方法：把万用表表棒接在传感器插头的 1 脚和 3 脚之间，2 脚接地，4 脚到水温表</td><td>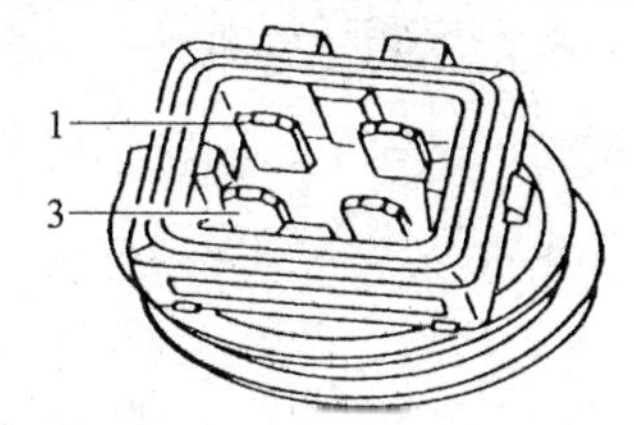</td></tr>
<tr><td rowspan="12">冷却液温度传感器温度与电阻值之间的关系表</td><td>温度/℃</td><td>电阻值/Ω</td></tr>
<tr><td>0</td><td>5 000～6 500</td></tr>
<tr><td>10</td><td>3 350～4 400</td></tr>
<tr><td>20</td><td>2 250～3 000</td></tr>
<tr><td>30</td><td>1 500～2 100</td></tr>
<tr><td>40</td><td>950～1 400</td></tr>
<tr><td>50</td><td>700～950</td></tr>
<tr><td>60</td><td>540～675</td></tr>
<tr><td>70</td><td>400～500</td></tr>
<tr><td>80</td><td>275～375</td></tr>
<tr><td>90</td><td>200～290</td></tr>
<tr><td>100</td><td>150～225</td></tr>
</table>

2）电压检测。

关闭点火开关，拔下冷却液温度传感器插头，进行电压检测。用万用表直流电压挡测量发动机线束插头之间的电压，打开点火开关，电压应为 5 V 左右，插上插头电压应为 0.5～4.5 V。如果无电压，则检测发动机供电及连接线路的导通性。

3）线束导通性检测。

根据电路图进行下列检查：

| 检测端子 | 测量结果 |
| --- | --- |
| 检测冷却液温度传感器插头 1 脚与 ECU 的 67 号端子 | <1 Ω |
| 检测冷却液温度传感器插头 3 脚与 ECU 的 53 号端子 | <1 Ω |

4）读测量数据流。

连接诊断仪，发动机怠速工况，输入 01 进入发动机控制系统，再进入 08 功能“读测量数据块”，选择 03 显示组检查冷却液温度传感器，数据应与实际温度符合，并随着发动机温度的上升而上升。

如果显示数据不真实，关闭点火开关，检查传感器插头上端子和发动机控制单元线束插头间的线路是否有断路或短路。如果线路正常，则需更换冷却液温度传感器。

## 2. 发动机转速与曲轴位置传感器（图 4—4—6）

发动机转速传感器是检测发动机转速信号的传感器，曲轴位置传感器是检测活塞上止点及曲轴转角的传感器，它们一般制成一体。发动机转速与曲轴位置传感器是发动机电子控制系统中最主要的传感器之一，是控制点火时刻和喷油时刻不可缺少的信号源，安装位置可在曲轴前端、飞轮上、凸轮轴前端和分电器内。它主要有电磁感应式、霍尔感应式和光电感应式等类型，其中以电磁感应式应用最广。

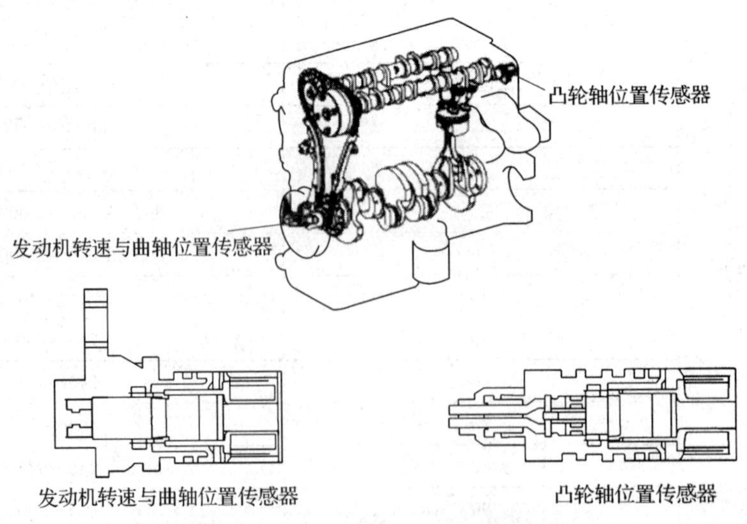


图 4—4—6　发动机转速与曲轴位置传感器

(1) 电磁感应式曲轴位置传感器

电磁感应式发动机转速与曲轴位置传感器（图 4—4—7）是利用电磁感应原理制成的，即当一个线圈中的磁通量发生变化时，在该线圈的两端就会产生感应电动势。

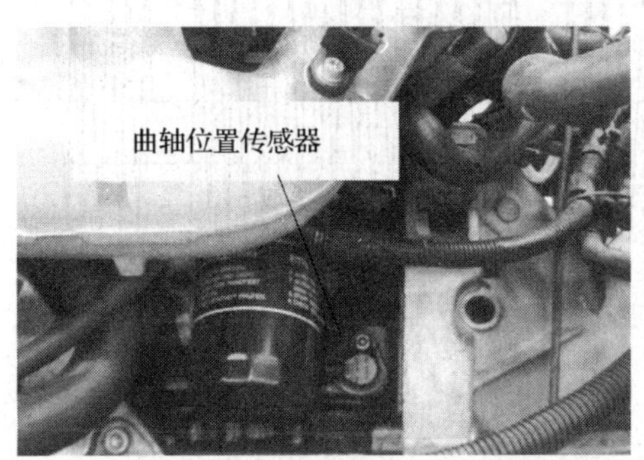


图 4—4—7　发动机曲轴位置传感器

如图 4—4—8 所示，感应线圈绕在永久磁铁上形成传感头，带凸齿的铁质信号轮随发动机曲轴在传感头附近转动，因此，信号轮与传感头之间的间隙发生周期性变化。由于空气的磁阻远大于铁质材料的磁阻，该间隙的周期性变化必然造成磁回路磁阻的周期性变化，从而造成磁回路中磁通量的周期性变化。根据电磁感应原理，在感应线圈的两端就产生了交变感应电动势。该交变感应电动势即可作为传感器的输出信号。

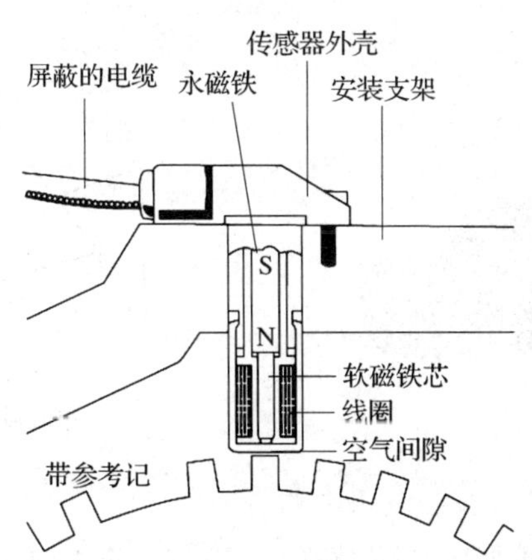


图 4—4—8　电磁感应式转速传感器的结构

如图 4—4—9 所示，磁通量变化越快，感应电动势越大，因此，信号轮的转速越高，交变感应电动势的幅值也越大，即传感器的输出信号越强。一般情况下，当发动机的转速在其工作范围内变化时，该传感器输出的信号电压的幅值可在 0.5～100 V 范围内变化。

信号轮每转一圈，感应线圈中产生的交变感应电动势的数量等于信号轮上凸齿的数量，即传感器输出信号的数量等于信号轮凸齿的数量，单位时间内输出信号的数量即可反应信号轮及发动机的转速。

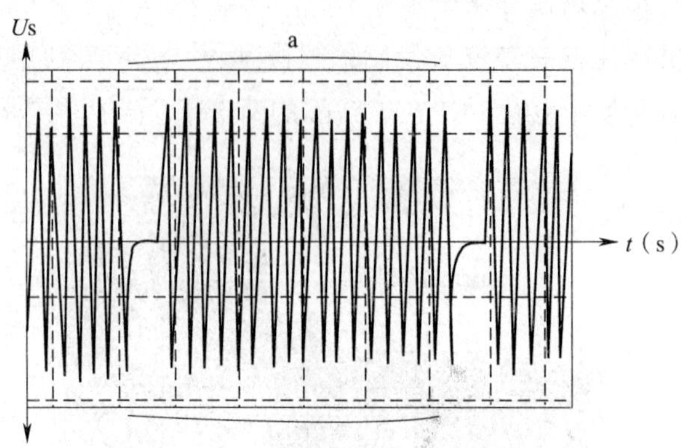


图 4—4—9　电磁感应式转速传感器的波形

磁感应式传感器的突出优点是结构简单，且不需要外加电源，因此应用相当广泛。

(2) 霍尔式曲轴位置传感器（图 4—4—10）

霍尔感应式传感器是利用霍尔效应原理，产生与曲轴转角相对应的电压脉冲信号而进行工作的。

如图 4—4—11 所示，当电流通过放在磁场中的半导体基片，且电流方向与磁场方向垂直时，在垂直于电流和磁场方向的半导体基片的横向侧面上，产生一个与电流和磁场强度成正比的霍尔电压 $U_H$。

图 4—4—10　霍尔式曲轴位置传感器

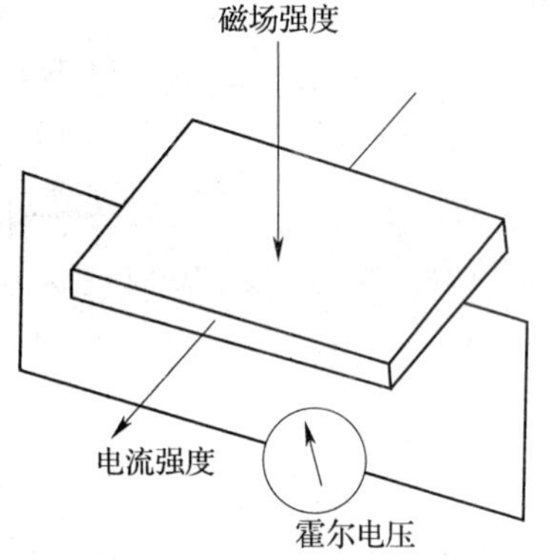


图 4—4—11　霍尔效应的原理

其表达式如下：

$$U_H = \frac{R_H}{d} I B$$

式中　$R_H$——霍尔系数；

$d$——基片厚度；

$I$——电流；

$B$——磁场强度。

可见，当结构一定且电流 $I$ 为定值时，霍尔电压 $U_H$ 与磁场强度 $B$ 成正比。霍尔式曲轴位置传感器就是利用触发叶片或触发轮齿改变通过霍尔元件的磁场强度，从而使霍尔元件产生脉冲的霍尔电压信号，经放大整形后即为曲轴位置传感器的输出信号。

一些车型采用的霍尔式曲轴位置传感器安装在曲轴后端，主要由位于曲轴飞轮上的传感器触发齿轮和装在飞轮与变速器前壳上的传感器感应头两部分组成。传感器的感应头正对着传感器的触发齿轮。

触发齿轮的结构根据其使用的发动机气缸数的不同而不同，如图 4—4—12 所示。

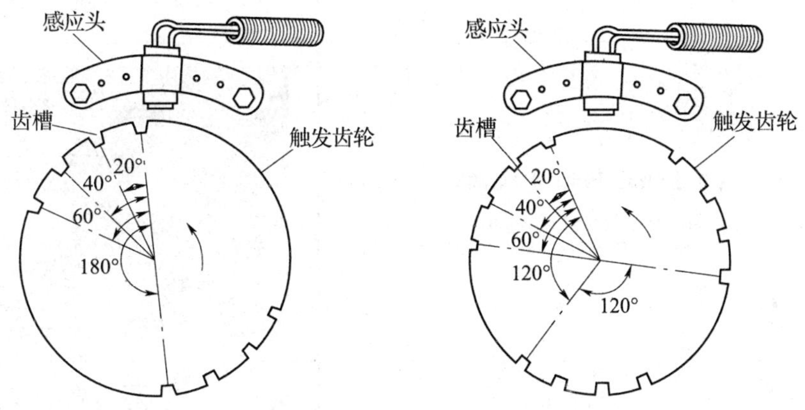


图 4—4—12　不同齿数的霍尔式曲轴位置传感器

霍尔式曲轴位置传感器处于工作状态时，触发齿轮随曲轴一起旋转。当触发齿轮上的齿槽通过感应头时，霍尔式曲轴位置传感器输出高电平（5 V）；当触发齿轮上的齿顶通过感应头时，曲轴位置传感器输出低电平（约 0.3 V）。无论触发齿轮哪个齿槽通过感应头之后，曲轴位置传感器都将产生一个突然由高变低的脉冲信号。

电控单元根据曲轴位置传感器传来的信号确定活塞在上止点前的运行位置，还可根据各脉冲的时间间隔来计算发动机的转速。

(3) 霍尔式曲轴位置传感器的检测

使用桑塔纳 2000 型轿车作为试验车型，其霍尔式传感器电路如图 4—4—13 所示。

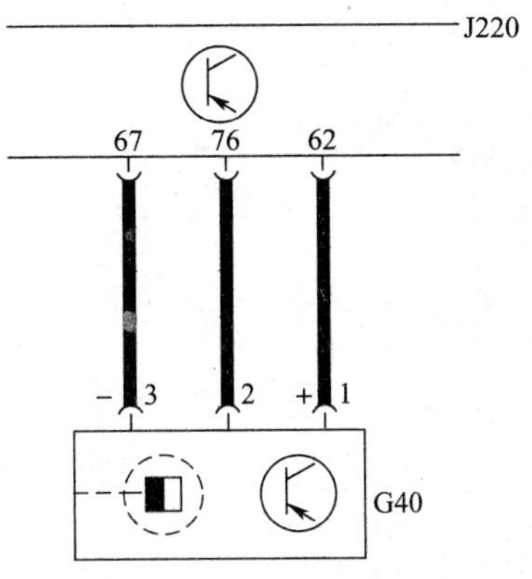


图 4—4—13　霍尔式传感器电路图

1）供电电压的检测。

| 1. 关闭点火开关 | |
|---|---|
| 2. 拔下霍尔传感器的 3 芯插头 | 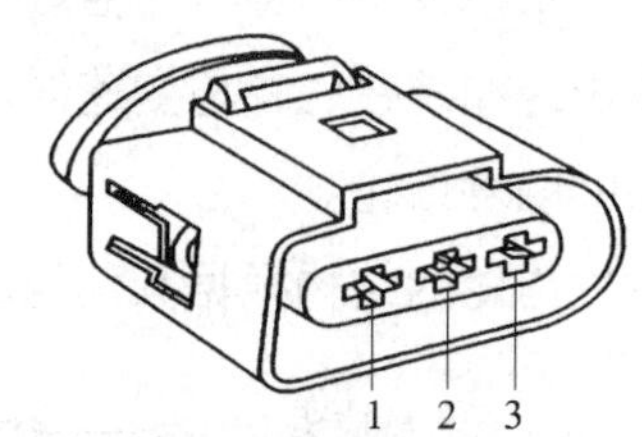 |
| 3. 打开点火开关，用万用表的电压挡测量 3 芯插头的 1、3 两孔之间的电压，其电压值应符合标准值（电压≥4.5 V） |  |
| 4. 测量 2、3 两孔的电压值，其电压值应符合标准值（12 V 蓄电池电压） |  |
| 5. 测量后，接好传感器线束连接器，以便作进一步的检测 | |

2）线束导通性检测。

| 1. 关闭点火开关 | |
|---|---|
| 2. 拔下电子控制单元（J220）的连接插头 | 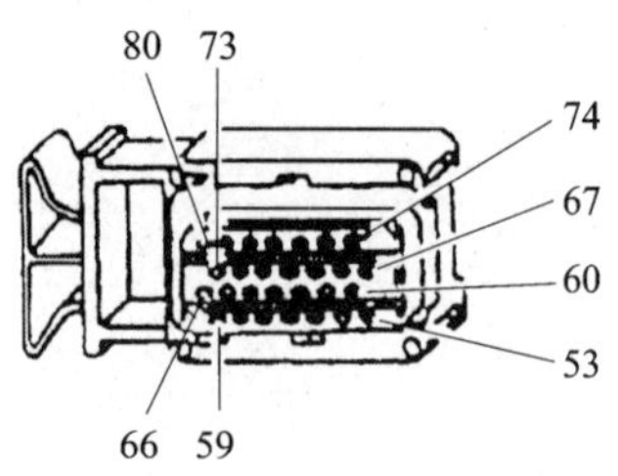 |
| 3. 拔下霍尔传感器的 3 芯插头 | 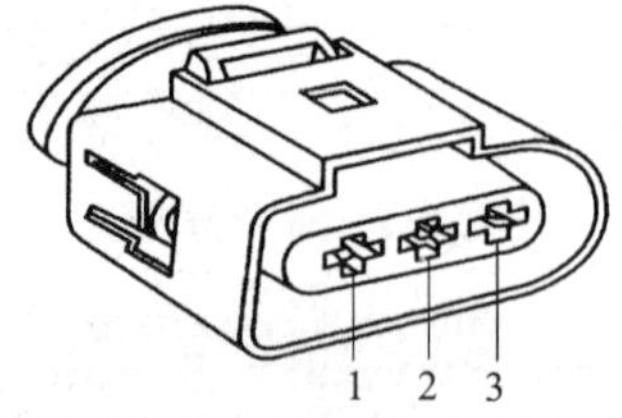 |

续表

| 4. 用万用表电阻挡测量 3 芯插头的 1 号端子与 J220 的 62 号端子之间的电阻值，应不大于 0.5 Ω | 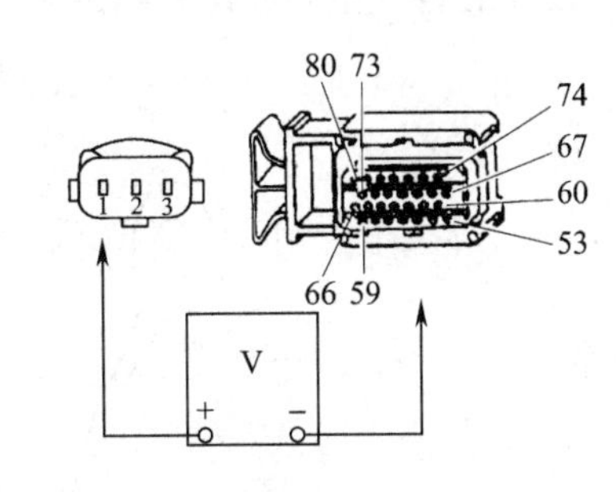 |
|---|---|
| 5. 测量 3 芯插头上 2 号端子与 J220 的 76 号端子之间的导通性 | |
| 6. 测量 3 芯插头上 3 号端子与 J220 的 67 号端子之间的导通性 | |

### 3. 爆震传感器

（1）爆震传感器概述

爆震是汽油机燃烧室中末端混合气自燃所引起的一种不正常燃烧现象，它不但会产生尖锐的敲缸声，还会使发动机的活塞、连杆、曲轴等机件受到过度冲击，并引发发动机过热等现象，从而大大缩短发动机的使用寿命。

爆震传感器（图 4—4—14）能把发动机爆震产生的震动转变为电信号，传递给发动机控制单元 ECU。ECU 根据爆震传感器传递来的信号，对点火提前角进行修正，从而使点火提前角始终处于最佳状态。

图 4—4—14　爆震传感器

爆震传感器是压电陶瓷元件，其输出电压与一定频率的震动强度相关，震动增强时，输出电压增加，反之则减少。ECU 根据爆震传感器输出电压的大小确定是否存在爆震燃烧，如果存在爆震，ECU 将推迟点火，以消除爆震。爆震消除后，点火提前角再恢复到爆震发生前的点火角度。如果爆震传感器信号中断，ECU 将各缸点火时间推迟。

常见的爆震传感器有压电式和磁致伸缩式两种形式，虽然工作原理有所不同，但检测爆震的方法却基本一样，都是通过检测发动机缸体或缸盖的振动状态来判断是否发生爆震。

压电式爆震传感器（图 4—4—15）在汽车上的应用最为广泛，其主要由套筒、压电元件、惯性配重、塑料壳体等组成。

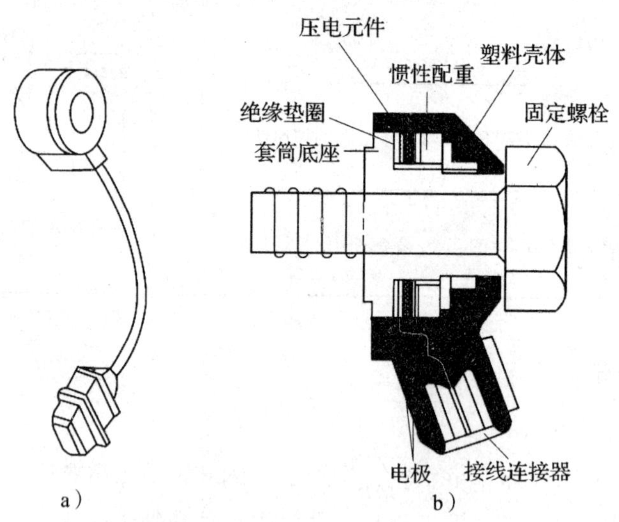


图 4—4—15　压电式爆震传感器

a）传感器外形　b）内部结构

压电元件制成垫圈形状，在其两个侧面上制作有金属垫圈作为电极，并用导线引到接线连接器上。惯性配重用于传递发动机机体振动所产生的惯性力，其与压电元件之间、压电元件与传感器套筒之间均装有绝缘垫圈。传感器接线连接器上有三根引线，其中两根为信号线，一根为屏蔽线。

不同转速时爆震传感器的波形如图 4—4—16 所示。

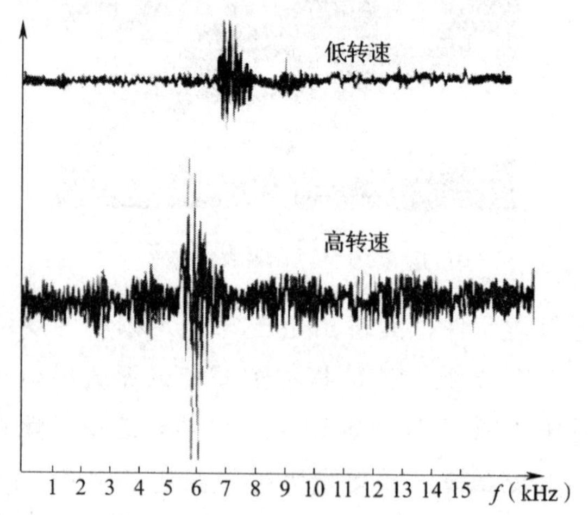


图 4—4—16　不同转速时爆震传感器的波形

(2) 爆震传感器的检测

使用桑塔纳 2000 型轿车作为试验车型。

<table>
<tr><td colspan="2">1. 断开点火开关，拔下爆震传感器导线连接器</td></tr>
<tr><td>2. 拆下爆震传感器，清洁缸体与爆震传感器的接触面，然后装上爆震传感器，并以 20 N·m的力矩拧紧</td><td>
</td></tr>
<tr><td>3. 拆下发动机控制单元线束连接器，并检查线路电阻，1号爆震传感器导线连接器针脚 1、2 分别与相应的发动机控制单元线束连接器针脚 68、67 连接</td><td rowspan="2">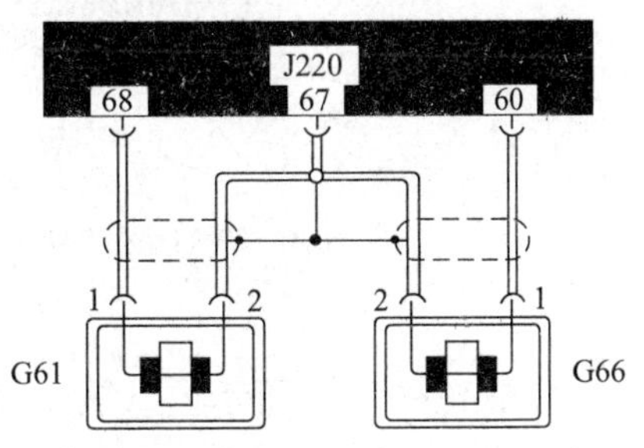
</td></tr>
<tr><td>4. 2号爆震传感器导线连接器针脚 1、2 分别与相应的发动机控制单元线束连接器针脚 60、67 连接，其线路电阻均应小于 1.5 Ω，而且各线路之间的电阻值应为无穷大</td></tr>
<tr><td>5. 用欧姆表检测爆震传感器各针脚之间的电阻，其针脚 1 与 2、1 与 3 之间的电阻值应为无穷大，否则应更换爆震传感器</td><td>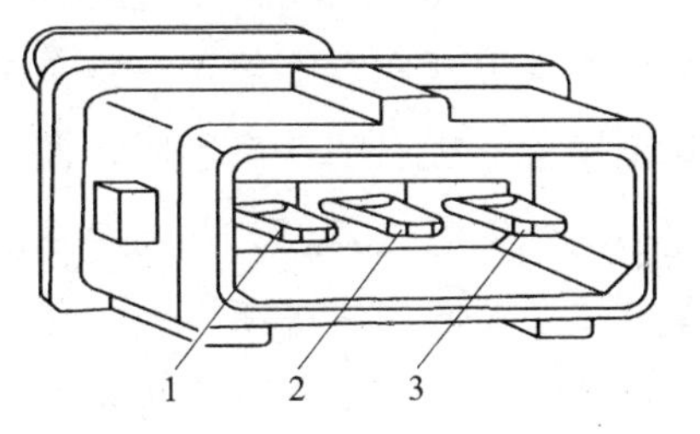
</td></tr>
</table>

## 4. 氧传感器

(1) 氧传感器概述

氧传感器（图 4—4—17）安装在发动机的排气管上，位于三效催化转化器之前，用于测量废气中的氧含量。

如果废气中的氧含量高，说明混合气偏稀，氧传感器将这一信息输入发动机电控单元（ECU），ECU 指令喷油器增加喷油量；如果废气中的氧含量低，说明混合气偏浓，ECU 指令喷油器减少喷油量，从而帮助 ECU 把混合气的空燃比控制在理论值（14.7）附近。

因此，氧传感器相当于一个混合气的浓度开关，它是电喷发动机实行闭环控制不可缺少的重要部件。

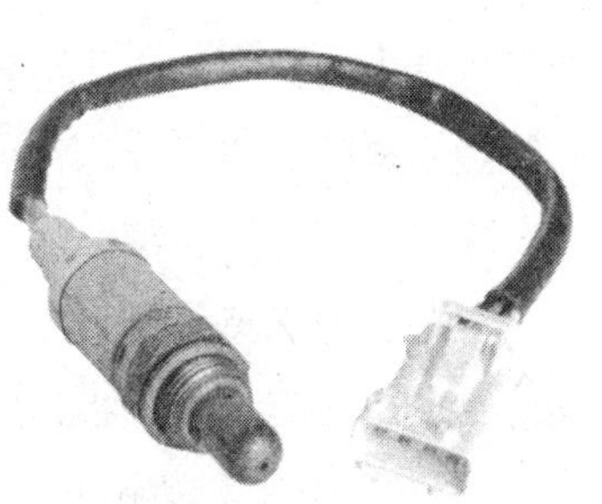

图 4—4—17 氧传感器

(2) 氧传感器的分类

氧传感器一般根据电化学原理工作，有氧化锆（$ZrO_2$）式和氧化钛（$TiO_2$）式两种类型，其中氧化锆式又可分为加热型与非加热型两种，氧化钛式一般都为加热型。

1) 氧化锆式氧传感器（图 4—4—18）。

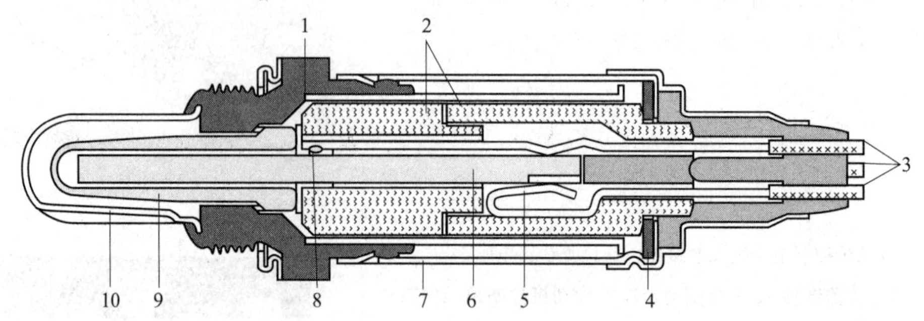


图 4—4—18 氧化锆式氧传感器

1—壳体 2—陶瓷支撑管 3—接线端子 4—盘形弹簧 5、8—连接线 6—加热管 7—外套 9—氧化锆 10—保护管

如图 4—4—19 所示，二氧化锆管的内、外表面均涂覆有薄薄一层铂，铂既可以成为电极，又具有电势放大作用，管的内侧与空气接触，外侧与排气接触。高温下（>300℃），内外侧氧离子化，氧离子浓度不同，产生流动，在两电极间产生电位差。二氧化锆管的外表面处于氧气浓度较低的汽车所排放的气体中，而管的内表面则导入周围空气，两表面氧气浓度之差就会产生电动势。

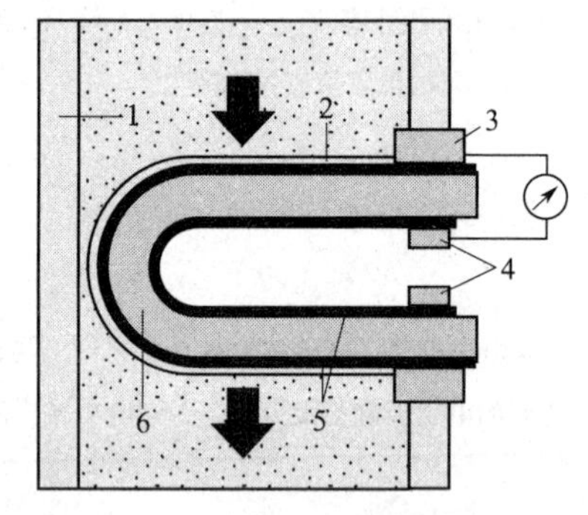


图 4—4—19 氧化锆式氧传感器的工作原理

1—排气管 2—多孔图层 3—外壳连接件 4—连接件 5—电极 6—氧化锆

大部分汽车使用带加热器的氧传感器，这种传感器内有一个电加热元件，可在发动机起动后的 20～30 s 内迅速将氧传感器加热至工作温度。它有三根接线，一根接 ECU，另外两根分别接地和电源正负极。

当混合气的实际空燃比小于理论空燃比，即发动机以较浓的混合气运转时，排气中氧含量少，但 CO、HC、$H_2$等较多。这些气体在锆管外表面的铂催化作用下与氧发生反应，将耗尽排气中残余的氧，使锆管外表面氧气浓度变为零，这就使得锆管内、外侧氧浓差加大，两铅极间电压陡增。因此，锆管氧传感器产生的电压将在理论空燃比时发生突变：稀混合气时，输出电压几乎为零；浓混合气时，输出电压接近 1 V，电压特性如图 4—4—20 所示。

要准确地保持混合气浓度为理论空燃比是不可能的。实际上的反馈控制只能使混合气在理论空燃比附近一个狭小的范围内波动，故氧传感器的输出电压在 0.1～0.8 V 之间不断变化（通常每 10 s 内变化 6～8 次以上）。如果氧传感器输出电压变化过缓或电压保持不变（不论保持在高电位或低电位），则表明氧传感器有故障，需检修。

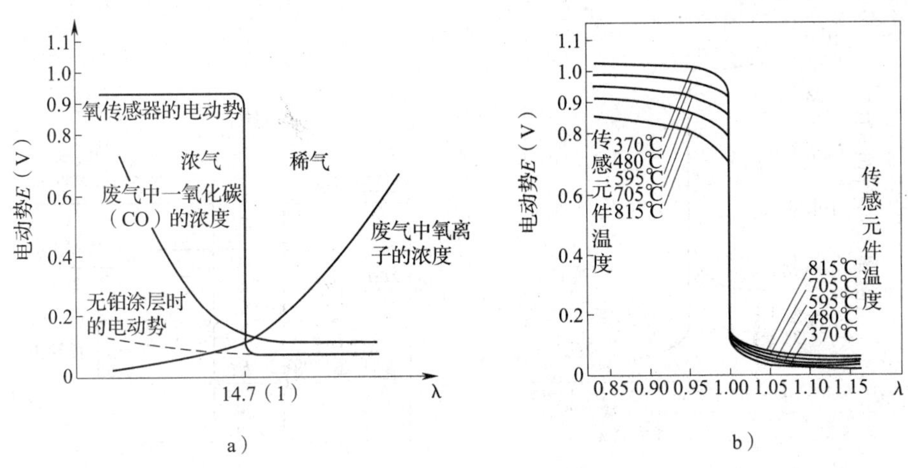


图 4—4—20　氧化锆式氧传感器的工作特性

a）气体浓度与电压的关系　b）传感元件温度与电压的关系

2）氧化钛式氧传感器（图 4—4—21）。

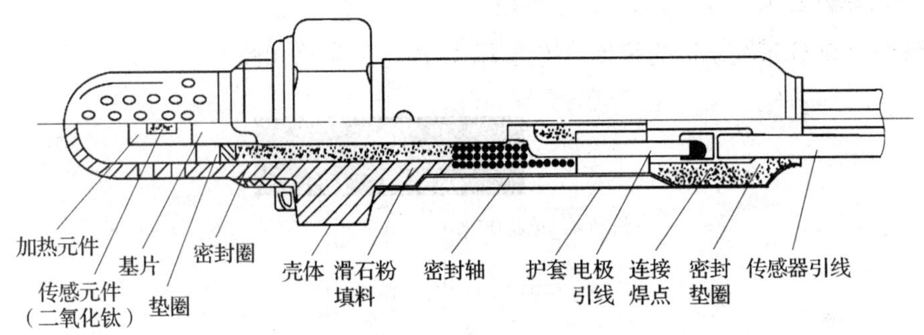


图 4—4—21　氧化钛式氧传感器

氧化钛式氧传感器的外形与氧化锆式的相似，主要由二氧化钛传感元件、加热元件、电极引线和钢质壳体等组成。它的外表面同样涂有一层金属铂，以提高其工作灵敏度。

二氧化钛属于 N 型半导体材料，其电阻值随氧离子浓度的变化而变化，因此，氧化钛式氧传感器相当于一个可变电阻。

混合气稀时，二氧化钛呈现低阻状态；混合气浓时，二氧化钛呈现高阻状态；在理论混合气附近（过量空气系数 $\lambda$ 约为 1），电阻值产生突变，如图 4—4—22 所示。

ECU 内部的稳压电路向氧传感器提供一个稳定的工作电压（一般为 5 V），分压电阻串接在传感器电路中，氧化钛作为可变电阻，其上的分压即可作为氧传感器的信号电压输入 ECU。混合气稀时，二氧化钛阻值小，信号电压也小；混合气浓时，二氧化钛阻值高，信号电压也大。

氧化钛式氧传感器的温度高于 600℃才能正常工作，因此，该传感器的内部也设有加热器，并由汽车电源直接加热。氧化钛式氧传感器的工作电路如图 4—4—23 所示。

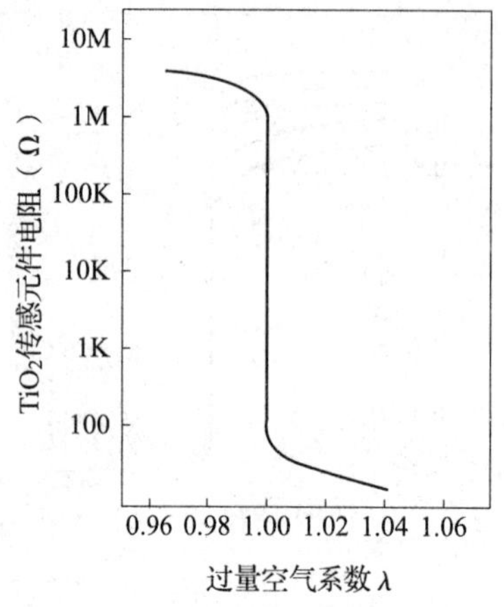


图 4—4—22 氧化钛式氧传感器阻值与过量空气系数之间的关系

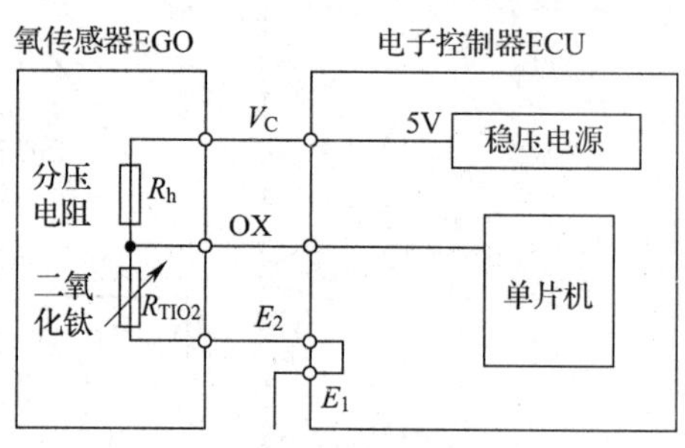


图 4—4—23 氧化钛式氧传感器的工作电路

（3）氧传感器的检修

使用桑塔纳 2000 型轿车作为试验车型。

桑塔纳 2000GSi 发动机的氧传感器与 ECU 的连接电路如图 4—4—24 所示。

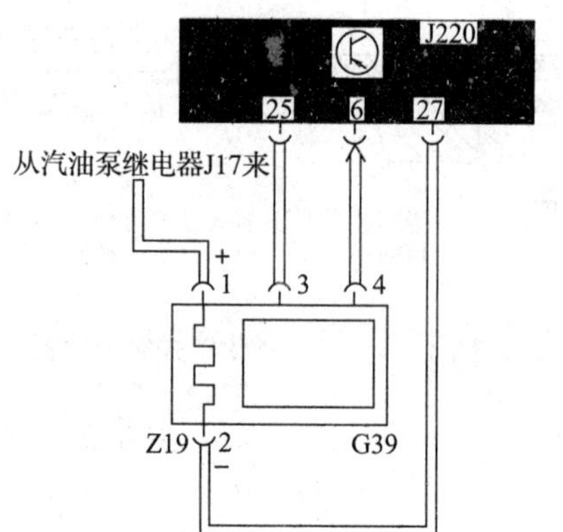


图 4—4—24 氧传感器连接电路

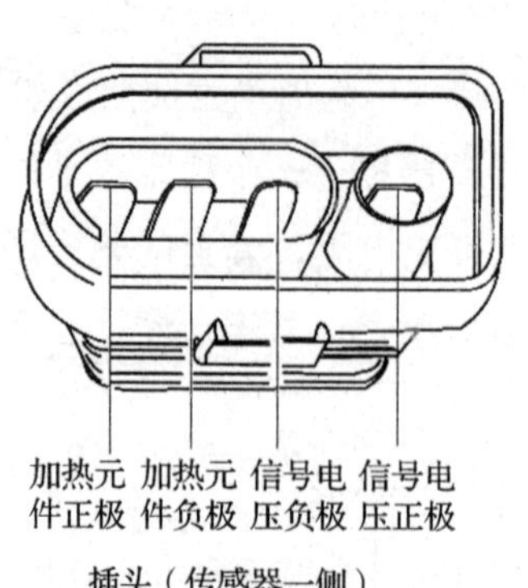

续表

| |
|---|
| 1. 检测加热元件电阻<br>室温下，用万用表检测加热元件的电阻值，常温条件下为1～5 Ω，温度上升很少时，阻值就会显著增大<br>拔下氧传感器线束插头，检测插头上端子1与端子2之间的阻值，常温条件下为1～5 Ω。如常温下阻值为无穷大，说明加热元件断路，应更换氧传感器 |
| 2. 测量氧传感器加热元件的电压<br>起动发动机，测量氧传感器线束侧连接器端子1与端子2之间的电压，应不低于11 V。如电压为零，则说明熔丝断路或端子2电路搭铁不良，应维修或更换 |
| 3. 读取氧传感器的数据<br>使用汽车故障诊断仪，起动发动机，在正常水温、平稳怠速时，氧传感器的数据应在0.1～1.0 V之间变动；断开水温传感器连接器时（混合气变浓），氧传感器的数据应为0.7～1.0 V；拔下发动机某真空管（混合气变稀），氧传感器的数据应为0.1～0.3 V。如不符合上述要求，则检查所有可能引起混合气变浓或变稀的故障因素，没有故障则更换氧传感器 |

# 单元五　柴油机燃料供给系

## 课题 1　柴油机燃料供给系概述

**学习目标**

1. 掌握柴油机燃料供给系的功用及组成。
2. 掌握柴油机燃料供给系的分类。
3. 掌握柴油机燃料供给系的工作原理。

### 一、柴油机混合气的形成特点

柴油机以柴油为燃料，由于柴油的蒸发性和流动性都比汽油差，较难挥发且较易自燃，其混合气形成和燃烧过程与汽油机有着本质的区别，不能像汽油机那样在气缸外部形成可燃混合气。柴油机的混合气只能在气缸内部形成，即柴油机喷射系统在压缩行程接近终了时，通过喷油器把柴油直接喷入燃烧室，柴油油滴在高温、高压的空气中受热、蒸发、扩散，并与空气混合形成可燃混合气。但供混合气形成的时间极短，很难形成均匀的混合气，燃烧室的混合气成分随时间和地点而变化。这种不均匀的混合气是在高温、高压下多点自燃着火燃烧的。

为了改善柴油机混合气的形成和燃烧，燃油系统、燃烧室形状以及它们之间的相互匹配起着重要的作用。不同形状的燃烧室对喷油始点、喷油持续角、喷油压力、喷油规律、喷油雾化质量及其在燃烧室内的分布等都有不同的要求。这些喷油参数的变化对柴油机的动力性、经济性、排放性和噪声水平都有直接的影响。

柴油机燃烧室按其结构形式一般可分为两大类，即直喷式（统一式）燃烧室和间接喷射式（分隔式）燃烧室，如图 5—1—1 所示。

**1. 直喷式燃烧室**

直喷式燃烧室是因燃油直接喷射在燃烧室而得名的，燃烧室由凹形活塞顶与气缸盖底部所包围的单一内腔构成，几乎全部容积都在活塞顶面上。直喷式燃烧室可根据活塞顶部凹坑的深浅分为开式燃烧室和半开式燃烧室两类。

（1）开式燃烧室

开式燃烧室的结构十分简单，活塞顶部的燃烧室有中心略为凸起的浅盆形或平底的浅盆形，凹坑较浅，凹坑口径与活塞直径之比一般大于 0.7，如图 5—1—1a 所示。

低速柴油机和部分中、高速柴油机主要采用无涡流的开式燃烧室。燃烧室由气缸盖底面

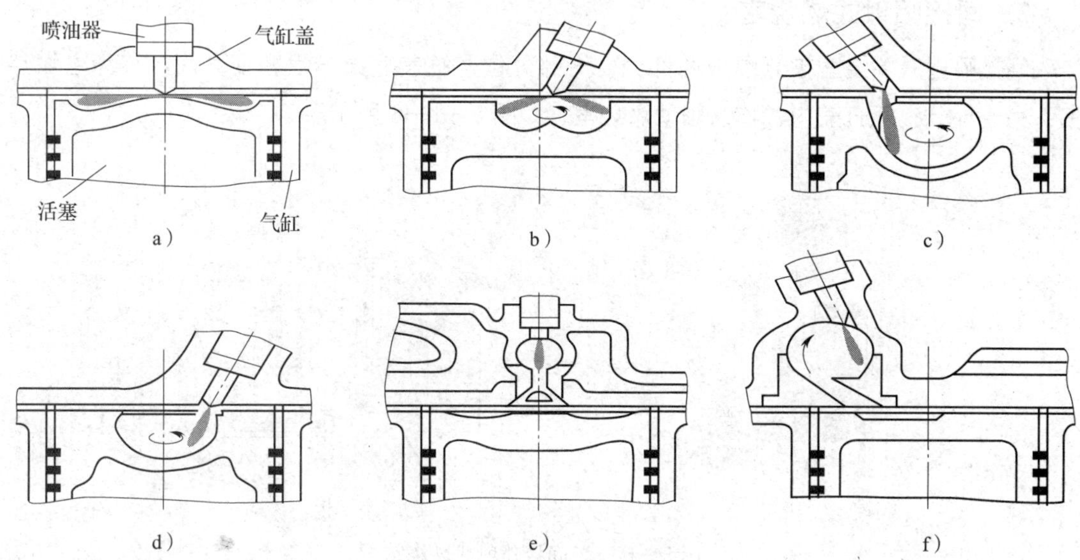


图 5—1—1　柴油机燃烧室的形状

a）盆形燃烧室　b）ω形燃烧室　c）球形燃烧室

d）U 形燃烧室　e）预燃室式燃烧室　f）涡流室式燃烧室

和活塞顶面形成具有一定形状的整体空间。用多孔喷油器（6～10 孔）能使燃油雾化良好，并均匀分布在燃烧室空间。因此，开式燃烧室中的燃烧属于典型的空间式燃烧过程，要求燃烧室与油束形状和分布相配合。一般不组织进气涡流或只产生微弱涡流。它的优点是燃烧室形状简单，结构紧凑，散热损失及流动损失小，燃料消耗率低，起动容易；缺点是燃料雾化要求高，难以适应变转速工作。

(2) 半开式燃烧室

半开式燃烧室的主要部分在活塞顶部的凹坑内，另一部分则为活塞顶面以上的部分。根据凹坑的形状不同又分为多种类型，一般有 ω 形燃烧室、球形燃烧室和 U 形燃烧室，如图 5—1—2 所示。

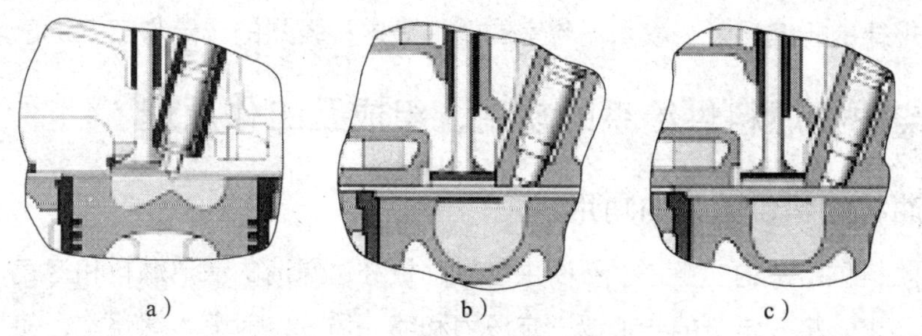


图 5—1—2　半开式燃烧室的类型

a）ω形燃烧室　b）球形燃烧室　c）U 形燃烧室

对于这类燃烧室，燃料直接喷射在燃烧室空间或燃烧室壁面上。一般会组织燃烧室内的空气运动来促进混合气的形成和燃烧。

### 2. 间接喷射式燃烧室

间接喷射式燃烧室被分隔成两部分，一部分位于缸盖底面与活塞顶之间，称为主燃烧室；另一部分在气缸盖内，称为辅助燃烧室，如图 5—1—3 所示。

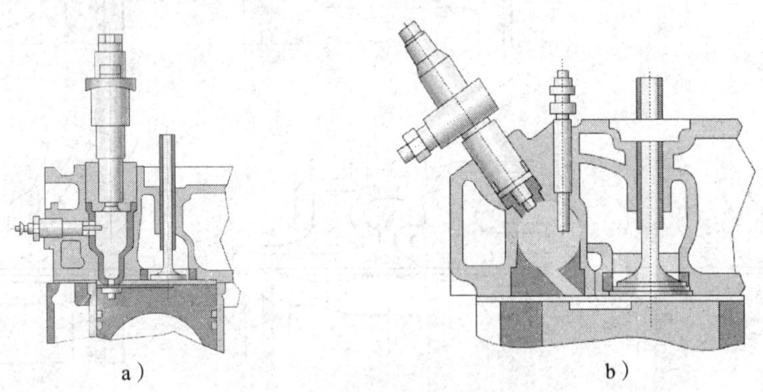


图 5—1—3　间接喷射式燃烧室

a）预燃室式燃烧室　b）涡流室式燃烧室

对于间接喷射式燃烧室，混合气的形成主要靠强烈的空气运动，对喷油系统要求不高，因而可采用有较大喷孔的轴针式喷油器及较低的喷油压力，使用时故障少。因为燃烧是在两个部分内先后进行的，所以主燃烧室内的气压升高比较缓和。

(1) 预燃室式燃烧室

预燃室式燃烧室的副燃烧室容积约为燃烧室总容积的 25%～40%，并用一个或几个小孔与主燃烧室相通。在压缩行程中，空气经小孔进入预燃室产生强烈、均匀、规则的紊流运动，燃油喷入后，依靠空气的紊流运动形成混合气并起火燃烧，使预燃室内压力急剧上升，大部分没有燃烧的柴油连同燃烧产物一起经小孔高速喷入主燃烧室，进一步与空气混合而燃烧。

(2) 涡流室式燃烧室

涡流室式燃烧室的副燃烧室是球形或圆柱形，容积约为燃烧室总容积的 50%～80%，借与其内壁相切的孔道和主燃烧室相通。因而在压缩行程中，空气从气缸被挤入涡流室时形成强烈且有规律的压缩涡流，喷入涡流室的燃油靠这种强烈的涡流与空气迅速地完成混合。

## 二、柴油机燃料供给系的功用、组成及工作原理

### 1. 柴油机燃料供给系的功用

柴油机燃料供给系的功用是：不断供给发动机经过滤清的清洁燃料和空气，根据柴油机不同工况的要求，将一定量的柴油以一定压力和喷油质量定时喷入燃烧室，使其与空气迅速混合并燃烧，做功后将燃烧废气排出气缸。

### 2. 柴油机燃料供给系的组成

柴油机燃料供给系主要由燃油供给装置、空气供给装置、混合气形成装置和废气排出装置四部分组成，如图 5—1—4 所示。

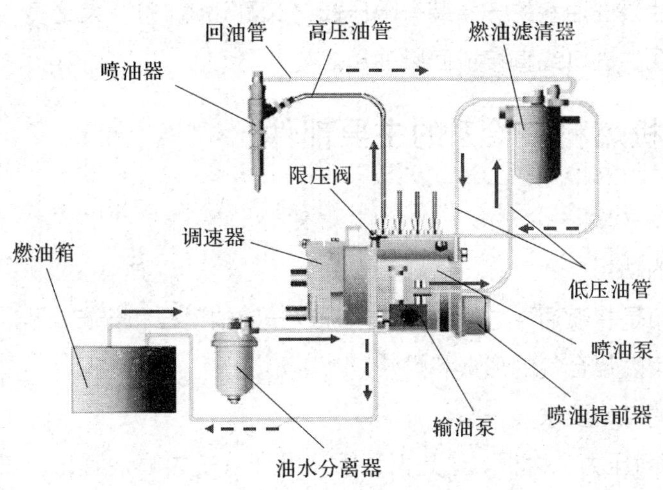


图 5—1—4　柴油机燃料供给系的组成

(1) 燃料供给装置

由燃油箱、输油泵、喷油泵、喷油器、油水分离器、低压油管、高压油管及回油管等组成。主要功用是完成燃料的储存、滤清和输送工作，并以一定压力和喷油质量，定时、定量地将燃料喷入燃烧室。

(2) 空气供给装置

由空气滤清器、进气管及进气道等组成，增压柴油机还装有进气增压装置。主要功用是供给发动机清洁的空气。

(3) 柴油机混合气形成装置

混合气形成装置也就是燃烧室，它的主要功用是使燃油与空气混合形成混合气。

(4) 废气排出装置

由排气道、排气管及排气消声器等组成。主要功用是在发动机完成做功后排出气缸内的燃烧废气。

### 3. 柴油机燃料供给系的工作原理

(1) 低压油路

输油泵从燃油箱内将柴油吸出，经柴油滤清器滤去杂质后进入喷油泵的低压油腔。这段油路中的油压是由输油泵建立的，而输油泵的出油压力一般为 0.15～0.30 MPa，所以这段油路称为低压油路。

(2) 高压油路

喷油泵柱塞将燃油压力提高，经高压油管送至喷油器。当燃油压力达到一定值时，喷油器将燃油以雾状喷入燃烧室形成混合气。该油路中的油压是由喷油泵建立的，一般在 10 MPa 以上，所以称为高压油路。

(3) 回油回路

由于输油泵的供油量比喷油泵的最大喷油量大 3～4 倍，为了保持进入喷油泵进油室内的油压稳定，喷油泵进油室的一端装有限压阀（又称溢流阀），大量多余的燃油经限压阀和回油管流回输油泵的进口或直接流回柴油箱。

## 三、柴油机燃料供给系的主要部件

### 1. 喷油器

(1) 喷油器的功用

喷油器的功用是将喷油泵送来的高压柴油以一定的射程和分布面积，并以雾状形式喷入燃烧室，以利于可燃混合气的形成和燃烧。

(2) 喷油器的工作要求

1) 一定的喷射压力和射程。这是保证喷油量和气缸内喷油雾化质量的重要参数。喷油压力是喷油器校正的重要参数。

2) 合适的喷雾锥角，良好的雾化性能。

3) 停止喷油时断油应能迅速彻底，且不发生滴漏现象。这是喷油器校正的重要项目。

(3) 喷油器的类型

喷油器的常见形式有两种：孔式喷油器和轴针式喷油器，如图 5—1—5、图 5—1—6 所示。孔式喷油器多用于直接喷射式燃烧室，轴针式喷油器主要用于分隔式燃烧室。

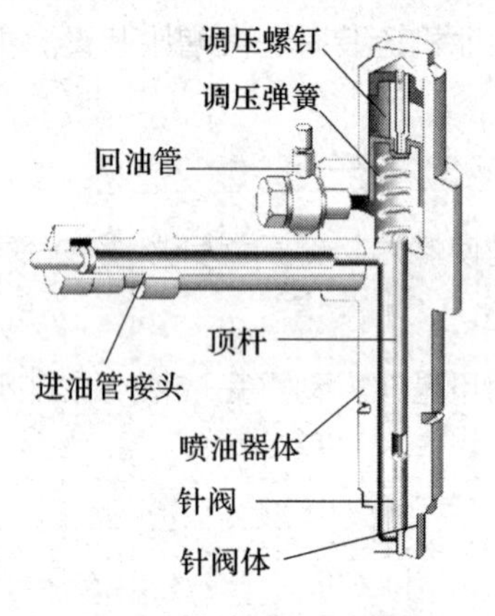


图 5—1—5　孔式喷油器

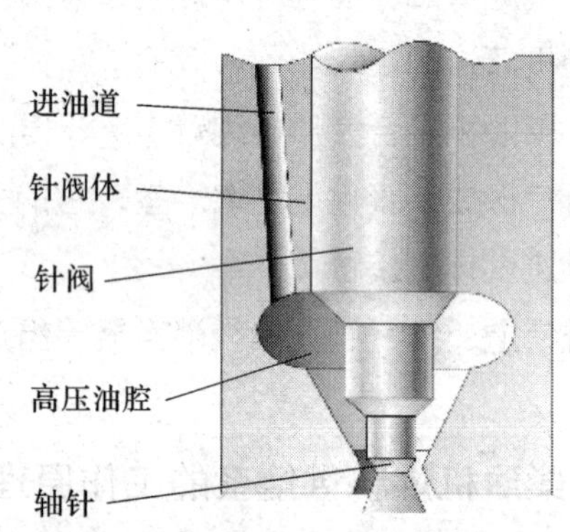


图 5—1—6　轴针式喷油器

1) 孔式喷油器的结构与工作原理。

①孔式喷油器的结构。孔式喷油器的结构如图 5—1—7 所示，主要由针阀、针阀体、顶杆、调压弹簧、调压螺钉及喷油器体等零件组成。其中针阀与针阀体组成一对精密偶件，针阀上部的圆柱表面同针阀体的相应内圆柱面作高精度的滑动配合，配合间隙为 0.002～0.003 mm。调压装置由调压弹簧、调压螺钉、调压螺钉护帽及顶杆等零件组成。调压弹簧通过顶杆压在针阀上，喷油压力可通过调压螺钉改变调压弹簧的预紧力进行调整（有的采用调整垫片），并用调压螺钉护帽锁紧。

②孔式喷油器的工作原理。孔式喷油器主要用于统一式燃烧室中，其喷孔数目一般为

1～8 个，喷孔直径为 0.2～0.8 mm，它可以喷出一束或几束锥角不大、射程较远的喷柱，如图 5—1—8 所示。

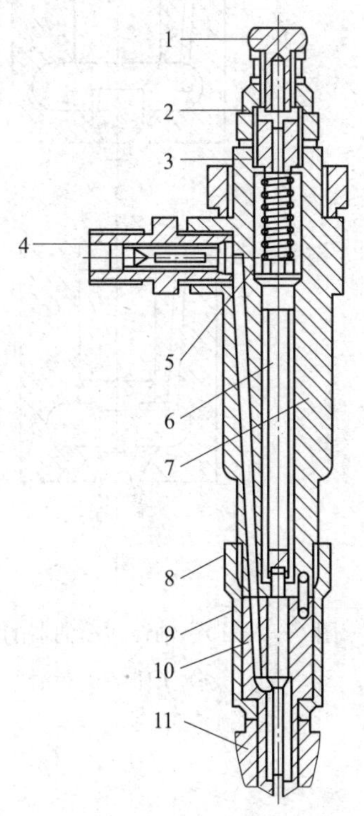


图 5—1—7　孔式喷油器的结构

1—回油管螺栓　2—调压螺钉护帽　3—调压螺钉　4—进油管接头　5—调压弹簧　6—顶杆　7—喷油器体　8—紧固螺套　9—针阀体　10—针阀　11—喷油器锥体

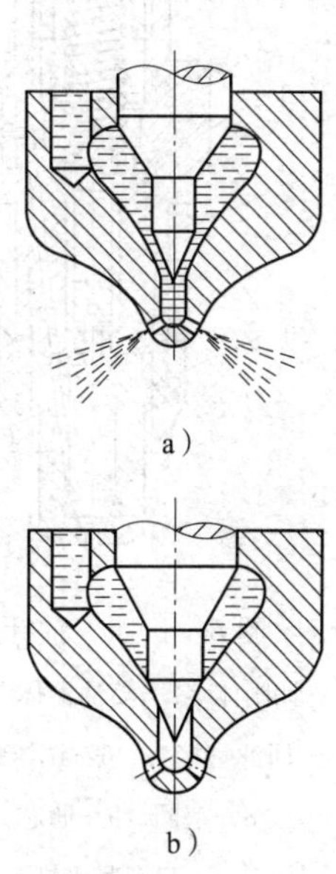


图 5—1—8　孔式喷油器的工作原理

a）喷油　b）关闭

2）轴针式喷油器的结构与工作原理。

轴针式喷油器的结构（图 5—1—9）和工作原理与孔式喷油器基本相近，只是喷油器头部结构不同。其适用于分割式燃烧室，喷孔数目一般为 1 个，喷孔直径为 1～3 mm，由于喷孔直径较大，孔内有轴针上下运动，喷孔不易积炭，而且还能自行清除积炭。喷孔与轴针之间有微小间隙，一般为 0.005～0.25 mm。这样，喷油时的喷柱将呈空心的锥状或柱形，如图 5—1—10 所示。

（4）喷油器的拆装与检查

1）喷油器的分解。

喷油器分解前要求工作场地及所用设备、工具、量具、清洗油剂等应清洁，操作应细心，以免碰伤精密零件表面。分解时将喷油器夹持于台虎钳上，并在钳口两边垫以铜皮或铝片，以免损伤喷油器零件，如图 5—1—11 所示。

①先将喷油器放在柴油盆中刷洗干净。操作时注意保护针阀偶件头部，并要用软毛刷刷洗。特别注意轴针式喷油器的轴针，不要划伤或碰伤。

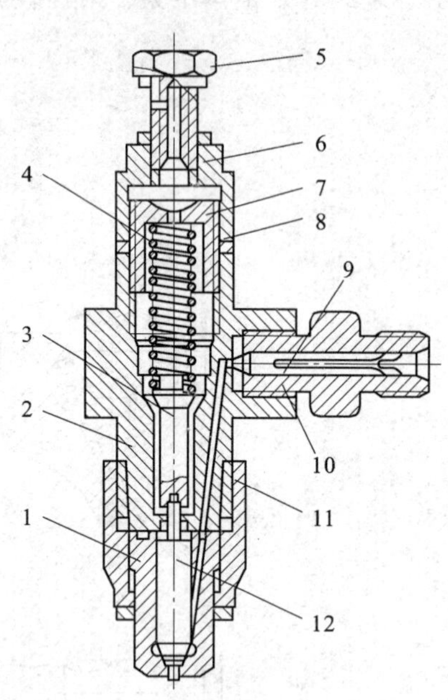


图 5—1—9　轴针式喷油器的结构

1—针阀体　2—喷油器体　3—顶杆　4—调压弹簧　5—回油管接头　6—调压螺钉护帽　7—调压螺钉　8—垫圈　9—滤芯　10—进油管接头　11—紧固螺套　12—针阀

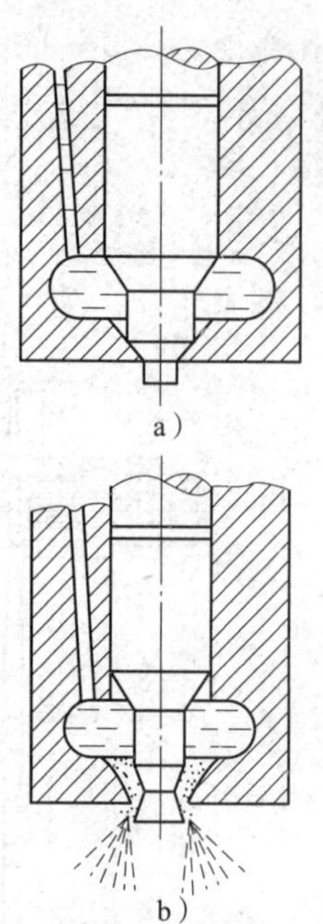


图 5—1—10　轴针式喷油器的工作原理

a）关闭　b）喷油

②将喷油器夹持在有铜钳口的台虎钳上，旋下针阀偶件压紧护帽，拆下针阀偶件。注意不要碰伤喷油器体下端的研磨平面。拆下针阀偶件后应旋上护帽，保护研磨平面。

③分解针阀偶件。针阀如被卡住不可硬拔，应在干净煤油中长时间浸泡后，用台钳夹住针阀尾端，用木块护住针阀体平面轻轻敲击，注意不得用台钳夹针阀体。拆开后仍应成对配合存放，不得搞错，并注意保护精密表面。

④拆下调压螺钉和螺母、调压弹簧、弹簧座以及顶杆等零件，并在柴油中仔细清洗。

⑤若从原车上拆下喷油器时，其垫片和与座孔间的锥形垫圈应与原配喷油器放置在一起，不能随意更换或变换顺序。

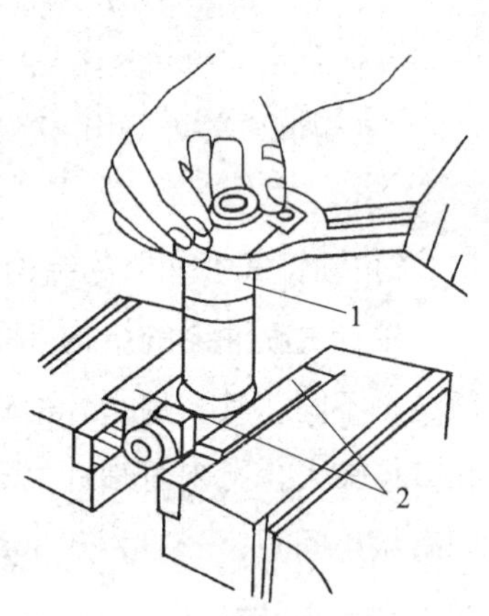


图 5—1—11　喷油器的拆卸

1—喷油器　2—铜皮或铝片

2）喷油器的检查。

①清理零件表面的积炭和脏物，清洁喷油器本体和针阀体的油道。

②单独清洗针阀体偶件，将其放在柴油中来回拉动针阀清洗，堵塞的喷孔用通针清理，清理时注意避免损伤喷孔。

③检查针阀和针阀体的配合表面，不得有烧伤或腐蚀等现象。

④检查针阀的轴针，不得有变形或其他损伤。

⑤将蘸有清洁柴油的针阀放入针阀体内，然后将针阀体倾斜 45°左右，把针阀拉出全长的 1/3，放手后针阀应能靠其自重平稳地滑入针阀座中；重复进行上述动作，每次转动针阀在不同位置，如针阀在某位置不能平稳下滑则应更换针阀偶件。

3）喷油器的装配。

①将喷油器本体夹持在有纯铜钳口的台虎钳上，装入顶杆、弹簧下座、调压弹簧及上座，旋入调压螺钉和锁紧螺母。

②倒转夹住喷油器本体，洗净下端平面，将针阀偶件对准定位销孔放在喷油器本体平面上，并使针阀尾部准确装入顶杆孔中，装上喷油嘴压紧帽并旋紧。

③装上油管接头和螺母等其他零件。

(5）喷油器的调试

在对喷油器调试之前，应首先对试验台的密封性进行检查。堵死高压油管出口，加压至 25.5 MPa 时，各接头处不应有漏油现象，且在 1 min 内压力下降值不应超过 2.04 MPa。把喷油器装到试验台（图 5—1—12）上，放松调整螺钉，按动手柄若干次，以排除留在油管和喷油器内的空气，并检查连接部位是否漏油，如果不漏油，便可对喷油器进行调试。

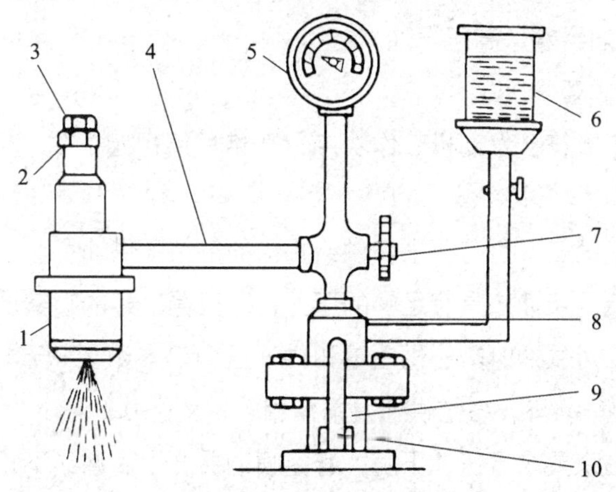


图 5—1—12　喷油器试验台

1—喷油器　2—锁紧螺母　3—调整螺母　4—高压油管　5—压力表
6—储油罐　7—开关　8—高压油泵放气螺钉　9—手压喷油泵　10—手柄

1）密封性检查。

将喷油器的调压螺钉旋入，然后均匀缓慢地用手柄压油。当喷油器压力上升至 23～25 MPa时，停止压油。观察油压从 20 MPa 下降到 10 MPa 所需的时间，若在 9～20 s 之间，说明喷油器的密封性较好；若时间少于 9 s，原因可能是油管接头处漏油，针阀体与喷油器本体平面配合不严，密封锥面封闭不严或导向部分磨损。

2）喷油压力检查。

用手柄以 60～70 次/分钟的频率压油，当开始喷油时压力表所指的数值即为喷油压力值，其数值应符合技术条件。如果该值不符合要求，可通过调压螺钉或调整垫片调整调压弹簧的预紧力。旋入调压螺钉，增加调压弹簧的压力，可提高喷油压力，反之则降低喷油压力。各缸喷油器的喷油压力应尽可能一致，一般相差不得超过 0.25 MPa。

3）雾化质量检查。

喷油压力调整好后，以 60～70 次/分钟的频率使喷油器喷油，喷出的柴油应成雾状，不允许滴油和飞溅。按动试验台手柄，将油压控制在 0.98～1.96 MPa，此时喷孔和固定螺母周围在 10 s 内不得出现滴漏现象，否则应重新装配和调整；仍不符合要求时，应换用新喷油器。每次喷油时，伴随针阀的开启应有明显、清脆的爆裂声。

4）喷雾锥角检查。

检查喷油孔是否堵塞，喷油压力调整好后，以 60～70 次/分钟的频率使喷油器喷油，在距离喷嘴 100～200 mm 处放一张白纸，观察油痕直径，计算喷油锥角。

计算公式：$\tan\alpha = d/2h$。喷油角为 $2\alpha$，其小于 9°说明有漏油，大于说明 20°有堵塞。

**2. 喷油泵**

(1) 喷油泵的作用

喷油泵也称为高压油泵，其作用是按照柴油机的运行工况和气缸工作顺序，以一定的规律适时、定量地向喷油器输送高压燃油。

(2) 喷油泵的工作要求

1）各缸供油次序要符合发动机工作次序，严格按照规定的供油时刻供油，并保证一定的供油持续时间。

2）根据柴油机不同工况负荷要求，供给相应的每循环供油量。

3）向喷油器供给的柴油应具有足够的压力，以获得良好的喷雾质量。

4）要求各缸的相对供油时刻、供油量和供油压力等参数要一致。各缸供油不均匀度在标定工况下不大于 3%～4%，各缸供油提前角相差不大于 0.5°。

5）供油开始和结束要求迅速、干脆，避免喷油器产生滴漏或不正常喷射现象。

(3) 喷油泵的类型

柴油机喷油泵大体上可分为三类：柱塞式喷油泵、喷油泵—喷油器、分配式喷油泵(VE)。

1）柱塞式喷油泵。

柱塞式喷油泵发展和应用的历史最长，性能良好，使用可靠，为目前大多数汽车柴油机所采用，但其精密偶件较多。

①柱塞式喷油泵的工作原理。国产柱塞式喷油泵是根据柴油机单缸功率范围对喷油泵供油量的要求不同，以柱塞行程、分泵中心距和结构形式为基础，把喷油泵分为几个系列，再分别配以不同直径的柱塞，组成若干种在一个工作范围内供油量不等的喷油泵，以满足各种柴油机的需要。喷油泵的系列化有利于制造和维修。

国产喷油泵分为Ⅰ、Ⅱ、Ⅲ和A、B、P、Z等系列。其中前三种的单缸每循环供油量覆盖了60～330 ml/c（循环）的范围，后四种则覆盖了60～600 ml/c（循环）的范围，以上七种系列喷油泵的主要参数见表5—1—1。

表5—1—1　　国产系列喷油泵的主要参数

| 主要参数＼系列代号 | Ⅰ | Ⅱ | Ⅲ | A | B | P | Z |
|---|---|---|---|---|---|---|---|
| 凸轮升程（mm） | 7 | 8 | 10 | 8 | 10 | 10 | 12 |
| 分泵中心距（mm） | 25 | 32 | 38 | 32 | 40 | 35 | 45 |
| 柱塞直径范围（mm） | 5～8 | 7～11 | 9～13 | 7～9 | 8～10 | 8～13 | 10～13 |
| 最大供油量范围（$mm^3$/循环） | 60～150 | 80～250 | 250～330 | 60～150 | 130～225 | 130～475 | 300～600 |
| 分泵数 | 1～12 | 2～12 | 2～8 | 2～12 | 2～12 | 4～8 | 2～8 |
| 最大转速范围（r/min） | 1 500 | 1 500 | 1 000 | 1 400 | 1 000 | 1 500 | 900 |
| 适用柴油机缸径范围（mm） | 105以下 | 105～135 | 140～160 | 105～150 | 135～150 | 120～160 | 150～180 |

柱塞式喷油泵的泵油原理如图5—1—13所示。柱塞的圆柱表面上铣有直线形（或螺旋形）油量控制槽，控制槽内腔和柱塞上面的泵腔用柱塞中心孔道连通。柱塞套上有两个进油孔与喷油泵体上的低压油腔相通。柱塞由凸轮驱动，在柱塞套内做上下往复运动，实现以下泵油过程。

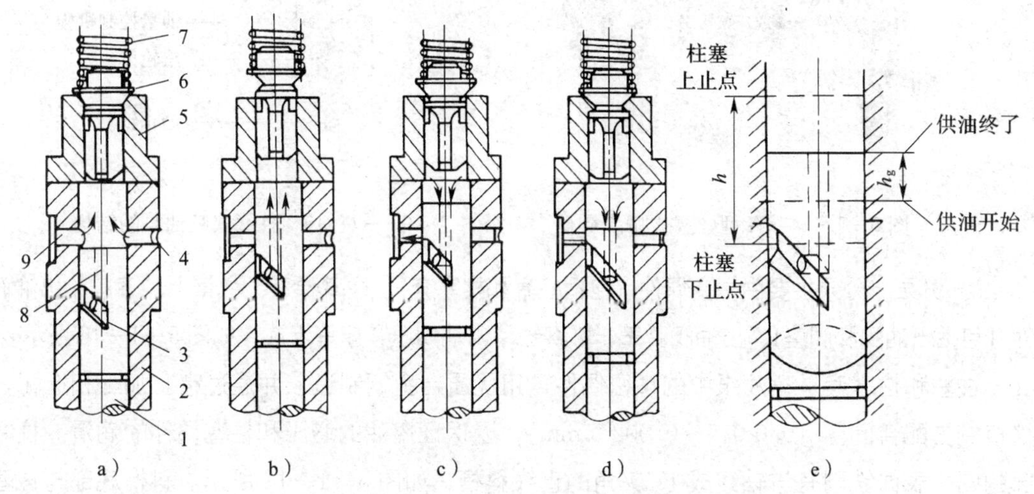


图5—1—13　柱塞式喷油泵的泵油原理

a）进油过程　b）压油过程　c）回油过程　d）停油过程　e）柱塞有效行程

1—柱塞　2—柱塞套　3—油量控制槽　4、8—进油孔　5—出油阀座　6—出油阀　7—出油阀弹簧　9—中心油道

进油过程：当柱塞下移至进油孔的下止点位置时，燃油便在真空度和输油泵的压力作用下，自低压油腔经进油孔4和8被吸入，充满柱塞上腔，如图5—1—13a所示。

压油过程：当柱塞由下止点向上移动到将进油孔关闭时，油泵柱塞上腔的燃油压力迅速升高，推开出油阀，此时高压燃油经高压油管流向喷油器，如图5—1—13b所示。

回油过程：当柱塞继续上移到图 5—1—13c 所示位置时，油量控制槽同进油孔开始接通，泵腔内的燃油经柱塞中心孔道、油量控制槽从进油孔流回低压油腔，于是泵腔内的油压迅速下降，出油阀在弹簧压力的作用下立即回位，喷油泵供油停止。

停油过程：当柱塞转到图 5—1—13d 所示位置时，柱塞不能完全封闭进油孔 8，因而，有效行程为零，即喷油泵处于不泵油状态。

柱塞行程 $h$ 对某一喷油泵是一定的，但并非在整个行程内部供油，只在柱塞完全封闭进油孔 4 和 8 之后到柱塞油量控制槽与进油孔开始接通之前的这一部分柱塞行程 $h_g$ 内才供油，所以 $h_g$ 称为柱塞有效行程，如图 5—1—13e 所示。

②柱塞式喷油泵的构造。

国产 A 型柱塞式喷油泵（图 5—1—14）一般由分泵、油量调节机构、传动机构和泵体四部分组成，如图 5—1—15 所示。

图 5—1—14 A 型柱塞式喷油泵

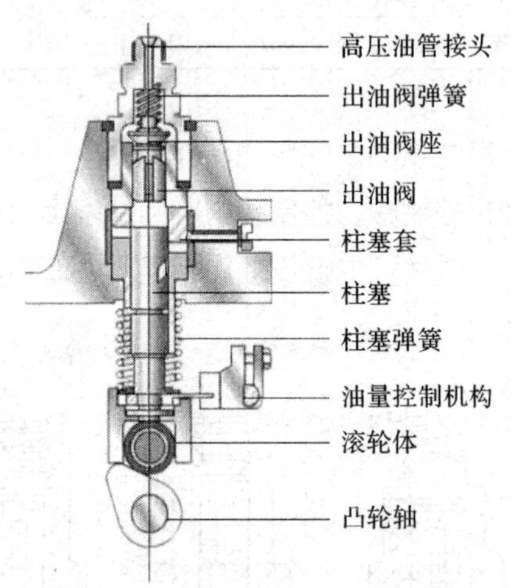


图 5—1—15 柱塞式喷油泵的结构

a. 分泵。分泵主要由柱塞偶件（包括柱塞和柱塞套）、柱塞弹簧、弹簧上、下座、出油阀偶件（包括出油阀和阀座）、出油阀弹簧、减容器、出油阀压紧座等组成，如图 5—1—16 所示。

柱塞和柱塞套是喷油泵中的精密偶件，用优质合金钢制造，并通过精密加工和选配，严格控制其配合间隙（0.0 015～0.002 5 mm），以保证燃油的增压和柱塞偶件的润滑。柱塞上部的圆柱表面铣削有与轴线成 45°夹角的直线斜槽，如图 5—1—17 所示。斜槽底部与柱塞顶面有孔道相通，柱塞套头部有进油孔。柱塞套外表面有一竖槽，泵体上的固定螺钉端部插入槽中，用以防止柱塞转动，但允许上下窜动，保证在拧紧出油阀压紧帽时能推动柱塞套压紧在泵体上，实现低压油腔的密封。

出油阀与阀座也是一对精密偶件，其结构如图 5—1—18 所示。出油阀的圆锥面是密封表面，阀的尾部同阀座内孔作滑动配合，为出油阀的运动导向。为了留出油流通路，阀尾具有切槽而形成十字形断面。出油阀中部的圆柱面称为减压环带，其作用是在喷油泵供油停止后迅速降低高压油管中的燃油压力，使喷油器立即停止喷油。

出油阀压紧帽内装有一个减容器，以减少高压油腔的容积，改善喷油过程，并限制出油阀最大升程。

出油阀座与压紧帽之间有一个铜垫，防止高压油泄漏；压紧帽与泵体之间有密封圈，防止低压油腔漏油。

b. 油量调节机构。油量调节机构根据柴油机负荷和转速变化改变喷油泵的供油量，并保证各缸供油量一致，它是通过转动柱塞以改变柱塞的有效行程来实现的。

A 型喷油泵采用齿杆式油量调节机构，如图 5—1—19 所示，其由供油齿杆、控制套筒、调节齿圈等零件组成。齿杆式油量调节机构的特点是传动平稳、可靠，但结构较复杂，装配困难。

c. 传动机构。传动机构由凸轮轴和滚轮传动部件组成，滚轮传动部件如图 5—1—20 所示。带有衬套的滚轮套在滚轮轴上，滚轮轴支承在滚轮体座孔中，滚轮体左侧圆柱面上镶有导向块，泵体座孔中开有长槽，导向块插入槽中，使滚轮体只能上下移动而不能转动。

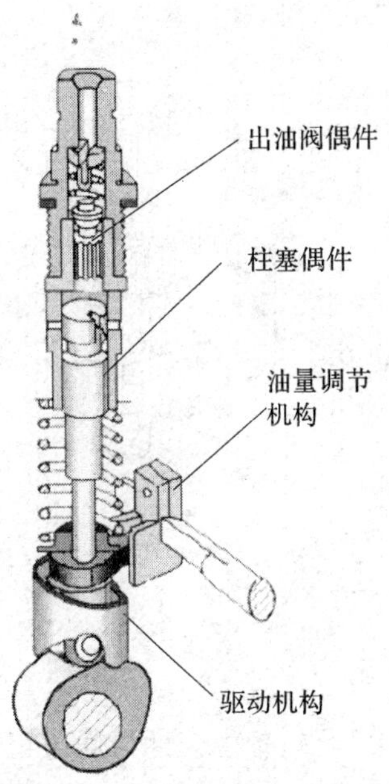

图 5—1—16　分泵的结构

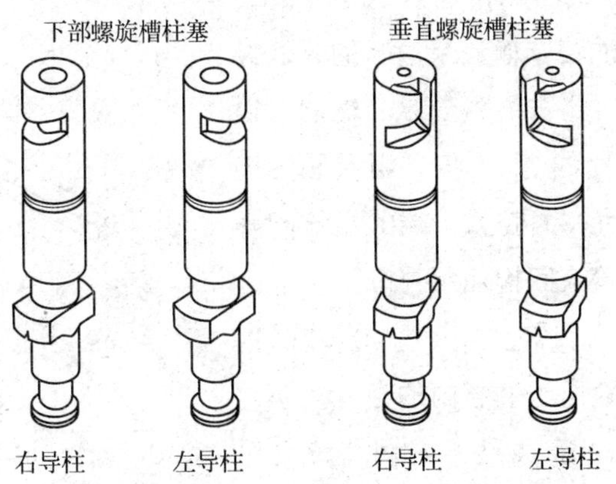

图 5—1—17　柱塞的斜槽形式

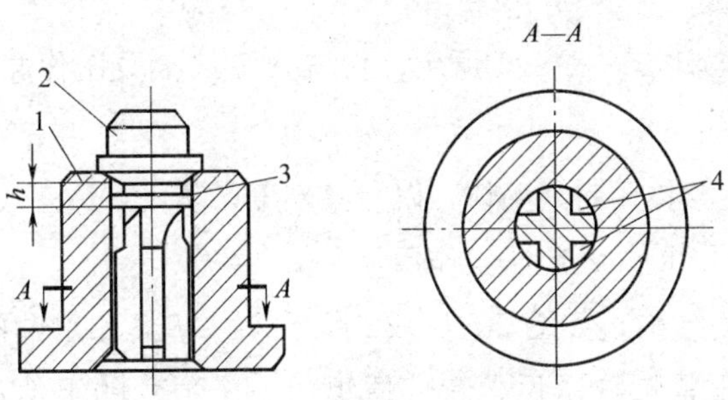

图 5—1—18　出油阀的结构

1—出油阀座　2—出油阀　3—减压环带　4—出油槽

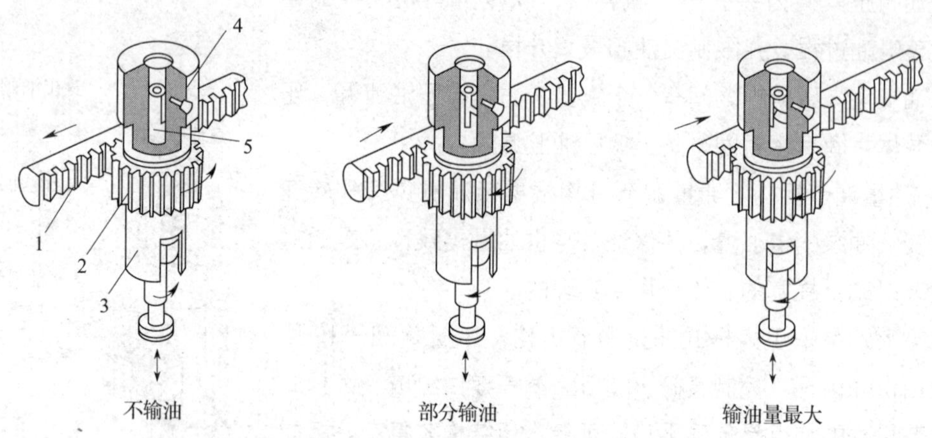


图 5—1—19 齿杆式油量调节机构

1—供油齿杆 2—调节齿圈 3—控制套筒 4—柱塞套 5—柱塞

凸轮轴由柴油机通过正时齿轮驱动，它与发动机之间的转速比为 1/2。凸轮的相对位置由发动机的工作顺序决定。当凸轮的凸起部分与滚轮接触时，便克服柱塞弹簧的弹力推动柱塞向上运动。

d. 泵体。采用整体式结构，是其他零件的装配基体。其中部有低压油腔，输油泵输出的柴油经滤清后，供入低压油腔，再进入各分泵。输油泵输出的油量是喷油泵出油量的 3～4 倍，当低压油腔的油压大于 0.05 MPa 时，油腔另一端的溢流阀开启，多余的燃油经回油管流回输油泵进口。

泵体上部有放气螺钉，需放气时拧松该螺钉，按动手动输油泵即可驱除低压油腔内的空气。泵体下部腔室中盛有润滑油，靠飞溅方式润滑传动机构，该腔与调速器内腔相连通。喷油泵凸轮轴前端轴承外装有油封。

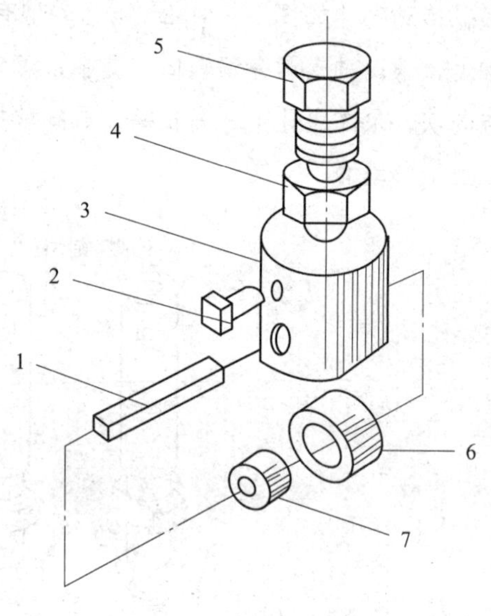


图 5—1—20 滚轮传动部件

1—滚轮轴 2—导向块 3—滚轮体 4—锁紧螺母 5—调整螺钉 6—滚轮 7—滚轮衬套

P 型喷油泵的结构如图 5—1—21 所示，它与 A 型喷油泵工作原理基本相同，结构有以下特点：

采用了不开侧窗的整体密封式壳体，以提高刚度，防止泵体在较高压力作用下产生变形而使柱塞偶件加剧磨损，此外还起防尘作用。

采用吊装式柱塞套结构，如图 5—1—22 所示，柱塞套和出油阀偶件等零件都装在法兰钢套中，将出油阀压紧帽拧紧后，它们便组成一个独立的组件从泵体上方插入。用两个螺栓把法兰钢套固定在泵体顶部端面上，改善了柱塞套和泵体的受力情况，但其拆装不便。

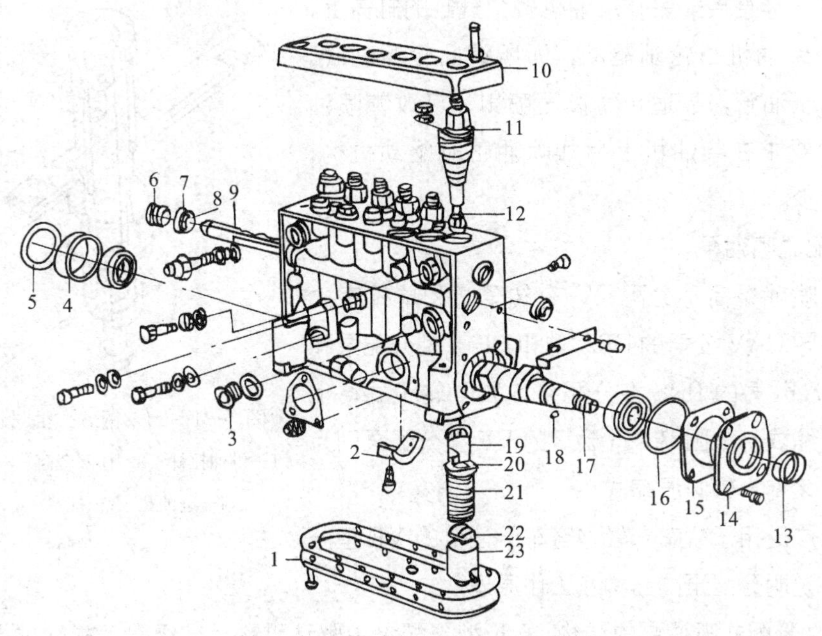


图 5—1—21 P 型喷油泵的结构

1—底盖 2—中间轴承 3、6—螺塞 4—轴承孔衬环 5—垫片 7—导向套 8—销钉 9—供油拉杆 10—防尘罩 11—柱塞套总成 12—柱塞 13—凸轮轴油封 14—轴承盖 15—调整垫片 16—O 形密封圈 17—凸轮轴 18—键 19—控制套筒 20—柱塞弹簧上座 21—柱塞弹簧 22—柱塞弹簧下座 23—挺杆

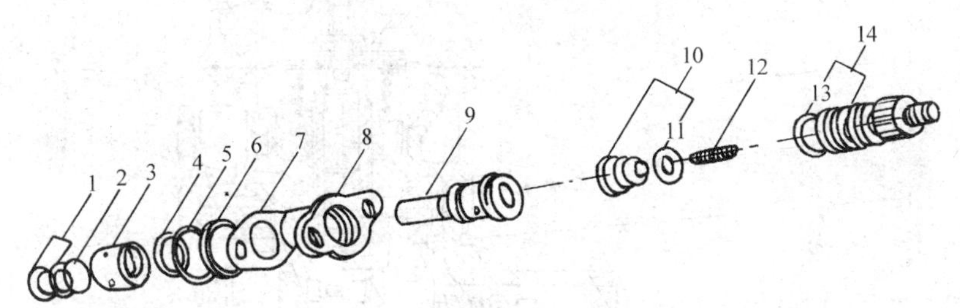


图 5—1—22 柱塞套总成分解图

1、13—O 形密封圈 2—卡环 3—导流环 4—垫片 5—定距环 7—调整垫片 8—法兰钢套 9—柱塞套筒 10—出油阀 11—密封垫片 12—出油阀弹簧 14—出油阀压紧帽

采用钢球式油量调节机构，如图 5—1—23 所示，每个分泵柱塞套筒上都有一个小钢球，它和供油拉杆上相应的凹槽相啮合。这种调节方式结构简单，工作可靠，配合间隙小。调整分泵供油量时，松开法兰固定螺母，转动柱塞套（转动范围为 10°）。

采用强制式润滑系统，该泵的传动部件和调速器均由发动机主油道引来压力油，通过带节流孔的油管，经泵体上的进油口流入挺杆与泵体间隙。喷油泵和调速器内的油面高度由泵体上的回油孔位置限制，多余机油经回油管流回发动机油底壳。当发动机更换 2～3 次机油后，可将喷油泵、调速器内部清洗一次。

2）喷油泵—喷油器。

喷油泵—喷油器就是在喷油泵和喷油器之间不用高压油管而直接连在一起的喷油装置。

它像喷油器一样直接安装在柴油机各个气缸的缸盖上，有的直接由柴油机凸轮轴驱动，即所谓凸轮驱动式。因为没有高压油管，故适合于高压喷射，可改善喷油特性。由于要求在柴油机上另加喷油正时驱动机构，所以应用较少。

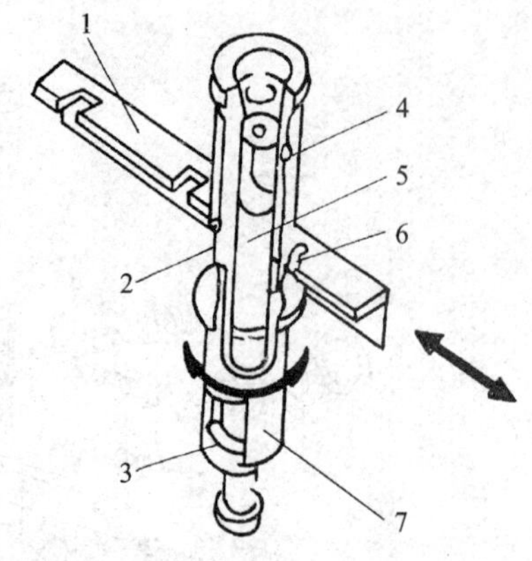

图 5—1—23　钢球式油量调节机构

1—供油拉杆　2—柱塞套筒　3—柱塞扁块　4—进油孔　5—柱塞　6—钢球　7—控制套

3）分配式喷油泵。

分配式喷油泵简称分配泵，有转子式和单柱塞式两大类。英国 CAV 公司的 DPA 型和 DP15 型分配泵和法国 SIGMA 公司的 PRS 型分配泵均属于转子式，也称为径向压缩式。德国 Bosch 公司的 VE 型分配泵则为单柱塞式，又称为轴向压缩式。

下面以广泛用于轿车和轻型客车柴油机的 VE 型分配泵为例，说明分配泵的结构及工作原理。

①VE 型分配式喷油泵的结构。VE 型分配泵由驱动机构、二级滑片式输油泵、高压分配泵头和电磁式断油阀等部分组成，此外机械式调速器和液压式喷油提前器也安装在分配泵体内。其结构如图 5—1—24 和图 5—1—25 所示。

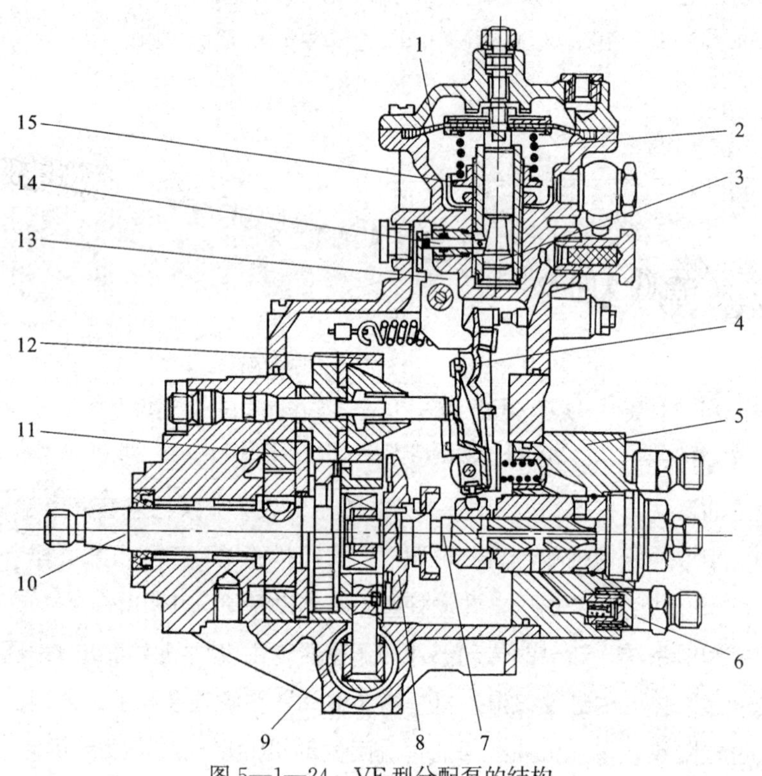

图 5—1—24　VE 型分配泵的结构

1—膜片　2—弹簧　3—调节销　4—供油杠杆　5—液压头　6—供油接头　7—分配柱塞　8—凸轮盘　9—喷油提前角调节器　10—油泵驱动轴　11—供油泵　12—调速器　13—止动杆　14—传动销　15—调整螺套

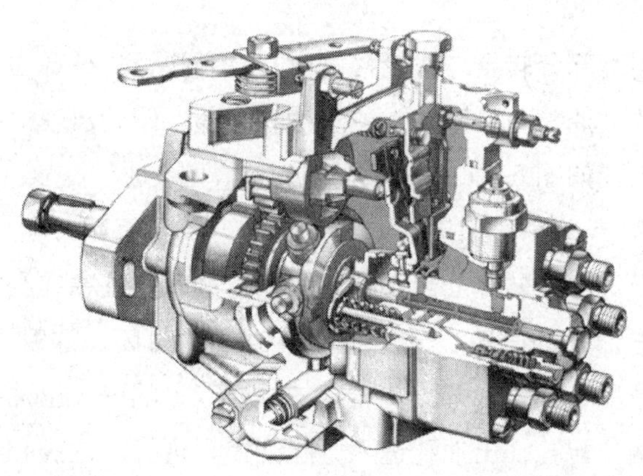

图 5—1—25　VE 型分配式喷油泵

②VE 型分配式喷油泵的工作原理。VE 型分配泵的工作过程如图 5—1—26 所示。

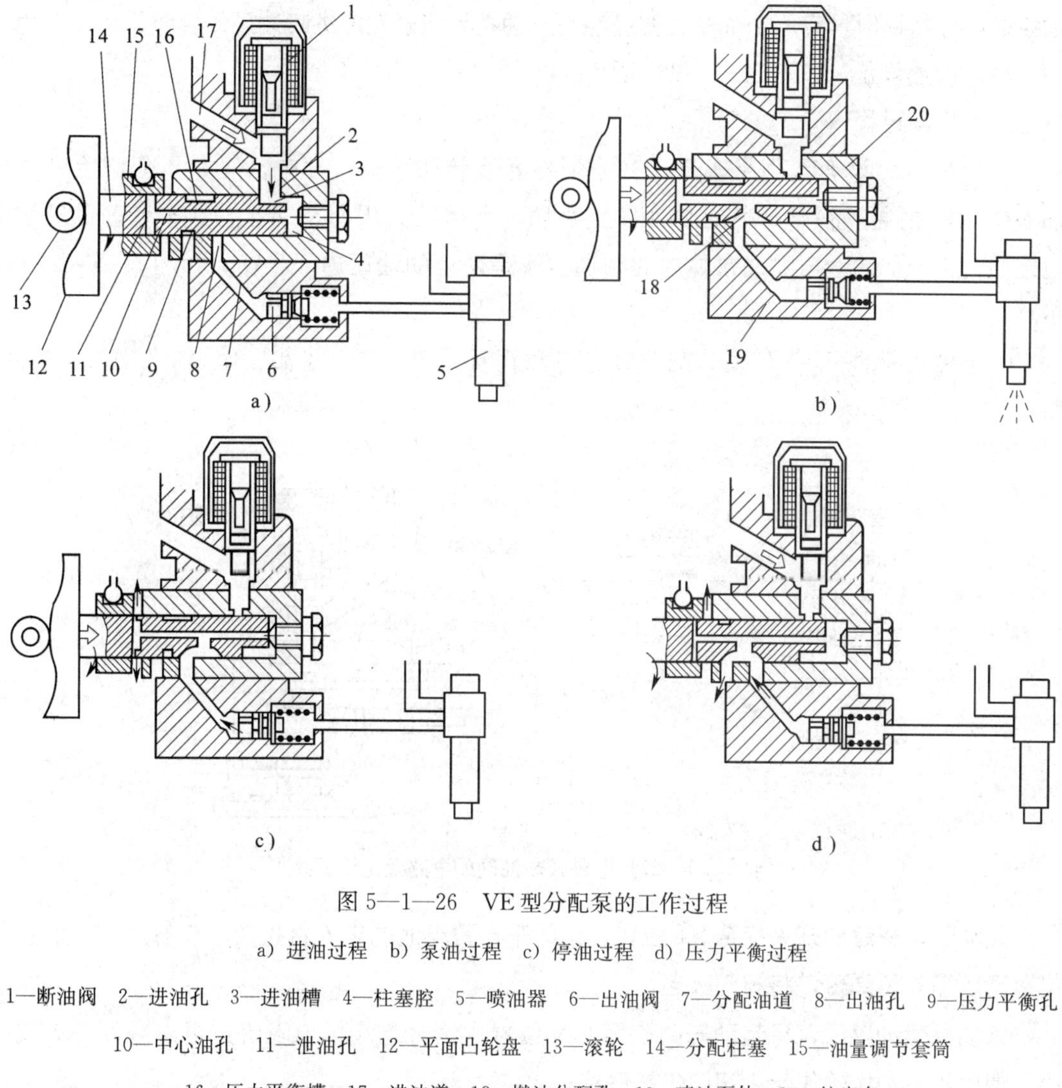

图 5—1—26　VE 型分配泵的工作过程

a）进油过程　b）泵油过程　c）停油过程　d）压力平衡过程

1—断油阀　2—进油孔　3—进油槽　4—柱塞腔　5—喷油器　6—出油阀　7—分配油道　8—出油孔　9—压力平衡孔　10—中心油孔　11—泄油孔　12—平面凸轮盘　13—滚轮　14—分配柱塞　15—油量调节套筒　16—压力平衡槽　17—进油道　18—燃油分配孔　19—喷油泵体　20—柱塞套

进油过程:

当平面凸轮盘的凹下部分转至与滚轮接触时，柱塞弹簧将柱塞由右向左推移至柱塞下止点位置，这时柱塞上的进油槽与柱塞套上的进油孔连通，柴油自喷油泵体的内腔经进油道进入柱塞腔和中心油孔内，如图 5—1—26a 所示。

泵油过程:

当平面凸轮盘由凹下部分转至凸起部分与滚轮接触时，柱塞在凸轮盘的推动下由左向右移动。在进油槽转过进油孔的同时，分配柱塞将进油孔封闭，这时柱塞腔内的柴油开始增压。与此同时，分配柱塞上的燃油分配孔转至与柱塞套上的一个出油孔相通，高压柴油从柱塞腔经中心油孔、燃油分配孔、出油孔进入分配油道，再经出油阀和喷油器喷入燃烧室，如图 5—1—26b 所示。

停油过程:

分配柱塞在平面凸轮盘的推动下继续右移，当柱塞上的泄油孔移出油量调节套筒并与喷油泵体内腔相通时，高压柴油从柱塞腔经中心油孔和泄油孔流进喷油泵体内腔，柴油压力立即下降，供油停止，如图 5—1—26c 所示。

压力平衡过程:

分配柱塞上设有压力平衡槽，在分配柱塞旋转和移动过程中，压力平衡槽始终与喷油泵体内腔相通。在某一气缸供油停止之后，且当压力平衡槽转至与相应气缸的分配油道连通时，分配油道与喷油泵体内腔相通，于是两处的油压趋于平衡，如图 5—1—26d 所示。

③电磁式断油阀。VE 型分配泵装有电磁式断油阀，其电路和工作原理如图 5—1—27 所示。

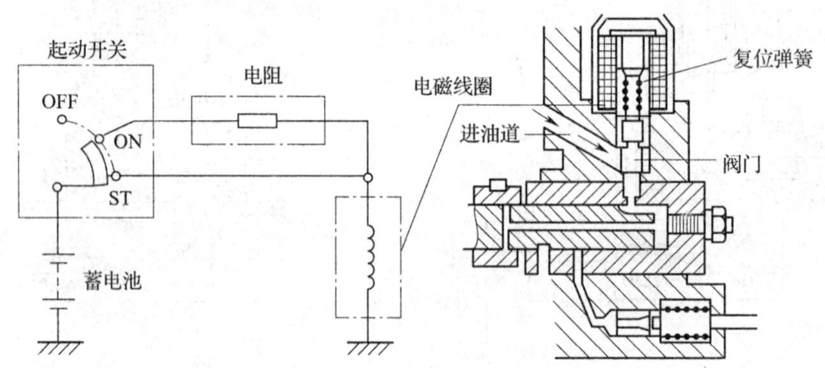


图 5—1—27 电磁式断油阀的电路及工作原理

起动时，将起动开关旋至 ST 位置，这时来自蓄电池的电流直接流过电磁线圈，产生的电磁力压缩复位弹簧，将阀门吸起，开启进油孔。

柴油机起动以后，将起动开关旋至 ON 位置，这时电流经电阻流过电磁线圈，电流减小，但由于有油压的作用，阀门仍然保持开启。

当柴油机停机时，将起动开关旋至 OFF 位置，这时电路断开，阀门在复位弹簧的作用下关闭，从而切断油路，停止供油。

④供油量调节装置。供油量的调节方式有液动控制和气动控制两种。

液动控制供油量调节装置主要由调压柱塞、调压弹簧、传动销和止动杆等组成，如图 5—1—28 所示。

发动机工作时，油泵内部油压随转速的升高而升高。压力油通过量孔作用在锥形调压柱塞上，如压力能够克服弹簧的张力，使柱塞压缩弹簧上移，传动销内端沿柱塞面向内移，止动杆则绕轴作顺时针转动，使供油杠杆行程增大，供油量增加。发动机转速下降时，供油压力随之降低，柱塞向下移，迫使传动销外移，带动止动杆绕轴作逆时针转动，供油杠杆行程减小，供油量也减少。

气动控制供油量调节装置主要由膜片、弹簧、调节销、传动销、止动杆等组成，如图 5—1—29 所示。

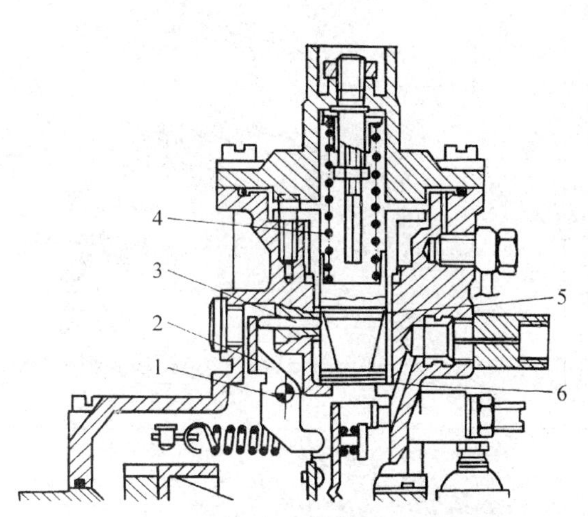

图 5—1—28　液动控制供油量调节装置

1—轴　2—止动杆　3—传动销

4—弹簧　5—调压柱塞　6—量孔

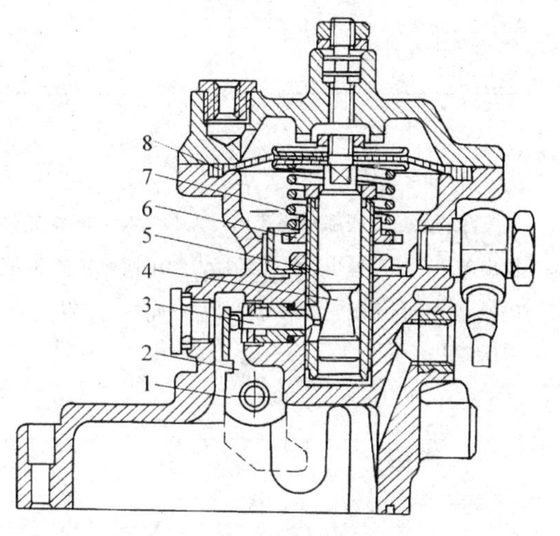

图 5—1—29　气动控制供油量调节装置

1—轴　2—止动杆　3—传动销　4—调节销锥体

5—调节销　6—调整螺套　7—弹簧　8—膜片

气动控制供油量调节装置是根据进气管空气压力的大小来改变供油量的。进气压力作用在膜片上，若气压能够克服弹簧的张力时膜片带动调节销下移，传动销沿调节销的锥体滑移向内移动，止动杆则绕轴顺时针转动，供油杠杆行程增大；反之进气压力降低，膜片在弹簧作用下带动调节销上移，传动销则沿调节销锥体滑移而向外移动，带动止动杆逆时针转动，供油杠杆行程减小，使供油量随之变化。

(4) 喷油泵的拆装与检查

1) A 型喷油泵的拆装。

以 A 型喷油泵为例，调速器、联轴器等已拆除，分解喷油泵的步骤如下：

| | |
|---|---|
| 1. 拆卸喷油泵底部螺塞<br>方法：拆除凸轮轴中间轴承的固定螺栓，用“L”形扳手取下泵体底部的螺塞 | 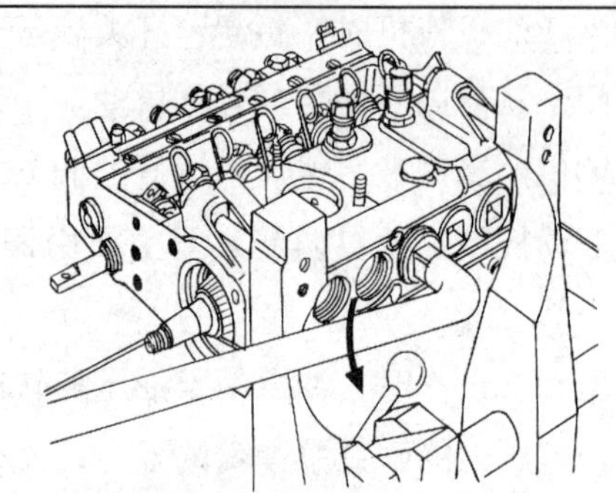 |
| 2. 拆卸凸轮轴<br>方法：拧下轴承前盖固定螺栓，小心地撬下轴承盖，敲击凸轮轴调速器端，从泵体前端取出凸轮轴及中间轴承<br>注意：取凸轮轴时应注意安装方向，并保护中间轴承 | 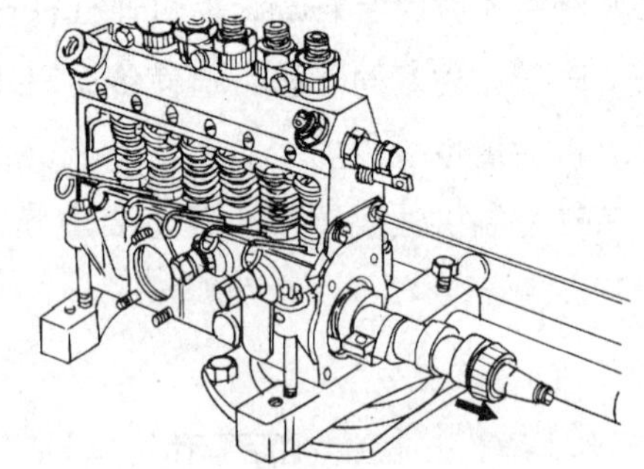 |
| 3. 拆卸滚轮体<br>方法：从泵体底部螺塞孔内拧入顶持器，将滚轮体顶起，抽出插片，然后退出顶持器手柄，利用柱塞弹簧将滚轮体总成弹出，再利用滚轮体取出器伸进凸轮室内，从侧面夹住滚轮体取出 | 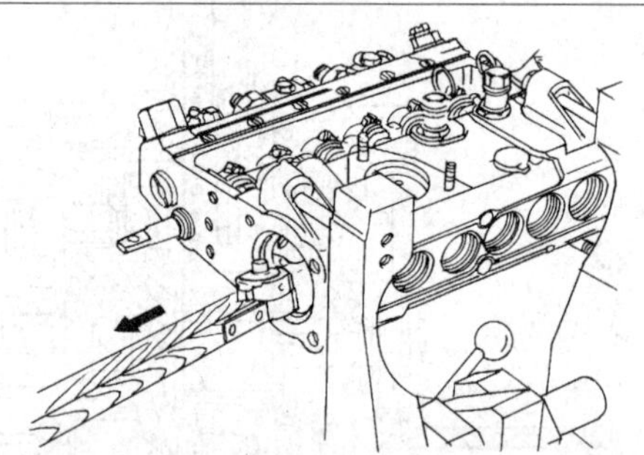 |
| 4. 拆卸柱塞、弹簧座、调节齿圈和控制套筒<br>方法：用专用工具从泵体底部螺塞孔内取出柱塞、柱塞弹簧及弹簧座，从泵体侧窗取下调节齿圈和控制套筒 | 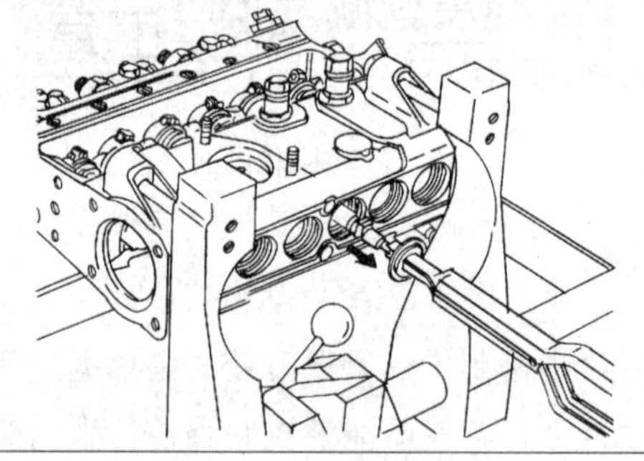 |
| 5. 拆卸出油阀压紧帽、弹簧及出油阀总成<br>方法：从泵体上部拆下出油阀压紧帽、减容器、出油阀弹簧及出油阀总成 | 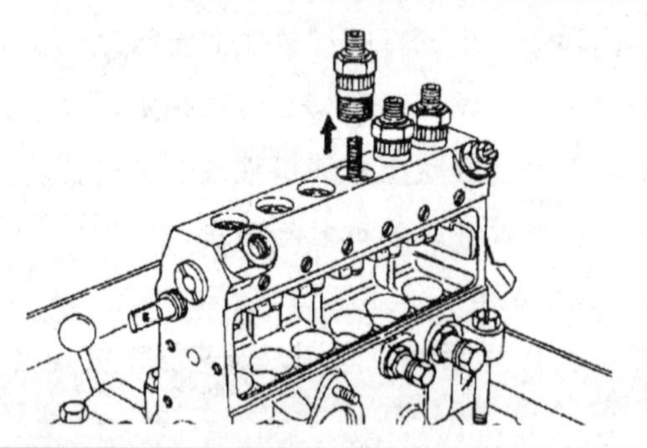 |

续表

| | |
|---|---|
| 6. 拆卸柱塞套及供油齿杆<br>方法：松开柱塞套固定螺钉，向上推出柱塞套。拆下泵体背面的供油齿杆导向螺钉，从调速器一端拉出供油齿杆 | 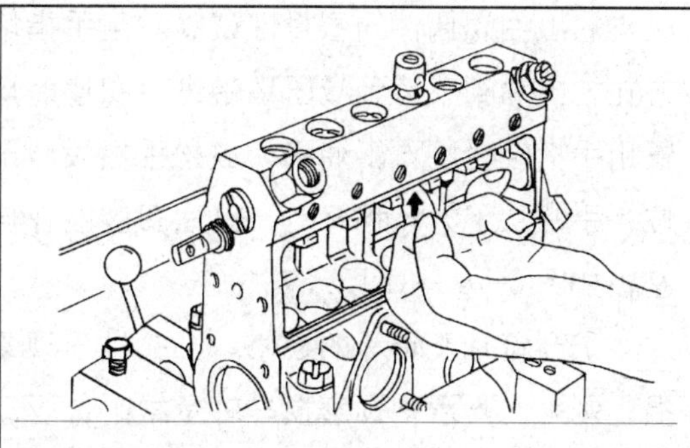 |

2）A 型喷油泵的检查。

①柱塞偶件的外观检验。

柱塞偶件经清洗后，先进行目测检查，发现有以下情况时应更换。

a. 柱塞工作表面有明显的磨损痕迹。

b. 柱塞弯曲或头部变形。

c. 柱塞或柱塞套有裂纹。

d. 柱塞头部斜槽、直槽及环槽边缘有拉伤、剥落或锈蚀等现象。

e. 柱塞套的内圆柱表面有锈蚀或明显的刻痕。

②柱塞偶件的滑动性试验。将柱塞与柱塞套保持与水平线成 60°夹角，抽出柱塞 1/3 长度后松手，能自动慢慢地滑下即为良好，如图 5—1—30a 所示。

③柱塞偶件的密封性试验。一手握住柱塞套，用两个手指堵住柱塞套顶上和侧面的进油孔，另一手拉出柱塞，应感觉到有明显的吸力，放松柱塞时，它能立即退回原位即为良好，如图 5—1—30b 所示。

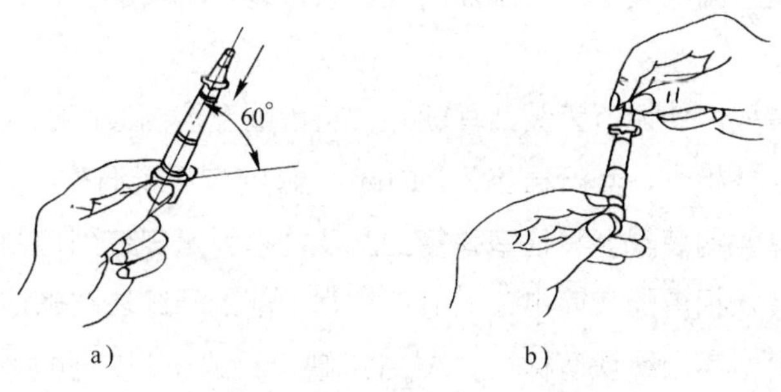


图 5—1—30　柱塞偶件的检查

a）滑动性试验　b）密封性试验

④出油阀偶件的外观检验。如果发现锥形密封面磨损严重或有较深的划痕及金属剥落现象，出油阀减压环带严重磨损或拉伤，出油阀座变形或有裂纹时，应予以更换。

⑤出油阀偶件的滑动性试验。将清洗干净的出油阀偶件垂直放置，将出油阀抽出 1/3 左右，放手后，出油阀应能在自重下缓慢落座。将出油阀转过一个角度重复上述试验，结果应

一致。

⑥出油阀偶件的密封性试验。用手指堵住出油阀座的下方孔，出油阀下落到减压环带进入阀座时应能停住。在此位置用手指轻轻压入出油阀，放松手指后，出油阀应能弹回原位，手指从下方孔移开时，出油阀应能在自重作用下完全落座，如图 5—1—31 所示。

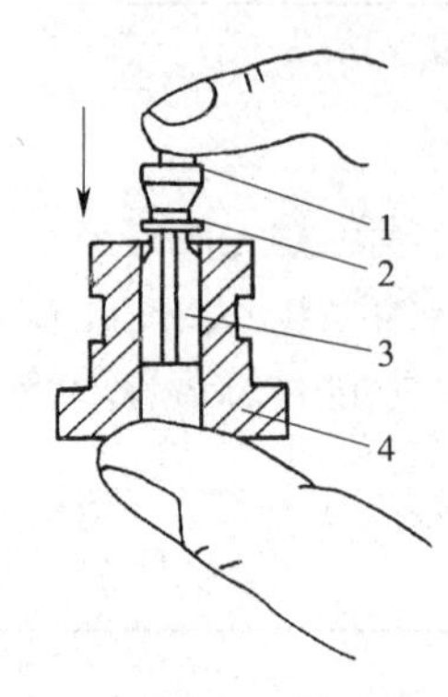

图 5—1—31 出油阀的密封性检查
1—出油阀 2—减压环带
3—出油槽 4—阀座

⑦凸轮轴及轴承的检修。凸轮轴出现裂纹，凸轮表面磨损、剥落、支承轴颈磨损与轴承松旷，驱动输油泵偏心轮磨损，均应换用新件。同时还应检查凸轮轴两端螺纹是否损伤，键槽是否损坏，轴承表面是否剥落、损坏或烧伤。

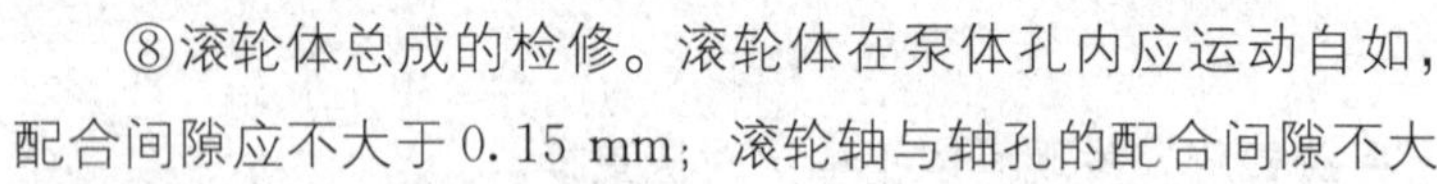

⑧滚轮体总成的检修。滚轮体在泵体孔内应运动自如，配合间隙应不大于 0.15 mm；滚轮轴与轴孔的配合间隙不大于 0.05 mm；检查滚轮轴与衬套、衬套与滚轮之间的配合总间隙也不应大于 0.20 mm，否则应换用新总成。

⑨供油齿杆及调节齿圈的检修。将供油齿杆放在平板上，用塞尺检验其直线度误差应不大于 0.05 mm，否则应冷压校正；齿杆与调节齿圈的啮合间隙不应大于 0.20 mm，否则应更换齿杆或齿圈。

3）A 型喷油泵的装配。

①供油齿杆的装配。将供油齿杆固定在中间供油量位置，即使供油齿杆在泵体外露出 17.5 mm。

②柱塞套的装配。安装时要使泵体上的定位螺钉（或定位销）对准柱塞套外表面的导向竖槽，当感到柱塞套上下能移动，左右只有微量摆动时，拧紧定位螺钉。

③出油阀及其压紧帽的装配。将出油阀放入泵体内柱塞套的上端，装入出油阀弹簧及压紧帽。

④控制套筒的装配。使调节齿圈凸耳朝外，将齿圈及控制套筒装入泵体，使齿圈与齿杆相啮合。拉动供油齿杆检查，其行程应为 21 mm，否则应重新调整齿圈与齿杆的相对位置。

⑤柱塞及柱塞弹簧的装配。将柱塞弹簧上座及柱塞弹簧安装到控制套筒上，弹簧下座装到柱塞上，并一起装入相应的套筒中，同时使柱塞下部的凸缘块准确地装进控制套筒的凹槽内。在装配时，柱塞十字凸缘块有标记“A”（或缺口）的一侧应朝向检查口。

⑥滚柱体总成的装配。用专用夹具将滚柱体总成推入泵体的座孔中，并用力向上推压，立即装入插片。

⑦凸轮轴的装配。从泵体前端装入凸轮轴、轴承、轴承盖及油封，然后转动凸轮轴，依次取下插片。

⑧检查供油齿杆的运动阻力，一般应不大于 1.5 N。

⑨装入联轴器、输油泵及调速器总成。

(5) 喷油泵总成的调试

喷油泵装配后，应在喷油泵试验台上进行调试。

1) 调试前的准备。

根据喷油泵的型号选择合适的高压油管、喷油器及支承垫块；把喷油泵固定在试验台上，连接好高、低压油管；在喷油泵凸轮轴室及调速器室加入适当的机油；将喷油泵供油齿杆移到不供油位置，松开喷油器放气螺钉，启动试验台，排除油路中空气，然后再拧紧放气螺钉；提高试验台转速至 600～800 r/min，全负荷运转 2～3 min，检查喷油泵运转是否正常，发现故障及时排除。

2) 柱塞式喷油泵总成的调试。

①供油预行程的检查与调整。将供油齿杆放在额定工况位置，拆除第一缸高压油管、出油阀压紧座、出油阀弹簧和出油阀，装上带有旁通溢流管的专用工具，如图 5—1—32 所示。调节喷油泵低压腔的试验油压力，使油通过出油阀阀座上的孔从旁通管流出。转动喷油泵凸轮轴，使柱塞处于下止点极限位置，使表的指针位于 0 位，再转动凸轮轴直至试验油不再从溢流管流出为止，这时测量表的读数即为第一缸供油预行程。标准预行程为 3.3 mm，允许误差一般为±0.05 mm。如果需要重新调整预行程时，可用两把扳手调整正时螺钉，如图 5—1—33 所示。若预行程大于 3.3 mm，可逆时针转动调整螺钉；反之，则顺时针转动调整螺钉，调好后将锁紧螺母拧紧。

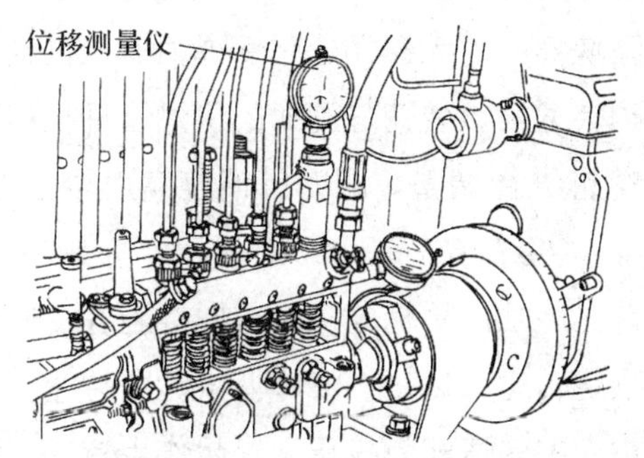

图 5—1—32 安装齿杆位移测量仪

图 5—1—33 预行程的调整

②各缸供油始点及供油间隔角的调整。利用试验台飞轮盘上的刻度，取任意角度为第一缸基准，如图 5—1—34 所示。拆除专用工具，装回出油阀，按规定力矩 (4.5 N·m) 拧紧出油阀压紧座，打开专用工具的溢流阀，提高油压使溢流管出油为止，再用手柄按喷油泵的旋转方向缓慢转动凸轮轴，到溢流管停止流油的瞬间即到了开始供油始点。此时提前器上的刻线应与喷油泵上的刻线对准，否则应重新在提前器上打上标记，同时取消原标记。

以第一缸供油时刻始点为基准，按柴油机点火顺序 (1—5—3—6—2—4)，依次检查其余各缸供油始点与第一缸供油始点的夹角 (称为供油间隔角)，其间隔角为 60°±0.5°的凸轮轴转角。可通过增减滚轮体垫片厚度或改变调整螺钉高度进行调整。检查时将供油齿杆固定在标定供油位置。

3）调速器的调试。

调速器的试验方法应根据调速器的具体结构而定，RFD 型调速器的主要调试项目及方法如下：

①供油齿杆“0”位的确定。首先适当放松控制臂的高速及怠速限位螺钉，取下怠速稳速螺塞和供油齿杆限位器，装好齿杆行程测量装置，将速度控制臂拨到适当位置，使调速器能在 500～600 r/min 时起作用。然后提高喷油泵试验台转速，使供油齿杆向减油方向移动，直到供油齿杆的位置不再随试验台转速升高而后移为止。此时便是供油齿杆的“0”位，将齿杆行程测量装置对准零位，如图 5—1—35 所示。

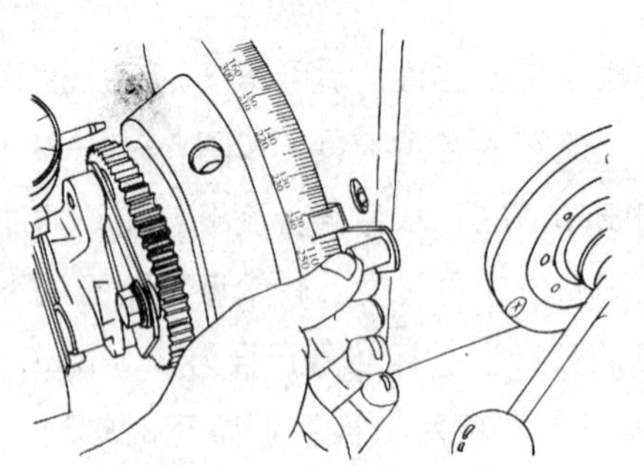
图 5—1—34　调定指示器位置

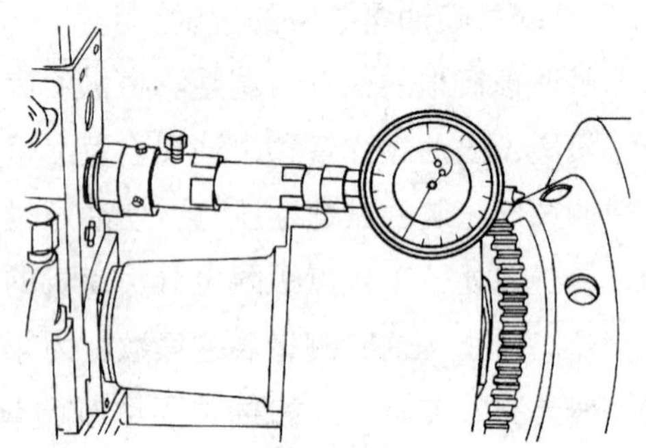
图 5—1—35　设定“0”位

②标定工况的调整。将调速器手柄向加油方向推到底，然后慢慢提高试验台转速，注意观察供油齿杆位置的变化。当超过额定转速时，飞块离心力大于调速弹簧弹力时，推动齿杆向减油方向移动，这时的转速就是调速器起作用的转速。该转速与此时的供油齿杆行程应符合要求。否则，可通过高速限位螺钉和全速调整螺钉进行调整。顺时针调整高速限位螺钉，标定转速增高；反之则降低。

③校正工况起作用转速及校正行程的调试。首先将油门手柄向加油方向推到底，速度控制手柄向高速方向扳到底，将试验台转速提高到额定转速，然后慢慢降低试验台转速，并观察供油齿杆，齿杆刚刚开始向加油方向移动时所对应的转速即为校正工况起作用转速。继续降低试验台转速，供油齿杆刚刚停止向加油方向移动时所对应的转速为校正工况的终止转速。校正起作用转速到终止转速供油齿杆所移动的距离即为调速器的校正行程。

不符合要求时，校正起作用转速可通过校正弹簧与推杆之间的调整垫片进行调整，垫片厚度增加转速升高，反之则降低。校正行程的大小通过改变螺塞在拉力杆上的位置进行调整：松开锁紧螺母，旋进螺塞，校正行程增大；反之减小。校正终止若转速不符合要求，应更换校正弹簧。弹簧刚度增大，校正终止转速提高；反之则降低。

④怠速工况的调试。将喷油泵在低于怠速转速下运转，缓慢转动操纵臂（油门手柄），当喷油泵刚刚开始供油时，将手柄固定。然后逐渐提高喷油泵转速，同时观察齿杆变化，当齿杆开始向减油方向移动时，这时的转速就是调速器起作用的转速。不符合要求时，可用专用扳手调整怠速螺钉的位置，向外调整，怠速升高；反之则怠速降低。

4）喷油泵供油量的试验与调整。

供油量的调整包括标定转速、怠速、起动、校正等工况供油量大小及均匀度的调整。要求在满足各缸供油量需求的前提下，各缸供油量要均匀。

①标定工况油量的调试。使喷油泵以标定转速运转，并将供油齿杆置于最大供油量位置，测量喷油300次后各缸的供油量及其不均匀度。如不符合要求，则可松开调节齿圈的紧固螺钉，通过改变调节齿圈与控制套筒的相对位置来调整，如图5—1—36所示。

图5—1—36　标定工况油量的调试

②校正供油量的调试。将供油齿杆或调速手柄推至最大位置，使喷油泵以校正工况起作用的转速运转，测量喷油300次的供油量。如过大或过小，可在许可范围内适当改变校正行程进行调整。供油不均匀时，可通过改变调节齿圈与控制套筒的相对位置来调整。

③怠速供油量的调试。使喷油泵在怠速条件下运转，缓慢向加油方向扳动油门手柄，当喷油器刚刚开始滴油时固定手柄，观察喷油200次的喷油量，如不符合要求，则可调整调速器上的怠速螺钉。拧入时，供油量增加，反之减少。如供油量超差太大，则应更换出油阀偶件。

④起动供油量的调试。使喷油泵以100 r/min的转速运转，油门手柄扳到全负荷位置，测量喷油300次的供油量，不符合要求时，可通过改变齿杆限位器的位置进行调整。

（6）VE型分配泵总成的调试

1）全负荷供油量的调试。

当分配泵转速为1 200 r/min时，单缸喷油量应为7.6～8.0 mL/200次。否则，应利用全负荷调整螺钉进行调整。

2）油泵内压力的调试。

当分配泵转速为2 200 r/min时，泵壳内压力应不低于657 kPa。否则，应在调压活塞上垫上直径为3～4 mm的圆棒，轻轻敲击进行调整。

3）供油角自动调节器的调试。

取下供油角自动调节器高压一侧的罩盖，装上测量器，测量规定转速下调节器的活塞行程。不符合要求时，通过其调整垫片进行调整。

4）最高转速的调试。

通过调节最高转速调整螺钉，使分配泵在规定的最高转速（2 400 r/min）下的喷油量符合规定（2.3～3.4 mL/200次）。

5）喷油量的检查与调试。

测定分配泵各特定转速下的喷油量。若起动供油量不符合规定值，可更换调速器滑动套进行调整。滑动套长度增加0.2 mm，供油量减少1.6 mL/200次。喷油量不符合规定值可通过更换出油阀进行调整。若转速在350～2 100 r/min之间的喷油量不符合规定值，应更换调速杆总成。

6）怠速的调试。

用怠速调整螺钉调整在规定转速下的喷油量。螺钉拧出喷油量减少；反之，喷油量增多。

7）分配泵的最后复试。

速度控制杆从怠速到全负荷的转角应为 38°±7°。在 2 000 r/min 下切断供油电磁阀电源，喷油泵应停止喷油。

**3. 调速器**

(1) 调速器的作用

调速器根据柴油机负荷的变化而自动调节供油量，从而保证柴油机在各种工况下都能以稳定的转速运行。

柴油机安装调速器是由喷油泵的速度特性决定的。喷油泵的速度特性是指在油量调节拉杆位置不变的情况下，供油量随曲轴转速变化的关系。

汽车柴油机的负荷经常变化，当负荷突然减小时，如不及时减少喷油泵的供油量，则柴油机的转速将迅速增高，甚至超出柴油机设计所允许的最高转速，这种现象称为“超速”或“飞车”。相反，当负荷突然增大时，若不及时增加喷油泵的供油量，则柴油机的转速将急速下降直至熄火。借助调速器，及时调节喷油泵的供油量，才能保持柴油机稳定运行。

(2) 调速器的分类

1）汽车柴油机调速器按其起作用的转速范围不同可分为两极式调速器、全程式调速器和综合调速器。

①两极式调速器用于转速变化比较频繁的柴油机，它只稳定和限制最低与最高转速。柴油机的正常工作转速由驾驶员通过加速踏板直接控制。

②全程式调速器用于负荷变化较大的柴油机，能控制从怠速到最高转速范围内的任何转速下的喷油量，以维持柴油机在任一给定转速下稳定运转，如拖拉机、大型载重车、工程机械等。

③综合调速器与全程式调速器构造相似，且兼备两极式和全程式调速器的功能。

2）汽车柴油机调速器按其工作原理不同可分为气动式调速器、机械式调速器和复合式调速器等形式。

①气动式调速器利用膜片感应进气管真空度的变化，自动调节供油量以达到稳定转速的目的，属于全程调速器，多用于小功率柴油机。

②机械离心式调速器利用凸轮轴的旋转使飞块产生离心力实现调速作用。其结构虽复杂，但工作可靠，性能良好，应用广泛。

③复合式调速器同时利用气动作用和离心力自动控制供油量，达到调速目的。

目前应用最广的当属机械式两极调速器，其结构简单、工作可靠、性能良好。

(3) 两级式调速器

1) 两级式调速器的结构。

通常调速器由感应元件、传动元件和附加装置三个部分组成。感应元件用来感知柴油机转速的变化，并发出响应的信号。传动元件则根据此信号进行供油量的调节。

RAD 型两极式调速器的结构如图 5—1—37 所示。

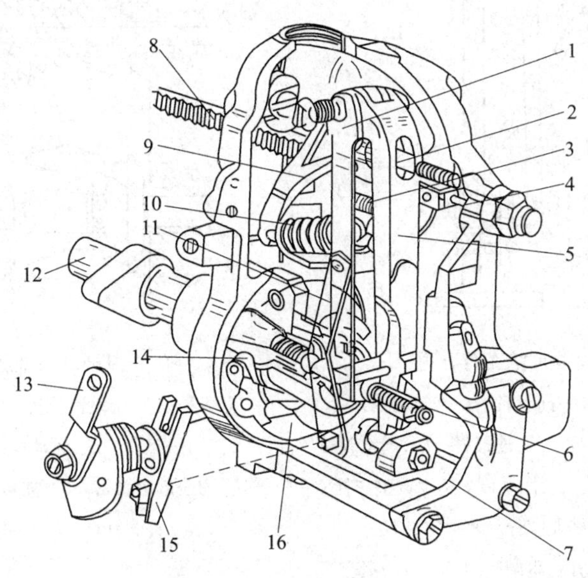


图 5—1—37　RAD 型两极式调速器的结构

1—拉力杆　2—速度调整螺栓　3—起动弹簧　4—稳速弹簧　5—导动拉杆　6—怠速弹簧　7—齿杆行程调整螺栓　8—供油齿杆　9—速度调定杠杆　10—调速弹簧　11—浮动杠杆　12—凸轮轴　13—控制杠杆　14—滚轮　15—支持杠杆　16—飞块

2) RAD 型两极式调速器的基本工作原理。

①起动加浓。如图 5—1—38 所示，发动机起动时将控制杠杆推至全负荷供油位置。支持杠杆绕 $D$ 点逆时针方向转动，浮动杠杆绕 $B$ 点逆时针方向转动，推动连接杆使供油齿杆向增加供油的方向（图面上向左）移动。由于发动机静止，飞块无向外张的离心力，浮动杠杆在起动弹簧拉力的作用下绕 $C$ 点逆时针方向摆动，同时带动 $B$ 点和 $A$ 点进一步向左移动直到把飞块压到合拢位置为止。从而保证供油齿杆越过全负荷进入发动机起动时的最大供油位置（即起动加浓位置）。发动机起动后，将控制杠杆拉回到怠速位置，发动机便怠速运转。

②怠速稳定。如图 5—1—39 所示，发动机怠速运转时，控制杠杆在怠速位置Ⅱ。此时飞块 1 的离心力使滑套右移而压缩怠速弹簧，当飞块离心力与怠速弹簧和起动弹簧的合力平衡时，供油齿杆便保持在某一位置，发动机就在相应的转速下稳定运转。若此时转速降低，飞块离心力随之减小，滑套便在怠速弹簧和起动弹簧作用下左移，使导动杠杆

顺时针摆动，带动 $B$ 点使浮动杠杆绕 $C$ 点逆时针转动，通过连接杆推动供油齿杆左移，增加了供油量，使发动机转速回升。反之，若发动机转速升高，则供油量减小，发动机转速下降。

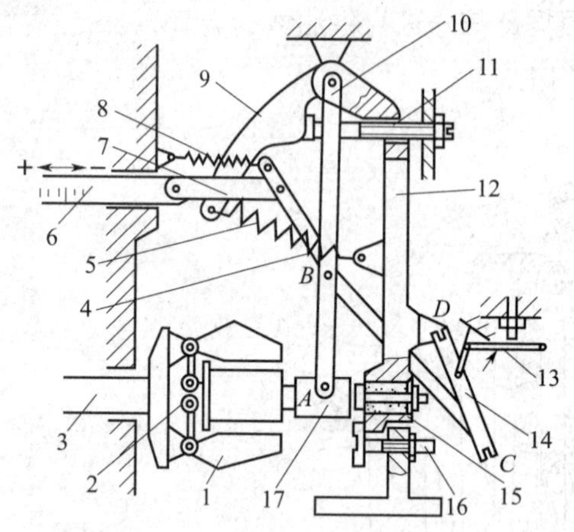

图 5—1—38 起动加浓工作示意图

1—飞块 2—滚轮 3—凸轮轴 4—浮动杠杆 5—调速弹簧 6—供油齿杆 7—连接杆 8—起动弹簧 9—速度调定杠杆 10—拉力杆 11—速度调整螺栓 12—导动杠杆 13—控制杠杆 14—支持杠杆 15—怠速弹簧 16—齿杆行程调整螺栓 17—滑套

A、B、C、D—支点

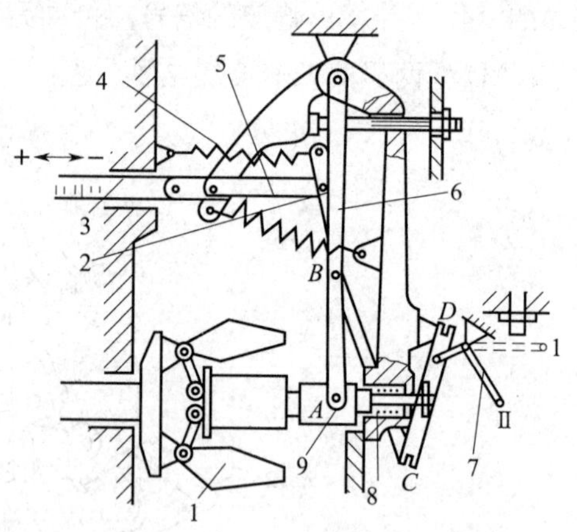

图 5—1—39 怠速工作示意图

Ⅰ—全负荷位置 Ⅱ—怠速位置

1—飞块 2—浮动杠杆 3—供油齿杆 4—起动弹簧 5—连接杆 6—导动杠杆 7—控制杠杆 8—怠速弹簧 9—滑套

③正常工作的供油调节。如图 5—1—40 所示，当发动机在正常工作转速范围工作时，控制杠杆处于Ⅰ和Ⅱ之间的部分负荷位置Ⅲ，因此，发动机转速超过怠速，所以怠速弹簧被完全压入拉力杆下部的孔内。由于拉力杆被很强的调速弹簧拉住，在转速低于最大工作转速的情况下，飞块的离心力不足以推动拉力杆，拉力杆始终紧靠在齿杆行程调整螺栓上，因而，支点 $B$ 也不会移动，此时调速器不起作用。只有驾驶员改变控制杠杆的位置时，才可使供油齿杆向左或向右移动，从而增加或减少供油量。因此，在正常工作范围内其供油量的调节是由驾驶员控制的，调速器不起作用。

④最高转速限制。如图 5—1—41 所示，不管发动机是在部分负荷工作还是在全负荷工作，只要是由于外界负荷变化引起发动机转速超过规定的最大转速时，飞块离心力就能克服调速弹簧的拉力，使飞块进一步张开，从而推动滑套和拉力杆右移，即支点从 $B$ 点移到 $B'$ 点，拉力杆从 $D$ 点移到 $D'$ 点，浮动杠杆的下支点从 $C$ 点移到 $C'$ 点。结果供油齿杆向右移动，供油量减少，保证了发动机转速不会超过规定的最大数值。

(4) 全程式调速器

1) 全程式调速器的结构。

机械离心式全程调速器的结构形式很多，有与柱塞式喷油泵配套的，也有装在分配泵式喷油泵内的，但工作原理基本相同。VE 型分配泵调速器的基本结构如图 5—1—42 所示。

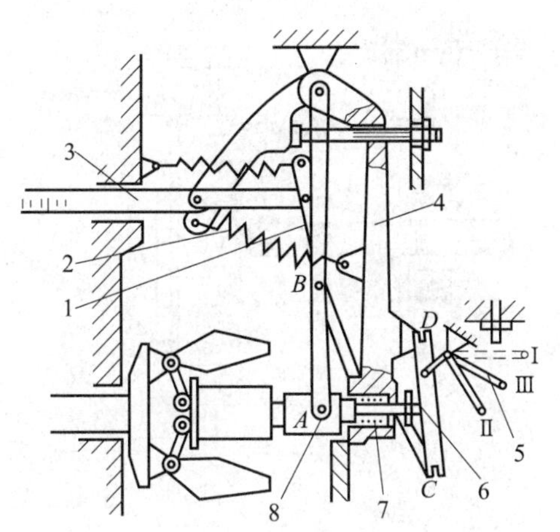


图 5—1—40　正常工作示意图

1—浮动杠杆　2—调速弹簧　3—供油齿杆　4—拉力杆　5—控制杠杆　6—支持杠杆　7—怠速弹簧　8—滑套

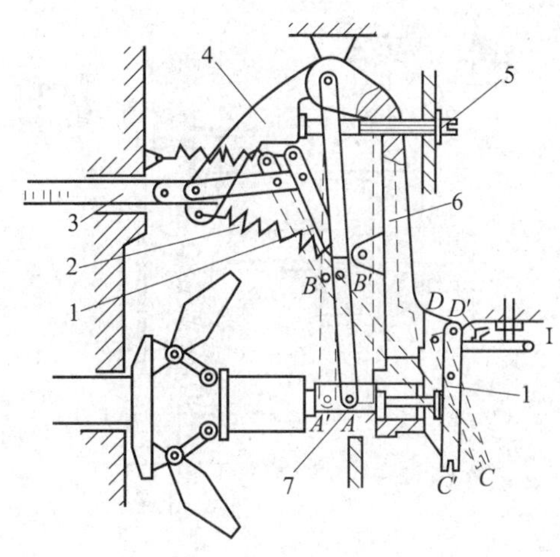


图 5—1—41　最高速限制工作示意图

1—浮动杠杆　2—调速弹簧　3—供油齿杆　4—速度调定杠杆　5—速度调整螺栓　6—拉力杆　7—滑套

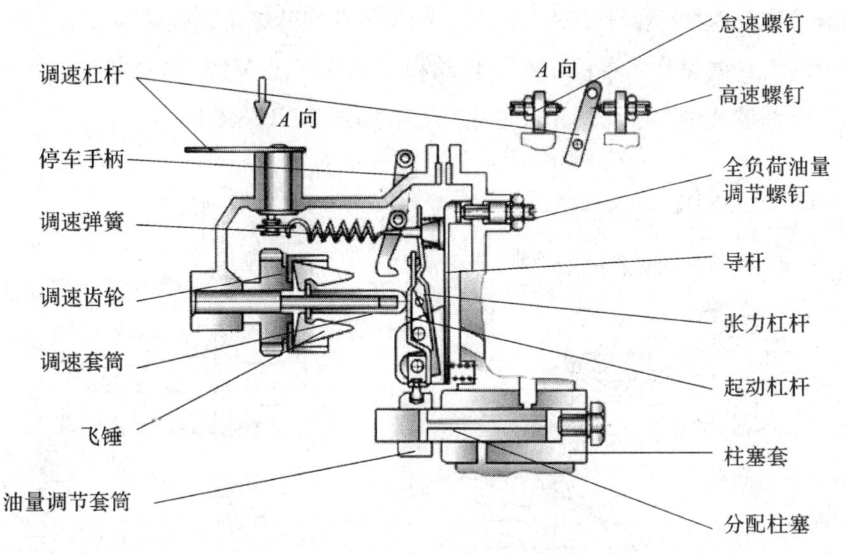


图 5—1—42　VE 型分配泵调速器的结构

2）全程式调速器的工作原理。

①起动。起动开始，飞锤收拢，油门踏板踩到底，调速杠杆抵高速螺钉，调速弹簧拉伸，起动弹簧使起动杠杆上端和调速套筒左移到极限位置，并在张力杠杆凸起销和起动杠杆之间出现间隙 $A$，油量调节套筒左移至最大供油量位置，如图 5—1—43 所示。

②怠速。调速杠杆抵怠速限位螺钉，调速弹簧无张力，起动弹簧被压缩，飞锤离心力与怠速弹簧弹力相互作用。怠速转速升高，张力杠杆上端压缩怠速弹簧右移，油量调节套筒左移，供油量减少；反之，相应零件运动方向相反，如图 5—1—44 所示。

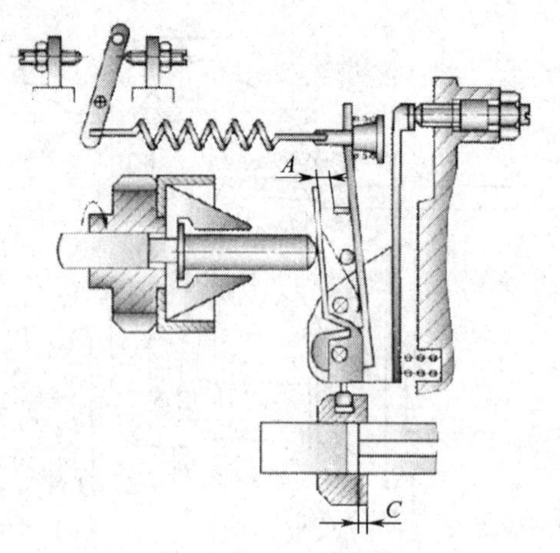

图 5—1—43 VE 泵调速器起动工况

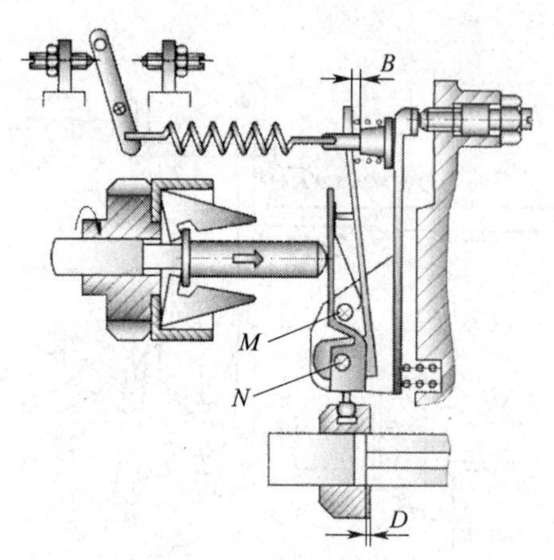


图 5—1—44 VE 泵调速器怠速工况

③中速和高速。调速杠杆抵高速限位螺钉，转速升高，飞锤离心力增大，调速套筒右移，同时推动起动、张力杠杆顺时针摆动，油量调节套筒左移，供油量减少，转速不再升高。反之亦然，如图 5—1—45 所示。

④超速。在调速杠杆处于高速位置时，如果负荷突然减小，则转速迅速升高，此时飞锤离心力迅速增大，调速套筒右移，推动起动和张力杠杆以 $N$ 点为轴顺时针转动，油量调节套筒左移，供油量减少，从而防止柴油机飞车，如图 5—1—46 所示。

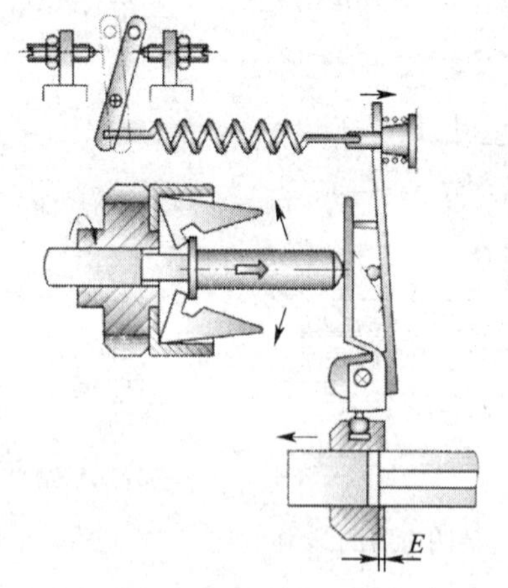


图 5—1—45 VE 泵调速器中、高速工况

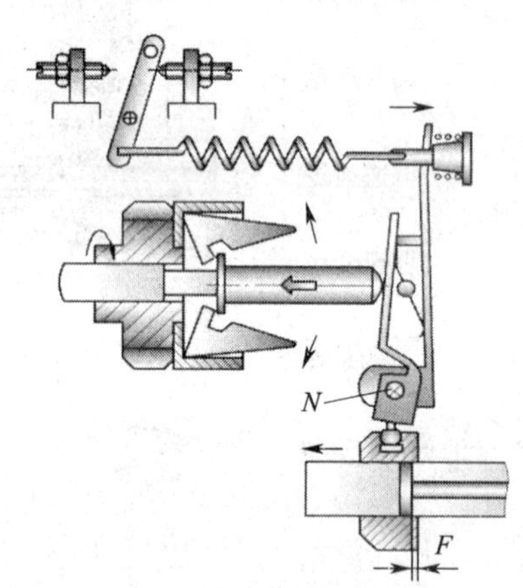


图 5—1—46 VE 泵调速器超速工况

### 4. 废气涡轮增压器

(1) 废气涡轮增压器的作用

采用由柴油机排气驱动的涡轮机拖动压气机，使进气压力提高，增加进气量，从而达到提高柴油机功率的目的。

(2) 废气涡轮增压器的结构与工作原理

废气涡轮增压器主要由涡轮、涡轮壳、喷嘴环、转子轴、压气机叶轮、扩压器、压气机壳等组成，如图 5—1—47 所示。

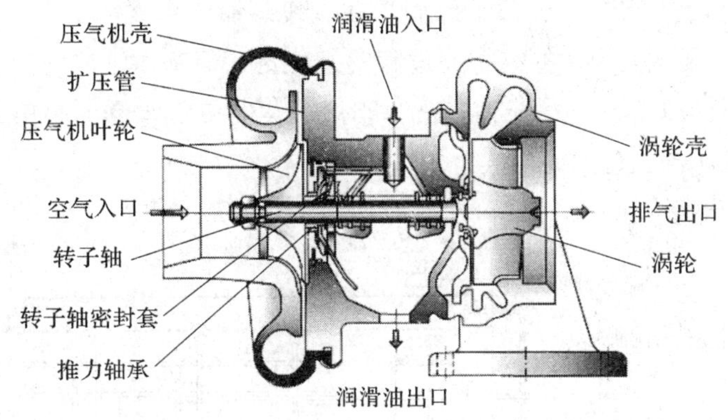


图 5—1—47 废气涡轮增压器的结构

废气涡轮增压器的工作原理如图 5—1—48 所示。将排气管接到增压器的涡轮壳上，柴油机排出的具有一定压力的高温废气经涡轮壳进入喷嘴环，由于喷嘴环的通道面积做成由大到小的喇叭口形，使废气的压力和温度降低，但速度却迅速提高，并按一定方向冲击涡轮，使涡轮高速旋转。废气的压力、温度和速度越高，涡轮转速也越高，通过涡轮的废气再经过排气管和消声器排入大气。在涡轮转子轴上固装着压气机叶轮，在涡轮旋转时叶轮也以相同的转速旋转，将经滤清器过滤的新鲜空气吸入压气机壳体内。高速旋转的压气机叶轮将空气甩向外缘，使其速度和压力增加，并进入形状为进口小、出口大的扩压器，使空气的速度降低，压力升高，再通过断面由小逐渐变大的环形压气机外壳，使空气压力继续升高。高压空气流经进气管进入气缸，提高了发动机的充气系数，加装中间冷却器以降低压气机出来的空气温度，使充气密度增大，使发动机发出更大的功率。

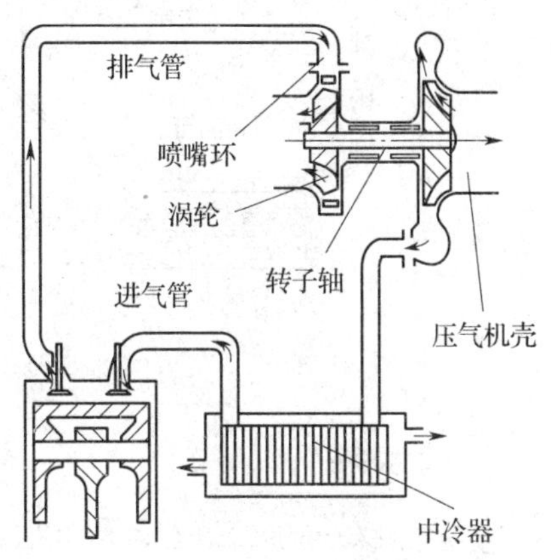


图 5—1—48 废气涡轮增压器的工作原理

# 课题 2 电控柴油机燃料供给系

## 学习目标

1. 熟悉电控柴油机的组成及作用。
2. 掌握电控柴油喷射系统的基本结构及工作原理。
3. 能够对电控柴油喷射系统主要元器件进行检修。

## 一、柴油机电控系统的组成

各种柴油机电控系统的区别在于控制功能、传感器的数量和类型、执行元件的类型、ECU 控制软件、主要电控元件的结构原理和安装位置，但基本组成与其他电子控制系统一致，也是由传感器、ECU、执行元件三部分组成。柴油机电控燃油喷射系统的组成与电控汽油喷射系统基本相同，如图 5—2—1 所示。

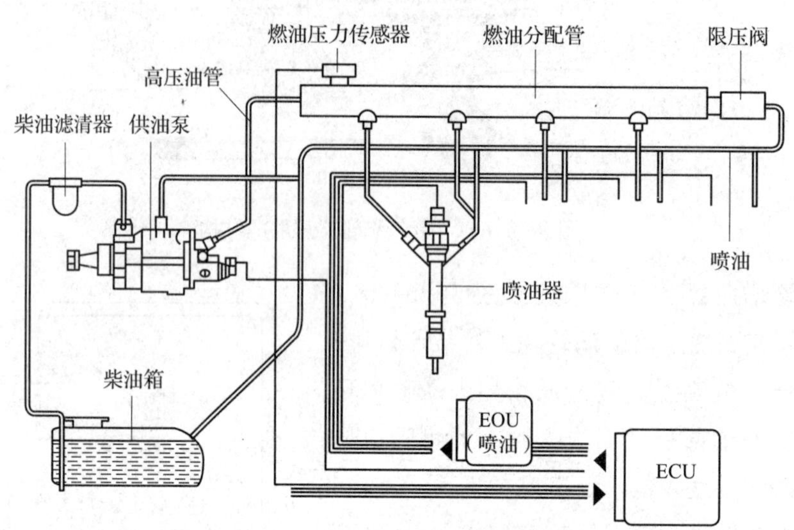


图 5—2—1　柴油机电控燃油喷射系统

### 1. 传感器

用来检测柴油机与汽车总体的运行状况，并将检测结果转换成电信号输送给 ECU。

(1) 加速踏板位置传感器

用来检测加速踏板所处的位置，ECU 根据此传感器信号间接判断柴油机的负荷，作为控制柴油机喷油量和喷油正时的主控制信号，有电位计式和差动电感式两种类型。

(2) 反馈信号传感器

这是闭环控制系统中用来检测控制系统执行元件实际位置的传感器，主要包括负荷传感器和正时传感器两大类。

1) 间接检测用的负荷传感器。

①油门操纵杆角度传感器：安装在喷油泵上，检测喷油泵油门操纵杆转过的角度。

②油门踏板角度传感器：安装在油门踏板下，检测油门踏板被踩下的角度，间接检测出喷油泵的循环供油量。

③喷油器针阀升程传感器：安装在喷油器内，利用检测出的喷油器针阀升程来换算循环喷油量，间接检测出柴油机负荷。

2) 直接检测用的负荷传感器。

对于同时控制自动变速器的柴油机电控系统，直接检测柴油机的输出扭矩，能得到更精确的负荷信号，就能更精确地控制自动变速器。直接检测柴油机输出扭矩的负荷传感器有应变计式、相位差式和磁致伸缩式等类型。

3）供（喷）油正时传感器。

①电位计式位置传感器。在供油正时“位置控制”的电控分配式喷油泵系统中，一般用一个正时活塞位置传感器测定反应实际供油正时的正时活塞的实际位置。

②燃烧始点位置传感器。燃烧室内的燃烧光通过石英棒导入光敏晶体三极管，转换成电信号输入ECU，ECU根据此信号判定实际点火的时刻，并以此修正喷油提前角，如图5—2—2所示。

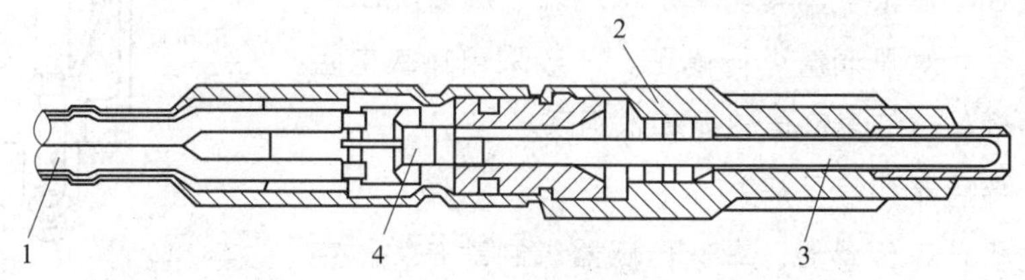


图5—2—2　燃烧始点光电传感器的构造

1—信号线　2—外壳　3—石英棒　4—光敏晶体三极管

③非接触式喷油始点传感器。在供油正时“时间控制”的电控分配泵中，用得较多的是装在喷油器中的非接触式喷油始点传感器，它直接感知针阀运动来确定喷油始点。常见的有电磁式和霍尔式两种，如图5—2—3、图5—2—4所示。

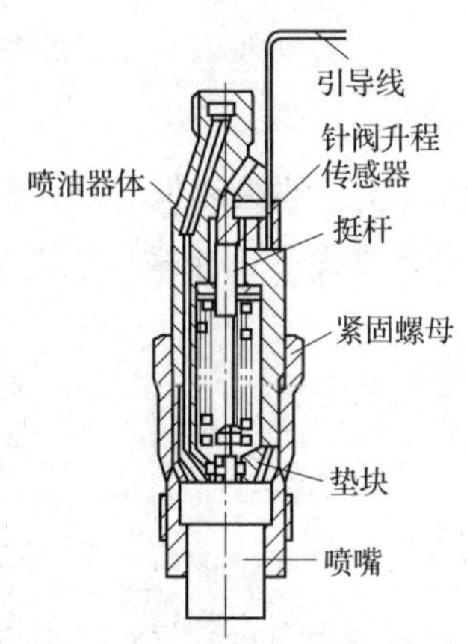


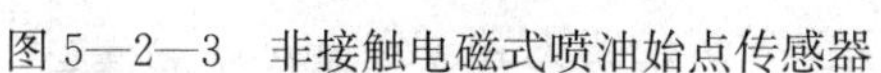

图5—2—3　非接触电磁式喷油始点传感器

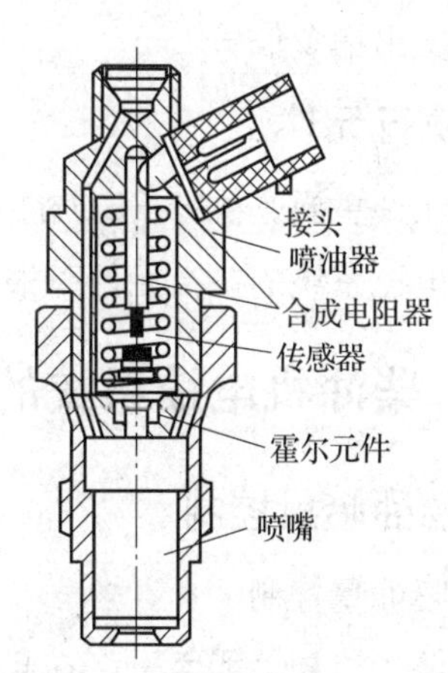


图5—2—4　非接触霍尔式喷油始点传感器

④触点式供（喷）油正时传感器。其结构简单，耐久性好，响应速度快，用在供油正时“时间控制”的电控分配泵系统的高速电磁阀中作为分配泵的供油始点传感器，也可直接装在喷油器中作为喷油始点传感器，如图5—2—5所示。

（3）温度传感器

1）进气温度传感器。

安装在进气管中，其功用是检测进气温度。通常采用热敏电阻式温度传感器。

2）排气温度传感器。

安装在排气管中，其功用是检测排气温度，主要用于排放控制。一般有热敏电阻式、热电偶式、熔丝式等类型。

3）冷却液温度传感器。

一般安装在气缸体水道上冷却液出口处，其功用是检测发动机冷却液温度信号。通常用热敏电阻式。

4）燃油温度传感器。

通常安装在燃油箱中，其功用是检测燃油温度。ECU根据此传感器信号对喷油量进行修正。一般采用热敏电阻式，其结构原理与进气温度传感器基本相同。

（4）其他传感器和信号开关

包括发动机转速传感器、车速传感器、制动开关、空调开关、点火开关等。其功用、结构和工作原理与汽油机电控系统基本相同。

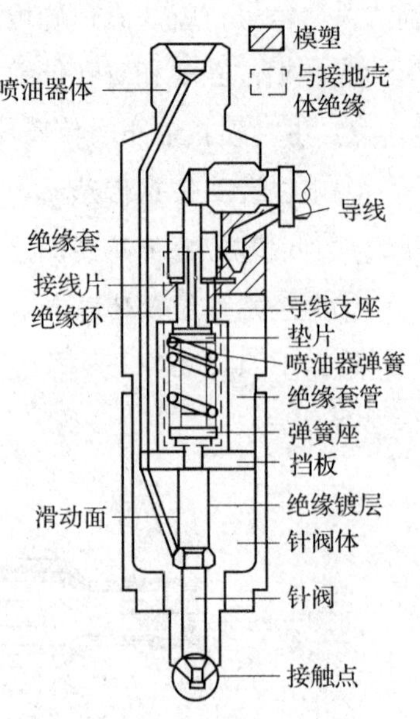


图 5—2—5　触点式喷油始点传感器的结构

### 2. 柴油机控制 ECU

柴油机控制 ECU 的功用和结构与汽油机电控系统基本相同，只是控制程序有较大差别。根据各传感器输入信号和内存程序，计算出供（喷）油量和供（喷）油开始时刻，并向执行元件发出指令信号。

### 3. 执行元件

执行元件主要是执行 ECU 的指令，调节柴油机的供（喷）油量和供（喷）油正时。不同柴油机电控系统的执行元件有很大差异，常用的执行元件有电子调速器和电磁阀。

## 二、柴油机电控系统的功能

### 1. 燃油喷射控制

（1）喷油量控制

最主要的控制功能之一，在起动、怠速、正常运行等各种工况下，ECU 根据发动机转速信号、负荷信号和内存控制模型来确定基本供油量，再根据冷却液温度传感器信号、进气温度传感器信号、起动开关信号、空调开关信号、反馈信号等对供油量进行修正。

（2）喷油正时控制

也是最主要的控制功能之一，ECU 根据发动机转速传感器信号、负荷信号和内存的控制模型来确定基本供油量，再根据反馈信号进行修正。

（3）喷油速率和喷油规律的控制

ECU 以柴油机转速传感器信号、负荷信号作为主控制信号，按预设的程序确定最佳的供油速率和供油规律。

（4）喷油压力的控制

ECU 以柴油机转速传感器信号、负荷信号作为主控制信号，按预设的程序确定最佳的喷油压力，并对喷油压力进行闭环控制。

（5）柴油机低油压保护

柴油机机油压力过低时，ECU 根据机油压力传感器信号减少供油量，降低转速并报警；当机油压力降到一定值以下时，则切断燃油供给，强制发动机熄火。

（6）增压器工作保护

ECU 根据增压压力传感器信号适当调节供油量，并在增压压力过高或过低时报警。

### 2. 怠速控制

主要包括怠速转速的控制和怠速时各缸均匀性的控制。

### 3. 进气控制

主要包括进气节流控制、可变进气涡流控制和可变配气正时控制。

### 4. 增压控制

柴油机的增压控制主要是由 ECU 根据柴油机转速传感器信号、负荷信号、增压压力传感器信号等，通过控制废气旁通阀的开度或废气喷射器的喷射角度、增压器涡轮废气进口截面大小等措施，实现对废气涡轮增压器工作状态和增压压力的控制，以改善柴油机的扭矩特性，提高加速性能，降低排放和噪声。

### 5. 排放控制

柴油机的排放控制主要是废气再循环（EGR）控制。ECU 主要根据柴油机转速和负荷信号，按内存程序控制 EGR 阀开度，以调节 EGR 率。

### 6. 起动控制

柴油机起动控制主要包括喷油量控制、喷油正时控制和预热装置控制，其中喷油量控制和喷油正时控制与其他工况相同。

### 7. 巡航控制

带有巡航控制功能的柴油机电控系统，当通过巡航控制开关选定巡航控制模式后，ECU 即可根据车速信号等自动维持汽车以一定车速行驶。

### 8. 故障自诊断和失效保护

柴油机电控系统中也包含故障自诊断和失效保护两个子系统。柴油机电控系统出现故障时，自诊断系统将点亮仪表盘上的“故障指示灯”，提醒驾驶员注意，并储存故障码，检修时可通过一定的操作程序调取故障码等信息；同时，失效保护系统启动相应保护程序，使柴油能够继续保持运转或强制熄火。

### 9. 柴油机与自动变速器的综合控制

在装用电控自动变速器的柴油车上，将柴油机控制 ECU 和自动变速器控制 ECU 合为一体，实现柴油机与自动变速器的综合控制，以改善汽车的变速性能。

## 三、柴油电控燃油喷射系统的优点

柴油机 ECU 检测发动机的运行情况基于不同的传感器信号。依靠检测到的信息，电子控制系统通过执行器的工作使喷油量和喷油正时达到最佳水平，如图 5—2—6 所示。

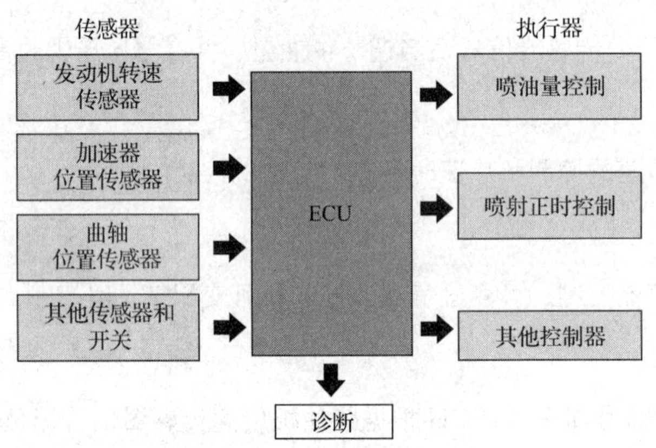


图 5—2—6　电控柴油喷射系统

与传统机械控制柴油喷射系统相比，电控柴油喷射系统有以下优点：

1. 机械控制喷射系统的基本控制信息是柴油机的转速和加速踏板的位置，而电控喷射系统则通过许多传感器检测柴油机运行状况的控制量，然后由执行器实施。因此，它控制精确、灵敏；而且在需要扩大控制功能时，只需改变电控单元的存储软件，便可实现综合控制。

2. 机械控制喷射系统往往由于设定错误和磨损等原因，而使喷油时刻产生误差。在电控喷射系统中，总是根据曲轴位置的基本信号进行再检查，因此，不存在产生失调的可能性。

3. 在电控喷射系统中，通过改换输入装置的程序和数据，可以改变控制特性，一种喷射系统可用于多种柴油机。另外，在此过程中不需要机械加工，故可缩短开发新产品的周期，有利于降低成本。

## 四、电控柴油喷射系统的类型

柴油机电控燃油喷射系统先后形成了三种类型，即位置控制式、时间控制式和共轨控制式系统。

### 1. 位置控制式系统

第一代电控柴油喷射系统是位置控制式系统，实际是电控喷油泵系统。这种系统不改变传统喷油系统的工作原理和基本结构，只是采用电控组件代替调速器和供油提前器，对分配式喷油泵的油量调节套筒或柱塞式喷油泵的供油齿杆的位置，以及油泵主动轴和从动轴的相对位置进行调节，以控制喷油量和喷油定时，如图 5—2—7、图 5—2—8 所示。

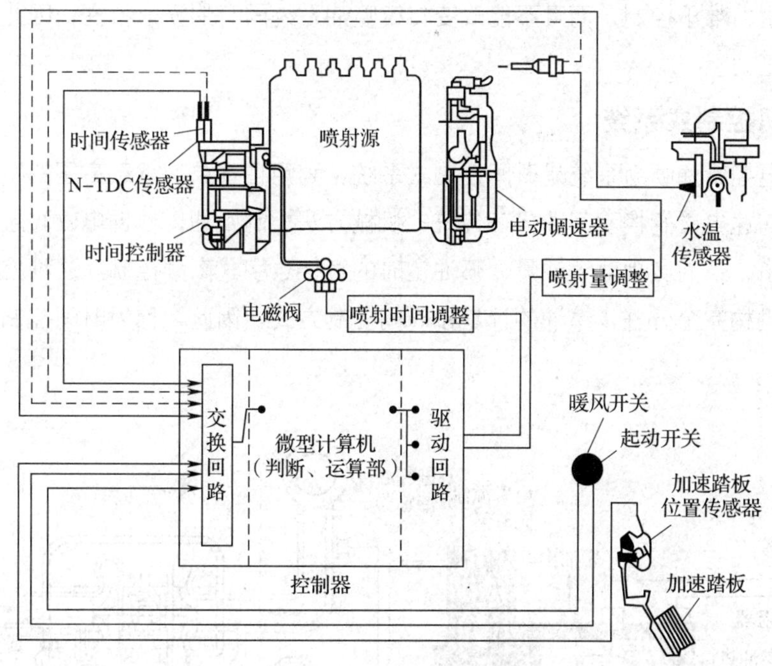

图 5—2—7　位置控制直列柱塞式电控喷油泵

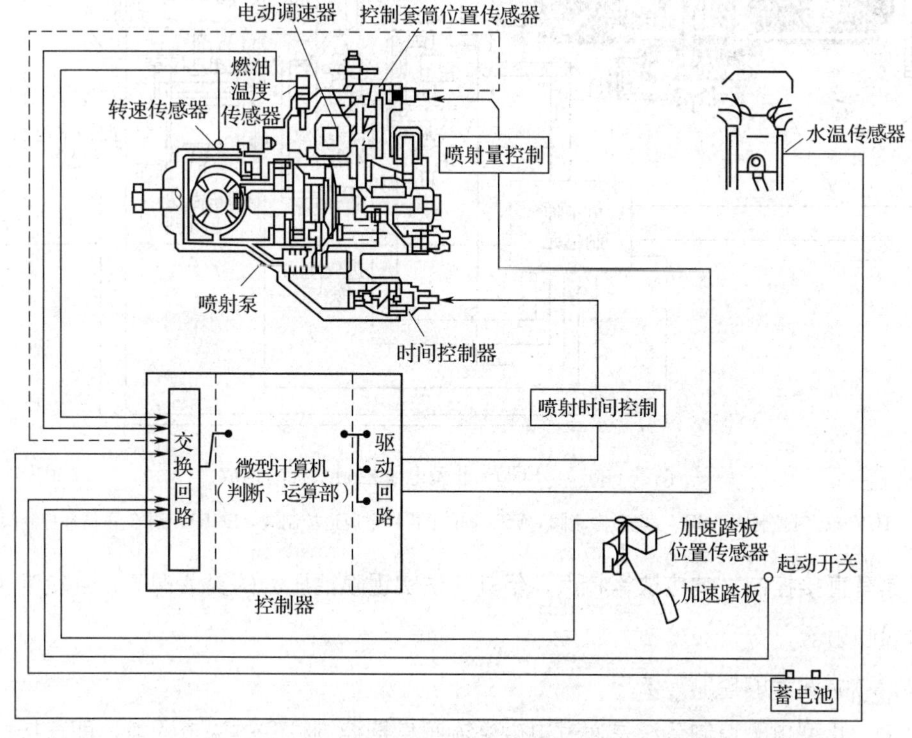

图 5—2—8　位置控制分配式电控喷油泵

其优点是无须对柴油机的结构进行较大改动，生产继承性好，便于对现有机型进行技术改造。缺点是控制系统执行频率响应仍然较慢，控制频率低，控制精度不够稳定。由于其喷油率和喷油压力难于控制，而且不能改变传统喷油系统固有的喷射特性，因此很难较大幅度地提高喷射压力。

## 2. 时间控制式系统

第二代电控柴油喷射系统是时间控制式系统，利用柱塞泵可承载高压的特性提供高的供油压力，用高速电磁阀控制回油代替传统的机械方法控制回油，根据电磁阀起作用的时刻控制供油提前角，从而实现对喷油量、喷油定时的直接数字式高频控制。这种控制系统的泵油机构和控制机构完全分开，燃油的计量按时间控制方式，因此，称为时间控制式系统，如图5—2—9所示。

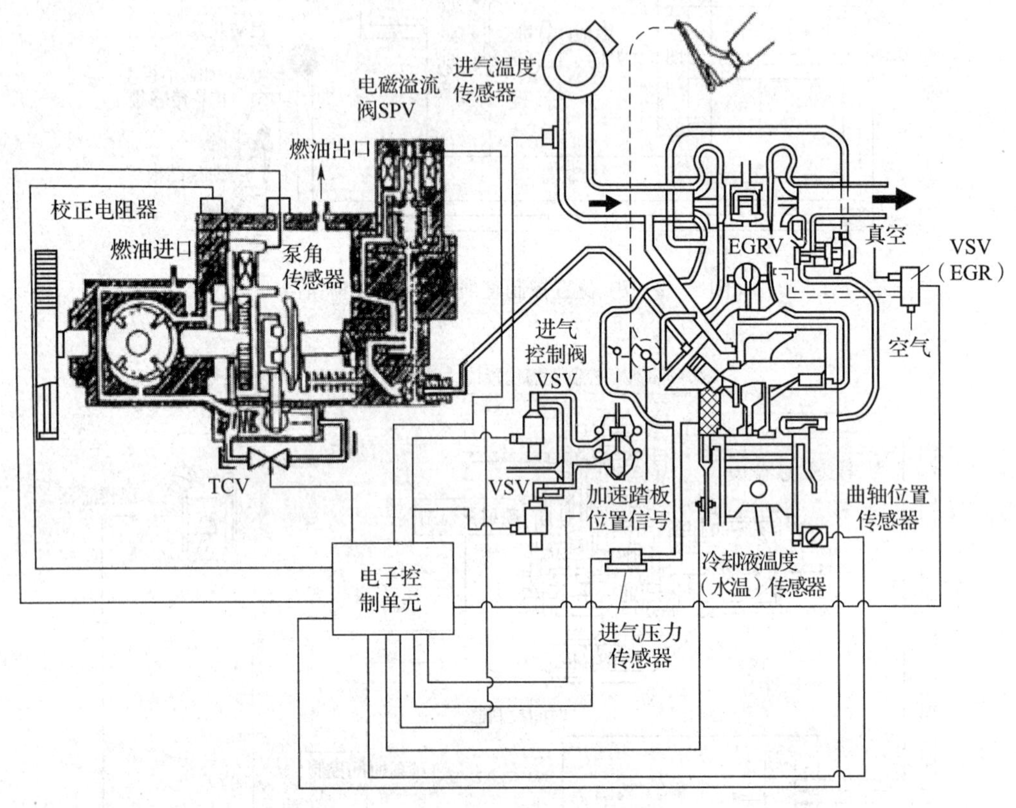


图5—2—9 ECD—Ⅱ型电子控制系统的组成

TCV—正时控制阀 SPV—电磁溢流阀 VSV—电子式真空通道控制阀 EGRV—排气再循环控制阀

它具有直接控制、响应快等特点，但其无法实现喷油压力的灵活调节，且较难实现预喷射或分段喷射。

（1）对喷油器的控制方法

ECD—Ⅱ型电子控制系统是通过电磁溢流阀直接控制柱塞的溢流通道，即直接控制高压燃油的溢流通路来实现的，大大提高了喷油量的控制精度。

(2) 喷油提前角的控制方法

由 ECU 根据曲轴位置传感器和泵角传感器的信号来计算确定，并由点火正时传感器的信号加以修正，再通过 ECU 输出控制指令，驱动正时控制阀，控制正时活塞的位置来实现喷油提前角的控制。

### 3. 共轨控制式系统

第三代电控柴油喷射系统是压力一时间控制系统，即共轨式电控燃油喷射系统，它是比较理想的燃油喷射系统。它不再采用传统的柱塞泵脉动供油原理，而是用一个设置在喷油泵和喷油器之间的、具有较大容积的共轨管，把高压油泵输出的燃油积蓄起来并稳定压力。高压油泵只是向公共油道供油以保持所需的共轨压力，通过连续调节共轨压力来控制喷射压力，采用压力时间式燃油计量原理，用电磁阀控制喷射过程。该系统根据柴油机运行工况的不同，不仅可以适时地控制喷油量与喷油定时，使其达到与工况相适应的最优数值，而且还使得喷油压力和喷油速率的控制成为可能。且系统的控制自由度及精度得到了大幅度提高。

共轨控制式系统可分为高压、中压和压电式三种类型。

(1) 高压共轨系统

由高压输油泵（压力在 120 MPa 以上）直接产生高压燃油输送至共轨中，一般采用“时间—压力控制”方式，又称为第一代共轨式电控燃油喷射系统。

高压共轨系统主要由油箱、滤清器、油泵、高压输油管、共轨、喷油器、ECU 和各种电子元件组成，如图 5—2—10 所示。

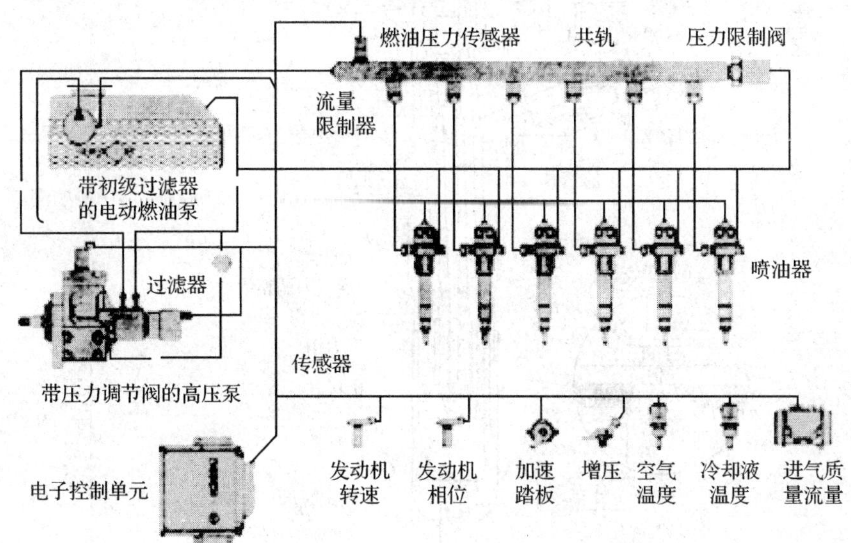


图 5—2—10　高压共轨系统

低压燃油泵将燃油输入高压油泵，高压油泵将燃油加压约 120 MPa 后送入高压油轨，高压油轨中的压力由电控单元根据油轨压力传感器测量的油轨压力以及需要进行调节；高压油轨内的燃油经过高压油管，根据发动机的运行状态，由电控单元根据原设置好的程序确定合适的喷油定时、喷油持续期，由电液控制的电子喷油器将燃油喷入气缸。

高压输油泵的出口端装有一个用来调节共轨中油压的调压阀，ECU 根据柴油机的转速、负荷等控制调压阀的开度，从而增加或减少高压输油泵输送给共轨的油量，实现对共轨中油压的控制，以保证供油压力传感器信号对共轨中的油压进行闭环控制。

1）电控喷油器。

电控喷油器的功用是准确控制向气缸喷油的时间、喷油量和喷油规律。

高压共轨喷油器主要由喷油嘴、调压弹簧、控制喷油率的量孔、控制活塞和电磁阀（二位三通电磁阀或二位二通电磁阀）组成，如图 5—2—11 所示。

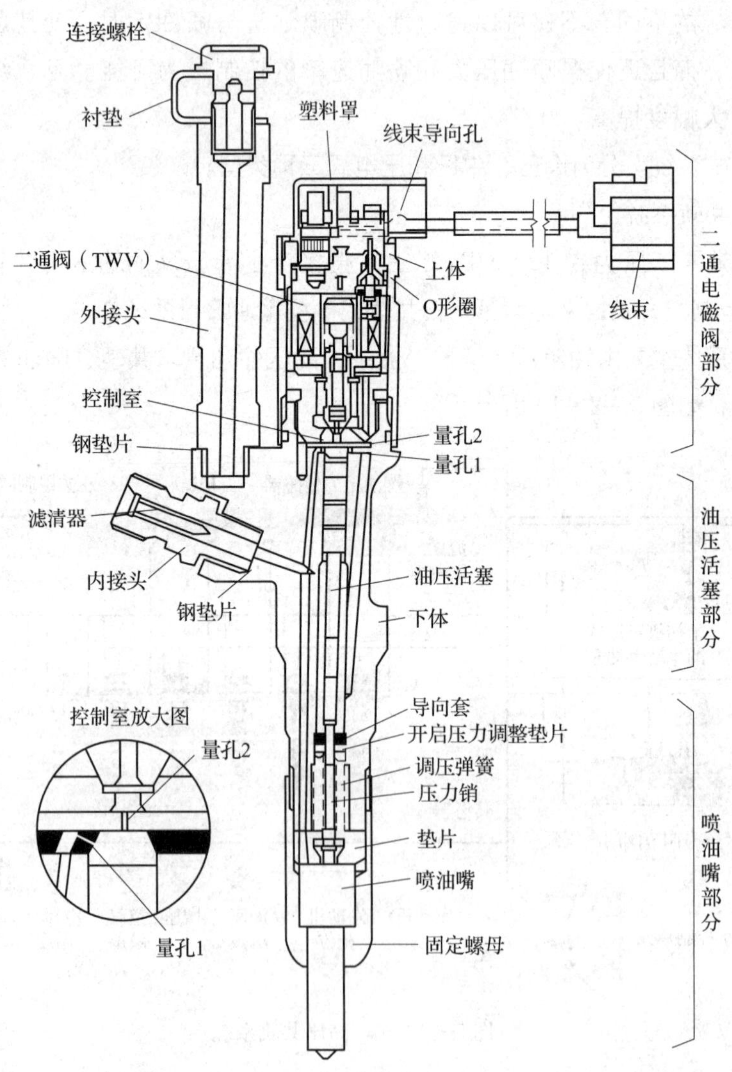


图 5—2—11　电控喷油器的结构

2）高压输油泵。

在共轨式电控燃油喷射系统中，普遍采用高压输油泵将低压输油泵输出的燃油进一步加压，使其达到共轨供油压力的需要，其结构如图 5—2—12、图 5—2—13 所示。

3）共轨。

共轨的功用是存储高压输油泵提供的高压燃油，保持其压力稳定，并根据需要分配给各喷油器，如图 5—2—14 所示。

①流量限制器。

共轨给每个喷油器供油的通道中都安装有 1 个流量限制器，其功用是防止喷油器出现持续喷油现象，其结构如图 5—2—15 所示。

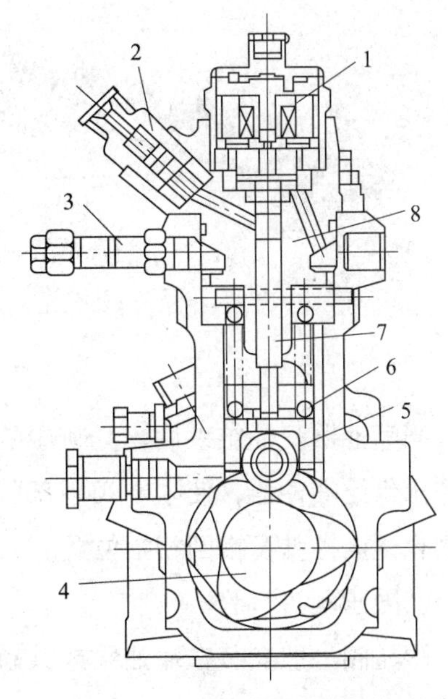


图 5—2—12　直列柱塞式高压输油泵

1—进油控制电磁阀　2—出油阀　3—调压阀　4—凸轮轴　5—滚轮体　6—柱塞复位弹簧　7—柱塞　8—柱塞套

喷油器不喷油且无异常泄漏时，限制阀在弹簧作用下被顶靠在共轨一侧的堵头上，共轨中的高压油经进油孔、限制阀中心油道、节流孔、弹簧室、出油孔供给喷油器。当喷油器正常喷油时，由于喷油速率较高，由节流孔流出的油不足以补偿喷油器喷出的油量，所以限制阀下部油压下降，共轨油压使限制阀压缩弹簧而向下移动，直到限制阀下部承受的油压和弹簧力与共轨油压平衡为止。

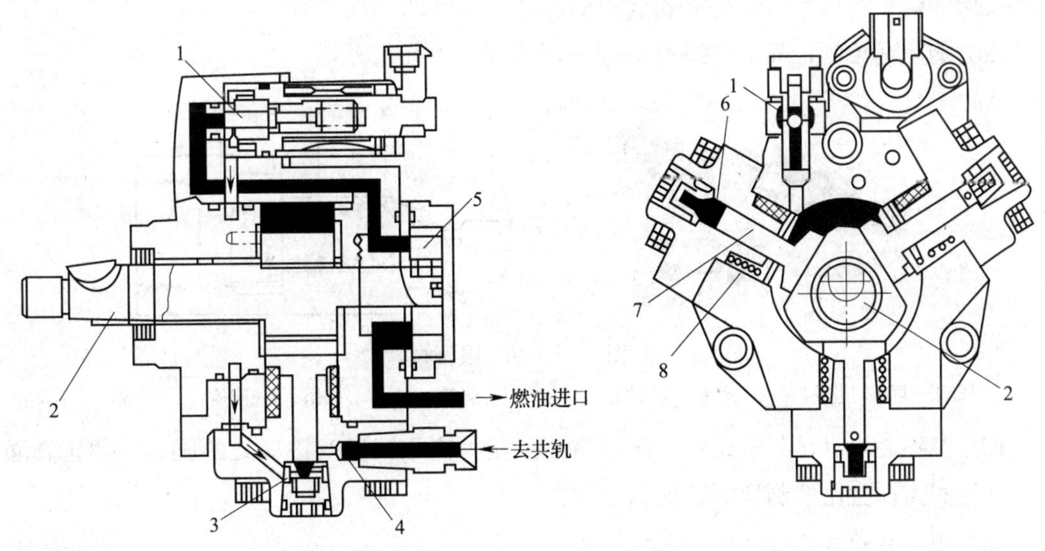


图 5—2—13　径向柱塞式高压输油泵

1—调压阀　2—凸轮轴　3—进油控制电磁阀　4—出油阀　5—轴油泵　6—泵油腔　7—柱塞　8—柱塞复位弹簧

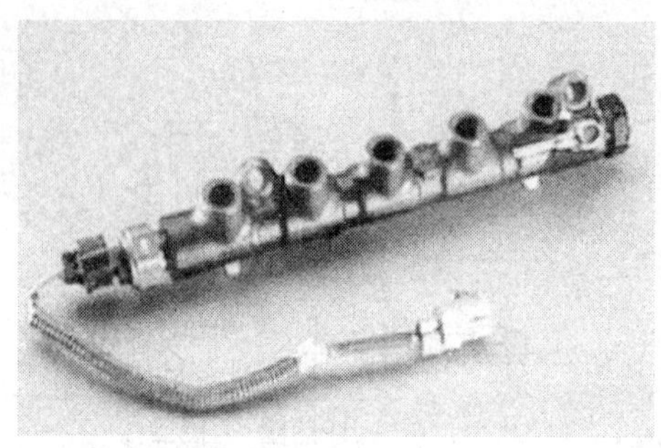

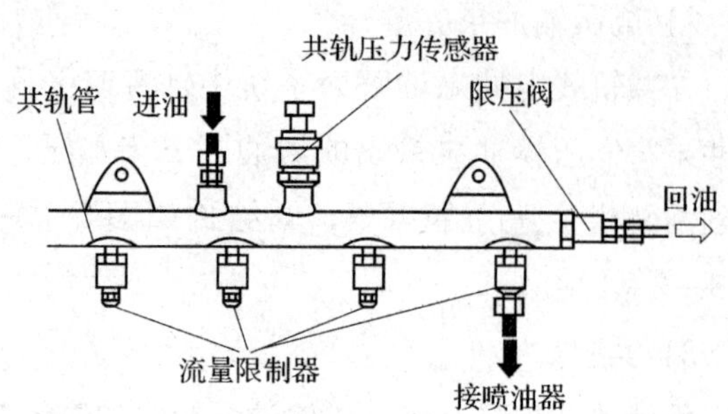


图 5—2—14　共轨管

当喷油器喷油结束后，共轨中的高压油继续经节流孔流出供给喷油器，使限制阀下部的油压逐渐升高，限制阀也逐渐被弹簧推回初始位置。

②限压阀。

限压阀一般安装在输油泵或共轨上，其功用是限制共轨管中的柴油压力大小，如图 5—2—16 所示。

弹簧的预紧力根据规定的共轨最高压力调定。阀左侧承受的共轨压力超过右侧的弹簧力时，阀右移离开阀座，共轨中的燃油经限压阀流回油箱或输油泵进油侧，使共轨压力下降。

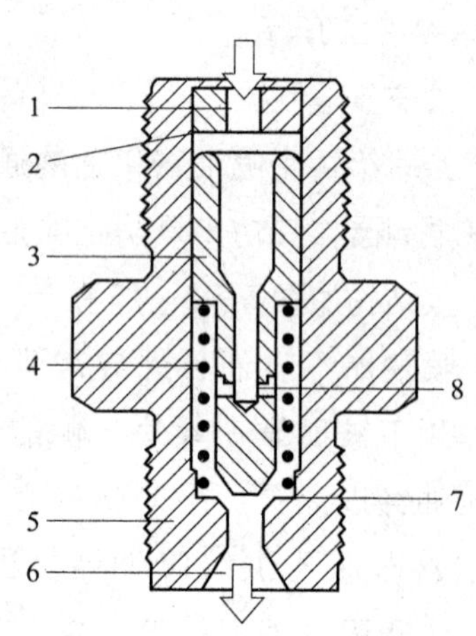


图 5—2—15　流量限制器

1—进油孔　2—堵头　3—限制阀　4—弹簧　5—壳体　6—出油孔　7—阀座　8—节流孔

③调压阀。

调压阀安装在高压输油泵出油口或共轨上，其功用是根据柴油机工况调节和保持共轨管中的压力，实现对共轨压力的闭环控制，其结构如图 5—2—17 所示。

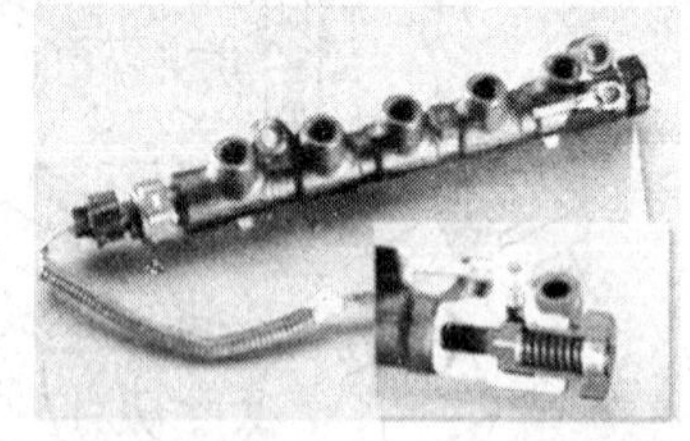

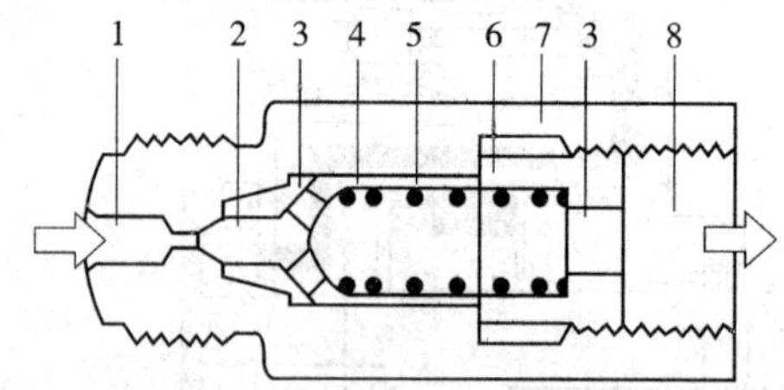


图 5—2—16　限压阀

1—共轨侧进油口　2—阀头　3—油孔　4—阀　5—弹簧　6—空心螺塞　7—阀体　8—回油口

调压阀不通电时，共轨或供油泵出口处的压力高于调压阀进口处的压力；调压阀通电时，调压阀为占空比控制型电磁阀。

(2) 中压共轨系统

由中压输油泵（10～13 MPa）将中压燃油输送至共轨中，采用带有增压作用的喷油器使喷油压力达到 120～150 MPa。一般采用“压力控制”方式，它也是第二代共轨式电控燃油喷射系统。

中压共轨系统主要由低压输油泵、蓄压式电/液控制喷油器、调压阀、共轨等组成，如图 5—2—18 所示。

ECU 根据各传感器信号控制调压阀，以调节共轨中的油压；ECU 同时通过控制安装在喷油器上的电磁阀工作，使喷油持续时间保持不变，以实现喷油量的“压力控制”。

中压共轨系统的蓄压式电/液控制喷油器的工作原理如图 5—2—19 所示。

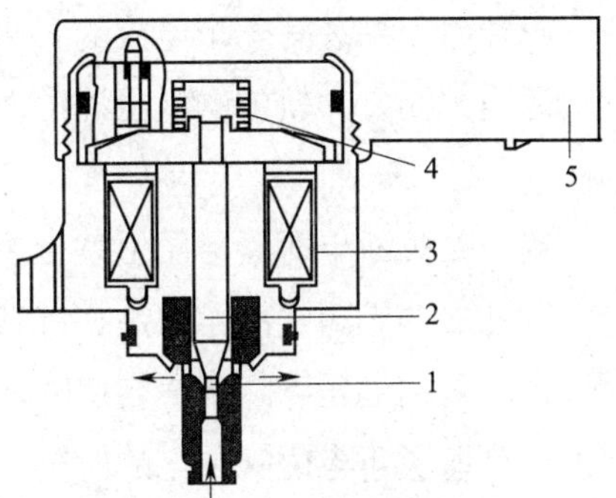


图 5—2—17　调压阀

1—球阀　2—电枢　3—电磁线圈　4—弹簧　5—线束连接器

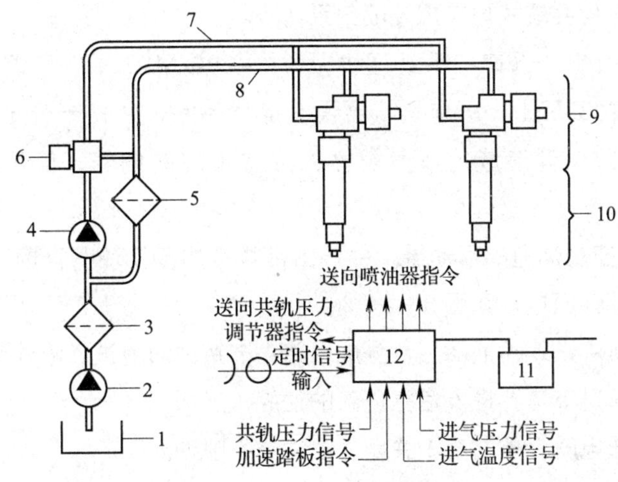


图 5—2—18　中压共轨系统

1—油箱　2—低压输油泵　3—燃油滤清器　4—中压输油泵　5—热交换器　6—调压阀　7—共轨　8—回油管　9—电磁阀和油压增压器　10—喷油器　11—蓄电池　12—ECU

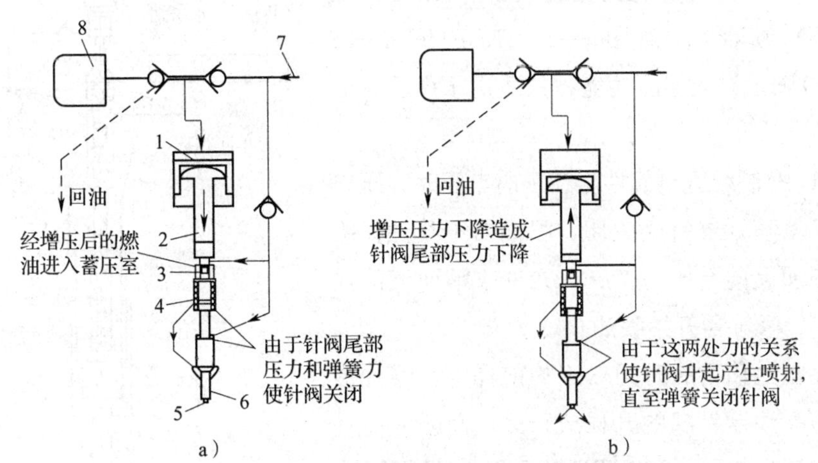


图 5—2—19　蓄压式电/液控制喷油器的工作原理

a）针阀关闭，不喷油　b）针阀顶开，喷油

1—增压活塞　2—增压柱塞　3—止回阀　4—蓄压室　5—针阀密封锥面　6—喷油器针阀　7—公共油轨　8—电磁阀

喷油器上部装有一个电控的三通电磁阀，电磁阀通电时，增压活塞上方进油通道开启而回油通道关闭，共轨中的低压油进入喷油器中的增压活塞上方，针阀关闭，喷油器不喷油，如图 5—2—19a 所示。

当电磁阀断电时，增压活塞上方回油通道开启而进油通道关闭，针阀上部油压迅速下降，喷油器油腔内的高压燃油将针阀顶开，喷油器开始喷油，如图 5—2—19b 所示，直到喷油器油腔内的油压下降到一定值时，柱塞上方的燃油压力和弹簧力使针阀关闭，喷油结束。喷油时刻取决于电磁阀断电的时刻。

(3) 压电式共轨系统

高压共轨和中压共轨系统都属于电磁阀式共轨系统，压电式共轨系统利用压电晶体作为执行元件，通过控制喷油器针阀的升程（或喷油开始与结束）来实现燃油喷射控制。压电式共轨系统也称为第三代共轨式电控燃油喷射系统。

压电式喷油器的响应迅速，系统压力从 20～200 MPa 弹性可调，最高喷射压力可达180 MPa。与电磁阀相比，压电执行器没有滞后时间，切换十分迅速而且精确，可重现性非常好，没有因设计造成的以气隙之类形式出现的偏差，使用寿命长，工作非常稳定。

1）用压电元件控制油道的喷油器。主要由带弹簧的多孔油嘴，控制活塞，进、出油节流孔，压电晶体等部件组成，如图 5—2—20 所示。

高压燃油从共轨中进入喷油器后，分成两路：一路由通道进入喷油嘴盛油槽，作用于针阀锥面上；另一路通过节流孔进入活塞顶部的油腔 1。

当压电晶体不通电时，单向阀 1 关闭，喷油器不喷油。

当压电晶体通电后，针阀在盛油槽中燃油压力的作用下，开启喷油嘴，开始喷油。

2）用压电元件控制针阀升程的喷油器。其针阀中部无承压锥面和相应的压力室，也称为无压力室喷油器（VCO 喷油器），如图 5—2—21、图 5—2—22 所示。VCO 喷油器无增压功能，只适用于高压柴油共轨系统。

由 ECU 控制给压电元件施加正向电压时，压电元件膨胀而使喷油器针阀关闭，喷油器不喷油；给压电元件施加反向电压时，压电元件收缩而使喷油器针阀开启，喷油器开始喷油。

在喷油压力和喷油时间一定的前提下，喷油器的喷油量与喷油器针阀的升程成正比，而喷油器针阀的升程与施加在压电元件两端的反向电压成正比，所以通过控制给压电元件施加的反向电压，即可控制喷油量。

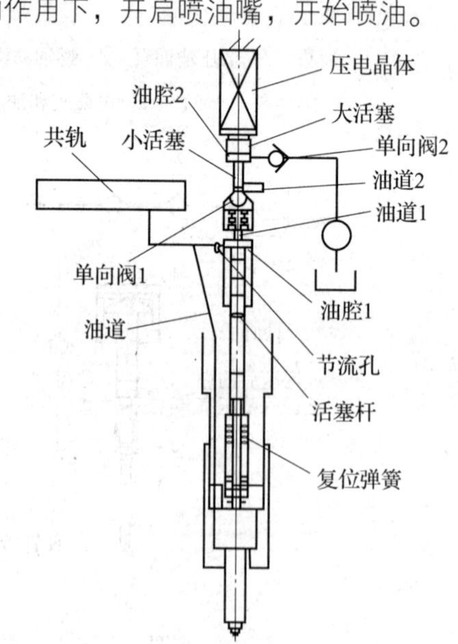


图 5—2—20 采用压电晶体执行器的喷油器

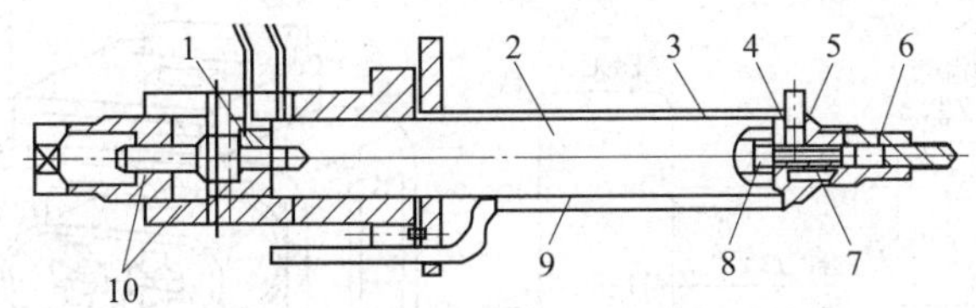


图 5—2—21 VCO 喷油器

1—石英测量垫片 2—压电执行器 3—外壳 4—密封垫 5—紧固螺套 6—针阀体
7—压杆 8—压帽 9—高压油管 10—差动螺纹

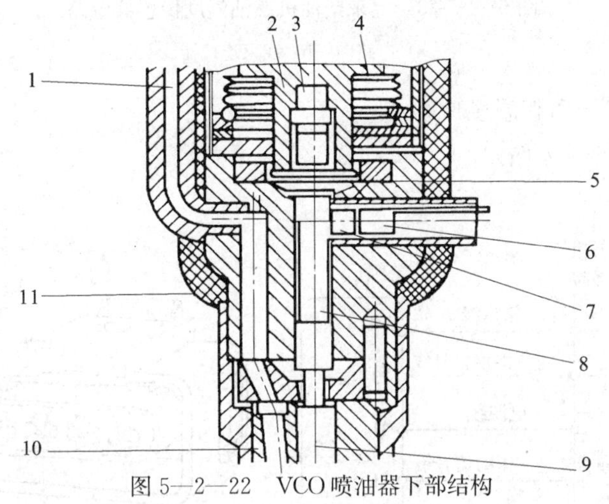


图 5—2—22 VCO 喷油器下部结构

1—高压油管 2—压电元件 3—压帽 4—碟形弹簧 5—膜片 6—磁铁
7—霍尔式针阀位置传感器 8—压杆 9—针阀 10—针阀体 11—外壳

为保证喷油器不喷油时，压电元件能将针阀压紧，依靠给压电元件施加正向电压显然会导致电能损耗。所以在喷油器顶部设有差动螺纹，可通过差动螺纹来调整压电元件的刚度（即预压力），而石英测量垫片则用来精确测量差动螺纹的调整量。

维修时，如果更换了喷油器，则必须对喷油器进行与喷射系统匹配的操作，同时还要进行喷油量对比试验。

## 五、电控柴油喷射系统主要元件的检修

### 1. 主要传感器的检修

（1）燃油温度传感器

其电路如图 5—2—23 所示。

燃油温度传感器的检测：

1）从发动机上拆下传感器。

2）用万用表分别测量传感器两端子与传感器壳体之间的电阻，其电阻值应为无穷大。

3）将燃油温度传感器和温度计放入盛水的容器中，加热容器中的水，用万用表测量传感器两端子之间的电阻，其阻值随温度的变化规律应符合特性曲线相应温度下的电阻值。

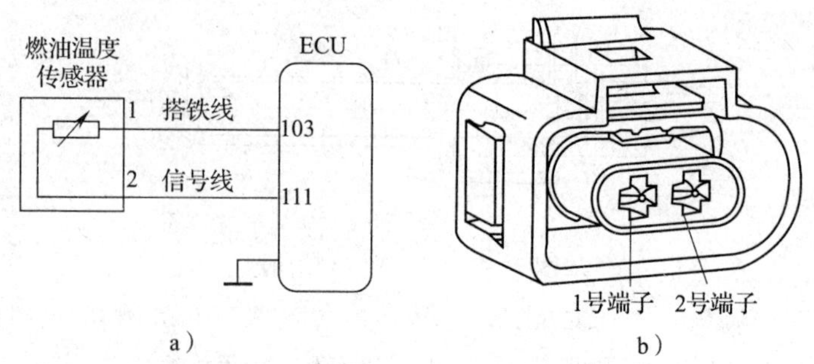


图 5—2—23 宝来柴油机燃油温度传感器电路

a）电路图 b）线束连接器

(2) 进气管绝对压力和温度传感器

其电路如图 5—2—24 所示。

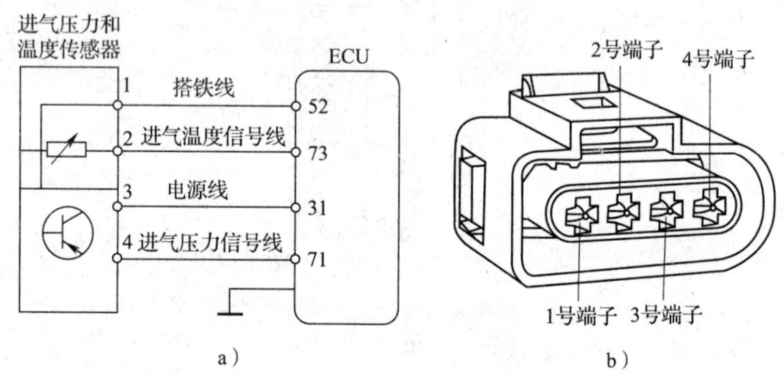


图 5—2—24 宝来柴油机进气管绝对压力和温度传感器电路

a）电路图 b）线束连接器

进气管绝对压力和温度传感器的检测：

1）拆下传感器的线束连接器，在传感器侧测量进气温度信号端子与搭铁端子之间的电阻，用电吹风加热时，阻值应符合其特性。

2）打开点火开关，在线束侧测量电源端子与搭铁端子之间应有约为 5 V 的电压。

3）插接好线束连接器，拆下传感器上的真空软管，打开点火开关，用万用表测量进气压力信号端子与搭铁端子之间的电压应在 4 V 左右。

4）用手动真空泵对传感器施加真空度，再用万用表测量进气压力信号端子与搭铁端子之间的电压，该电压值应随真空度的增大而降低。

(3) 加速踏板位置传感器

其电路如图 5—2—25 所示。

加速踏板位置传感器的检测：

1）拆开传感器的线束连接器，在传感器侧分别测量怠速开关信号端子、强制降挡开关信号端子与开关搭铁端子之间的导通情况。加速踏板完全松开时，怠速开关信号端子与开关

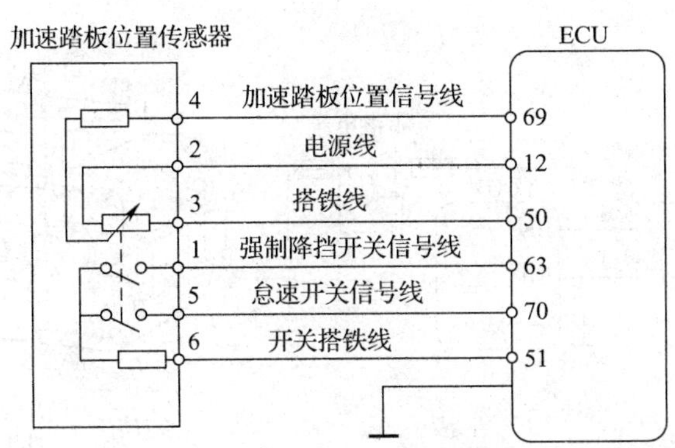


图 5—2—25　宝来柴油机电位计式加速踏板位置传感器电路

搭铁端子之间应导通，踩下加速踏板时应不导通；加速踏板踩到底时，强制降挡开关信号端子与开关搭铁端子之间应导通；加速踏板踩下深度小于 95%时，应不导通。

2）缓慢踩加速踏板，测量加速踏板位置信号端子与电源端子（或搭铁端子）之间的电阻，应随着踩加速踏板而平稳地变化。

3）打开点火开关，在线束侧测量电源端子与搭铁端子之间的电压，应约为 5 V。

4）插接好线束连接器，打开点火开关，用万用表测量加速踏板位置信号端子与搭铁端子之间的电压，其电压值应随加速踏板开度变化在 0.5～4.5 V 之间变化。

（4）喷油器针阀升程传感器

其电路如图 5—2—26 所示。

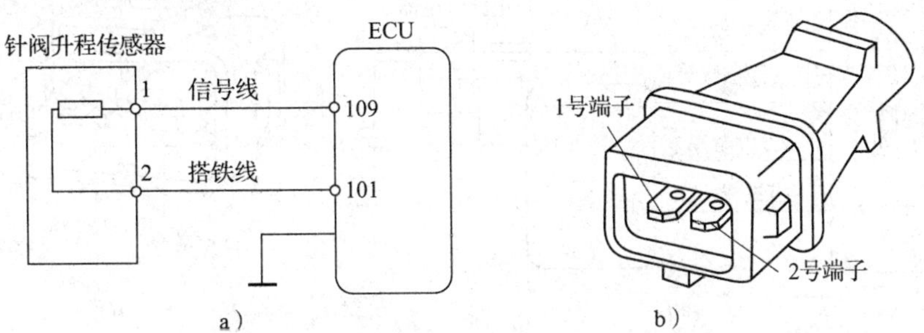


图 5—2—26　捷达柴油喷油器针阀升程传感器电路

a）电路图　b）线束连接器

喷油器针阀升程传感器的检测：

1）拆开线束连接器，在传感器侧测量两个端子之间的电阻，正常应为 80～120 Ω。

2）插接好线束连接器，发动机工作时，测量信号端子与搭铁之间的电压，正常应有脉冲信号输出。

（5）凸轮轴/曲轴位置传感器

其电路如图 5—2—27 所示。

凸轮轴/曲轴位置传感器的检测：

1）拆开线束连接器，打开点火开关，在线束侧测量电源端子与搭铁端子之间的电压，正常应为蓄电池电压。

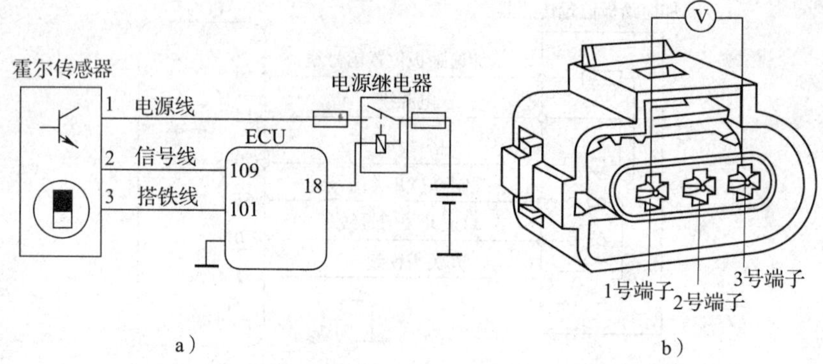


图 5—2—27　宝来柴油霍尔式凸轮轴位置传感器

a）电路图　b）线束连接器

2）关闭点火开关，在传感器侧分别测量电源端子与信号端子和搭铁端子之间的电阻，电阻值均应为无穷大（开路），否则说明传感器损坏。

3）插接好线束连接器，发动机工作时，测量信号端子与搭铁端子之间的电压，正常应有脉冲信号输出。

（6）空气流量计

其电路如图 5—2—28 所示。

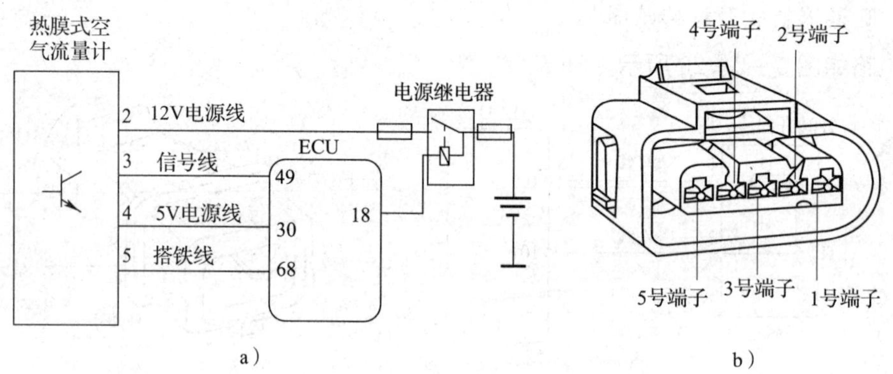


图 5—2—28　宝来柴油机热膜式空气流量计电路

a）电路图　b）线束连接器

空气流量计的检测：

1）拆开空气流量计线束连接器，打开点火开关，在线束侧测量端子 2 与搭铁（或搭铁端子 5）之间的电压，应为蓄电池电压；测量 5 V 电源端子 4 与搭铁之间的电压，应为 5 V。

2）从车上拆下空气流量计，插接好线束连接器，并打开点火开关，测量传感器信号端子 3 与搭铁端子 5 之间的电压，正常应为 1～2 V。向空气流量计进气口吹风，同时测量信号端子 3 与搭铁端子 5 之间的电压，正常应随气流大小的变化而变化，变化范围为2～4 V。

## 2. 主要执行元件的检测

（1）电控分配泵

其电路如图 5—2—29 所示。

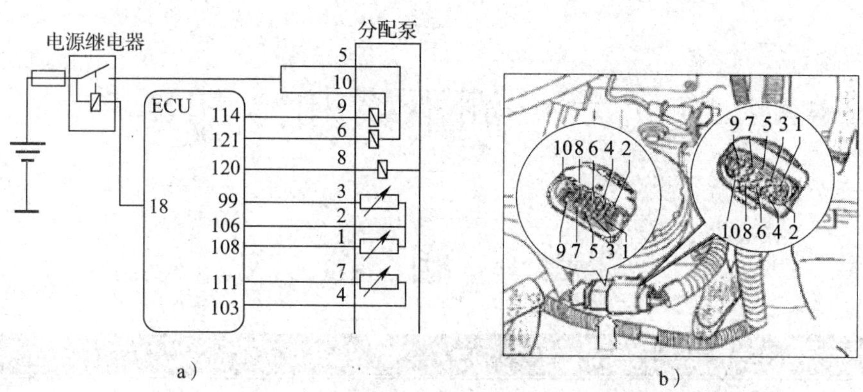


图 5—2—29　捷达柴油机电控分配泵电路

a）控制电路　b）线束连接器

电控分配泵的检测：

1）关闭点火开关，拆开电控分配泵线束连接器，在分配泵一侧用万用表测量端子之间的电阻：端子 4 与 7 之间的电阻，在 30℃时对应的电阻值应为 1 500～2 000 Ω，在 80℃时对应的电阻值应为 275～375 Ω；端子 1 与 2、3 与 2 之间的电阻，正常为 4.9～7.5 Ω；端子 5 与 6 之间的电阻，正常为 0.5～2.5 Ω；端子 9 与 10 之间的电阻，正常为 12～20 Ω。

2）打开点火开关，在线束侧用万用表测量电压，端子 1 与搭铁、3 与搭铁之间的电压应约为 2.5 V，端子 5 与搭铁、10 与搭铁之间的电压应约为 12 V。

（2）喷油电磁阀

其电路如图 5—2—30 所示。

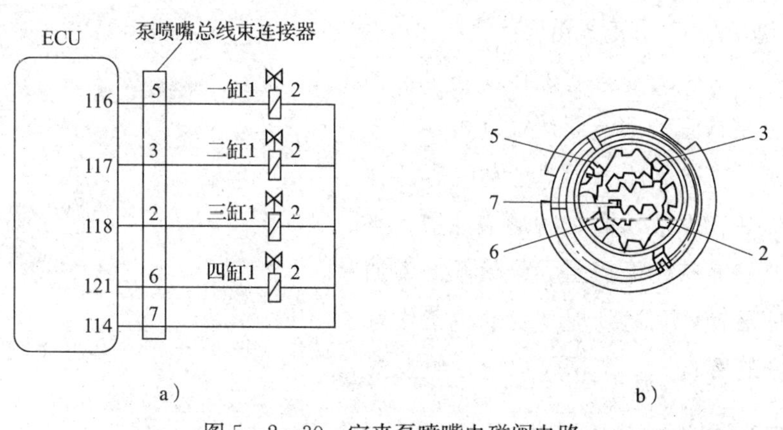


图 5—2—30　宝来泵喷嘴电磁阀电路

a）控制电路　b）总线束连接器

喷油电磁阀的检测：

1）关闭点火开关，拆开泵喷嘴总线束连接器，用万用表测量端子 7 与 2、3、5、6 之间的电阻，正常应为 0.5 Ω。

2）用旋具撬开泵喷嘴线束连接器，用万用表测量各泵喷嘴端子 1 与 2 之间的电阻，正常应为 0.5 Ω。

# 单元六　润滑系和冷却系

## 课题 1　润　滑　系

**学习目标**

1. 掌握润滑系的功用、组成及工作原理。
2. 掌握润滑系主要机件的作用、结构、工作过程、拆装步骤、维护及检修工艺。
3. 了解曲轴箱通风的目的和形式。

发动机工作时，传力零件相对运动表面之间不能直接接触。因为，即使零件的工作表面经过极为精密的加工，也会存在一定程度的表面粗糙度。若不对这些表面进行润滑，就会在它们接触且相对运动时，产生摩擦和磨损。金属表面间的强烈摩擦不仅会消耗发动机的功率，还会加速零件工作表面的磨损。一旦磨损较为严重，摩擦产生的热会将零件工作表面烧损，致使一些零件损坏，还会造成发动机卡死不能运转，甚至导致发动机报废。因此，必须在两零件的工作表面之间加入润滑油使其形成油膜，将零件完全隔开，处于完全的液体摩擦状态。这样，功率消耗和磨损就会大为减少。

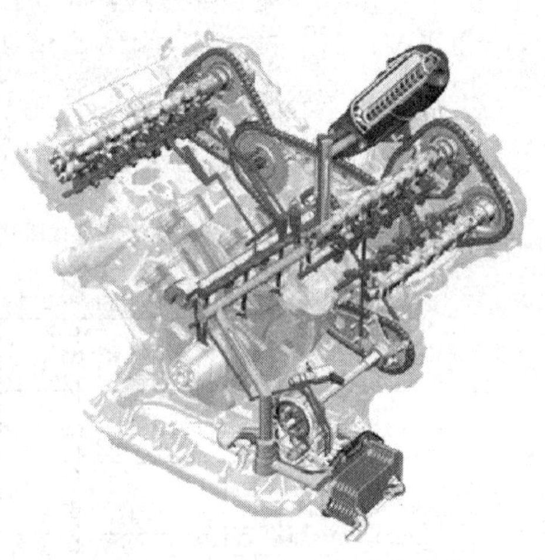

图 6—1—1　发动机润滑系统

发动机润滑系统的任务就是在发动机工作时将压力、温度适宜的清洁润滑油（机油）连续不断地、循环输送到所有相对运动的零部件的摩擦表面，并在摩擦表面之间形成油膜，实现液体摩擦，从而减小摩擦阻力、降低功率消耗、减轻机件磨损，以达到提高发动机工作可靠性和耐久性的目的。

### 一、润滑系统的功用

#### 1. 润滑作用

在相对运动零件表面之间形成一层油膜，减少摩擦和磨损。

#### 2. 冷却作用

在发动机工作时，由于零件的摩擦以及混合气的燃烧，使某些零件产生较高的温度。润滑油在润滑系内循环还可带走摩擦产生的热量，起到冷却作用。

### 3. 清洗作用

机油在润滑系内不断循环，清洗摩擦表面，带走磨屑和其他异物。

### 4. 密封作用

利用机油的黏性，附着于运动零件表面，形成油封，提高了零件的密封效果。

### 5. 防锈作用

机油能吸附在金属零件表面，防止水、空气和酸性气体与零件表面接触而发生氧化和腐蚀。

### 6. 液压作用

润滑油可用作液压油，起液压作用，如液压挺柱。

### 7. 减振缓冲作用

在运动零件表面形成油膜，吸收冲击并减小振动，起减振缓冲作用。

## 二、发动机的润滑方式

运动副常见的润滑方式有压力润滑和飞溅润滑。

### 1. 压力润滑（图 6—1—2）

负荷大、相对运动速度高的摩擦副，要求具有较强的润滑强度，常用压力润滑，如曲轴轴承与轴颈、气门摇臂轴与摇臂等都采用压力润滑。发动机润滑系机油压力由机油泵建立，润滑强度受机油泵供油能力的影响。

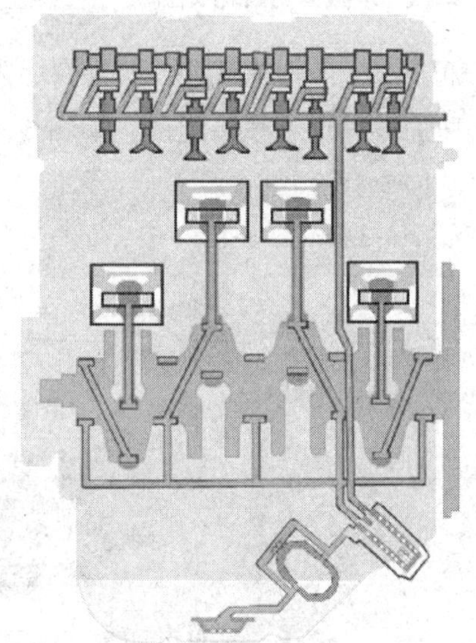

图 6—1—2 压力润滑

### 2. 飞溅润滑（图 6—1—3）

外露的表面或负荷小的摩擦表面，多采用飞溅润滑。润滑油由主轴承和连杆轴承甩到摩擦表面，它的润滑强度受发动机转速的影响较大。某些摩擦副，如活塞与气缸壁，虽然相对运动速度高、载荷大、工作条件很差，但为防止过量的润滑油进入燃烧室，造成发动机工作状况恶化，也会采用飞溅润滑方式。

### 3. 定期加注润滑脂（图 6—1—4）

对于一些分散的、负荷较小的摩擦副，如水泵、发电机、起动机等，只需定期加注润滑脂进行润滑即可。

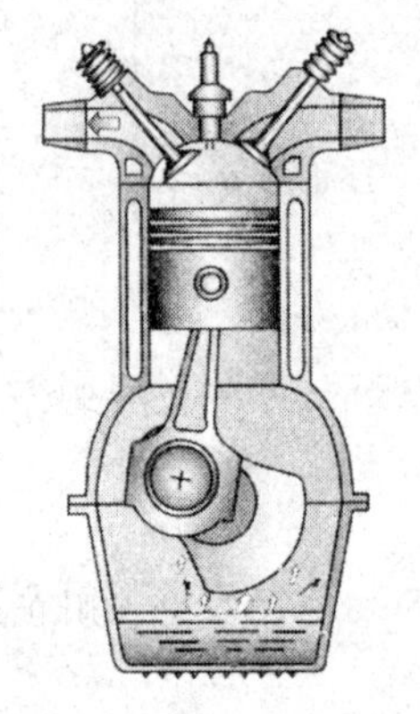

图 6—1—3　飞溅润滑

图 6—1—4　加注润滑脂

## 三、润滑系的工作原理

机油泵在发动机的带动下工作，从油底壳内吸入机油，机油先经滤油网过滤，去除较大的杂质；经机油泵增压后，一路经油道润滑正时链条张紧装置和链条，另一路进入机油滤清器，经过滤清后的干净机油进入主油道。主油道内的机油分两路，一路润滑曲轴轴颈、连杆轴颈及活塞和气缸，另一路润滑凸轮轴承、摇臂轴，供给液压挺杆来自动调节气门间隙，并润滑挺杆、摇臂、气门杆等。机油泵的稳压装置也叫限压阀。当油泵压力超过时，限压阀开始工作，以保证润滑系压力稳定。压力表或红色指示灯组成的指示装置可以直接显示主油道的压力。

## 四、润滑系的组成

润滑系一般由油底壳、机油泵、限压阀及旁通阀、机油滤清器、机油散热器、传感器和机油压力表、温度表等组成，如图 6—1—5 所示。

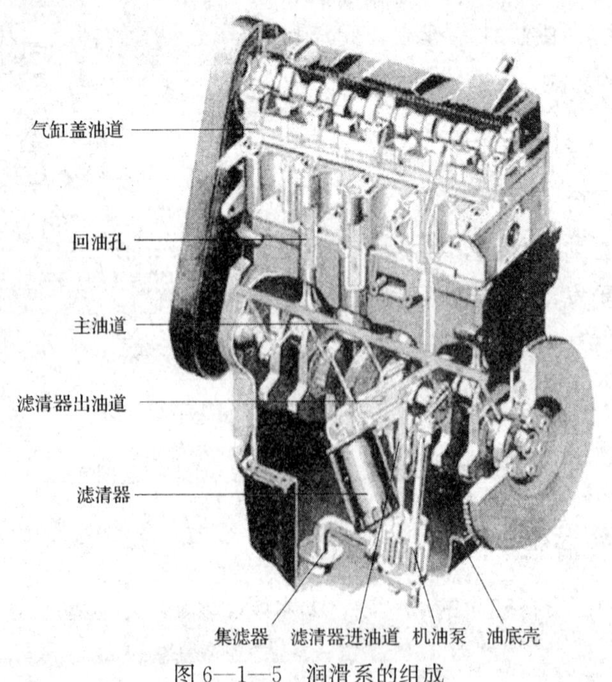


图 6—1—5　润滑系的组成

### 1. 油底壳

油底壳（图 6—1—6）是用来储存机油并封闭曲轴箱的，一般由钢板冲压而成，内有挡油板和放油螺塞。在大多数发动机上，油底壳还起到为润滑油散热的作用。

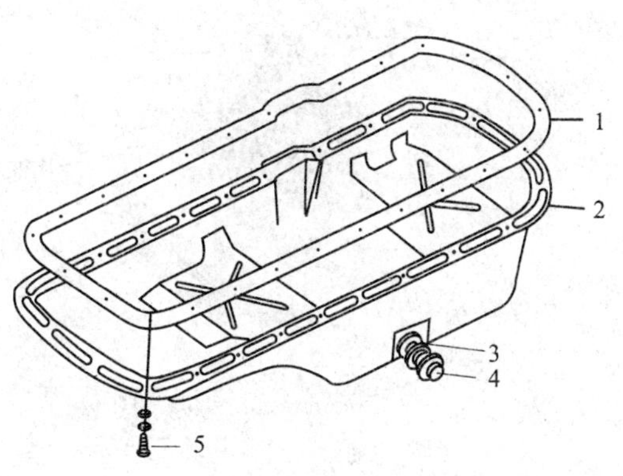

图 6—1—6　油底壳

1—油底壳衬垫　2—油底壳　3—垫圈
4—磁性放油螺塞　5—螺钉

### 2. 机油泵

机油泵的主要作用是提高润滑系机油压力，强制将机油压送到各运动件的摩擦表面，使机油在润滑系油路中不断循环，以保证发动机的良好润滑。根据其结构和工作原理不同，机油泵可分为齿轮式、转子式和叶片式几种类型。现代轿车发动机润滑系采用的机油泵主要为齿轮式和转子式。

（1）齿轮式机油泵

1）外齿轮式机油泵（图 6—1—7）。

这种机油泵主要由泵体、泵盖、主动齿轮、从动齿轮、限压阀、齿轮轴等零件组成。

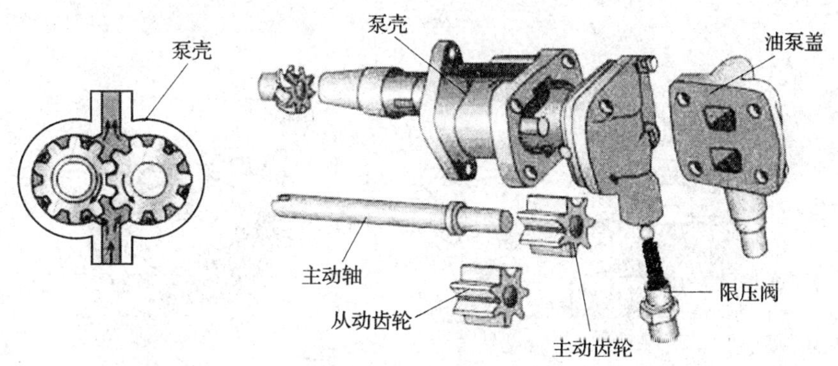

图 6—1—7　外齿轮式机油泵

当发动机工作时，机油泵的主动齿轮由曲轴驱动，并带动从动齿轮旋转，在油泵进油口处产生真空度。机油从进油口被吸入，随着齿轮的转动，沿齿轮与泵壳之间的空间被带到油泵出油口处，压入机油滤清器或主油道。当机油泵出油压力超过规定的供油压力时，限压阀打开，这时一部分机油经限压阀流回油底壳，从而保持一定的供油压力。

国产桑塔纳、奥迪 100、捷达/高尔夫、丰田 Y 系列、丰田 12R 系列、丰田 K 系列、韩国大宇等都采用此种结构形式。

2）内齿轮式机油泵（图 6—1—8）。

这种机油泵主要是由主动齿轮、从动齿轮、限压阀以及泵盖和泵壳等组成。主动齿轮为一较小的外齿轮，一般直接由曲轴驱动；从动齿轮为一较大的内齿圈。

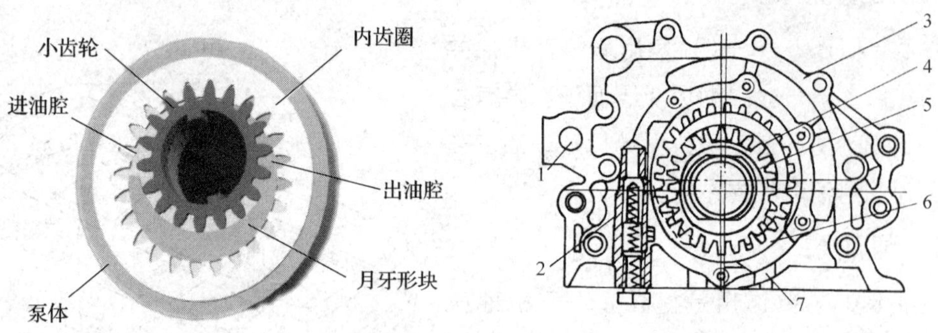


图 6—1—8　内齿轮式机油泵

1—出油口　2—限压阀　3—泵壳　4—月牙形块　5—小齿轮　6—内齿圈　7—进油口

内齿轮式机油泵的工作原理：当发动机工作时，主动齿轮随驱动轴一起转动并带动从动齿轮以相同的方向旋转。内、外齿轮在转到进油口处时开始逐渐脱离啮合，并沿旋转方向两者形成的空间逐渐增大，产生一定的真空度，将机油从进油口吸入。随着齿轮的继续旋转，月牙形块将内、外齿轮隔开，齿轮旋转时把齿间所存的机油带往出油口。在靠近出油口处，内、外齿轮的轮齿进入啮合，齿间的机油被挤出，油压升高，机油从机油泵的出油口被送往发动机油道中。

(2) 转子式机油泵 (图 6—1—9)

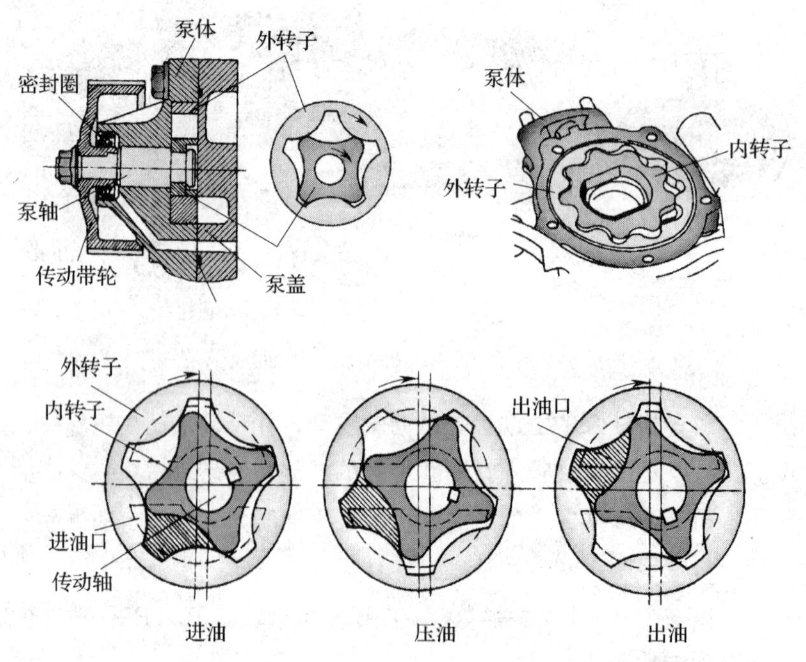


图 6—1—9　转子式机油泵

转子式机油泵主要由内外转子、泵壳、泵盖、限压阀等零件组成。

转子式机油泵一般装在发动机前端，由曲轴通过一根单独的链条驱动。主动内转子和外转子一起装配在机油泵壳体内，内转子比外转子少一个齿，外转子可在油泵壳体内自由转动。内、外转子轴心有一个偏心距。

内转子在转动过程中，每个腔室的容积都会变化，某一腔室在逐步变大的半周内，因容积增大产生真空，机油便经进油口吸入腔室。某腔室在逐渐变小的半周内，因容积减小油压升高，机油经出油口压出。这样周而复始地工作，机油不断从进油口进入油泵，从出油口压出油泵。

(3) 机油泵的检修

1) 齿轮式机油泵的检修。

拆卸：

①旋松分电器轴向限位卡板的紧固螺栓，拆去卡板，拔出分电器总成。

②放出机油，拆下油底壳。

③旋松并拆卸两只将机油泵盖、机油泵体紧固到机体上去的长紧固螺栓，将机油吸油部件一起拆下。从发动机体上拆下机油泵总成。

④拧松并拆下吸油管组紧固螺栓，拆下吸油管组和机油集滤器，检查并清洗滤网。

⑤旋松并拆下机油泵盖短紧固螺栓，取下机油泵组件，检查泵盖上的限压阀。

⑥分解主、被动齿轮，再分解齿轮和轴，垫片需更换新件。

⑦用锉刀将传动齿轮横销铆端锉去，铳出横销，将传动齿轮压下，抽出泵轴，取出主动齿轮。

检验与装配：

| 1. 检查主、被动齿轮的磨损情况，必要时更换，最好成对更换 | |
|---|---|
| 2. 检查机油泵盖与齿轮端面间隙<br>检查时，将钢尺直边紧靠在带齿轮的泵体端面上，将塞尺插入两者之间的缝隙进行测量。若不符合标准，则可以通过增减泵盖与泵体之间的垫片来进行调整 | 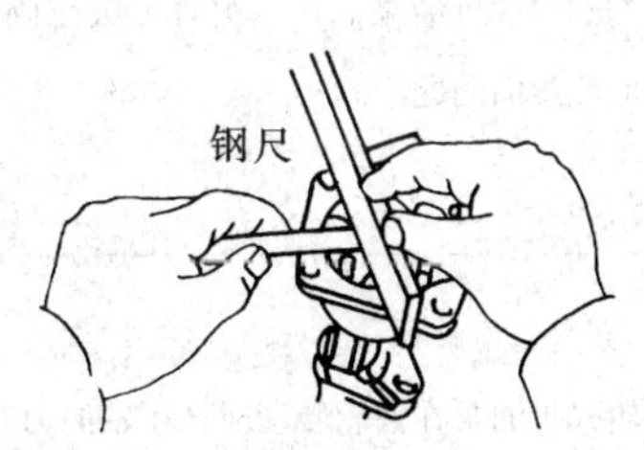 |
| 3. 主、被动齿轮与泵腔内壁间隙超过 0.3 mm 时，应换用新件 | 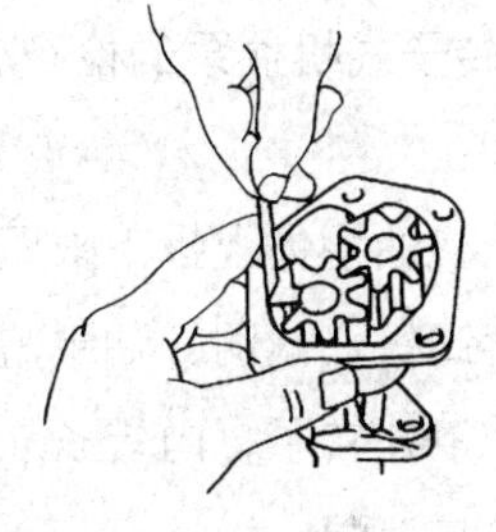 |

续表

| | |
|---|---|
| 4. 检查主、被动齿轮的啮合间隙<br>用塞尺插入啮合齿间，测量120°三点齿侧 | 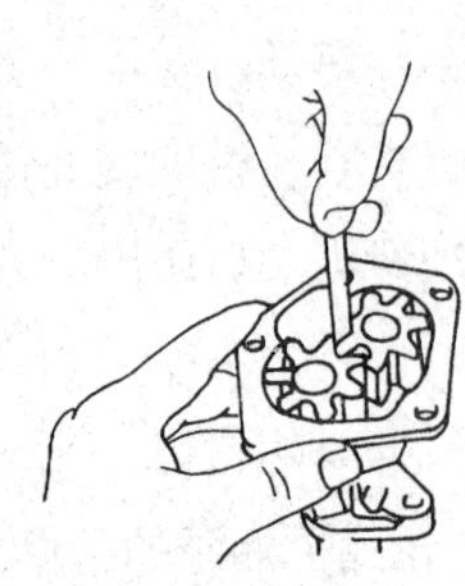 |
| 5. 将所有零件清洗干净，按分解的逆顺序进行装配 | |
| 6. 机油泵装复后，用手转动机油泵齿轮，应转动自如，无卡阻现象，不晃动，无响声。将机油灌入机油泵内，用拇指堵住油孔，转动泵轴应有油压出，并能感到有压力 | |
| 7. 机油泵装车后，通过压力表观察润滑油压力。在发动机温度正常的情况下，怠速运转时，润滑油压力不应低于19.4 kPa；当发动机高速运转时，润滑油压力不应高于49.0 kPa。如不符合标准，应调整限压阀。可在限压阀弹簧的一端加减调整垫圈的厚度，使机油压力达到规定值 | |
| 8. 限压阀的检修<br>限压阀与孔磨损间隙变大，会造成机油泄漏，使机油压力降低和供油量不足。限压阀磨损的检查方法是：在阀上涂一层润滑油，放大阀孔。如果阀能靠本身的重量顺利地落入阀孔为合格，否则应检查阀门或机油泵总成。另外，限压阀的限油压力变化也是检修中应注意的问题 | 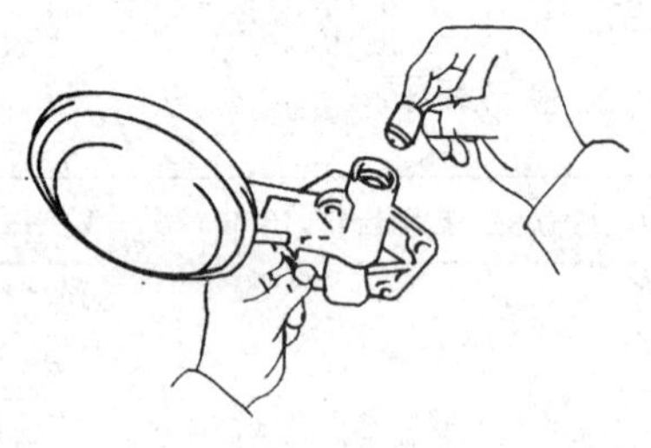 |
| 9. 泵盖的检修<br>齿轮式机油泵在齿轮转动时产生轴向力，使齿轮压向泵盖，造成泵盖内侧磨损。当机油泵盖有磨损、翘曲和凹陷超过0.05 mm时，应以车削、研磨等方法进行修复 | |

2）转子式机油泵的检修。

拆卸：

①从机油泵体上拆下限压阀栓塞、弹簧和阀门。

②拆卸机油滤网、油泵盖的三个连接螺栓和油泵盖。

③拆下外转子，内转子从泵壳上脱离。

检验与装配：

1. 检查泵体及内、外转子是否有沟痕或其他损坏，并视情更换新件

2. 检查内、外转子之间的径向间隙

用塞尺检查内、外转子之间的径向间隙，如果检测值过大，应更换内、外转子

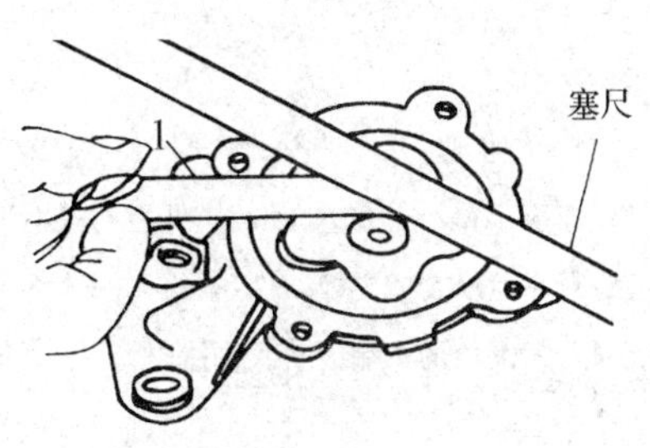


3. 检查泵体与内、外转子之间的轴向间隙

使用精密直尺和塞尺检查泵体与内、外转子之间的轴向间隙，如果间隙超过极限值，应更换泵体或内、外转子

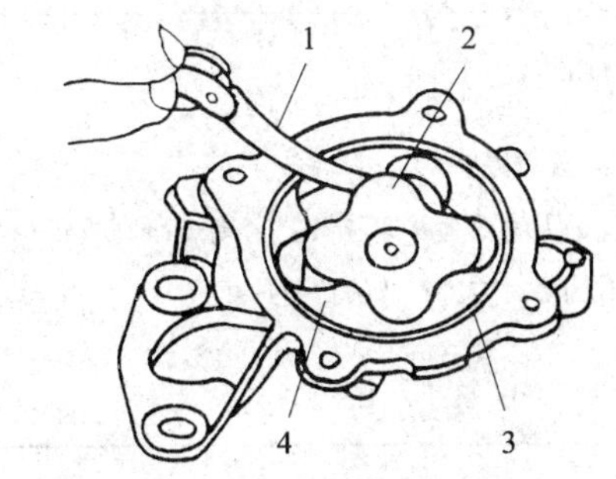


1—塞尺　2—内转子　3—小倒角　4—外转子

4. 检查泵体与外转子之间的径向间隙

使用塞尺检查泵体与外转子之间的径向间隙，如果间隙超过极限值，应更换泵体或内外转子

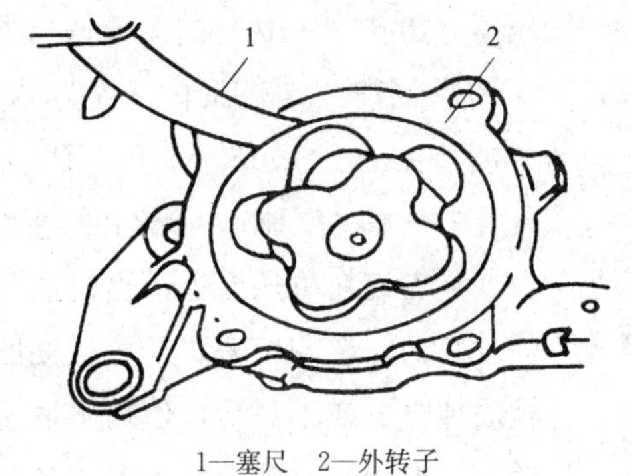


1—塞尺　2—外转子

5. 各零部件检查合格后进行组装

转子安装时应对准安装记号，并使安装记号朝向泵体。安装后将机油泵的吸油口浸入干净的机油中，使用旋具朝顺时针方向旋转泵轴，直到机油从出油口处溢出，然后按住出油口，此时转动机油泵，转动阻力应明显增加为正常。反之，则为压力不足，应更换成套转子

6. 限压阀弹簧的检修

限压阀弹簧自由长度应为 49.5 mm，弹簧力在压缩长度为 34 mm 时应为 86 N。当弹簧力过低时，可用加垫圈法调整或更换弹簧；若弹簧折断，应予以更换

7. 泵体的检修

泵体损坏或磨损过甚，应予以更换

续表

| | |
|---|---|
| 8. 外转子的检修<br>外转子厚度不得小于23.96 mm，外径不得小于62.70 mm，否则应进行涂镀修复或更换新件<br>装配时，大倒角的一端应装入泵体内 | 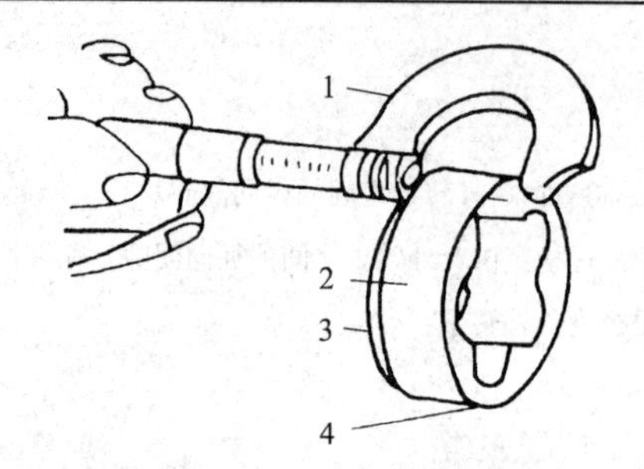<br>1—千分尺　2—外转子　3—大倒角　4—小倒角 |
| 9. 泵盖的检修<br>平面最大间隙为0.05 mm，否则可研磨校正；当泵盖被划伤或有沟槽时应进行涂镀修复或更换 | 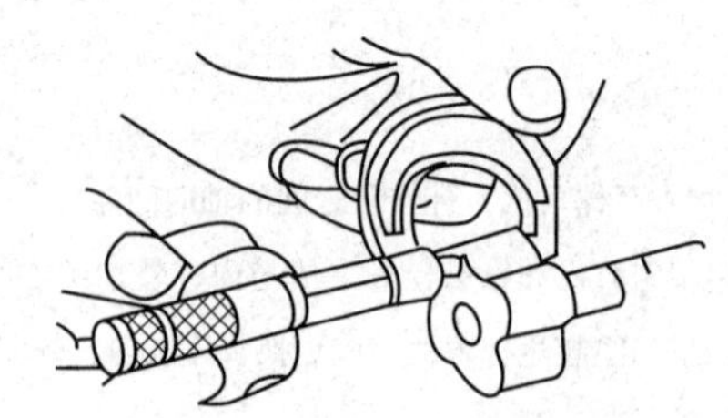 |

### 3. 限压阀

限压阀（图6—1—10）的主要作用是限制机油压力过高，并让其稳定在一定范围内（约为0.6 MPa时该阀打开）。正常机油压力为0.18～0.35 MPa。

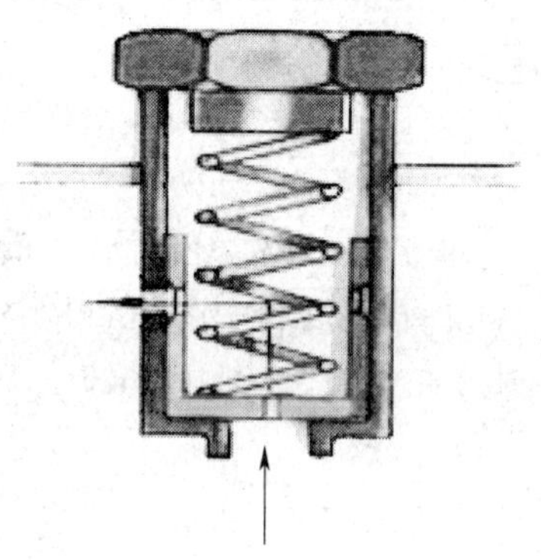

图6—1—10　限压阀

限压阀由柱塞（钢球）、弹簧和螺塞组成，其安装位置有两种：一是安装在机油泵上，当机油泵输出油压过高时（约为0.6 MPa），该阀打开，部分机油回流至机油泵进油口，在机油泵内形成小循环，使输出油压降低；二是安装在主油道上，当油压达到规定值时，多余的机油经过安全阀流回油底壳。

### 4. 旁通阀

旁通阀的作用是一旦滤清器发生杂质堵塞，进油道与出油道中的压力差达0.15～0.18 MPa时，该阀打开，机油不经滤清器直接进入主油道，保证对各部件的润滑。

### 5. 机油滤清器

机油滤清器的作用是滤除机油中的金属磨屑及胶质等杂质，保持机油的清洁，延长使用期限，保证发动机正常工作。

与主油道串联的滤清器称为全流式滤清器，与主油道并联的滤清器称为分流式滤清器。有的汽车发动机只设集滤器和一个全流式滤清器（如桑塔纳轿车JV发动机），如图6—1—11所示。

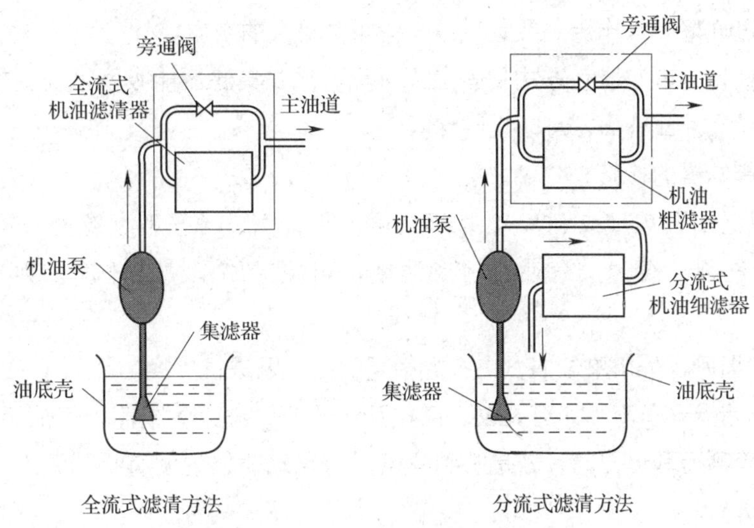


图 6—1—11　滤清器的类型

按滤清方式不同，机油滤清器可分为过滤式和离心式两种。过滤式滤清器按滤芯结构的不同又可分为金属网式、片状缝隙式、带状缝隙式、锯末滤芯式和复合式等。

(1) 集滤器（图 6—1—12）

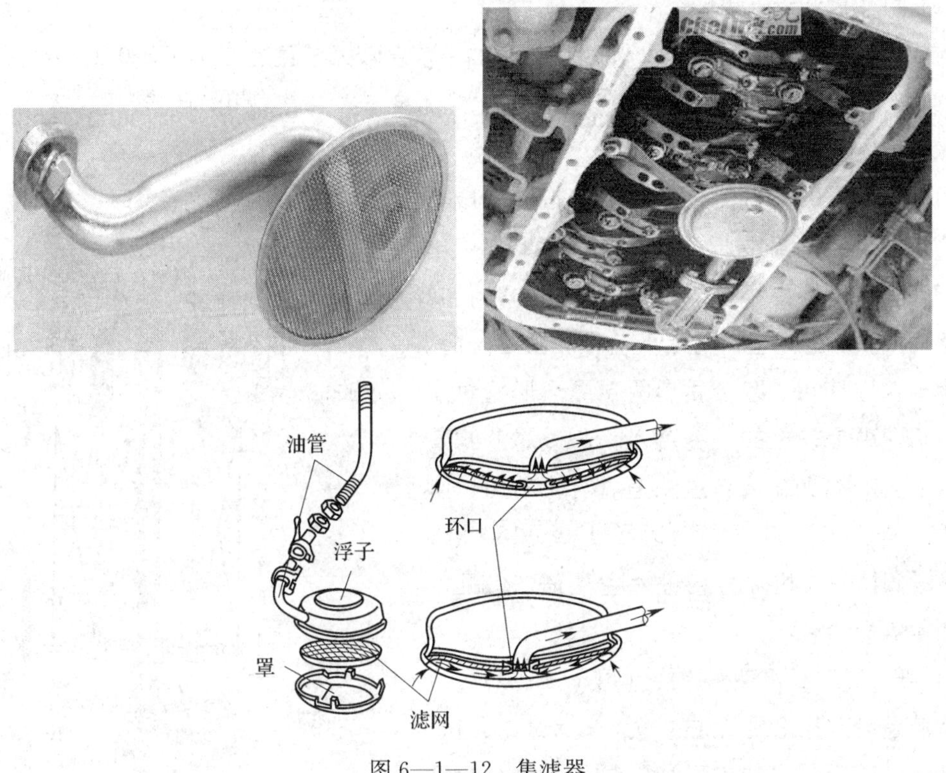


图 6—1—12　集滤器

集滤器一般是用金属丝编制而成的滤网，装在机油泵之前，串联在油路中，其滤网孔大，机油的通过性好。其作用主要是过滤一些颗粒较大的杂质。

目前广泛使用的集滤器有浮式和固定式两种。浮式集滤器能吸入油面上较清洁的机油；固定式集滤器装在油面下面，可防止泡沫吸入。

浮式机油集滤器的检修：

1）拆下集滤器罩盖（或卡簧），取下滤网，把油管、浮子筒、滤网、罩盖（或卡簧）等放在金属清洗剂、煤油、汽油或轻柴油中，用硬毛刷子清洗干净，并用压缩空气吹干。

2）滤网破损后，可用单位面积上孔数相同的新滤网进行更换。

3）检查集滤器浮子筒，如有裂纹、穿孔及浮子筒凹进太多或筒内有油污（检查时，可用手握住浮子筒贴近耳边摇动，若是听到浮子内有晃动声，说明有机油漏入），需拆开修理或清洗后，再焊修。

4）活动管接头损坏泄漏后，可通过研磨接头予以修复，保证配合密封、活动自如。

5）组装时，滤网的夹脚要夹牢，或使卡簧牢固卡紧在集滤器浮子筒内，以免滤网受振脱落。接口及限止架的位置不要装错。

6）集滤器与机油泵组装时，应更换新的O形胶圈（如CA488、DA462等型号发动机的机油集滤器），来保证接口处的密封性。

（2）机油粗滤器

机油粗滤器（图6—1—13）用以滤去机油中粒度较大（直径在0.05～0.1 mm以上）的杂质。它对机油流动的阻力较小，一般串联于机油泵与主油道之间。目前，国产汽车发动机一般采用纸质滤芯。

机油滤清器的壳体由上盖和外壳拉杆总成组成。滤芯的内层芯筒由薄铁皮制成，其上加工出许多圆孔。其外层由经过酚醛树脂处理的微孔滤纸折叠而成。滤芯用塑料与上下盖板黏合在一起。滤芯为一次性使用，装合后其两端由环形密封圈密封。机油由上盖上的下孔流入，通过滤芯滤清后，经上盖上的上孔流入主油道。当滤芯因过脏而堵塞，进、出油口压力差达到150～180 kPa时，旁通阀打开，机油直接进入主油道，保证主油道所需的机油量。

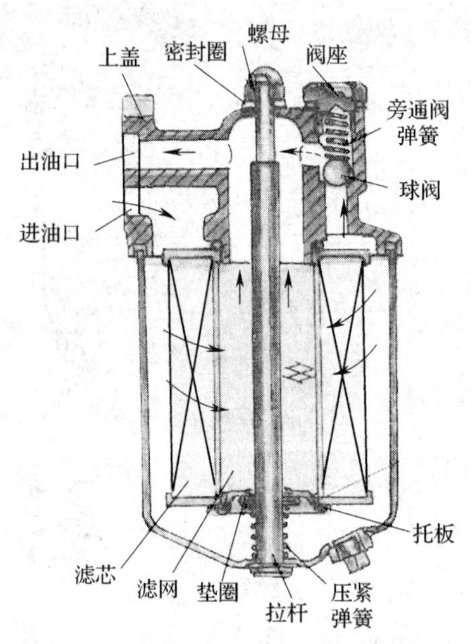

图6—1—13　机油粗滤器

1）纸质滤芯式机油粗滤器（图6—1—14）。

滤芯是用微孔滤纸制成的，为增大过滤面积，微孔滤纸一般都折叠成扇形和波纹形。微孔滤纸经过酚醛树脂处理，具有较高的强度、抗腐蚀能力和抗水湿性能，具有质量小、体积小、结构简单、滤清效果好、过滤阻力小、成本低、保养方便等特点。

2）锯末滤芯式机油粗滤器（图 6—1—15）。

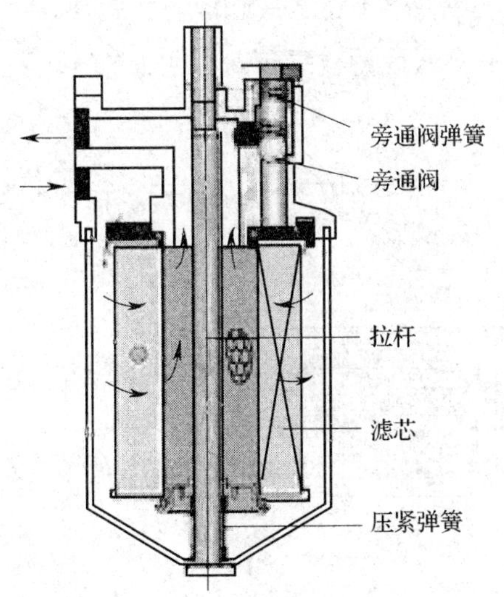


图 6—1—14 纸质滤芯式机油粗滤器

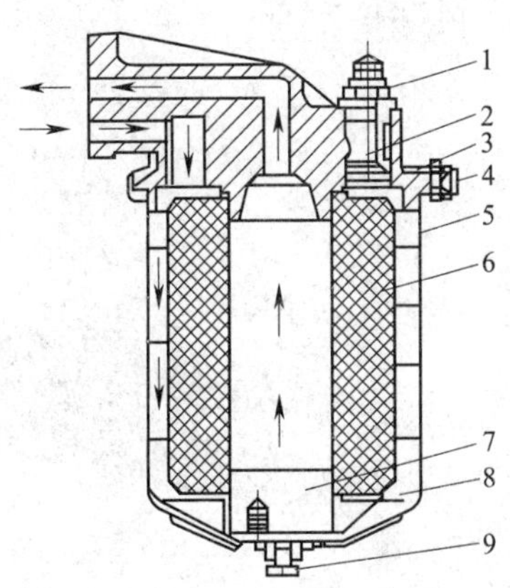


图 6—1—15 锯末滤芯式机油粗滤器

1—指示器 2—外壳座 3—密封圈 4—卡箍 5—外壳 6—滤芯 7—滤芯底座 8—压紧弹簧 9—放油螺塞

锯末滤芯式粗滤器滤芯为酚醛树脂黏结的锯末滤芯，其阻力小，滤清效果好，使用寿命长。

3）金属片式粗滤器（图 6—1—16）。

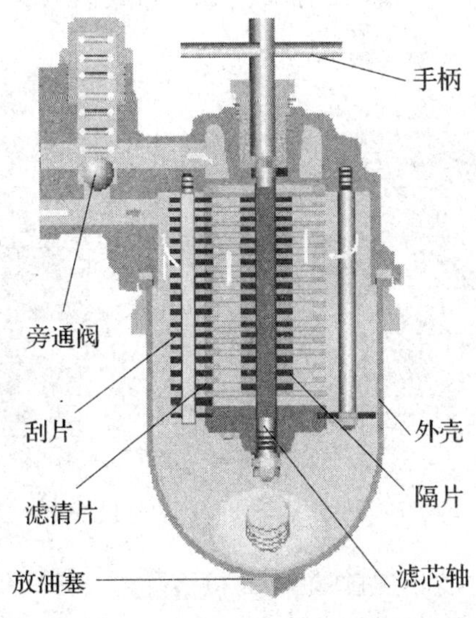


图 6—1—16 金属片式粗滤器

金属片式粗滤器由于质量大、结构复杂、制造成本高等缺点，已基本被淘汰。

(3) 机油细滤器

机油细滤器用以清除细小的杂质，它对机油的流动阻力较大，多数做成分流式，与主油道并联，只有少量的机油通过它滤清后又回到油底壳。细滤器有过滤式和离心式两种，过滤式机油细滤器存在着滤清能力与通过能力的矛盾。因此多数发动机采用离心式细滤器。

**6. 机油散热器**

机油散热器（图 6—1—17）的作用是保证机油保持在最有利的温度范围内（70～90℃）工作。

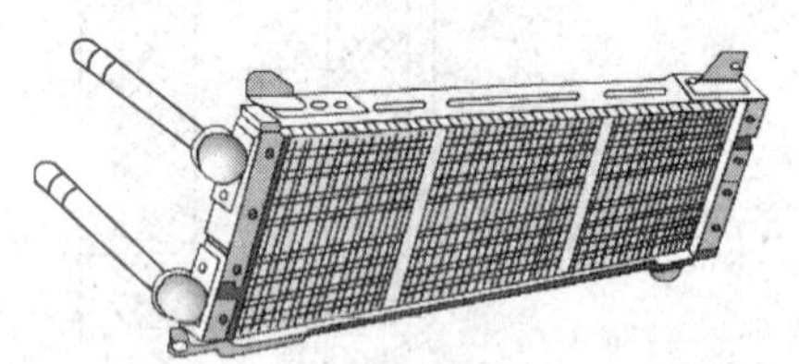

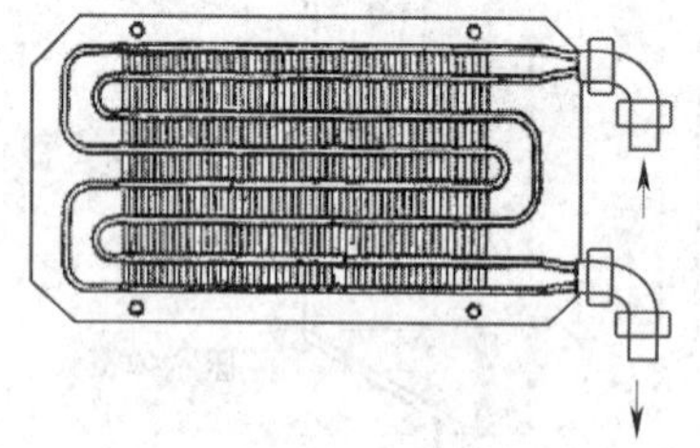

图 6—1—17 机油散热器

机油散热器有两种形式：风冷式和水冷式。

风冷式机油散热器一般安装在发动机冷却水散热器的前面，利用冷却风扇的风力使机油冷却。

水冷式机油散热器又称为机油冷却器，一般串联在机油粗滤器前，装在发动机冷却水管路中，用冷却水的温度来控制机油的温度。柴油发动机多采用这种机油冷却方式。

**7. 机油标尺**

机油标尺（图 6—1—18）用来检查油底壳中机油的存量。

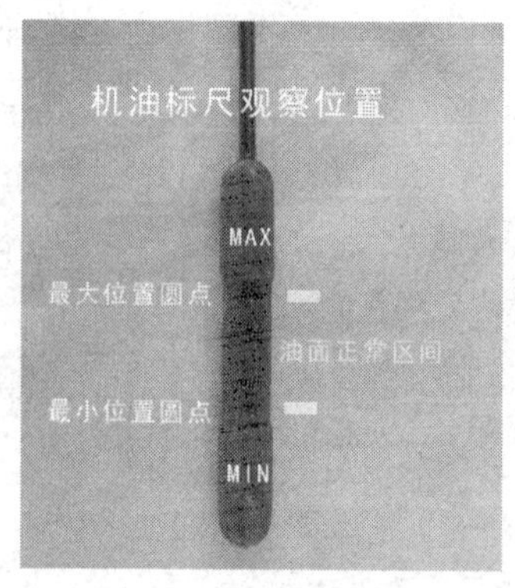


图 6—1—18 机油标尺

机油标尺是一根扁平杆插在气缸体油平面检查孔内。标尺的一端刻有 2/4、4/4 的刻线，机油的液面应处于 2/4 与 4/4 范围内，低于 2/4 表示机油不足，将影响润滑效果，甚至引起烧瓦抱轴等机械事故，应及时补充；高于 4/4 表示油面过高，将造成机油激溅加剧，发动机运动阻力增加等，应及时放出过多的机油。

### 8. 曲轴箱通风装置

一般汽车发动机有曲轴箱通风装置，以便及时将进入曲轴箱内的混合气和废气抽出，同时使新鲜空气进入曲轴箱，形成不断的对流。

曲轴箱的通风方式有自然通风和强制通风两种。

<table>
<tr><td>1. 自然通风<br>从曲轴箱抽出的气体直接导入大气中的通风方式称为自然通风，柴油机多采用这种曲轴箱自然通风方式。在曲轴箱连通的气门室盖或润滑油加注口接出一根下垂的出气管，管口处切成斜口，切口的方向与汽车行驶的方向相反。利用汽车行驶和冷却风扇的气流，在出气口处形成一定真空度，将气体从曲轴箱抽出</td><td>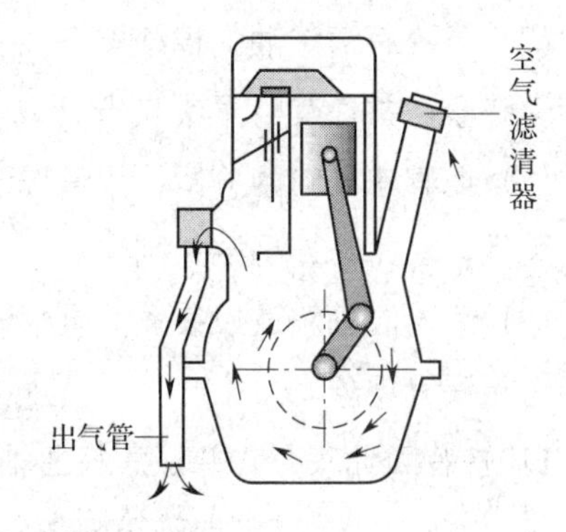
</td></tr>
<tr><td>2. 强制通风<br>从曲轴箱抽出的气体导入发动机的进气管，吸入气缸再燃烧的通风方式称为强制通风，汽油机一般采用这种曲轴箱强制通风方式。这样，可以将窜入曲轴箱内的混合气回收使用，有利于提高发动机的经济性。现代汽车发动机多采用闭式强制通风方式（简称 PCV 装置）</td><td>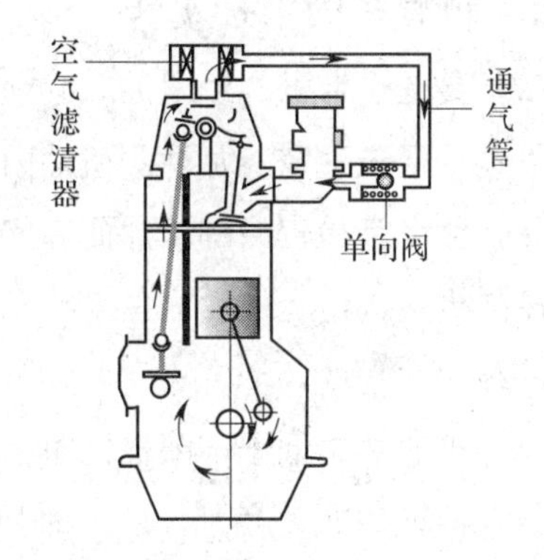
</td></tr>
</table>

曲轴箱通风装置设有单向阀（PVC 阀，图 6—1—19），它的作用是防止在发动机低速、小负荷时使进气管的真空度太大而将机油从曲轴箱内吸出。

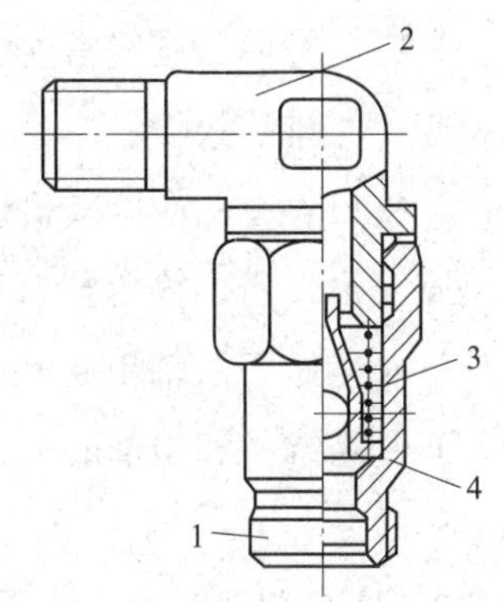

图 6—1—19　单向阀（PVC 阀）
1—阀体　2—阀座　3—弹簧　4—阀

## 五、润滑系的维护、诊断与检测

### 1. 润滑系的清洗

（1）在发动机热状态下，把曲轴箱和机油粗、细滤器的机油全部放尽。

（2）从加机油口加注相当于标准容量 60%～80%的清洗油（或经过滤清的优质轻柴油），然后使发动机怠速运转 2～3 min（或拆下全部火花塞，用手摇柄摇转曲轴 3～5 min）。

（3）清洗完毕后，放尽清洗油。

（4）取出粗、细滤器芯，用蘸有清洗油的棉纱擦净滤清器内腔。

（5）将粗滤器滤芯总成放在清洗油中用毛刷刷净，然后用压缩空气吹干净装回。

（6）把更换后的细滤芯用干净机油浸泡后装回，并向滤清器内加入新机油，装好细滤器盖。

（7）用蘸有清洗油的棉纱擦净油底壳内腔，刮除外部的油污，然后用清洗油由内至外将油底壳洗净，并使其自干或吹干。

（8）把集滤器滤网分解，用清洗油洗净，并疏通集滤器的管道，然后装回，注意防止集滤器装反，以免与连杆端头刮碰。

（9）清洁曲轴箱通风装置。拆下通风管和阀门，清洁后用压缩空气吹净，装回后检查各接头有无漏气现象。

（10）装回油底壳，并注意将曲轴箱与油底壳处的衬垫垫好，以防漏油。

（11）按规定标准向曲轴箱内加入新鲜机油。

**2. 润滑系的维护工作**

（1）要选用合格的润滑油。必须按说明书中的要求加注润滑油，尤其对进口、二冲程和增压发动机更应注意。加注的机油内不允许混入水、灰尘和杂质等。

（2）要经常检查曲轴箱油面高度，并保持油面高度不过高也不过低。新修的发动机应加入略多的机油，经运转后，停车检查油面高度，多则放，少则添。添加的机油必须与原用的机油等级相同。

（3）机油油面低于下限标记时，不许起动发动机；低于中间标记时，不许出车。

（4）检查油面高度时，应同时用手捻搓机油尺上的机油，检查其黏度及有无汽油或水泡。含水的机油呈灰色。

（5）发现润滑油变质、变色，油底壳沉积物过多或油中混入水、燃油时应及时更换。

（6）在运转中，应经常注意油压以及油温和油压警报器指示灯，发现不良现象时应及时停车检查，并排除故障。

（7）每日停车后应旋转机油粗滤器手柄 2～3 转和听察离心式转子机油细滤器的惯性运转“嗡嗡”声，若不符合要求，应及时进行检修。

（8）经常做好曲轴箱通风装置的维护、检修工作，确保油底壳内油质良好。

（9）利用维护和检修时机，对润滑油道或润滑系进行清洗，并按规定要求更换机油滤芯或滤清器。

（10）按车型规定的机油更换周期，结合机油品质情况及时更换机油。

（11）当更换不同牌号、不同厂家的机油时，须清洗整个润滑系，以防不同牌号的机油相互引起变质。

（12）应严格执行冬、夏交替的季节性换油制度。

（13）注意观察并记载机油消耗量，出现不正常情况应及时查找出原因。

### 3. 机油量的检查

用机油尺检查机油量是准确可靠的方法。检查发动机机油存油量时，必须将车辆停放在水平路面上，待发动机熄火数分钟后机油流回油底壳，再进行检查。应先拔出机油尺，擦干后重新插入曲轴箱内，第二次拔出机油尺的油迹显示才是正确的。检查机油尺上的机油面位置应在其上、下限标记之间。

### 4. 机油的牌号及更换方法

车辆每行驶一定的里程或一定的时间应更换机油一次。奥迪 100、桑塔纳车系发动机采用优质多级机油，如 API—SF 或 SE（或者生产厂家认可的国产机油），其更换里程为每行驶 7 500 km 更换一次。对于经常在尘土较大等恶劣道路条件下行驶的车辆，还要根据实际情况提前进行机油更换。其标准量为 3 L，包括滤清器存油 0.5 L，更换机油时只需更换 2.5 L 即可。如果机油滤清器可更换，则需加足 3 L 机油。

机油的更换方法：

（1）预热发动机，使机油热起。

（2）拧出发动机放油螺栓，放出机油。

（3）使用新的放油螺栓垫片，安装好放油螺栓，然后加注推荐品牌的机油。

（4）待机油面上升至机油尺上的规定高度后，运转发动机数分钟，检查有无机油渗漏现象，最后检查机油高度并视情添加。

**注意：**

长时间及频繁接触矿物油会使皮肤中的自然脂肪消失，导致皮肤干燥、疼痛及皮炎。此外，用过的机油中还会有可能导致皮肤癌的潜在有害污染物。所以，更换机油时应该小心，尽量减少皮肤接触用过的机油的次数和时间。应该穿戴机油不能渗透的防护服和手套。操作完毕后，应用肥皂和水（或无水洗手液）彻底清洗皮肤，以除去用过的机油。不要使用汽油、稀释剂或溶剂洗手。为了保护环境，用过的机油和机油滤清器一定要弃置在指定的弃置场地。

### 5. 机油滤清器的更换

车辆每行驶一定里程或一定时间应更换机油滤清器。

奥迪 100、桑塔纳车系发动机的机油滤清器在汽车行驶 15 000 km 后更换一次。对于经常行驶在恶劣道路条件下的汽车，还应经常检查机油情况，必要时提前更换机油滤清器。其更换方法如下：

（1）使用专用的滤清器扳手拆下机油滤清器。

（2）检查新机油滤清器上的螺纹和橡胶密封圈是否完好，然后清洁机油滤清器的安装表面，并在新的橡胶密封圈上涂一薄层发动机机油。

(3) 用手将滤清器旋进至橡胶密封圈被固定到滤清器座的安装表面上为止。

(4) 用机油滤清器扳手顺时针将滤清器拧紧7/8圈（其外圈有8个均布的数字)。

(5) 安装完毕，加注发动机机油至规定的高度，然后运转发动机数分钟，确认发动机机油无渗漏现象。

**6. 机油压力开关的检查**

机油压力开关安装在缸体的润滑油道上，它通过配线与机油压力指示灯相连接。点火开关接通时，机油压力开关应立即点亮，发动机起动后，应立即熄灭，否则说明润滑系机油压力不正常。遇到此情况，应先检查机油量、机油品质及机油渗漏情况，如均正常，则应检查机油压力开关。

(1) 从发动机机油压力开关上拆下黄/红导线。

(2) 检查机油压力开关正极端子与车体搭铁之间的导通情况。发动机熄火后，应为导通；发动机运转时，应不通。

(3) 如机油压力开关正常，则应检查机油压力。

**7. 机油压力的检查**

(1) 停熄发动机，装上外接转速表。

(2) 拆下机油压力开关，并在其螺纹孔中通过专用机油压力表接头安装机油压力表。

(3) 起动发动机，机油压力表如无压力显示，则应立即停熄发动机，检查机油泵是否工作，检查集滤器是否堵塞。

(4) 若机油压力表有显示，则继续运转发动机，待发动机达到正常温度（冷却风扇至少运转两次，相当于机油温度为80℃）后，检查机油压力表上的压力值，应符合要求。若机油压力不符合要求，则应进一步检查机油泵的技术状况及限压阀的调整情况。

**8. 润滑系的诊断与检测**

发动机润滑系的技术状况能直接影响整机的工作性能和使用寿命。使用中，润滑系有时产生机油压力变化、机油品质变化或机油消耗量增加过快等异常现象。这些异常现象除与润滑系本身技术状况有关外，还常常与曲柄连杆机构有关。

(1) 机油压力的观测

机油压力是发动机润滑系技术状况的重要指标。发动机在常用转速范围内，汽油机机油压力应为196～392 kPa，柴油机机油压应为296～588 kPa。如发动机油压在中等转速下低于147 kPa，在怠速下低于49 kPa，则发动机应停止运转。

(2) 机油压力的故障诊断

1) 机油压力过低。

故障现象：

发动机在正常温度和转速下，机油压力表读数低于规定值。

故障原因：

①机油压力表失准；机油压力传感器效能不佳。

②机油黏度降低。

③汽油泵膜片破裂使汽油漏入机油池或燃烧室未燃气体漏入机油池，将机油稀释。

④柴油机喷油器滴漏或喷雾不良，使未燃柴油流入机油池，将机油稀释。

⑤机油池油面太低。

⑥机油泵齿轮磨损、泵盖磨损或泵盖衬垫太厚造成供油能力太低。

⑦机油集滤器滤网堵塞。

⑧机油限压阀调整不当、关闭不严或其弹簧折断。

⑨内、外管路有泄漏之处。

⑩曲轴主轴承、连杆轴承或凸轮轴轴承磨损松旷、轴承盖松动、减磨合金脱落或烧损。

故障诊断与排除：

①用机油尺检测机油量并检查其黏度及品质。

②拆下机油传感器，短时间起动，如机油喷出无力，应查看机油泵限压阀弹簧是否有效，有无杂质卡在阀门上引起机油短路。

③再检查集滤器、机油管路、机油泵等有无堵阻和泄漏。

④检查曲轴和连杆轴承的配合间隙是否过大。

⑤如点火开关接通时就无油压指示，故障在机油表或传感器，可用对比法检查。

2）机油压力过高。

故障现象：

发动机在正常温度和转速下，机油压力表读数高于规定值。

故障原因：

①机油压力表或机油压力传感器失准。

②机油限压阀调整不当。

③机油池油面太高。

④机油变稠或新换机油黏度太大。

⑤通往各摩擦表面的分油道内积垢阻塞或主轴承、连杆轴承、凸轮轴轴承等间隙太小。

故障诊断与排除：

如机油压力过高，应立即熄火停车检查。

①先检查机油黏度是否过大。

②用对比法检查机油压力表和传感器是否失效。

③若以上正常，则应拆检限压阀是否调整过硬，再检查曲轴轴承和连杆轴承间隙是否过小。

④检查机油滤清器滤芯是否堵阻，旁通阀弹簧是否过软。

⑤检查缸体主油道是否堵阻。

3）机油消耗过大。

故障现象：

①发动机工作时，排气管冒蓝烟。

②发动机的机油消耗量超过 0.1～0.5 L/100 km（桑塔纳超过 0.15 L/100 km）。

③发动机和空气压缩机有渗漏处。

故障原因：

①气缸盖、气缸体、气缸盖罩不平或有损伤。

②油压过高。

③各密封衬垫有损坏或螺栓松动而渗漏。

④发动机前后油封磨损、损坏。

⑤活塞、活塞环及气缸壁磨损过度。

⑥曲轴箱通风不良，造成曲轴箱内压力过高。

⑦空气压缩机及管道接头等处有漏油现象。

故障诊断与排除：

①检查各油封及衬垫处有无漏油痕迹，进而检查螺栓是否松动，并紧固螺栓或更换衬垫、油封。

②发动机高速运转时，排气管冒蓝烟，且加机油口处有大量或脉动烟雾冒出，表明活塞环及气缸磨损严重，应解体修理。如仅是排气管冒蓝烟，可能是气门杆与导管磨损过量，应更换。

③拆下油压传感器，装上油压表，检查油道中的机油压力。油压过高时，应检查、调整机油限压阀。

④检查曲轴箱通风管是否堵塞，并视情况修复。

# 课题2　冷　却　系

**学习目标**

1. 掌握冷却系的作用、组成及工作原理。
2. 掌握冷却系主要机件的作用、结构、工作过程、拆卸步骤、维护及检修方法。
3. 熟悉冷却水大、小循环的循环路线。

发动机过热会导致发动机充气效率下降、燃烧不正常、功率下降、机体膨胀变形、磨损加剧，同时还会引起机油变质、变稀。

发动机过冷会使散热损失大、发动机功率下降、燃油凝结、燃油不易汽化、混合气燃烧不完全、机油黏度过大、功率消耗加大、磨损加剧。

发动机冷却系的作用是使发动机在所有工况下都保持在适当的温度范围内，防止发动机过热、过冷；起动后迅速升温，尽快达到正常工作温度。发动机冷却系统是保证发动机正常工作的关键。

发动机冷却系统根据冷却介质的不同可分为空气冷却系统（风冷）和水冷却系统，如图6—2—1所示。

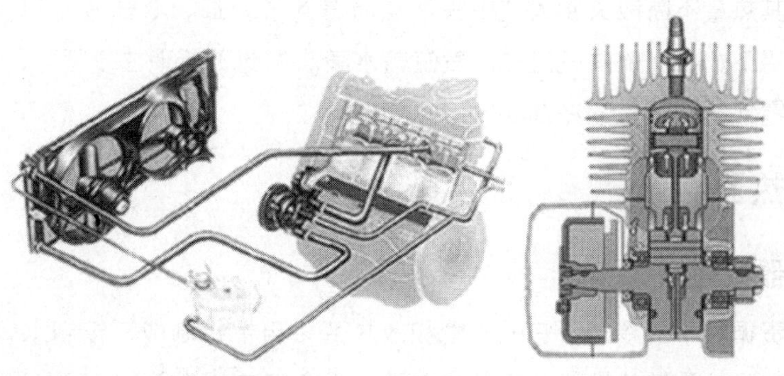


图6—2—1 不同冷却形式的发动机

把发动机中高温零件的热量直接散入大气而进行冷却的装置称为风冷系统，早期汽车大都采用风冷系统。

把热量先传给冷却水，然后再散入大气而进行冷却的装置称为水冷系统。由于水冷系统冷却均匀，效果好，而且发动机运转噪声小，目前汽车发动机上广泛采用的是水冷系统。

水冷与风冷系统的比较见表6—2—1。

**表6—2—1 水冷与风冷系统的比较**

| 系统 | 优缺点比较 | 适用范围 |
|---|---|---|
| 水冷 | 冷却强度大，易调节，便于冬季起动 | 广泛用于汽车发动机 |
| 风冷 | 冷却效果差，噪声大，功耗大 | 仅用于小排量及军车发动机 |

发动机水冷却系统主要由散热器、储液罐、节温器、水泵、缸体水道、缸盖水道、风扇等组成，如图6—2—2所示。

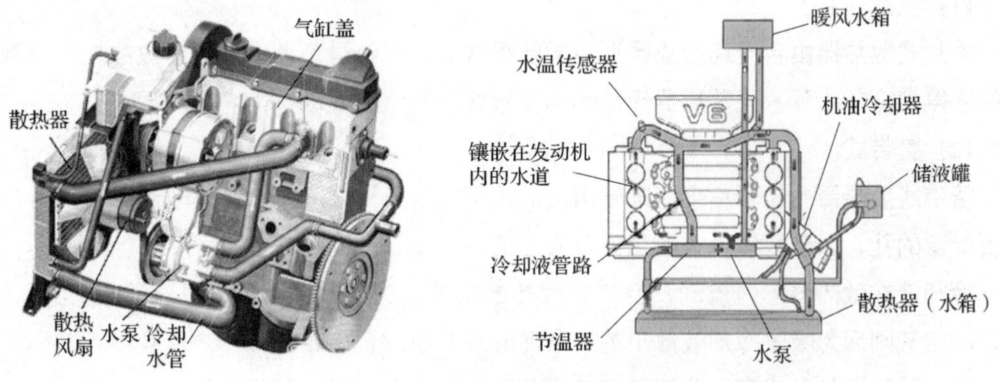


图6—2—2 发动机冷却系统的组成

发动机水冷却系统的工作原理是通过水泵将冷却液从机外吸入并加压，使之经分水管流入发动机水套。在此冷却液从气缸壁吸收热量，水温升高，流入气缸盖的水套，继续吸收热量，受热升温后的冷却液沿出水管流到散热器内。汽车在行驶时，外部气流由前向后高速从散热器中通过，散热器后部有风扇的强力抽吸。因而，受热后的冷却液在自上到下流经散热器的过程中，其热量不断散失到大气中去，从而得到了冷却。冷却液流到散热器的底部后，又在水泵的作用下，再次流向气缸体、气缸盖水套。如此不断地往复循环，使发动机在高温条件下工作的零件得到适宜的冷却。

## 一、散热器

### 1. 散热器概述

散热器负责循环水的冷却，它的水管和散热片多用铝材制成，铝制水管做成扁平形状，散热片带波纹状，注重散热性能，安装方向垂直于空气流动的方向，尽量做到风阻要小，冷却效率要高。

散热器芯的结构形式有管片式和管带式两种，如图 6—2—3 所示。

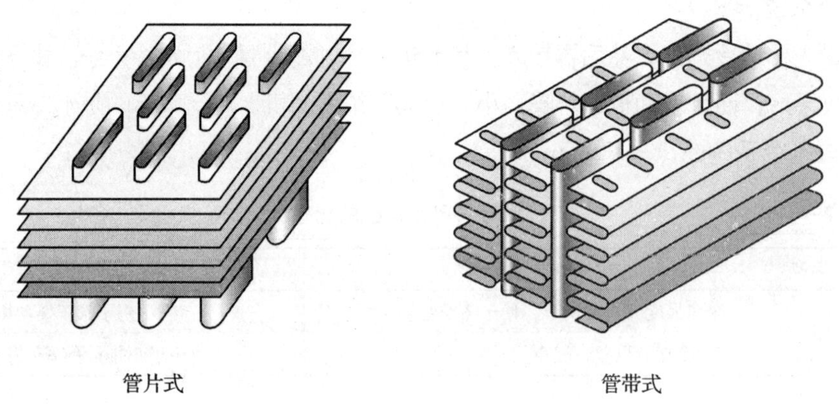


图 6—2—3 常用散热器芯的结构形式

(1) 管片式

管片式散热器由若干扁形或圆形冷却管组成。空气吹过扁形冷却管和散热片，使管内流动的水得到冷却。管片式散热器因结构刚度较好而在汽车发动机上广为使用。

(2) 管带式

管带式散热器由若干扁平冷却管组成。水管与散热器相间排列，在散热器带上常开有形似百叶窗的孔，以破坏气流在散热器表面上的附面层，提高散热能力。

冷却液在散热器芯内流动，空气在散热器芯外通过。热的冷却液由于向空气散热而变冷，冷空气则因为吸收冷却液散出的热量而升温，所以散热器是一个热交换器。

散热器的结构形式有纵流式和横流式两种，如图 6—2—4 所示。

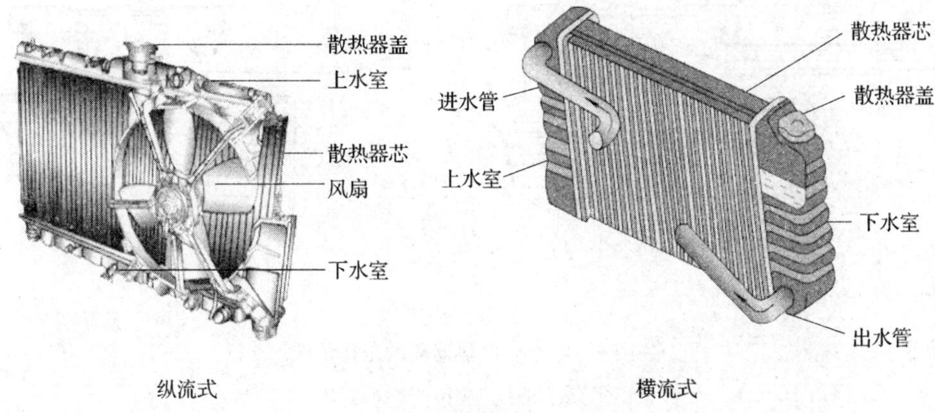


图 6—2—4　散热器的结构形式

散热器由上水室、下水室、散热器芯等组成。散热器上水室顶部有加水口，冷却水由此注入整个冷却系并用散热器盖盖住。在上水室和下水室分别装有进水管和出水管，进水管和出水管分别用橡胶软管和气缸盖的出水管和水泵的进水管相连，在散热器下水室的出水管上还有放水开关，必要时可将散热器内的冷却水放掉。

散热器盖主要由加水口盖、蒸气阀、空气阀、蒸气阀弹簧和空气阀弹簧等组成，如图 6—2—5 所示。

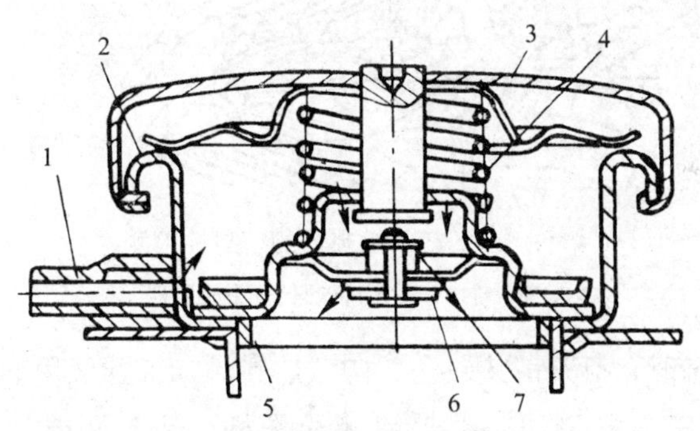


图 6—2—5　散热器盖的组成

1—通气口　2—散热器加水口　3—加水口盖　4—蒸气阀弹簧　5—蒸气阀　6—空气阀　7—空气阀弹簧

当发动机热状态正常时，冷却水路与大气隔开，当冷却水温升高，散热器中压力达到一定值（一般为 26～37 kPa）时，冷却系内水的沸点可达 108℃，蒸气阀开启（图 6—2—6a），水蒸气从蒸气阀经通气口排入大气或膨胀水箱，使散热器内的压力下降到规定值。目前，轿车的散热器盖的蒸气阀开启压力设计得较高，可达 98 kPa，其冷却水的沸点可达 120℃。

当冷却水温度下降，冷却系内的真空压力达到 10～20 kPa 时，空气阀被大气压力推开（图 6—2—6b），空气从通气口进入冷却系，以防止散热器芯被大气压坏。在发动机水温过高时打开散热器盖，散热器内的蒸气或沸腾的冷却水会因压力突然降低而从加水口喷出，造成危险。所以，在有些发动机散热器盖上装有手动减压装置。搬扭式水箱盖子减压比较容易且安全。

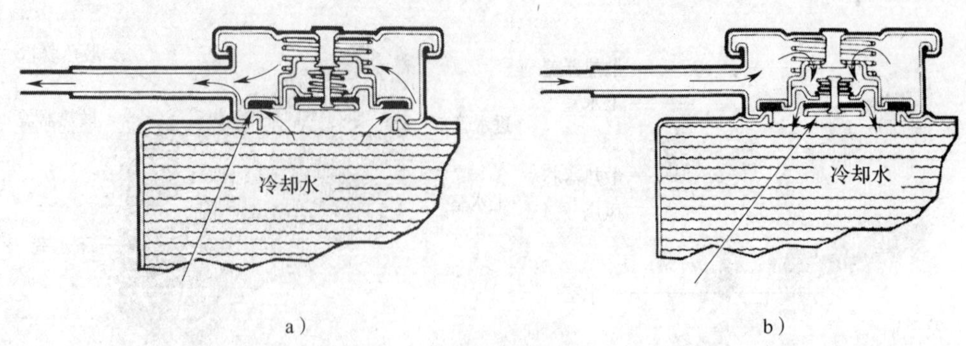


图 6—2—6 散热器盖的工作情况

a）蒸气阀打开 b）空气阀打开

**2. 散热器的密封性检测（图 6—2—7）**

散热器片如被弄弯或碰扁过多，散热器如严重变形或严重泄漏，则应更换散热器。检测散热器密封性的步骤如下：

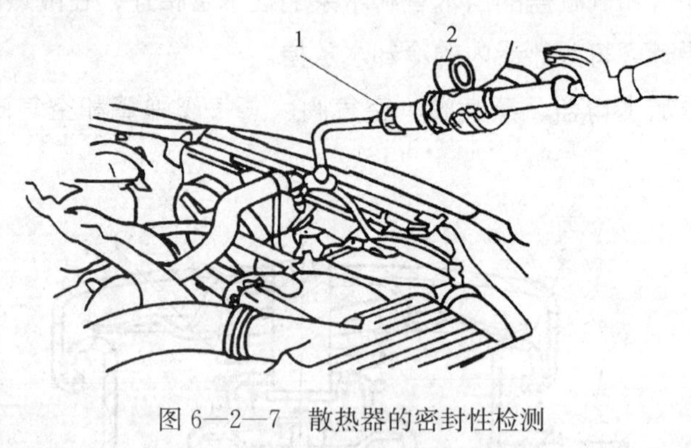


图 6—2—7 散热器的密封性检测

1—转接器 2—散热器压力检测器

（1）在发动机冷态时，打开散热器盖，向散热器添加推荐使用的冷却液至规定的位置。

（2）连接散热器压力检测器，推动检测器推杆，使检测器上的压力表上升至 93～123 kPa。

（3）观察压力表下降情况，视情检查冷却液渗漏部位并做好记号，以便焊修。如散热器芯管破损较多，则应更换散热器。

（4）检查冷却液中是否有机油以及机油中是否有冷却液，以判定是否存在内漏。

（5）拆下检测器重新装回散热器盖。

**3. 散热器盖的检查（图 6—2—8）**

（1）拆下节温器盖，使用冷却液浸湿散热器盖口，然后将它安装在散热器压力检测器上。

（2）推动检测器推杆，使检测器上的压力表压力升至 93～123 kPa。

（3）观察压力表的压力是否下降，如果下降则应更换散热器盖。

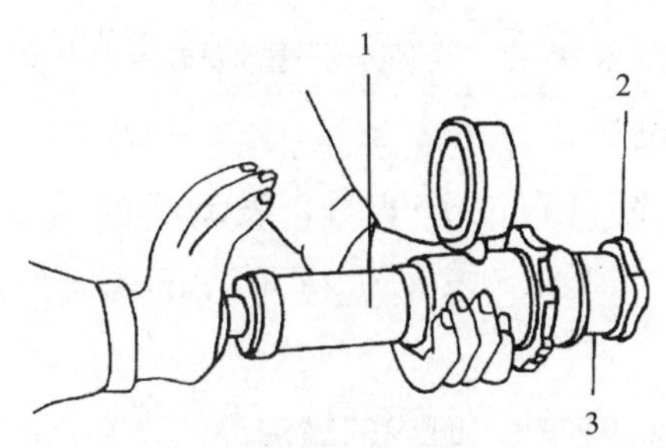


图 6—2—8　散热器盖的检查

1—散热器压力检测器　2—散热器盖　3—转接器

(4) 检查水箱盖有无磨损，垫圈有无破损。如果盖子密封不好，会损失冷却水，发动机会过热。

## 二、储液罐

储液罐（图 6—2—9）的功能是在密封的条件下最大程度地维持冷却系统内部压力。

当冷却水温度升高而体积增大时，液体压力将推开水箱盖活门，水箱中的水或蒸气会沿引水管进入储液罐。当冷却水的温度降低时，水箱内的压力下降，水沿原管路经水箱盖的进气阀门流回水箱。

储液罐本身具有一定的韧性，当系统内积聚了一定的压力时，储液罐通过自身的膨胀可起到减缓压力的作用。扣在储液罐顶上盖子的中心位置有个泄压阀，如果压力超出标准值，泄压阀会率先被撑开，以保证各个部件的安全。

储液罐上有两条刻线，冷却液应加到上刻线（FULL），当液面降到下刻线（LOW）时，应及时补充。

## 三、节温器

### 1. 节温器概述

节温器（图 6—2—10）的功用是根据冷却水温度的高低自动调节进入散热器的水量，改变水的循环范围，以调节冷却系的散热能力，保证发动机在合适的温度范围内工作。

图 6—2—9　储液罐

图 6—2—10　节温器

节温器必须保持良好的技术状态，否则会严重影响发动机的正常工作。如果节温器主阀门开启过迟，会引起发动机过热。

当发动机的工作温度过高（超过100℃），发动机中的冷却水就会达到沸点进而沸腾，这种现象就是常说的“开锅”，发动机将无法正常运转，会减少发动机的使用寿命。

主阀门开启过早，会造成发动机气缸内的燃油混合物雾化不良，再启动尤其是冷启动的时候会造成延长热车时间，在极端的情况下甚至永远无法达到正常的工作温度。这不仅对发动机会造成损害，甚至会危及行车安全。

发动机多采用蜡式节温器（图6—2—11），其主要由支架、主阀门、副阀门、石蜡、推杆、胶管、弹簧、节温器外壳等组成。

常温时，石蜡呈固态，弹簧将主阀门推向上方，使之压在阀座上，主阀门关闭，而副阀门随着主阀门上移，离开阀门座，小循环通路打开。

如图6—2—12所示，当发动机水温升高时，石蜡逐渐变形为液态，其体积膨胀，迫使胶管收缩，而对推杆锥状端产生上举力。固定不动的推杆对胶管、节温器外壳产生向下的反推力。当发动机达到一定水温时，这个反推力可以克服弹簧预压力，主阀门开始打开，部分冷却液开始进行大循环。当水温超过一定温度时，主阀门完全打开，而副阀门正好完全关闭了小循环通路，这时来自气缸盖出水口的冷却水沿出水管全部进入散热器冷却，进行大循环。

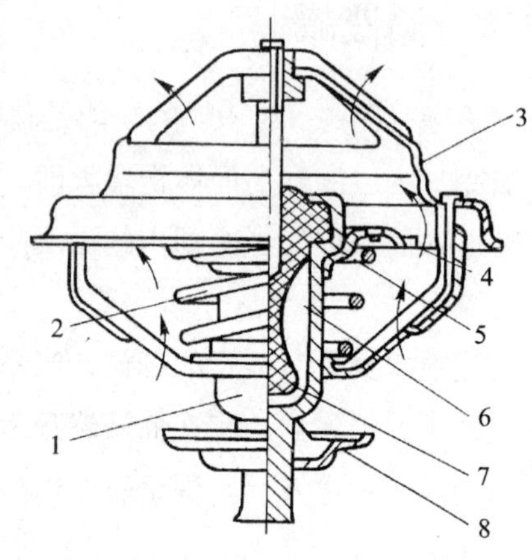


图6—2—11 蜡式节温器的结构

1—节温器外壳 2—弹簧 3—支架 4—主阀门 5—推杆 6—石蜡 7—胶管 8—副阀门

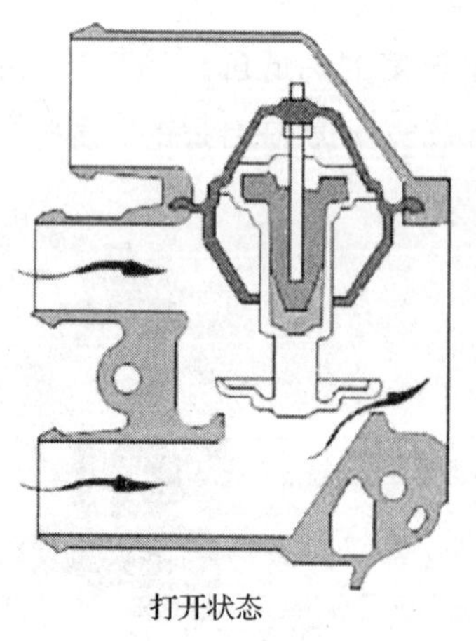
打开状态

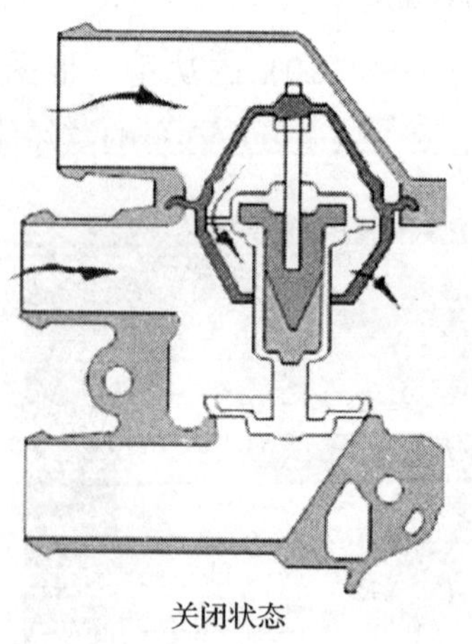
关闭状态

图6—2—12 节温器的工作状态

## 2. 冷却系的大、小循环

(1) 水冷却系的大循环

冷却水经水泵—水套—节温器—散热器，又经水泵压入水套的循环，其水流路线长，散热强度大，称为水冷却系的大循环，如图 6—2—13 所示。

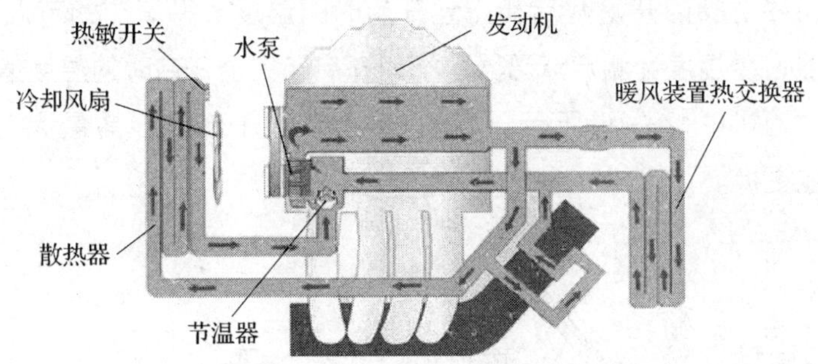


图 6—2—13　冷却系的大循环

(2) 水冷却系的小循环

冷却水经水泵—水套—节温器后不经散热器，而直接由水泵压入水套的循环，其水流路线短，散热强度小，称为水冷却系的小循环，如图 6—2—14 所示。

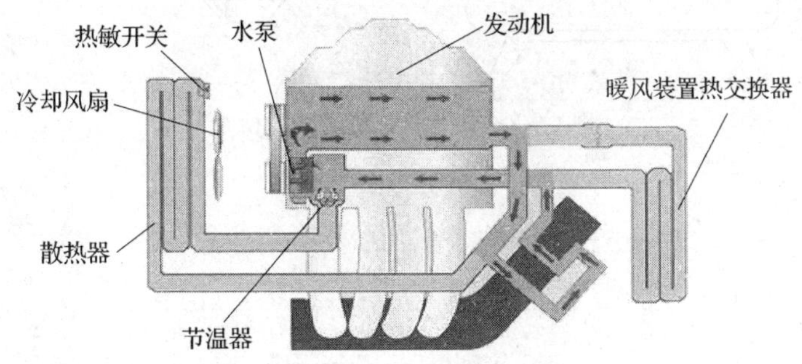


图 6—2—14　冷却系的小循环

现在的很多汽车配备了电子节温器（图 6—2—15），相比较于蜡式节温器，电子节温器从结构上看工作更稳定，并且在控制上也会更加灵活。

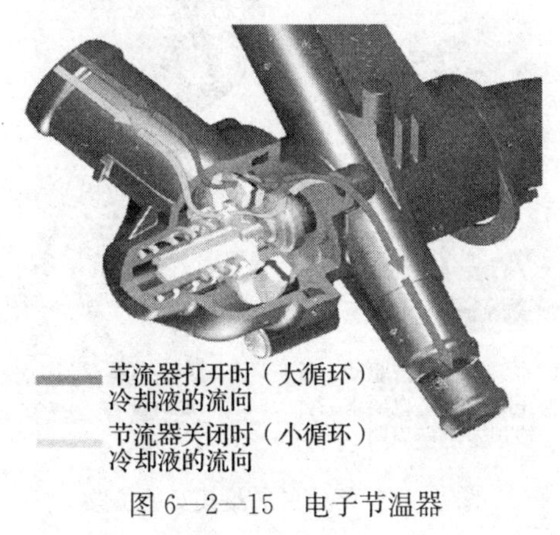


图 6—2—15　电子节温器

无论节温器是什么类型，它们都是为了实现冷却系统在两个循环方式间的相互切换。

### 3. 蜡式节温器的检查

(1) 检查节温器主阀门与其阀座是否有异物黏附，必要时应予以清理或更换节温器。

(2) 检查节温器主阀门是否在室温下开启，若开启，则予以更换。

(3) 检查节温器主阀门开始开启和完全开启时的温度。将清洁的节温器悬置于水容器中，然后加热容器，用温度计测定节温器主阀门开启和完全开启时的温度值，检查主阀门完全开启的升程，如图 6—2—16 所示。当主阀门完全开启时，其最大升程值应不小于 10.0 mm，否则应更换。

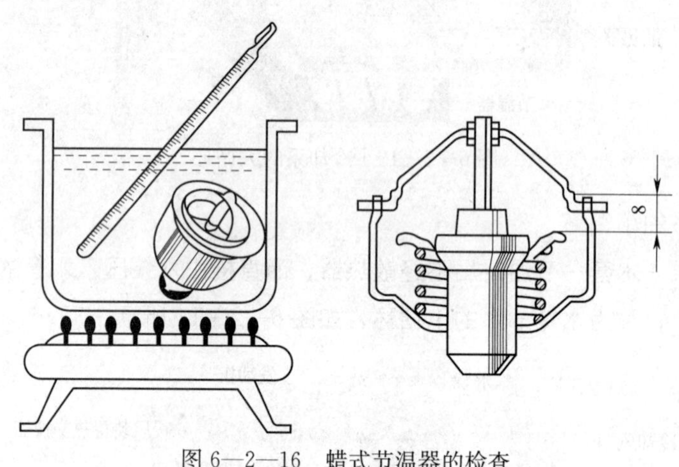


图 6—2—16 蜡式节温器的检查

## 四、水泵

### 1. 水泵概述

水泵（图 6—2—17）是冷却系统中相对核心的部件，它的作用是对冷却水加压，加速冷却水在水路中的循环流动，保证冷却可靠。

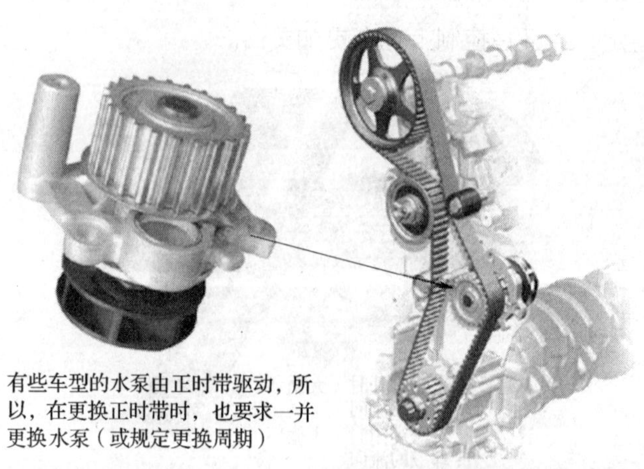


图 6—2—17 水泵及其安装位置

大部分汽车发动机采用离心式水泵，其具有结构简单、尺寸小、排量大、维修方便等优点。水泵的曲轴通过齿轮、皮带等驱动。

离心式水泵（图 6—2—18）主要由泵壳、泵盖、叶轮、水泵轴、轴承、带轮、水封等组成。

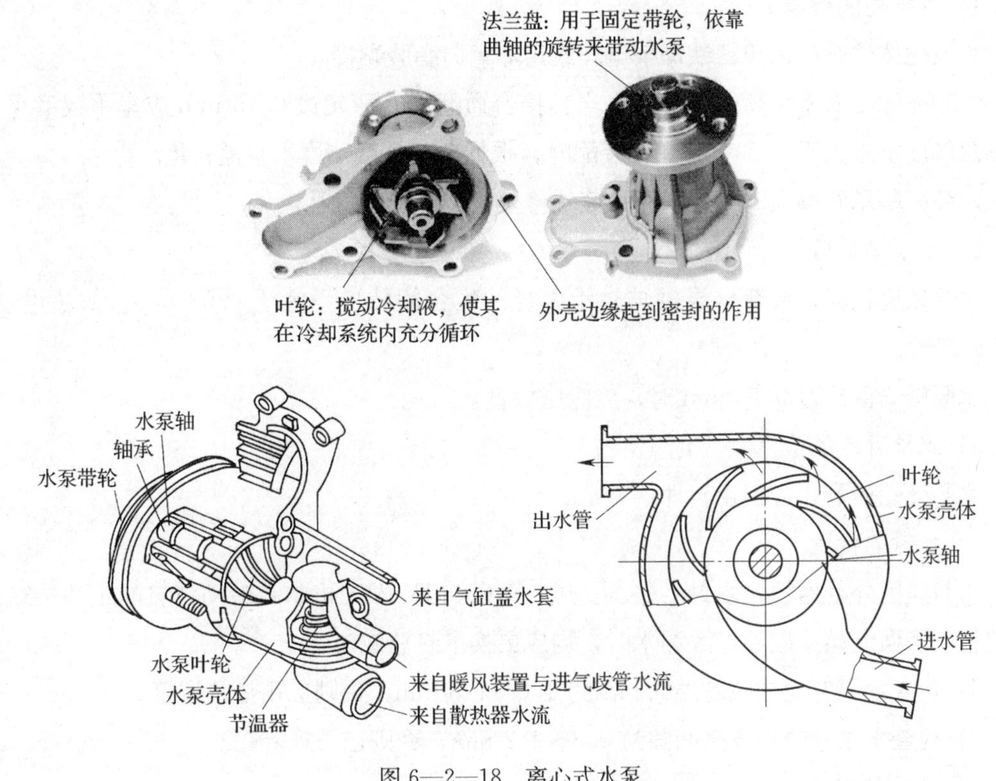


图 6—2—18　离心式水泵

发动机工作时，通过 V 形带轮带动水泵轴转动，水泵中的冷却液被叶轮带轮一起旋转，并在自身离心力的作用下，向叶轮的边缘甩出，然后经外壳上与叶轮成切线方向的出水管被压送到发动机水套内。同时，叶轮中心处压力降低，散热器的冷却液经进水管被吸到叶轮中心处。

## 2. 水泵的拆装（上海桑塔纳 JV 发动机水泵）

(1) 水泵的拆卸

1）排空冷却系内冷却液。

2）松开发电机螺栓，取下水泵 V 带。

3）拆下各连接水管，拆下水泵壳体与气缸体的连接螺栓。

4）对角拧松水泵壳与水泵轴承壳的紧固螺栓，使水泵壳与水泵轴承壳分开。

5）拧下内六角螺栓，取下水泵带轮、水泵凸缘及水泵轴卡环。

6）拆下水泵叶轮与水封总成。

7）从水泵叶轮方向压出水泵轴承。

8）拆下节温器盖，取出节温器。

(2）水泵的检修

水泵常见的损伤有：水泵壳体渗漏或破裂变形、水泵叶轮破裂、水封损坏、水泵轴与轴承磨损、轴承座孔磨损。

1）水泵壳的检修。

水泵壳体砂眼可采用铸铁焊条电焊或用环氧树脂胶黏接。

水泵壳体平面发生翘曲变形时，当其接合面翘曲变形超过 0.15 mm 应车平或磨平，但车削总厚度不应大于 0.50 mm。在装配时，根据车削厚度加厚水泵盖衬垫。

水泵壳轴承孔磨损时，可采用镶套法修复，然后镗出座孔。

2）水泵轴的检修。

水泵轴磨损时，检查水泵轴与轴承内径的配合间隙应不大于 0.03 mm，如超过规定，应换用新件。

水泵轴弯曲超过 0.50 mm 时，应冷压校直。

3）水泵叶轮的检修。

水泵叶轮破裂，应换用新件。

4）水封的检查。

水封座圈外径磨损，水封老化、变形，桑塔纳 JV 发动机水封转动环与静止环接触面磨损起槽，表面剥落或破裂导致漏水时，均应更换水封总成。

5）检查水泵叶轮与泵盖端面间隙为 1.0～1.8 mm，否则应用垫片调整。

6）检查水泵叶轮与泵壳间隙为 0.8～2.2 mm，否则应更换叶轮。

(3）水泵的装配

安装的基本顺序与拆卸顺序相反。除了更换衬垫与密封圈外，其余各零件均应进行清洗、检查和测量。

(4）水泵装复后的试验

水泵装复后应进行性能试验，一般采用经验法试验。具体步骤如下：

1）用手转动带轮，泵轴转动应自由，叶轮与泵壳应无碰擦感觉。

2）用手转动带轮，测试径向间隙，应无松旷感觉，前后拉动带轮，测试轴向间隙，允许稍有旷动为宜。

3）堵住水泵进水孔，将水灌入水泵腔中，转动水泵轴，泄水孔应无漏水现象。

## 五、风扇

### 1. 风扇概述

风扇通常安排在散热器后面，用来提高流经散热器的空气流速和风量，增强散热器的散热能力，同时对发动机其他附件也有一定的冷却作用。

在传统汽车上，冷却系统风扇由发动机直接驱动，汽车发动机上装有不同形式的冷却风扇离合器。

离合器装在风扇的传动系中，以改变风扇的转速或工作状态，从而改变冷却系的冷却强度，使之适应发动机的各种环境和工况，减少功率和燃料的消耗，降低噪声。

应用最广泛的离合器有硅油式、电磁式和气动式离合器。小型发动机多采用硅油式离合器（图 6—2—19），即在风扇和风扇带轮之间布置一个硅油离合器，利用冷却液温度传感器控制硅油的流向，从而改变硅油离合器的输出转速。

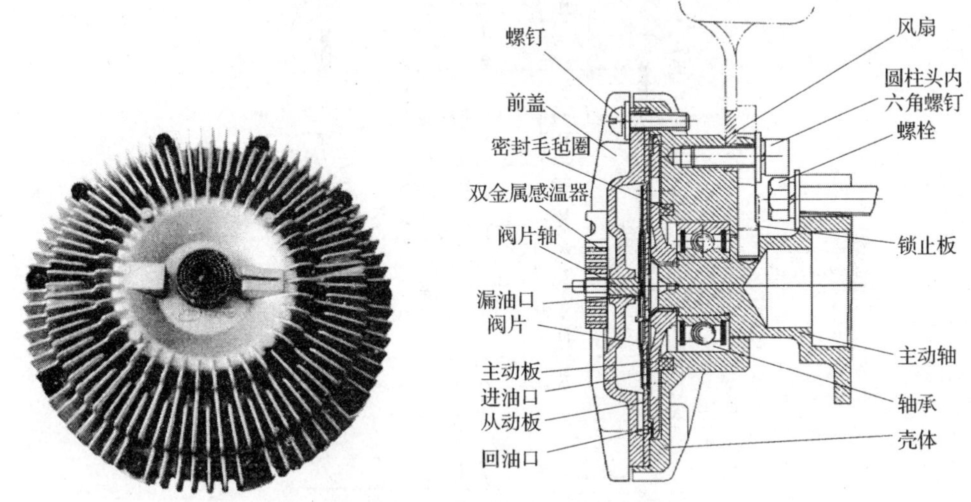


图 6—2—19 硅油式离合器

传统汽车冷却系统风扇的冷却强度直接受控于发动机转速，不能根据冷却液的温度进行自动调节。无法实现冷却液温度低时，风扇停止运转；冷却液温度高时，风扇快速运转，将温度控制在最佳温度范围内。在现代汽车上，冷却系统普遍使用了电子控制冷却风扇（图 6—2—20）。

图 6—2—20 电子控制冷却风扇

电子风扇由散热器上的温度控制热敏开关控制，风扇转速与发动机工作温度以及空调是否工作对应。发动机负荷减小，温度下降或空调关闭时，风扇电动机会自动关闭停止工作。当发动机工作温度达到限定值（如 105°C）以上时，风扇电动机会自动变为高转速挡。

桑塔纳电子风扇控制电路如图 6—2—21 所示。

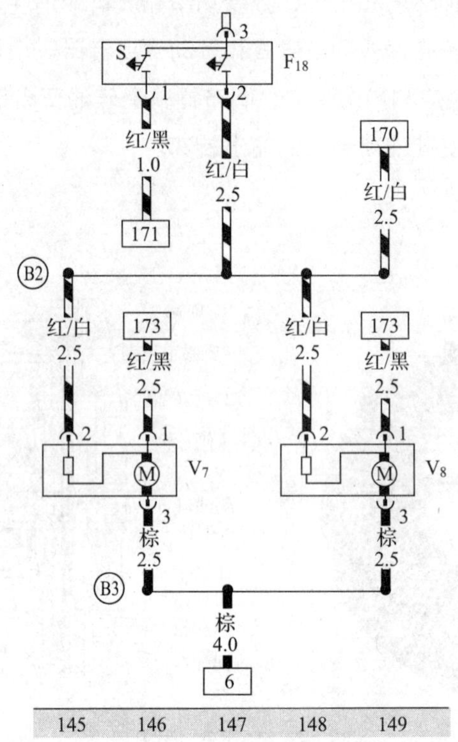


图 6—2—21 桑塔纳电子风扇控制电路

$F_{18}$—热敏开关 $V_7$、$V_8$—电子风扇

桑塔纳 2000 AJR 发动机由温控电子风扇调节流经散热器的冷却空气量。电子风扇由热敏开关控制。

风扇 1 挡（低速），转速为 1 600 r/min，工作温度为 93～98℃，关闭温度为 88～93℃。

风扇 2 挡（高速），转速为 2 400 r/min，工作温度为 105℃，关闭温度为 93～98℃。

## 2. 风扇的检修

（1）风扇叶片的检查

风扇叶片出现变形、弯曲、破损后，应及时更换。由于风扇连接板强度不足或其他原因，使风扇叶片向前弯曲或扭转变形，破坏了风扇叶片原设计的角度，使其丧失平衡性能，不但影响通过散热器的空气流速和流量，降低了散热器的冷却能力，甚至打坏散热器，加速水泵轴承、水封的损坏，还会大幅度增大风扇的噪声。

发动机热态时，即使发动机已熄火，风扇仍可能转动。

如果冷却液温度很高但风扇不转，应检查熔断器。若熔断器完好，则应停机检查温控开关，必要时检查风扇电动机的性能或更换有关部件。

(2) 电动风扇热敏开关的检查

桑塔纳 2000 AJR 发动机电动风扇热敏开关的检查方法：将电动风扇热敏开关放入加热的水中，用万用表测量。

低速挡在水温达到 93～98℃时应导通，当水温达到 88～93℃时应断开。

高速挡在水温达到 105℃时应导通；93～98℃时应断开。否则，应更换电动风扇热敏开关。

## 六、冷却系的维护

### 1. 检查项目

发动机冷却系的检查项目有检查冷却液是否足够，冷却系是否泄漏，水箱盖密封性是否符合标准等。

(1) 检查储液罐里冷却液的液面是否在两刻线之间（图 6—2—22），若低于下刻线，应及时补充。

(2) 检查储液罐盖的密封性是否良好，如图 6—2—23 所示。

(3) 在水箱盖上装上测试仪，加压后检查水箱和各水管是否漏气，各接头是否松弛，如有应及时处理。

(4) 检查水箱盖的密封性（图 6—2—24）。

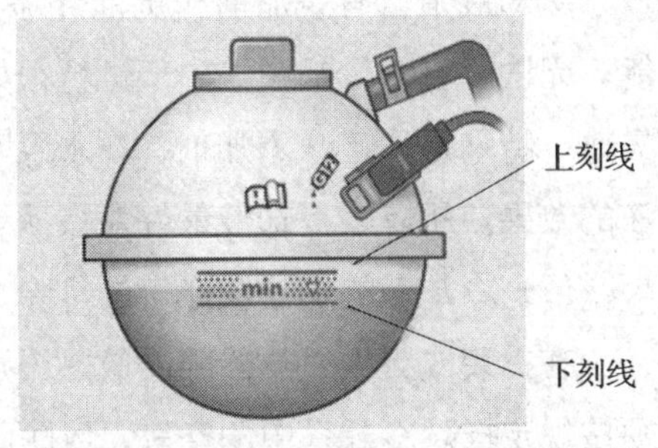

图 6—2—22　检查冷却液液面

图 6—2—23　检查储液罐盖

图 6—2—24　检查水箱盖的密封性

### 2. 冷却系的保养

发动机冷却系每年至少检查一次，冲洗一遍，并注入新的冷却液。如果冷却液在系统内存放太久会失去防锈、防腐的效力。如果冷却液含水太多就不能防冻。

应检查水箱盖的使用时间及损坏情况。检查风扇皮带和其他驱动皮带，并调得松紧合适。落在水箱表面和空调冷凝器上的树叶、昆虫和其他碎片都要除去，以便通风良好。软管夹头要拧紧，软化破裂的软管要更换。在靠近软管、水泵等部位出现水珠、积锈或变色，就表明该处有渗漏，在注入新鲜冷却液之前必须修好。

### 3. 冷却液的维护

(1) 冷却液的作用

现代汽车发动机的冷却液(图6—2—25)除冷却功能外，还必须解决穴蚀、化学腐蚀、电解腐蚀和水垢等四大问题，所以进口汽车发动机冷却液中都含有各种化学添加剂。化学添加剂的作用有：缓冲作用、防腐蚀作用、防止产生水垢和发动机传热面结污作用、防穴蚀作用、防止泡沫作用等。

发动机冷却液由乙二醇、防腐蚀添加剂、抗泡沫添加剂和水组成，其中，乙二醇是扩大液体适应温度区间的核心成分。通过与水的融合，冷却液可在－60～197℃内不沸腾、不结冰，厂家会根据地区以及使用情况的不同来调整冷却液中乙二醇的添加比例。

冷却液中含有添加剂和抗泡沫添加剂，这些添加剂会在使用过程中逐渐丧失应有的功能，无法一直对冷却系统内部进行很好的保护，即使冷却系统没有发生泄漏，但由于添加剂失效，特别是抗泡沫添加剂，在水泵叶轮的搅动下，会使冷却液产生气泡，会大大削弱冷却液的效果。所以，冷却液最好能按期更换。

(2) 冷却液的加注及空气的排除

在拆装或更换散热器并向散热器加注冷却液后(包括拆装或更换冷却系其他零件)，必须按规定排除冷却系中的空气，以防降低水泵的泵水量，并造成冷却系金属表面的氧化腐蚀和机械剥落。

冷却液的加注(图6—2—26)及空气的排除方法如下：

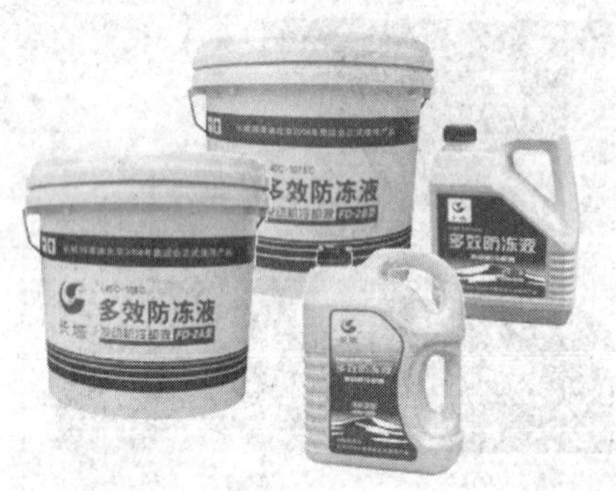

图6—2—25 发动机冷却液

图6—2—26 发动机冷却液的加注

1) 起动发动机，将暖风机加热器温度控制刻度盘指针调至最大值，以使冷却液充分循环。待发动机热起来后，重又停熄发动机。

2) 确认发动机冷却后，拆下散热器盖。

3) 拧松散热器的放水螺塞，排出冷却液。

4) 从缸体后拆下水套放水螺栓，使冷却液排空。

5) 在缸体放水螺塞上涂上一层密封胶，并更换新垫圈，然后按规定力矩拧紧该放水螺栓。

6）拧紧散热器放水螺塞。

7）重新安装膨胀水箱，并先加注水至其上限标记的一半处，再加注推荐使用的防冻液至上限标记处（即水：防冻液=1：1）。

8）用干净的容器，使推荐的防冻液和水等量相混合。

**注意：**

应使用本车要求的防冻液，否则将会引起冷却系锈蚀和失效。

车辆使用一年后，冷却液的浓度必须保持在50%～60%之间，浓度过低，防腐抗冻能力差；浓度过高，冷却液效率将降低。不可添加任何防腐剂、防锈剂或抑制剂。

9）拧松节温器壳体上的放气螺栓，向散热器加注冷却液至其加注口颈部；谨防冷却液溅到电器元件与车身油漆表面。若不慎溅出，应立即用水清洗，并注意防止电器元件短路。

10）当冷却液开始稳定地从放气螺栓中流出时，迅速拧紧放气螺栓。

11）在散热器盖开启的状况下，启动并运转发动机至正常温度（冷却风扇至少运转两次），然后添加冷却液混合物至散热器加注口颈部。

12）拧紧散热器盖，运转发动机并检查冷却系有无渗漏。

（3）冷却液的检查

加有长效冷却剂的冷却液，在工作一段后，应打开水箱盖进行检查，当水箱出现水污、水锈和沉淀物时，应及时更换冷却液。更换时应彻底放尽原有冷却液，最好再用酸性溶液清洗一遍。在加新的冷却液时，应按厂家说明加入添加剂。水箱加满冷却液后，应起动发动机，检查有无泄漏，并再次检查冷却液量。如果液面处于刻度线下限，就应添加冷却液，使之达到上刻度线为止。还应检查冷却液质量以及检查冷却液的含油量和水垢。

## 七、冷却系的检测与诊断

冷却系能维持发动机在最适宜的温度下工作，经长期使用后，冷却系技术状况发生变化，再加上使用不慎、操作不当和机件损坏等因素，发动机会出现漏水、过热、过冷等常见故障。

### 1. 漏水

（1）故障现象

冷却水日耗量较大；停车后明显看到有冷却水滴落在地面；有时发现机油池内有水。

（2）故障原因

1）缸盖、缸体变形或裂纹。

2）缸盖螺栓松动或未按规定顺序上紧。

3）气缸衬垫损坏。

4）水套侧盖衬垫损坏、螺钉松动，或螺钉未按规定顺序上紧。

5）散热器上下水室、芯管破裂或开裂。

6）放水开关关闭不严。

7）橡胶软管破裂或卡子松动。

8）水泵衬垫损坏、螺钉松动或水封失效。

9）温式缸套下端封水不佳或密封条损坏。

10）机体上的水堵封水不严。

(3) 故障诊断与排除

诊断发动机漏水通常采用检视的方法，即冷却水从哪儿漏出来，就说明故障部位在哪儿。水封虽然装在水泵内部，当其漏水时也能检视出来。如发现水泵壳体下部的泄水孔处漏水，说明水封损坏。当发现机油池内有水时，如气缸衬垫完好，缸盖螺栓也未松动，则为湿式缸套下端封水不佳或密封条损坏。

**2. 过热**

(1) 故障现象

运行中的汽车，水温表指针经常指在100℃以上，且散热器伴有“开锅”现象；发动机易发生突爆或早燃。

(2) 故障原因

1）冷却系中水量不足。

2）风扇皮带打滑或断裂。

3）点火时间或供油时间太晚。

4）混合气太稀或太浓。

5）突爆或早燃。

6）燃烧室积炭太多。

7）气缸衬垫太薄或缸体、缸盖接合面磨削过多。

8）风扇离合器结合时机太晚。

9）散热器下部出水管冻结或堵塞。

10）散热器上部回水管凹瘪或堵塞。

11）水泵泵水效能欠佳或水泵轴与叶轮脱开。

12）节温器主阀门打不开或打开太迟。

13）散热器和水套内沉积的水垢、锈污太厚。

14）分水管锈烂，分水能力丧失。

15）机油油面太低、机油太稠、机油老化变质，致使润滑性能、散热性能降低。

16）汽车超载、长时间用低挡行驶、爬越长坡、天气炎热或在高原地区行驶。

(3) 故障诊断与排除

1）冷却水量足但发动机过热。

①检查风扇叶片是否变形。

②检查风扇皮带松紧度是否适当，皮带是否打滑。

③若以上检查良好，再检查水循环系统是否正常，胶管是否吸瘪，管壁是否脱层，节温器是否失效，散热器是否堵塞，叶片是否倾倒过多，缸体水套是否积垢太多，分水管是否损坏或堵塞。

④若通过以上检查，发动机仍然过热，则应考虑技术使用方面的原因。如点火时间是否过迟，排气门间隙是否过大，混合气是否过浓或过稀，燃烧室内积炭是否过多，以及油底壳机油量是否不足。

2）冷却水量不足引起发动机过热。

①首先检查冷却水容量是否足够，散热器是否良好，冷却系各部是否漏水，若上述均符合要求，应检查散热器和缸体水套内的水垢沉积堵塞情况。

②在严寒季节和地区行驶的车辆，应特别注意检查散热器是否结冰。

③检查水泵泄水孔是否漏水。

④若冷却系外部并不漏水，而冷却水消耗仍然较快，则应检查冷却系内部有无漏水。同时还应检查散热器盖的排气阀是否失效。

**3. 过冷**

（1）故障现象

冬季运行的汽车，在水温表和水温传感器技术状况完好的情况下，发动机达不到正常工作温度；发动机动力不足，油耗增加。

（2）故障原因

1）未装节温器或节温器损坏。

2）风扇离合器结合太早。

（3）故障诊断与排除

1）检查发动机润滑油量。若过多，应从放油螺塞处将其放入油盆中，保留适量润滑油。

2）检查节温器是否失效。若失效，应立即更换。

# 单元七　发动机总装与检测

## 课题 1　发动机总成装配及竣工验收

**学习目标**

1. 了解发动机总装要求。
2. 掌握发动机总装技术及调整方法。
3. 掌握发动机的装配顺序。
4. 掌握发动机的磨合与验收方法。

### 一、发动机总成准备

发动机的装配与调试是发动机修理的一道重要工序。这道工序完成的好坏将直接影响大修后的发动机能否正常运行，发动机性能能否完全恢复。

发动机的装配应有一个科学合理的工艺过程。工艺过程的安排必须根据发动机本身的结构、特点、工具设备、技术条件和劳动组合等来安排。

#### 1. 发动机装配前的准备工作

按规定配齐全部衬垫、螺栓、螺母、垫圈、开口销和锁环等零件，并准备适量的密封胶及机油、润滑脂等常用润滑油料。发动机装配前应再次清点各零件是否备齐，同时对可预装的总成和部件应仔细清洗后进行预装。装配前必须按要求认真清洗零件及工具，保持装配工作场地清洁，工作台、工具应安放有序。

#### 2. 发动机装配的技术要求

（1）拧紧螺栓、螺母，应用适合的扳手按一定顺序和力矩拧紧，对称的螺栓应交错分 2～3 次拧紧。螺栓在螺母拧紧后应露出螺纹不少于 2 牙。对有规定力矩的螺栓、螺母，需用扭矩扳手按规定力矩拧紧。

（2）间隙配合件的零件表面在装合时应涂上润滑油。

（3）过盈配合件装配时应使用压床或专用的压入工具，如需在零件表面施以压力或锤击时，必须垫以软金属块或使用铜冲头。

（4）对有装配记号的零件必须按记号装配。

（5）各部位的密封衬垫和油封必须换用新件。

### 二、发动机的总装

由于发动机的结构不同，以及修理厂技术装备等方面的差异，因此不可能有完全相同的发动机装配工艺，应按照各制造厂维修手册中规定的程序去做。一般来说，遵循“自下而上”“由内向外”“先主后附”的总装原则。现以上海桑塔纳轿车 AJR 发动机为例，说明其装配的步骤及方法。

## 1. 曲轴飞轮组的装配

桑塔纳轿车 AJR 发动机的曲轴飞轮组的装配关系如图 7—1—1 所示。

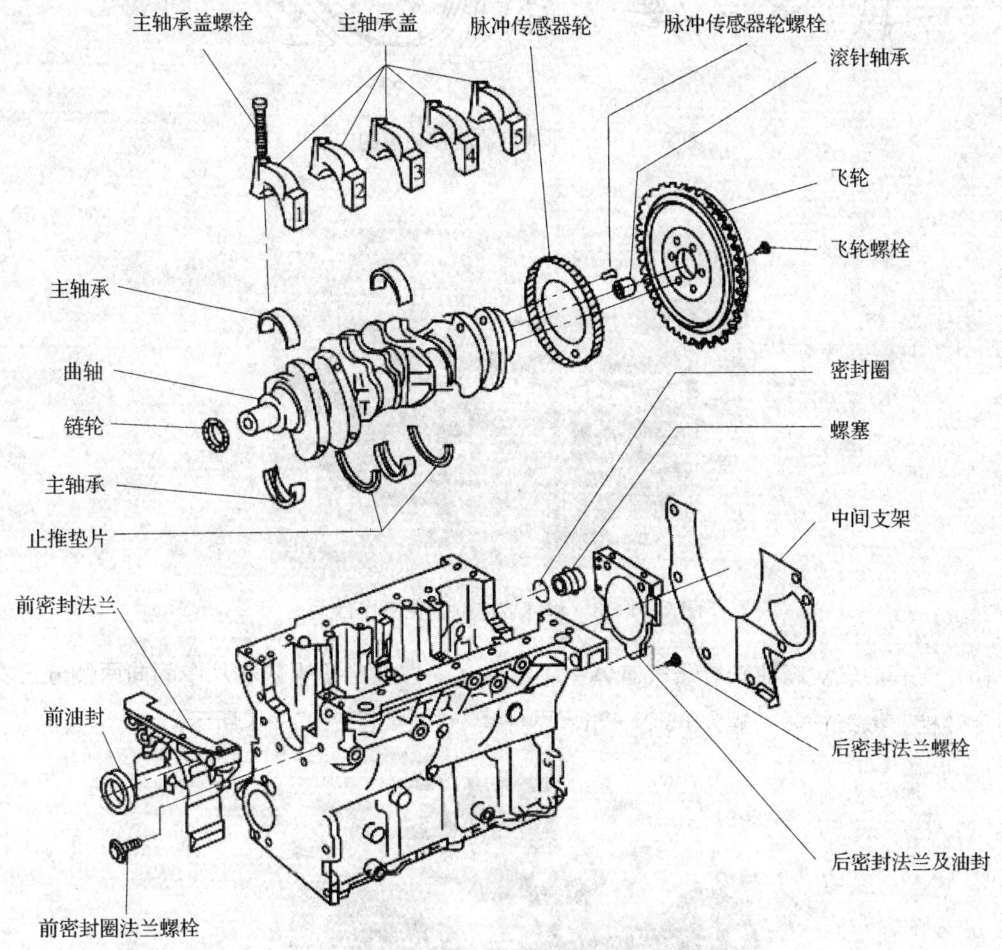


图 7—1—1　曲轴飞轮组的装配关系

(1) 将机油泵的主传动链轮加热至 220℃，用专用工具从曲轴前端压入到位。将脉冲传感器轮安装到曲轴上。安装脉冲传感器时，螺栓拧紧力矩为 10 N·m，然后再拧紧 90°。

(2) 用专用工具将完好的曲轴后端滚针轴承压入承孔内，压入深度为 1.5 mm，如图 7—1—2 所示。

(3) 将气缸体安装在专用支架上，或者倒置在工作台上，如图 7—1—3 所示。

(4) 将已安装链轮、脉冲传感器轮和滚针轴承及曲轴、主轴承盖、主轴承、曲轴轴向止推垫片等依次摆放整齐。

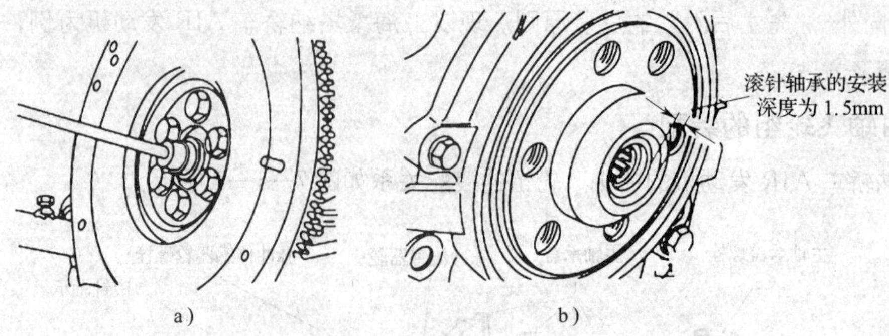


图 7—1—2 曲轴后端滚针轴承的安装

图 7—1—3 将气缸体倒置在工作台上

(5) 安装曲轴。将曲轴置于气缸体主轴承座上，按规定扭矩依次从中间向两侧分三次拧紧固定螺栓，最终拧紧力矩为 65 N·m，再拧紧 90°，如图 7—1—4 所示。

图 7—1—4 拧紧主轴承螺栓

(6) 用间隙尺检查曲轴径向间隙，如图 7—1—5 所示。曲轴的径向间隙为 0.01～0.04 mm，磨损极限为 0.15 mm。曲轴径向间隙还可以用千分尺和百分表进行测量、选配。

(7) 用塞尺检查曲轴轴向间隙，如图 7—1—6 所示。轴向间隙为 0.07～0.21 mm，磨损极限为 0.30 mm。

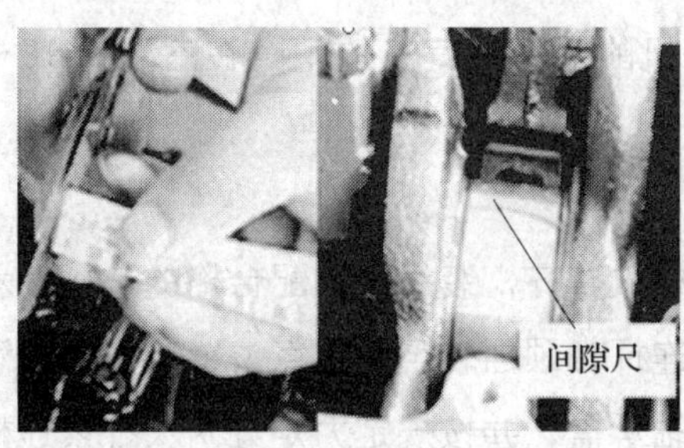

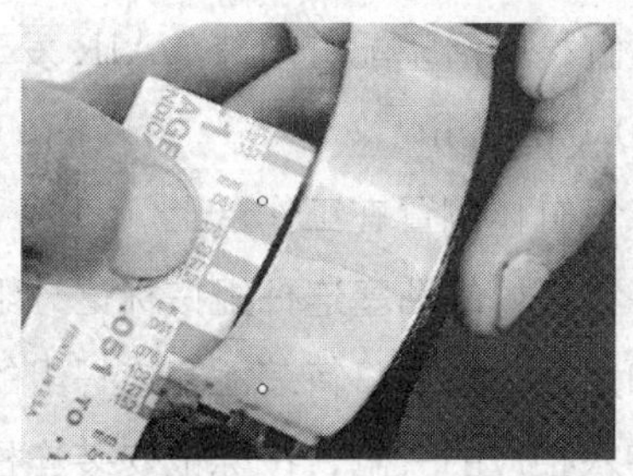

图 7—1—5 检查曲轴径向间隙

(8) 手动检查曲轴转动力矩。按规定力矩拧紧主轴承后，应能用手转动曲轴，无明显阻力，如图 7—1—7 所示。

图 7—1—6 检查曲轴轴向间隙

图 7—1—7 转动曲轴无卡滞

(9) 安装曲轴后油封座。首先将油封装入后油封座，再将后油封座装到气缸体后端。安装时油封上要涂抹润滑油，后油封座与气缸体之间有定位销，安装好的后油封座底平面应与气缸体底平面处于同一平面内。后油封座螺栓拧紧力矩为 16 N·m。

(10) 安装飞轮。先检查气缸体后端面无零部件漏装现象后，再将装有起动齿圈的飞轮安装在曲轴后端，然后分 3 次对称紧固螺栓，螺栓的最终拧紧力矩为 60 N·m，再拧紧 90°。

## 2. 活塞连杆组的装配、调整

(1) 看清活塞、连杆上的标记，将它们按缸号依次组装，如图 7—1—8 所示，并分组摆放整齐。

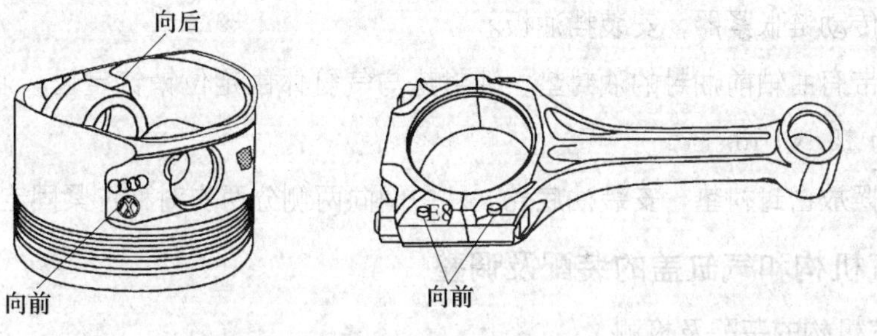


图 7—1—8 活塞连杆上的方向标记

(2) 逐缸检查活塞配缸间隙。AJR 发动机的活塞与气缸的间隙在室温为 15～25℃时应为 0.025～0.045 mm。

(3) 将气缸体侧置在工作台上。

(4) 将组装好的活塞连杆组按标记分组摆放整齐，装好经选配合格的连杆轴承，并注意对正油孔和定位凸榫。将待装活塞连杆组的连杆轴颈摇转至下止点位置，将未装活塞环的活塞连杆组装入相应的气缸，按标记安装连杆轴承盖，并按规定力矩分两次拧紧连杆螺栓，拧紧力矩为 30 N·m。

(5) 安装活塞环，并按照 120°错开开口位置，如图 7—1—9 所示。安装时，有以下 4 个注意事项：

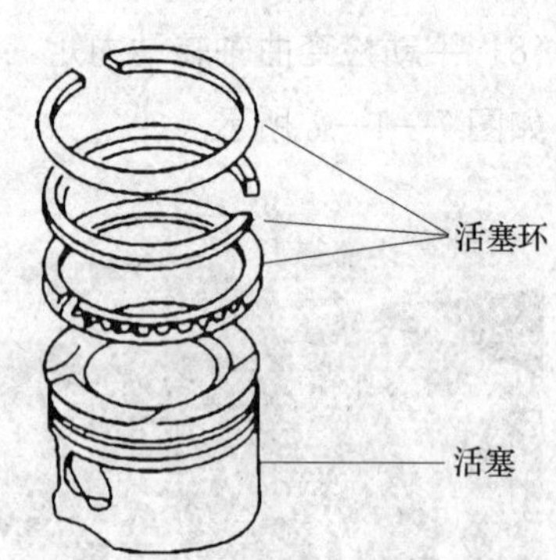

图 7—1—9 错开活塞环的开口位置

1) 安装时注意第一道压缩环为镀铬内倒角环，内倒角应朝上；第二道环为外倒角环，倒角应朝下。

2) 活塞环上的“TOP”标记应朝向活塞顶部方向。

3) 用汽油将活塞连杆组清洗干净，确认各零件装配齐全。

4) 向活塞环开口处、连杆与活塞连接处加入少量润滑油，在连杆轴承及活塞裙部表面抹上润滑油，将活塞环转动 2～3 周。

(6) 将活塞连杆组装入气缸。根据活塞、连杆的向前标记和缸号，将活塞连杆装入相应气缸内，安装连杆轴承盖并按规定力矩拧紧连杆螺栓，拧紧力矩为 30 N·m，再拧紧 90°。

(7) AJR 发动机的连杆螺栓是预应力螺栓，大修中拆卸后应予以整体更换。

(8) 安装机油泵和油底壳等相关零部件。

1) 将发动机倒置，准备安装机油泵。

2) 在安装机油泵前要先安装定位销钉。

3) 紧固已安装机油集滤器的机油泵，机油泵的固定螺栓拧紧力矩为 16 N·m。

4) 将传动链套在主、被动链轮上，固定机油泵链轮，固定链轮的螺栓拧紧力矩为 22 N·m。

5) 安装传动链张紧器，安装挡油板。

6) 安装带有曲轴前油封的油封垫，油封垫与气缸体由定位销钉定位。油封垫的固定螺栓拧紧力矩为 15 N·m。

7) 仔细摆放密封衬垫，安装油底壳。从中间向两侧分两次对称拧紧固定螺栓。

### 3. 配气机构和气缸盖的装配及调整

(1) 配气机构的装配及检测

1) 用专用工具将气门油封压装在气门导管上，安装油封时要注意装配到位，并防止油封变形或损坏。在气门杆部涂抹润滑油后，装配气门、气门弹簧、气门弹簧座，使用专用工具安装气门新锁片，其装配关系如图 7—1—10 所示。安装完毕要用防振锤轻敲数下，以确保锁片安装到位。

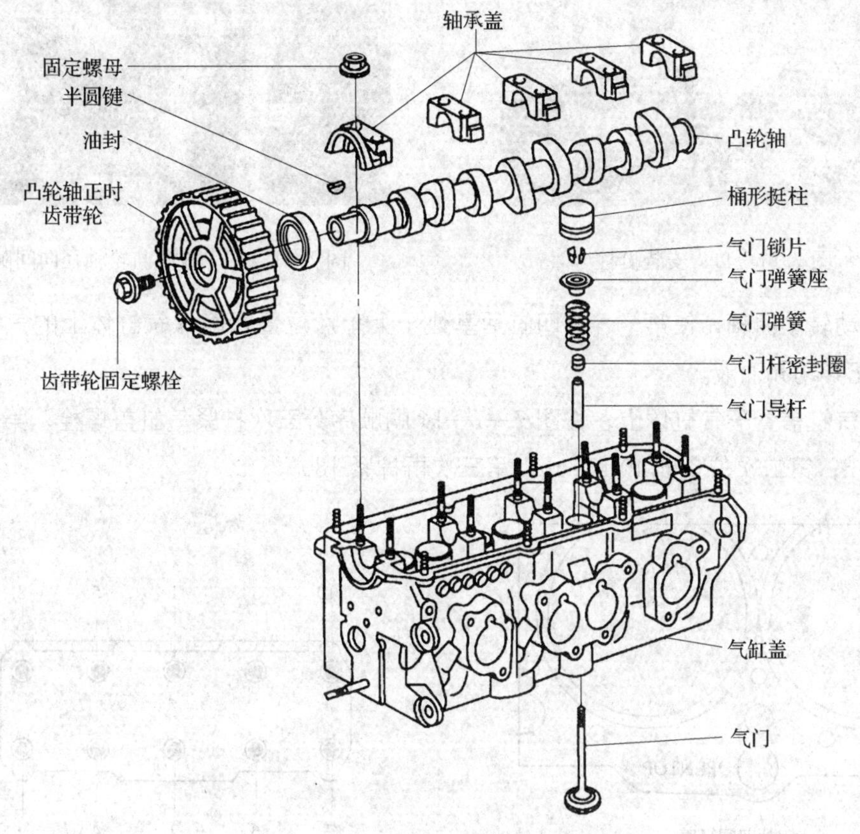


图 7—1—10 配气机构与气缸盖的关系

2）检查凸轮轴轴向间隙。将凸轮轴装在凸轮轴轴承座上，装上第一、第五道轴承盖，其轴向间隙应不大于 0.15 mm，再取出凸轮轴。

3）安装挺柱，将液压挺柱浸入润滑油中反复推压，排除内腔中的空气。按顺序把气门挺柱涂抹润滑油后，用吸棒将挺柱放入承孔中，如图 7—1—11 所示。重新安装气门挺柱的发动机在安装凸轮轴后 30 min 内不得起动，否则气门有可能与活塞顶部碰撞。

4）安装凸轮轴和油封。在凸轮轴承孔表面涂抹润滑油，将凸轮轴置于气缸盖上的承孔座中，使一缸凸轮朝上，按轴承盖顺序和方向安装轴承盖，从中间向两侧对角交替分多次拧紧轴承盖。先拧紧凸轮顶起部位的轴承盖，拧紧力矩为 20 N·m，并检测径向间隙，如图 7—1—12 所示。

（2）气缸盖的装配

1）将气缸垫放于气缸体上，有“OPENTOP”标记的一面朝向气缸盖，如图 7—1—13 所示。

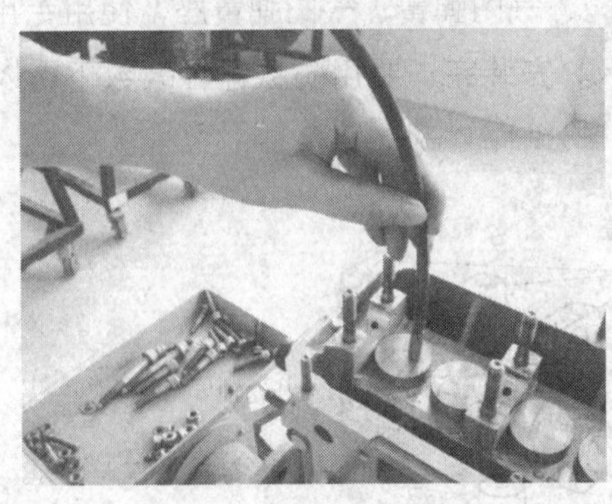

图 7—1—11 安装挺柱

图 7—1—12 检测凸轮轴径向间隙

2）手动转动曲轴，使第一、第四缸活塞处于上止点位置，确保气缸体上的气缸盖螺栓盲孔内应无异物和油液。

3）将气缸盖置于气缸体上，按图 7—1—14 的顺序分三次拧紧气缸盖螺栓，第一次拧紧到 20 N·m，第二次拧紧到 40 N·m，第三次再拧紧 180°。

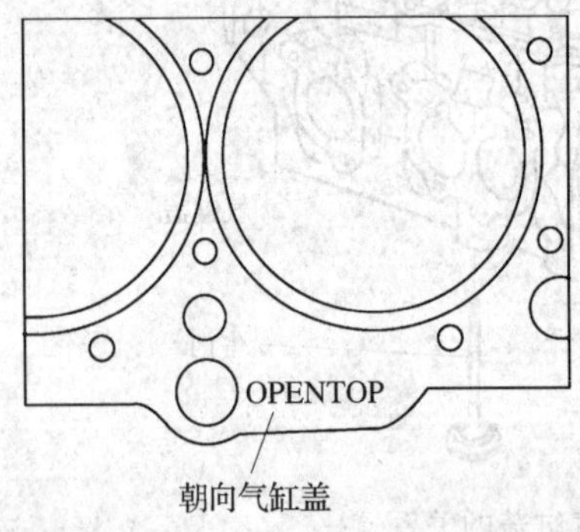


图 7—1—13 气缸垫摆放方向

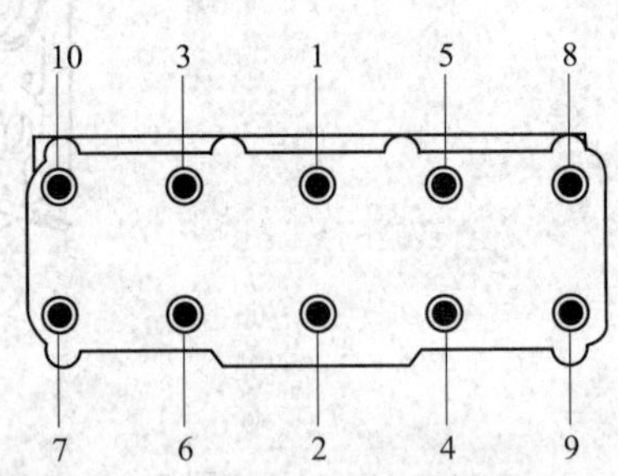


图 7—1—14 气缸盖螺栓的拧紧顺序

（3）水泵、正时齿轮及相关零部件的安装

1）将水泵一端放入气缸体。

2）安装配气相位传感器，如图 7—1—15 所示，固定螺栓拧紧力矩为 10 N·m。

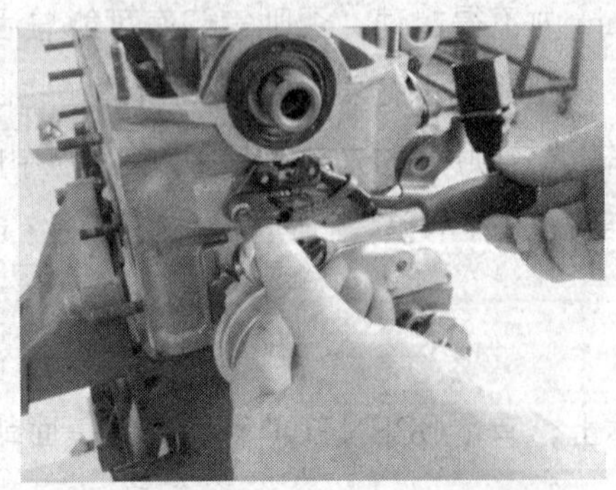

图 7—1—15 安装配气相位传感器

3）安装配气相位传感器罩盖（正时齿带后中防护罩），固定螺栓拧紧力矩为 20 N·m。

4）固定水泵，螺栓拧紧力矩为 15 N·m，相关零部件安装位置关系如图 7—1—16 和图 7—1—17 所示。

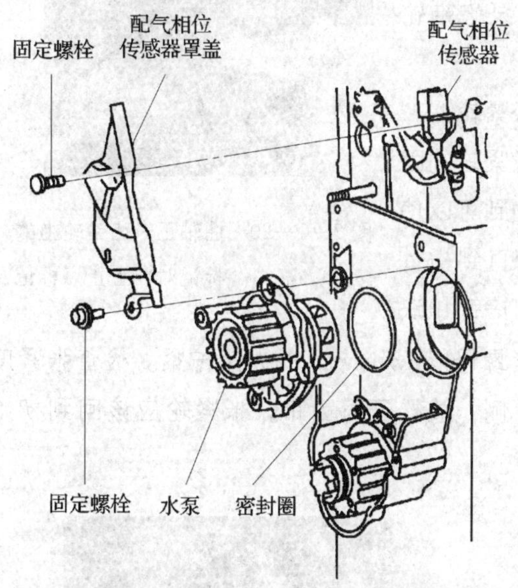


图 7—1—16 水泵正时齿轮及相关零件装配关系

图 7—1—17 配气传感器罩安装位置

5）安装正时齿带轮及相关零部件。

6）安装曲轴正时齿带轮，固定螺栓拧紧力矩为 90 N·m，再拧紧 90°。

7）安装凸轮轴半圆键及正时齿带轮，固定螺栓拧紧力矩为 100 N·m。

8）安装张紧轮，固定螺栓拧紧力矩为 15 N·m。

9）将凸轮轴调至一缸做功位置，将曲轴调转至一缸上止点位置，如图 7—1—18 所示。

10）安装正时齿带，并适当调紧张紧度。

正时齿带的安装必须保证配气相位准确，其安装步骤如下：

①当转动凸轮轴时必须保证液压挺柱内的空气已经排净，即当凸轮基圆位置与挺柱接触时，气门应处于完全关闭状态。

②将凸轮轴正时齿带轮上的标记对准正时齿带防护罩上的标记（暂时摆放齿形带后装上防护罩，以供凸轮轴定位对应标记，完成定位后再取下），如图 7—1—19 所示。

图 7—1—18 一缸上止点位置

图 7—1—19 对准正时齿带防护罩上的标记

③将曲轴正时齿带轮上的标记对准上止点标记，如图 7—1—20 所示。

④将张紧轮安装到气缸体上，并调整使其处于合适位置，先暂不紧固。

⑤将正时齿带安装到曲轴正时齿带轮和水泵齿带轮上。

⑥将正时齿带安装到凸轮轴正时齿带轮和张紧轮上。

图 7—1—20 曲轴正时齿带轮上的标记对准上止点标记

安装时需注意，正时齿带张紧度的调整与张紧轮的固定应按以下方式进行：首先将张紧轮逆时针转动到可以使用专用工具，如图 7—1—21 所示，松开张紧轮直到指针位于缺口下方约 10 mm 处，再旋紧张紧轮直到指针和缺口重叠，如图 7—1—22 所示，将张紧轮的锁紧螺母以 15 N·m 的力矩拧紧。检查张紧度时，用拇指用力压正时齿带，指针应该移向一侧；放松正时齿带，张紧轮应该回到初始位置。

图 7—1—21 使用专用工具张紧正时齿带

图 7—1—22 张紧轮的安装位置

#### 4. 安装气缸盖罩盖与正时齿带防护罩等相关零部件

(1) 安装气缸盖机油反射罩、气缸盖罩盖衬垫、气缸盖罩盖、紧固压条、正时齿带后上防护罩等相关零件，均匀、适度地拧紧气缸盖罩盖紧固螺母。

(2) 安装正时齿带下防护罩、中防护罩、上防护罩。安装曲轴带轮，紧固螺栓拧紧力矩为 40 N·m。

#### 5. 安装机油滤清器、节温器及发电机支架等相关零部件

(1) 安装曲轴位置传感器。

1) 将已装有机油压力保持阀、泄压阀、机油压力开关、滤清器支架盖的机油滤清器支架装在气缸体上。机油压力开关的拧紧力矩分别为 15 N·m、25 N·m；机油滤清器支架固定螺栓的拧紧力矩为 16 N·m，再拧紧 90°。

2) 安装机油滤清器。在滤清器与支架之间有 O 形密封圈，使用专用工具旋紧滤清器，力矩为 20 N·m。

(2) 安装节温器。节温器的感温部分应在气缸体内，安装进水管座，拧紧螺栓。在节温器座与气缸体平面之间要装O形密封圈。

(3) 安装发电机支架，固定螺栓拧紧力矩为45 N·m。

### 6. 安装发动机支架与进、排气歧管等相关零部件

(1) 安装发动机左、右支架，固定螺栓拧紧力矩为40 N·m。

(2) 安装发动机转速传感器、爆震传感器、发动机出水管和冷却系小循环外水管。

(3) 安装机油标尺下套管、火花塞。

(4) 将发动机点火线圈组件安装到进气歧管上。

(5) 安装进气歧管垫，安装进气歧管及支架，从中间向两侧，上下对称拧紧进气歧管固定螺母，拧紧力矩为20 N·m。

(6) 用高压分火线连接点火线圈与火花塞，要连接到位。

(7) 安装进气温度传感器、喷油器、燃油分配管及燃油压力调节器。

(8) 安装节气门体、节气门到燃油分配管的燃油压力真空管。

(9) 安装发动机出水管与出水管座的连接软管，将软管的另一端插入出水管座，将发动机出水管座安装到气缸盖后端出水口处。

(10) 安装出水管座上的水温传感器和温度传感器。

(11) 安装节气门座进、出水软管。

(12) 摆放排气歧管垫，安装排气歧管。从中间向两侧、上下对称拧紧固定螺母。

(13) 安装隔热板。安装飞轮壳，在飞轮壳与气缸体之间有气缸体飞轮壳中间支架，固定螺栓拧紧力矩为45 N·m。

(14) 安装起动机，固定螺栓拧紧力矩为65 N·m。

(15) 安装发动机到膨胀水箱的回水软管。

### 7. 安装发电机等相关附件

(1) 安装曲轴传动带惰轮。首先将惰轮的带轮安装到惰轮上，再将惰轮安装到发电机支架上，固定螺栓拧紧力矩为45 N·m。安装动力转向泵，固定螺栓的拧紧力矩为25 N·m。

(2) 安装发电机。下固定螺栓拧紧力矩为45 N·m，上固定螺栓拧紧力矩为25 N·m。安装传动带张紧轮，固定螺栓拧紧力矩为25 N·m。

(3) 安装空调压缩机支架，固定螺栓拧紧力矩为35 N·m。安装空调压缩机，固定螺栓拧到位，暂不紧固。安装空调压缩机调整臂，固定螺栓拧到位，暂不紧固。

(4) 安装发电机传动带（图7—1—23）。先套上皮带（若使用旧皮带，其传动方向应与原传动方向一致），沿箭头方向扳动传动带张紧轮并用销钉锁住，将传动带装到位，扳住张紧轮，取下销钉，使张紧轮处于张紧状态。传动带应位置正确，张紧适度。

(5) 安装空调压缩机传动带，将传动带装到位，调整空调压缩机与曲轴带盘的距离，使传动带张紧适度。拧紧空调压缩机固定螺栓，力矩为35 N·m，拧紧调整臂固定螺栓，

力矩为 35 N·m，拧紧调整臂调整螺栓，力矩为 35 N·m。最后复查传动带张紧度应适度。

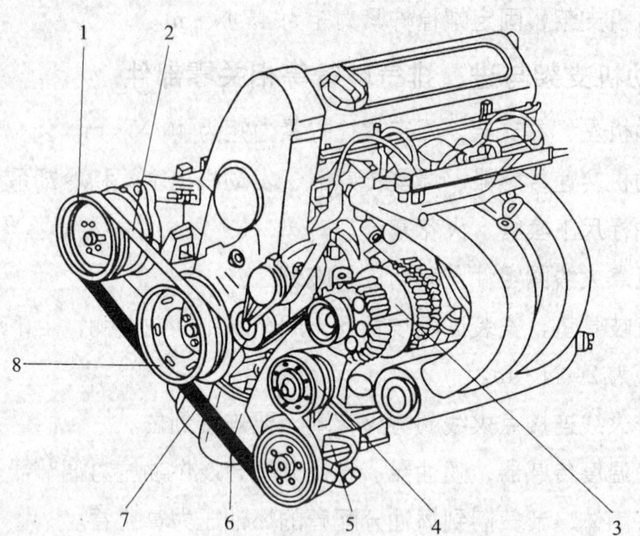


图 7—1—23　发电机、空调压缩机等相关附件的装配关系

1—空调压缩机　2—压缩机带　3—发电机　4—导向轮　5—转向助力泵
6—发电机带　7—张紧轮　8—曲轴带轮

**8. 安装发动机电控系统相关部件**

安装空气流量计、传感器，连接空气滤清器；安装氧传感器、排气管。安装其他相关控制装置，连接控制单元。

## 三、发动机的磨合与验收

发动机的磨合分为冷磨、热试两步，其目的是为了细化发动机在修理、装配中各个零件间摩擦表面的粗糙度，以获得更为良好的配合，并达到最佳的修理性能。

**1. 发动机的冷磨**

冷磨是由电动机等外力带动发动机作一定转速的旋转，并在各种速度运转下进行磨合。

(1) 顶置式气门发动机装好气缸盖而不安装火花塞。装上冷却系、润滑系、燃料系部分的附件，并应用稀薄标号的机油润滑。

(2) 冷磨时曲轴转速由低速到高速可分低、中、高三个档次分段进行，发动机冷磨合的起始转速一般为 400～600 r/min，然后以 200～400 r/min 的级差逐级增加转速，冷磨合终了转速一般为 1 000～1 200 r/min。每一挡不超过 1 h 的运转。冷磨时间的多少应根据零件加工质量和装配情况而定，加工表面粗糙度细，时间可缩短，反之则延长。

(3) 冷磨时，要经常检查机油压力表所指示的压力是否正常，各机件的工作状况是否良好。若发现不正常情况或有异响，应停止磨合，立即进行检查并排除之后，再进行磨合。

(4) 冷磨后应将发动机进行部分分解，检查活塞、活塞环、气缸内壁的接触情况，各轴颈与轴承、轴瓦的磨合是否正常等。及时处理发现的问题，再将全部机件清洗干净，按规定标准全部装复，进行热试。

**2. 发动机的热试**

将完全装复完毕的发动机正常起动，以本身产生的动力进行运转试验的过程称为热试。它是为了检查发动机是否达到了应有的性能，同时为发动机再作一次走合，以保证发动机的正常使用。

(1) 热试前的检查

1) 如图 7—1—24 所示，检查冷却液的液面高度，使其达到上刻度线。

2) 如图 7—1—25 所示，检查机油液面高度，应达到量尺的刻度线范围内。

图 7—1—24　冷却液液面高度

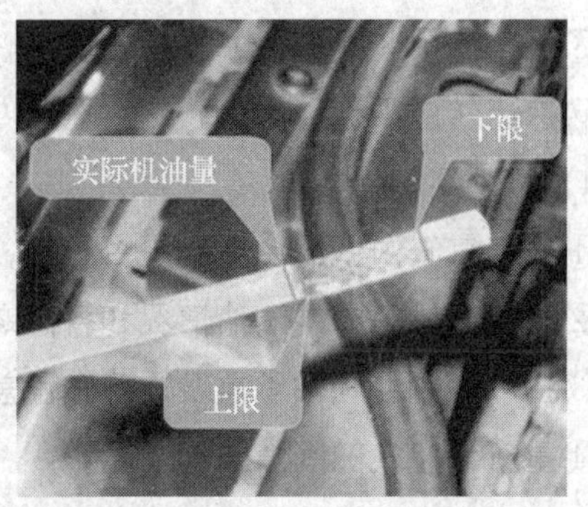


图 7—1—25　机油液面高度

3) 如图 7—1—26 所示，检查和调整胶带的松紧度。

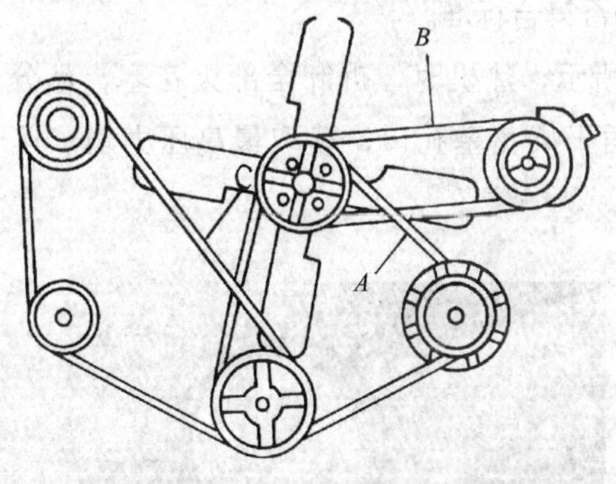


图 7—1—26　检查胶带松紧度

当以 100 N 的力作用于胶带上，胶带被压下的位移量为：

A：新胶带 6～8 mm（R 系列）

旧胶带8～11 mm（12 R）

8～13 mm（K 系列、5 R）

B：新胶带 7～10 mm（12 R）

旧胶带10～14 mm（12 R）

11～14 mm（K 系列）

15～18 mm（5 R）

（2）热试的要求

1）热试时，发动机温度应保持在 75～90℃。

2）热试过程一般按曲轴转速由低到高分三个阶段进行，每阶段约半个小时左右。

3）热试过程中，应由表及里认真观察视听，检查发动机各部分的工作情况，以及各仪表所反映出的工作数据是否正常，必要时须进行调整。例如：

①观察各部衬垫、油封、水封及接头处有无漏油、漏水、漏气、漏电的现象。

②查看电流表、机油压力表和水温表的读数是否正常。

③调整点火装置和化油器的工况。怠速时，发动机的转速应稳定在 500 r/min 左右，各种转速运转应平稳。

4）热试后的拆检。

①检查气缸内壁磨合情况是否正常，有无拉缸现象。

②检查曲轴箱内的清洁情况和各部螺栓、螺母的锁止情况。

③拆下个别曲轴轴承盖及连杆轴承盖各一只，检查轴瓦和轴颈的磨合情况。

④重新调整气门间隙。

⑤在拆检中发现的缺陷，应立即予以修复。

### 3. 发动机的检验

（1）检查各缸工作是否良好，测听发动机内是否有不正常的声响。

（2）测量气缸压力是否符合标准。

（3）如图 7—1—27 所示，热机时，拆卸全部火花塞，从分电器或点火线圈取下高压引线。将气缸压力表紧插于火花塞孔口，读取最高压力值。逐个检验，检验时节气门应全开。

图 7—1—27　检测气缸压力

用良好的蓄电池检测，或一人用起动机使发动机空转，另一人测量其压缩力，测取各缸压力读数时应连续观察半分钟。转速为 250 r/min 时的气缸压力见表 7—1—1。

表 7—1—1 气缸压力

| 发动机型号 | 标准/kPa | 不低于/kPa |
|---|---|---|
| 2 K、3 K—H、3 K—C、KJ（手动变速器） | 11 | 9 |
| AJR、AFE、BCD | 12 | 9 |
| CDE、EA | 13 | 10 |
| 4 K—C（自动变速器） | 10.5 | 8.5 |
| 5 R | 9 | 6 |

### 4. 发动机的验收

发动机经装合、调整、测试和检验后，再进行验收。在发动机验收后的使用初期（约 1 000 km 内）应限制最大输出功率，并应减速行驶。

(1) 验收在热状态下进行，应符合下列条件：

1) 气缸压力、进气管真空度、机油压力应符合规定。

2) 发动机在任何转速下应能稳定地工作，没有断火、过热及发抖现象。

3) 快怠速稳定在 1 500 r/min 左右（节气门全开），无跳抖现象。

4) 高、低速转换时无熄火现象。

(2) 允许有下列情况：

1) 正时带、正时齿轮有轻微而均匀的噪声。

2) 气门杆端与摇臂间有极轻微的声音。

3) 排气管有极少冒气。

4) 机油泵有极轻微的声响。

(3) 不允许有下列情况：

1) 活塞、活塞环和活塞销不允许有金属敲击的异响。

2) 曲轴轴承（瓦）或连杆轴承（瓦）不允许有金属碰击的异响。

3) 正时带与正时齿轮间、气门杆端与摇臂间、机油泵处不允许有明显的异响。

4) 不允许气缸衬垫有漏气的声音。

5) 不允许有其他不正常的声响。

6) 不允许各部分有漏气、漏油、漏水、漏电等现象。

# 课题 2 发动机的检测与诊断

**学习目标**

1. 了解发动机综合性能检测的基本知识。
2. 了解发动机综合性能检测设备的使用方法。
3. 了解电控发动机自诊断系统的工作原理与作用。
4. 熟悉发动机总成主要技术性能的检测方法和技术要求。

## 一、发动机综合性能检测

### 1. 发动机综合性能检测的目的

(1) 掌握被检发动机的技术状况，为维修作业提供依据。

(2) 发现故障，及时排除。

(3) 保证发动机技术状况良好，确保汽车的正常运行。

### 2. 发动机综合性能检测设备

评价发动机技术状况的参数有很多，发动机性能检测设备也很多样。目前在运输、维修和交通检测部门中应用较多的检测设备有：用于发动机功率检测的无负荷测功仪；用于气缸密封性检测的气缸压力表、气缸漏气量检验仪、真空表等；用于点火系工作质量检测的发动机点火示波器；用于燃料消耗量检测的车用油耗计；用于柴油机燃料系检测的高压泵试验台、喷油器试验台等；用于机油品质变化检测的机油分析仪；检测尾气品质的尾气分析仪；能对汽油发动机、柴油发动机诸多参数进行检测的发动机综合检测仪等。

发动机综合检测仪由于可检测项目多，检测结果准确度高，并可进行故障诊断等特点，因而在发动机性能检测中被广泛使用。计算机技术在该仪器上的应用使其功能更全面，准确度更高，检测速度大大提高，是许多维修企业必备的检测设备。

发动机综合检测仪能在发动机不解体的情况下，对各种型号的柴油、汽油发动机性能进行全面的自动检测和故障诊断，并将检测结果按需存储、重显、打印或数据输出，还能根据标准数据自动显示合格或不合格项目检修部位。

下面以博世 FSA740 型发动机综合检测仪为例，介绍该仪器的主要功能、组成结构及工作原理。

(1) 博世 FSA740 型发动机综合检测仪概述

如图 7—2—1 所示，FSA740 是基于博世最新系列汽车技术的发动机系统分析仪，采用基于计算机控制的模块化设计，覆盖发动机所有技术参数的检测诊断，并可以扩展成为整车电子系统检测平台，适用于多功能化的实训教学。

(2) 基本参数

1) 电源输入：90～264 VAC/47～63 Hz

2) 电源输出：15 V DC

3) 工作温度：5～40℃

4) 质量：约 91 kg

5) 外形：1 785×680×670 mm (H×W×D)

6) 噪声：<70 dB (A)

图 7—2—1 博世 FSA740 型发动机综合检测仪

(3) 主要功能（发动机检测项目及参数）

博世 FSA740 诊断系统的主要功能见表 7—2—1。

**表 7—2—1　　FSA740 诊断系统的主要功能**

| 检测项目 | 检测范围 | 测量精度 | 传感器 |
| --- | --- | --- | --- |
| 转速测量 | 450～6 000 $min^{-1}$<br>100～12 000 $min^{-1}$<br>250～7 200 $min^{-1}$<br>100～500 $min^{-1}$ | 10 $min^{-1}$<br>10 $min^{-1}$<br>10 $min^{-1}$<br>10 $min^{-1}$ | 电瓶连接线 B+/B−<br>触发钳<br>次级传感器<br>终端连接线 1<br>30 A 电流钳<br>柴油石英夹传感器<br>1 000 A 电流钳（起动电流） |
| 油温测量 | −20～50℃ | 0.1℃ | 油温传感器 |
| 电瓶电压 | 0～72.0 V | 0.1 V | 电瓶连接线 B+/B− |
| 初级 15 端电压 | 0～72.0 V | 0.1 V | 连接初级 15 端信号线 |
| 初级 1 端电压 | 0～20.0 V | 50 mA | 连接初级 1 端信号线 |
| 点火电压 | ±500 V | 1 V | 连接初级 1 端信号线 |
| 燃烧电压 | ±500 V | 100 V | 次级传感器 |
| 燃烧时间 | 0～6 ms | 0.01 ms | 连接初级 1 端信号线<br>次级传感器 |
| 通过启动电流进行各缸压力比较 | 0～200 A ss | 0.1 A | 连接初级 1 端信号线<br>次级传感器 |
| 交流发电机测量 | 0～200% | 0.1% | 万用表通道 1 |
| 启动电流<br>发动机电流<br>火花电流 | 0～1 000 A | 0.1 A | 1 000 A 电流钳 |
| 初级电流 | 0～30 A | 0.1 A | 30 A 电流钳 |
| 闭合角 | 0～100%<br>0～360 VW | 0.1%<br>0.1 VW | 连接初级 1 端信号线 |
| 闭合时间 | 0～50 ms | 0.01 ms<br>0.1 ms | 次级传感器<br>30 A 电流钳 |
| 正时灯测量点火提前角 | 0～80 kW | 0.1 kW | 触发钳 |
| 传输起点<br>喷油起点<br>喷油脉宽 | 0～80 kW | 0.1 kW | 环状传感器 |
| 压力（空气） | （−800）～1 500 hbar | 1 hbar | 空气压力传感器 |
| 脉宽 T | 0～100% | 0.1% | 万用表测量通道 1/2 |
| 喷油时间 | 0～25 ms | 0.001 ms | 万用表测量通道 1/2 |
| 点火时间 | 0～20 ms | 0.001 ms | 万用表测量通道 1/2 |

(4) 万用表检测项目及参数

博世 FSA740 的万用表功能及参数见表 7—2—2。

**表 7—2—2　　万用表功能及参数**

| 检测项目 | 检测范围 | 测量精度 | 传感器 |
| --- | --- | --- | --- |
| 转速 | 取决于发动机转速 | | |
| 电瓶电压 | 0.72 V | 0.01 V | 电瓶连接线 B+/B− |
| 15 端电压 | 0.72 V | 0.1 V | 连接初级 15 端信号线 |
| 直流/交流电压 | (±200) mV～(±20) V | 0.001 V | 万用表通道 1/2 |
| 最小值/最大值 | ±20 mV/±200 V | 0.01 V | — |
| 100 A 电流 | ±1 000 A | 0.1 A | 1 000 A 电流钳 |
| 30 A 电流 | ±30 A | 0.01 A | 30 A 电流钳 |
| 电阻 (*R* 万用表 1) | 0～1 000 Ω<br>1～10 Ω<br>10～999 Ω | 0.001 Ω<br>0.1 Ω<br>100 Ω | 万用表测量通道 1 |
| 压力 (空气压力) | 0.2～500 hPa | 0.1 hPa | 空气压力传感器 |
| 机油温度 | −20～150℃ | 0.1℃ | 机油温度传感器 |
| 空气温度 | −20～100℃ | 0.1℃ | 空气温度传感器 |

(5) 示波器测量功能及参数

博世 FSA740 的示波器测量功能及参数见表 7—2—3。

**表 7—2—3　　示波器测量功能及参数**

| 测量功能 | 测量范围 | 传感器 |
| --- | --- | --- |
| 次级电压 | 5～50 kV | 次级传感器 |
| 初级电压 | 20～500 V | 初级连接线 |
| 电压 | 200 ms～200 V | 万用表通道 1 和 2 |
| AC 耦合 | 200 mV～5 V | 电瓶连接线 |
| 电流 | 2 A/5 A/10 A/20 A/30 A | 30 A 电流钳 |
| 电流 | 50 A/100 A/200 A/1 000 A | 1 000 A 电流钳 |

(6) 博世 FSA740 系统及软件功能

1) 配备 ESI [tronic] 软件,所配备的 KTS 650 是维修站和路试中的专业诊断系统。

2) 具有高清分辨率的触摸屏,即使在较差的光照条件下也能确保清晰稳定的显示效果。

3) KTS 650 可对当今所有诊断协议进行操作。

4) 系统自动检测控制单元并读出实际检测数值、故障记忆和控制单元专用数据。

5）计算机网络功能、集成局域网网卡、可插无线局域网网卡。

6）可借助 Asanetwork 进行网上作业。

7）可通过 12/24 V 汽车用电瓶、市电或内部电池进行供电。

8）集成 CAS［plus］（计算机辅助维修）功能。

9）ESI［tronic］海量的数据库提供了详细的汽车连接和测试的资料及测试过程中的特定数据，发动机分析仪包含的数据可以覆盖市场上 95%的车型。

## 二、发动机电子控制系统的检测和诊断

### 1. 检测和诊断常用工具及设备

在诊断发动机电子控制系统的故障时，需要借助一些维修工具和仪器。使用这些工具和仪器前，必须详细掌握其性能及操作方法和步骤，以防止误操作时人为损坏某些机件，造成本来没有的故障出现。

（1）诊断跨接线

各类型跨接线如图 7—2—2 所示，跨接线其实就是一根导线，它的两端做成不同的形式，以满足测试不同部件的需要。一般常见的跨接线有两种，一种是鳄鱼夹式，另一种是测试计式，虽然其设计都比较简单，但却是一个非常实用的工具。如跨接诊断座的＋B 和 FP 接通油泵电路；跨接诊断座的 TEl 和 El 来触发 ECU，调取发动机的故障码等。

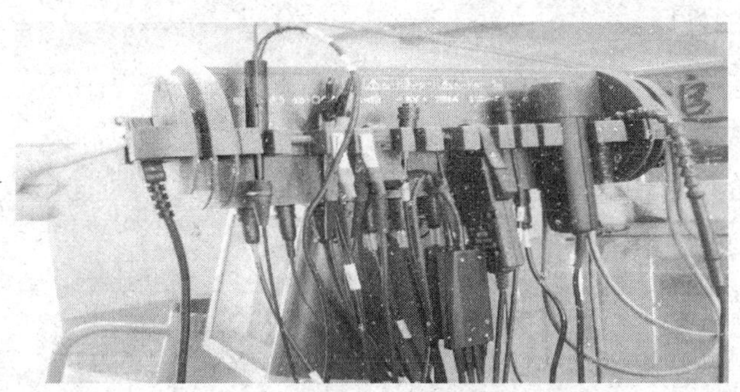

图 7—2—2　各类型跨接线

在使用过程中必须注意以下事项：

1）跨接时必须确认电器元件的工作电压相同。

2）绝对禁止错误地将电源与接地跨接。

（2）测试灯

如图 7—2—3、图 7—2—4 所示，用两个 LED 灯和一个 330 Ω 的电阻器自制一个测试灯，它的作用是检测系统和元器件的工作电源电压。将测试灯一端接地，另一端接电器部件的电源，如测试灯点亮证明电源正常，如测试灯不亮证明出现故障。测试灯的另一个作用是具有跨接线和指示灯双重作用，将测试灯跨接到诊断座上，触发 ECU 调取故障码，可以通过 LED 灯的闪烁频率，直接读取故障码含义，以便诊断故障。

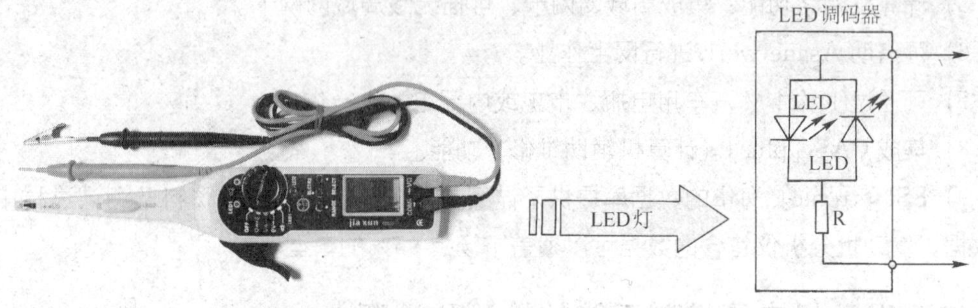


图 7—2—3　汽车诊断测试灯　　　图 7—2—4　测试灯工作原理

(3) 万用表

一般的万用表都具备电压、电流、电阻、电容、三极管、二极管的测试功能，有些万用表在前几个功能的基础上增加了一些功能，如测试转速、频率、温度等功能。虽然后者功能增加，但常用的测试功能有两项，一是电压的测试，二是电阻的测试。汽车万用表如图 7—2—5 所示。

1) 电压的测量方法。

①确定电压的种类 (交流电压或直流电压)。

②根据电源电压的高低来选择合适的档位。

③将电压表的表笔一端接被测元器件，另一端接地。观察电压表的显示值并与正常值对比，以确定元器件的好坏。

2) 电阻的测量方法。

①选用高阻抗数字万用表。

②测量元器件时要断开电源。

③不要直接测 ECU 端子。

3) 气缸压力表。

气缸压力表如图 7—2—6 所示，可检测气缸内压缩终了时的压力。测量时，将压力表装于火花塞孔中对气缸压力进行测量，以确定气缸压缩比值。

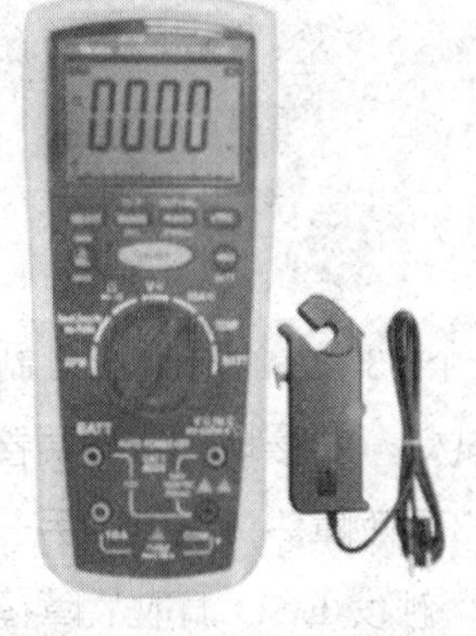

图 7—2—5　汽车万用表

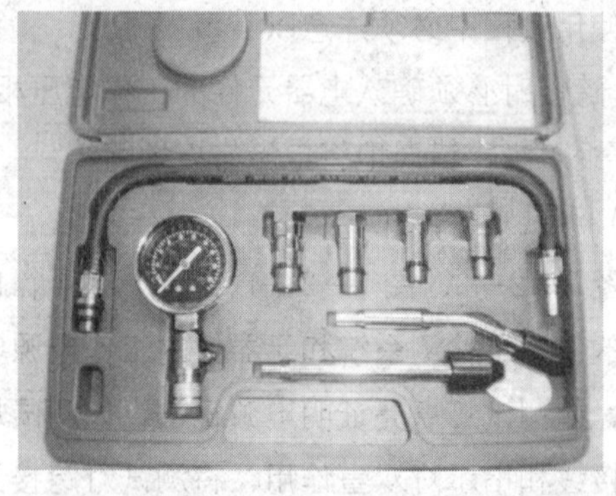

图 7—2—6　气缸压力表

4）专用诊断仪。

在检修电控发动机时，利用诊断仪检测非常准确方便。诊断仪上配有诊断接口，与发动机室内或仪表盘下的诊断接口相连，通过操作诊断仪控制面板上的按键，即可对电控燃油喷射系统的传感器、执行器、电路及 ECU 本身进行检测。这类仪器携带方便，操作简单，而且大大提高了检修时的速度和效率，现今已被广泛使用。

如果修理厂为专业维修厂，可以选择专用的诊断仪，如克莱斯勒（CHRYSLER）车系专用检测仪 DRBII，福特（FORD）车系专用检测仪 STRII，通用车系专用检测仪 GM Tech2，丰田车系专用检测仪 IT2，大众车系专用检测仪 V. A. G5051，奔驰车系专用诊断仪 Benz Star 等。

如果修理厂不是专业维修厂，应选用可以对不同发动机测试的诊断仪，如修车王、电眼睛等。这种多功能的诊断仪配有不同车系的测试卡和各种车型的诊断接头，可以检测多种车型。

## 2. 诊断与检查方法

（1）询问

为了能快速、准确地查找出故障原因并排除故障，首先询问并倾听驾驶者对故障现象的描述，这对诊断故障的原因有很大帮助。尽管描述与实际情况不一定完全相符，但是仍应该在驾驶者描述的现象中查找原因，以便迅速、准确地找出故障部位。

（2）观察

在检测故障时，观察易出现故障的部位是非常重要的，对排除一般性故障能起到关键性作用。

观察的内容主要包括：

1）电控系统的检查。

①ECU 插头是否连接良好。

②传感器、执行器的插头是否连接良好。

③线束是否连接良好。

④线束是否有断裂或氧化、腐蚀现象。

⑤传感器和执行器是否有明显裂痕。

⑥ECU、传感器是否受潮、进水。

2）检查真空软管是否破裂、老化或漏气。

3）检查空气滤清器是否过脏，必要时更换。

4）检测发动机排放的尾气是否超标，排气歧管是否漏气。

## 3. 基本检查

基本检查主要包括基本怠速和基本点火正时的检查与调整。在基本检查时，必须使发动机冷却液温度达到正常工作温度（约 80℃）。关闭所有的附加电器装置，如空调、除霜器等。不同的车型其检查步骤不完全相同，具体步骤详见各车型的维修手册，下面仅以丰田凌志 LS400 车型为例进行说明。

(1) 基本怠速的检查

1) 起动发动机达到正常工作温度。

2) 关闭所有附加电器装置。

3) 变速器操纵杆置于 P/N 挡。

4) 连接转速表，检查发动机怠速值。正常范围应在 600～700 r/min (进气温度在 0℃以上)，750～850 r/min (进气温度在 10℃以下)。如怠速不在规定范围，应调整节气门调整螺钉，使发动机怠速至规定范围。

(2) 基本点火正时的检查

1) 起动发动机，使发动机冷却液温度达到正常工作温度。

2) 变速器操纵杆置于 P/N 挡。

3) 使发动机以怠速状态运转。

4) 用跨接线跨接诊断座中 “TE1” 和 “El” 端子。

5) 连接点火正时灯，检查发动机的基本怠速，正常值应在上止点前 8°～12°。

6) 如基本点火提前角不在规定范围，检查节气门是否完全关闭，节气门位置传感器 “IDL” 与 “E2” 是否接通，以及发动机配气是否正时。

### 4. 自诊断检查

现代汽车计算机控制系统都具有自诊断的功能，当电控系统出现故障时，“CHECK ENGINE” (发动机检查) 灯点亮，同时 ECU 将故障码存入存储器，通过一定的程序可将故障码从 ECU 中调出，根据故障码所显示的内容，能迅速、准确地确定故障部位的性质，有针对性地查找。当故障排除后，还应当清除存储器所存储的故障码。

(1) 自诊断测试

在进行自诊断测试时，首先要进入自诊断测试状态，根据汽车生产厂家不同，其进入自诊断测试状态的方法大致有以下几类：

1) 用跨接线跨接 “诊断输入瑞子” 和 “接地端子” (丰田车系)。

2) 按下 “诊断按钮开关” (VOLVO 车系)。

3) 拧动计算机控制装置上的 “诊断开关” (日产车系)。

4) 同时按下空调控制面板上的 “OFF” 和 “WARM” 键 (通用别克车系)。

5) 点火开关 “ON” → “OFF” → “ON” → “OFF” → “ON” 循环一次 (克莱斯勒车系)。

6) 用发动机故障解码器进入 (所用车型)。

进入自诊断测试状态后，不同的诊断测试模式，将完成不同的诊断测试功能。一般有两种诊断测试模式：一是静态测试模式，简称 KOEO (KEY－ON ENGINE－OFF) 模式，即点火开关在“ON”位置，在发动机不运转的情况下测试。该模式下，主要是提取存储器中间歇性故障的故障码和在静态测试状态下发生故障的故障码。二是动态测试模式，简称KOER（KEY－ON ENGINE－RUN）模式，即点火开关在“ON”位置，在发动机运转的情况下测试。该模式主要是读取在动态测试状态下发生故障的故障码或进行混合气成分的监测模式和故障码清除模式等。

（2）故障码的显示

发动机计算机控制自诊断系统，大都将诊断的结果以故障码的形式显示出来，故障码的含义在相应的维修手册上都有详细的解释，由此可以很方便地查找到故障源。虽然各种各样的发动机计算机控制自诊断系统显示故障码的方式各具特色，但归纳起来，最常见的显示方式有以下几种：

1）数字显示。

数字显示故障码的方式具有显示直观，操作简便等特点。目前，在一些中高档轿车上已有较多的应用，如林肯、凯迪拉克等。在进行自诊断测试时，故障码将以数码的形式显示在组合仪表的信息显示屏上。一般在温度显示屏上要进行自诊断测试状态，应按下设定的控制键，有时需要同时按下两个或三个控制键。

2）脉冲电压显示。

大部分发动机计算机控制自诊断系统采用脉冲电压显示的方式，即由自诊断输出接头（STO）向外输送脉冲电压信号，以仪表板上“CHECK ENGINE”指示灯的闪烁显示故障码，有些系统可将指针式电压表接到诊断插座中规定的测试接头上，以电压表指针的摆动显示故障码。

脉冲电压的形式一般有以下几种：

①宽脉冲表示十位，窄脉冲表示个位。十位与个位间有一较短的暂停时间，故障码与故障码之间有一较长的暂停时间，如图 7—2—7 所示。

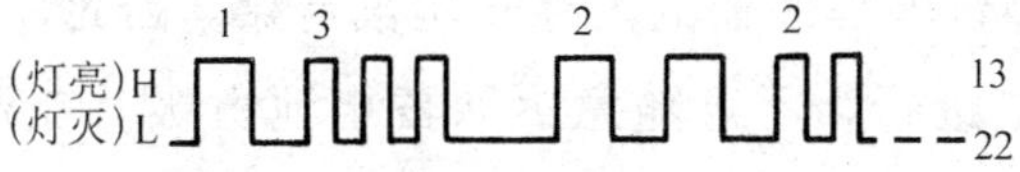


图 7—2—7　故障代码显示 13 和 22

②电压脉冲宽度相同，位与位之间有一较短的暂停时间，码与码之间有一较长的暂停时间，如图 7—2—8 所示。

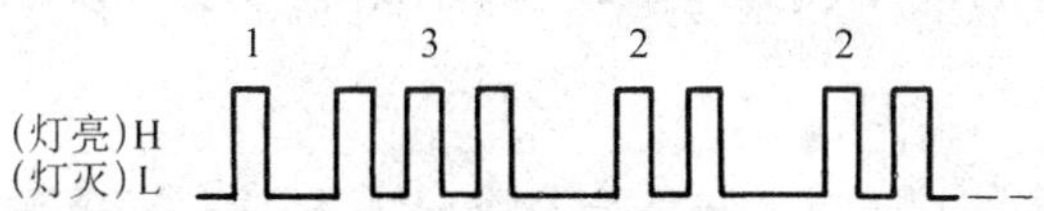


图 7—2—8　故障代码显示 13 和 22

③表示故障码的脉冲宽度相同，在位与位之间有一个暂停时间，在码与码之间有一个较宽的电压脉冲，如图 7—2—9 所示。

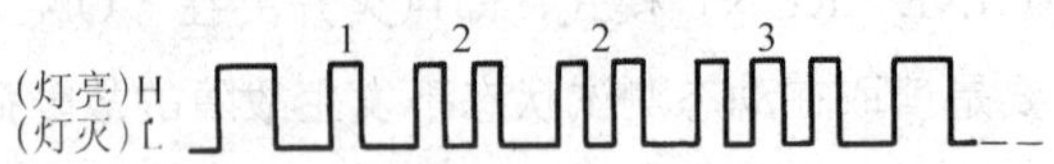


图 7—2—9 故障代码显示 1223

④以 5 V 的电压脉冲表示十位，以 0 V 的电压脉冲表示个位，码与码之间以较长的 2.5 V 电位区分，如图 7—2—10 所示。

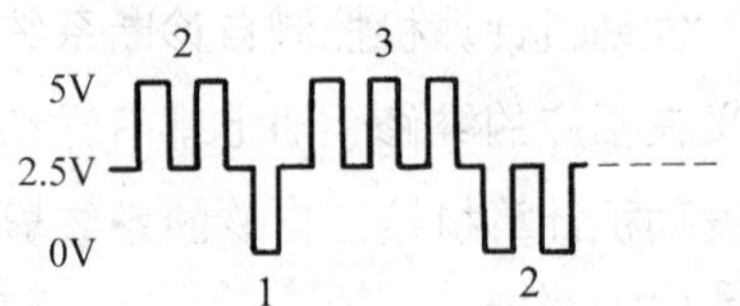


图 7—2—10 故障代码显示 21 和 32

(3) LED 灯显示

有些厂家用一个或多个发光二极管来显示故障码，这些 LED 一般就装在 ECU 上，其指示故障的方式也有所不同：

1) 采用一个 LED 时，其指示方式与仪表板上的故障指示灯显示故障码的方式相同。

2) 采用两个 LED，一般为两个不同颜色的发光二极管。红色发光二极管显示十位，绿色发光二极管显示个位，两个 LED 共同显示故障码。

3) 采用四个 LED 显示时，各发光二极管分别代表 8、4、2、1。显示故障码时，将发亮的 LED 灯所代表的代码相加即为显示的故障码。

另外，利用发动机计算机控制系统专用测试仪，不仅可以从其液晶显示屏上直接读取故障码，而且可以动态地测试系统各传感器和执行器的参数值。

(4) 故障码的清除

断开通往发动机 ECU 的电源线或熔丝，就可以清除 ECU 存储的故障码。把汽车蓄电池负极或 ECU 的熔丝拔掉约 30 s 即可。但应注意：使用拆除蓄电池负极的方法清除故障码将会使石英针和音响等装置的内存一起被清除。因此，清除故障时，最好按维修手册中所指示的方法进行，不可随意拆除蓄电池负极。在清除故障码后起动发动机，看发动机故障指示灯是否又闪亮。若又闪亮，说明系统仍存在故障，还需进一步诊断。

## 知识拓展

### 诊断实例：用博世 FSA740 对故障码进行读取和分析

1. 故障现象

一辆大众 POLO 1.6 L 汽车，客户反应起动发动机时，感觉发动机在怠速时抖动，转速不稳；急加速时动力不足，抖动加剧。

2. 故障检测

(1) 打开点火开关，不起动发动机。

(2) 在“诊断软件选项”，单击“控制总成诊断”，单击“F12”。

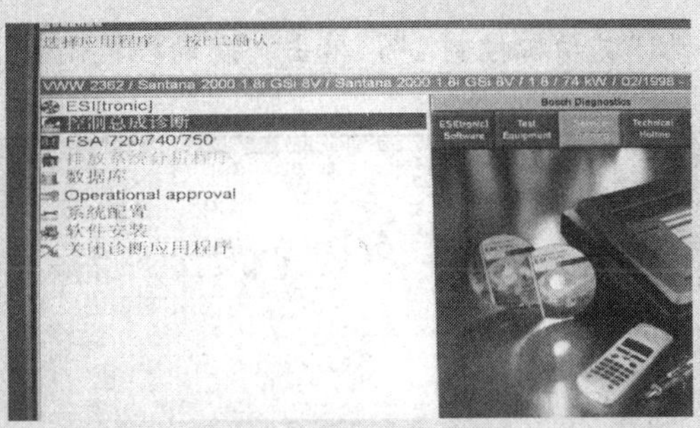


(3) 在“控制总成诊断”窗口，单击“F12”。

(4) 系统进入“控制总成诊断”窗口，选择“VW”，单击“F12”。

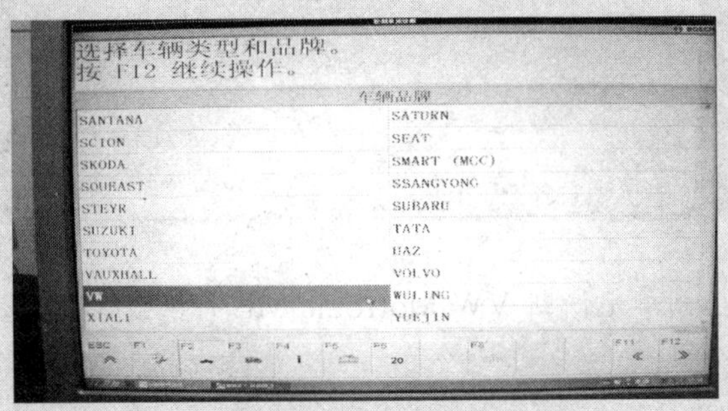

(5) 系统进入“控制单元诊断 VW”窗口，单击“F12”，让 KTS540 进行自动识别。

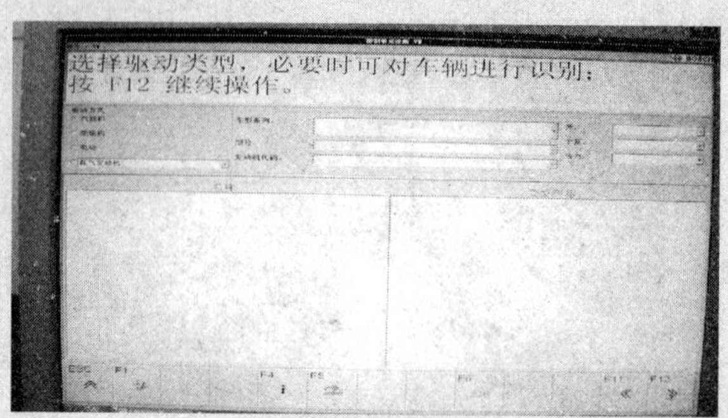


(6) 系统进入“控制单元诊断 VW”窗口，在“系统”栏选择“发动机控制”，单击其前面的“+”号，出现“发动机控制 1”，单击“发动机控制 1”，单击“F12”。

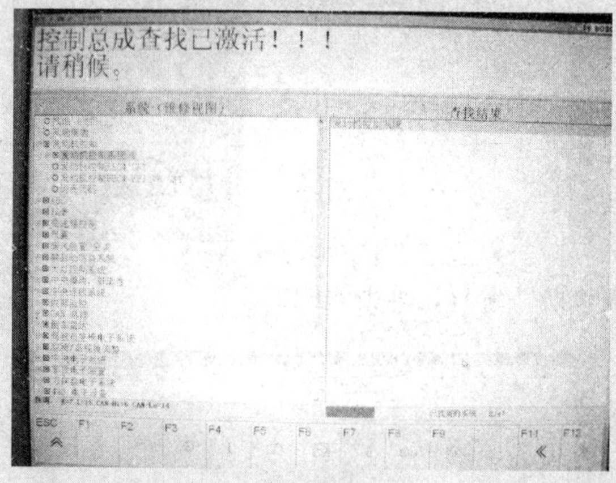


(7) 自动查找后，在“查找结果”栏选择“Motronic ME 7.5.20”，单击“F12”。

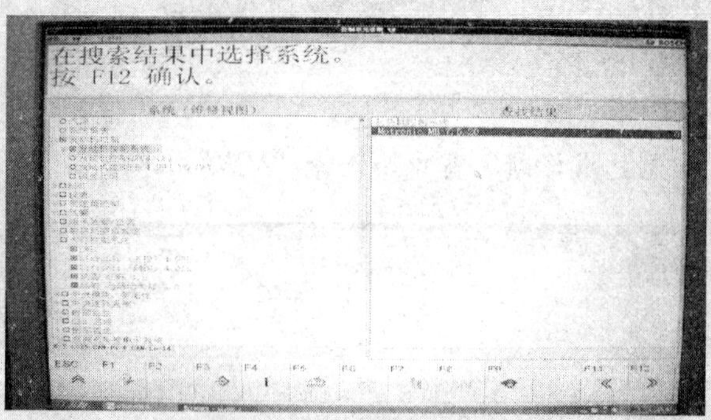


(8) 系统进入“控制单元诊断 VW Motronic ME 7.5.20 功能选择”窗口，选择“识别”菜单，单击“F12”。

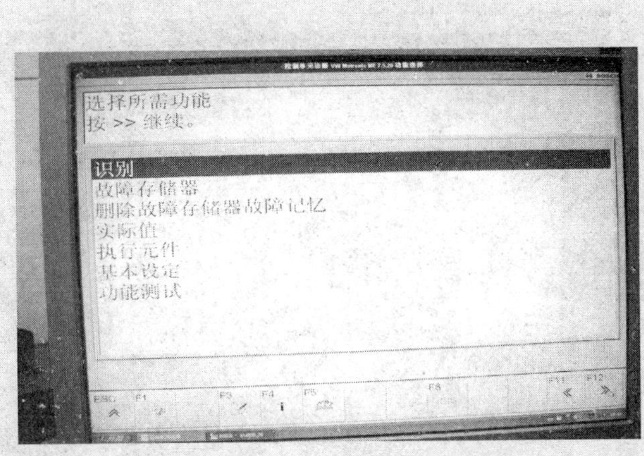


(9) 进入“控制单元诊断 VW Motronic ME 7.5.20 识别”窗口，显示“RB 编号”和“Cus. 编号”。

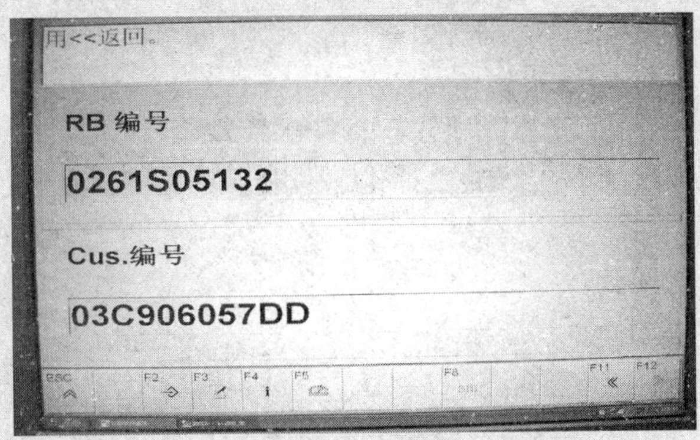


(10) 检查“RB 编号”为“0261S05132”和“Cus. 编号”为“03C906057DD”，是否与车用电脑的编号相同。

(11) 在“控制单元诊断 VW Motronic ME 7.5.20 功能选择”窗口选择“故障存储器”，单击“F12”。

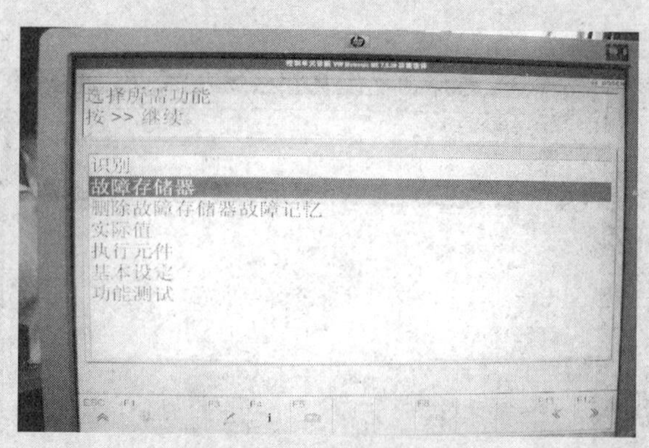


(12) 系统进入“控制模块诊断 VW Motronic ME 7.5.20 故障存储器”窗口，并在故障码检验单上记录错误编号及内容，单击“F12”，显示故障数量为 2 个，分别是 P0300，P0303。

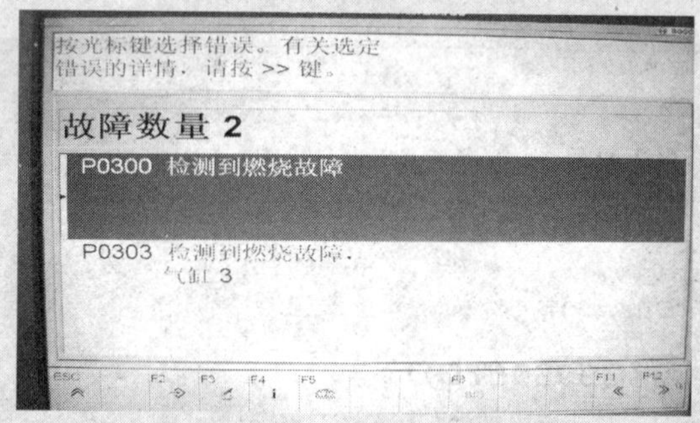


3. 故障分析

通过读取专用发动机分析仪，得到两个故障码：P0300—检测到燃烧故障；P0303—检测到燃烧故障，气缸 3。两个故障都能引起发动机抖动，可能原因为：(1) 点火系统尤其是 3 缸的点火系统故障；(2) 燃油系统尤其是 3 缸的燃油系统故障；(3) 机械故障造成气缸（尤其是 3 缸）的压力不足。

4. 故障确诊

通过检测次级波形，发现 3 缸点火明显不正常，检查 3 缸点火线路，点火线圈损坏。

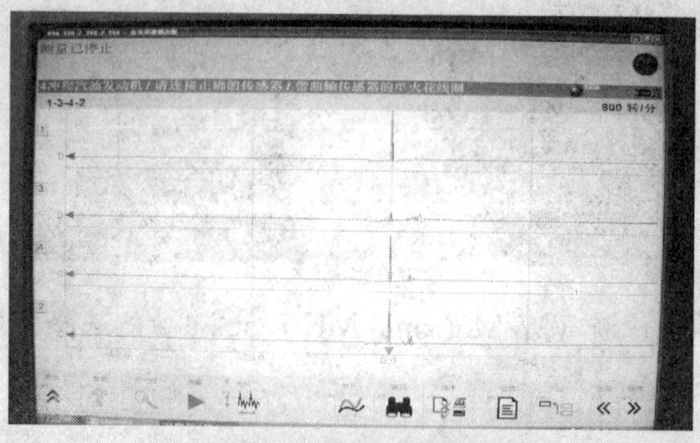

5. 故障排除

更换3缸点火线圈之后，故障排除。

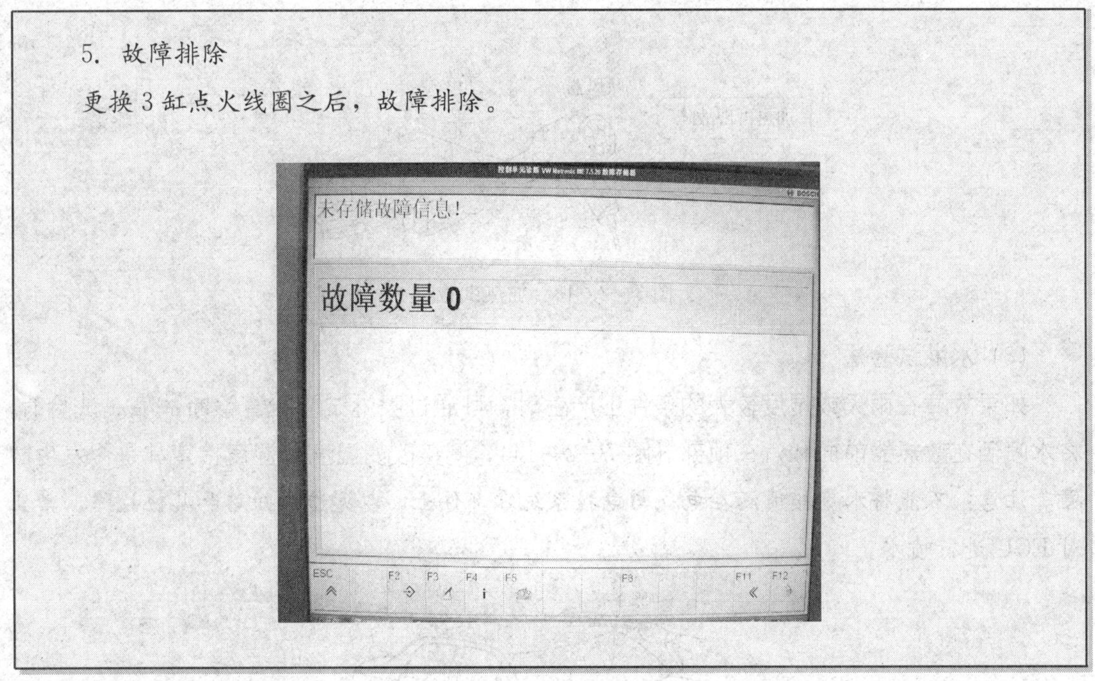


## 5. 疑难故障诊断

诊断、检修发动机电控系统故障时，常用以下几种故障征兆模拟试验的方法进行：

(1) 振动试验法

如果振动可能是导致产生故障的主要原因时，就可以利用振动试验法进行检验。试验方法主要包括：在水平和垂直方向轻轻摆动连接器、线束、导线插头；用手轻轻拍打传感器、执行器、继电器和开关等控制部件。其方法如图 7—2—11 和图 7—2—12 所示。

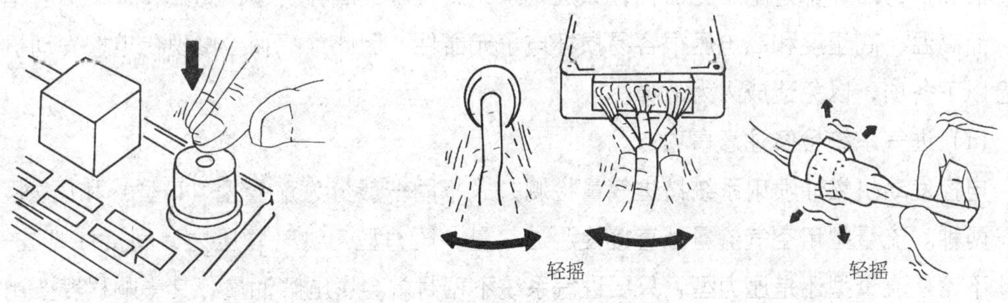


图 7—2—11　轻摇部件　　　图 7—2—12　轻摇线束

(2) 加热试验法

如果汽车故障是在热机时出现或是由某些传感器与零件受热所致时，可用电加热吹风机等加热工具对可能引起故障的零部件或传感器进行适当加热，以检查其是否有故障（注意加热温度不能超过 60℃），如图 7—2—13 所示。

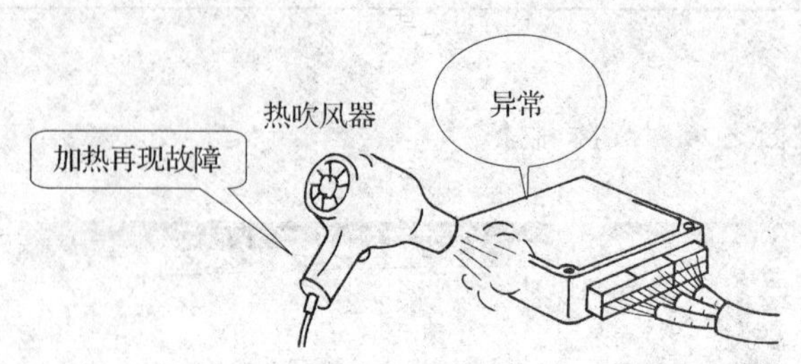


图 7—2—13　加热试验法

(3) 水淋试验法

如果故障在雨天或湿度较大的条件下产生时，可通过喷淋试验检查诊断故障。试验时，将水喷洒在散热器前面和汽车顶部（图 7—2—14），间接改变温度和湿度检查其是否发生故障。注意：不能将水直接喷洒在电气与电控系统零部件上，以免造成短路和其他故障，禁止对 ECU 进行喷水。

图 7—2—14　水淋试验法

## 6. 检修注意事项

发动机 ECU 是依据各传感器、开关信号来控制喷油量、点火正时和其他系统的，许多传感器和执行器件都是电子元器件，如进气系统漏气等故障会引起传感器和开关信号错误输出，而高温、高湿度和高电压很容易损坏电子元器件，因此维护和检修现代电控发动机时须注意以下各项，以免造成人为故障。

(1) 进气系统检修注意事项

电控发动机燃油喷射系统按进气量检测方式不同一般分为流量型（L 型）和压力型（D 型）两种。流量型用空气流量计直接检测进气量，压力型用进气管压力计间接计算进气量，因此不论是流量型还是压力型，只要进气系统不密封就会影响喷油量，其影响程度要比化油器式发动机更大，所以对进气系统检修时应注意如下几点：

1）发动机量油尺、机油加油口盖必须安装好，否则会影响发动机运行。

2）进气软管不能有破裂，卡箍要安装紧固，因为漏气会影响空气流量计或进气压力传感器的信号，从而影响喷油量，使发动机怠速不稳，易熄火，动力性和加速性能变差。

3）真空管不能破裂、扭结，也不能插错。真空管插错会使发动机怠速不稳，甚至使各缸无规律地交替工作。

4）喷油器应安装正确，密封圈完好，如果安装不正确或密封圈损坏，则上部密封不良会漏油造成严重事故；下部密封不良会造成漏气使发动机真空度下降，运行不良，还会使进气压力传感器信号增加、喷油量增加而使混合气偏浓。

(2) 燃油系统检修注意事项

拆卸油管前首先应卸压，以防止较高压力的燃油喷洒出来引起火灾。卸压的方法有两种。

方法一：

1）松开油箱上的加油盖，释放油箱中的蒸气压力。

2）将三通油压表一端软管连接到燃油压力检测头上，连接时，用抹布罩好燃油压力接头周围，以防燃油溢洒；将另一端软管装入准许的容器中，打开三通油压表的切断阀，系统中的燃油从燃油压力检测孔通过三通油压表软管流入准许的容器中，最后将燃油压力表中残留的燃油放入准许的容器中。

3）释放油压后，在维修燃油管路或接头时，将有少量燃油泄出，所以在断开油管前应用抹布将拆卸处罩住，以吸附泄漏的燃油。一般将吸附燃油的抹布放入准许的容器中。

方法二：

1）拆卸前，首先拔去燃油泵继电器或熔丝，也可拔下燃油泵导线插头，再起动发动机，直至发动机自然停机。在拆卸油管前用抹布罩住拆卸处以吸附泄漏的燃油。

2）连接螺母或接头螺栓与高压油管接头连接时必须使用新垫片，先用手拧紧接头螺栓，再用工具拧紧到规定力矩。连接螺母时先在喇叭口上涂一薄层润滑油，再用工具把接头拧紧到规定力矩。

3）拆装喷油器时要小心仔细，不可损坏O形圈；O形圈不可重复使用，安装喷油器前首先在密封圈上涂一点薄的润滑脂。

4）不能通过燃油箱加油管放出油箱中的燃油，否则会损坏燃油箱加油管定位部件。正确的方法是首先释放系统油压，卸下油箱，然后用手动油泵装置从燃油箱上的维修圆孔中抽出燃油。

5）燃油系统维修后不能立即起动发动机，应仔细检查有无漏油处。有的车接通点火开关，油泵工作1～2 s，不起动立即停止工作，此时可接通点火开关2 s，再关闭点火开关10 s，连续几次看有无漏油；还可夹住回油管，使系统油压上升，在这种状态下检查和观察燃油系统是否有漏油部位。有的车起动时油泵才工作，此时可先起动一下，检查起动时有无漏油部位。不管使用哪一种方法，确认无漏油部位后才能正式起动。起动后使发动机怠速运转，再仔细检查有无漏油部位，此后才能关上发动机罩正常运行。

(3) 电控系统检修注意事项

1）拆卸和安装传感器和信号开关的连接器前应首先将点火开关OFF。

2）拆卸和安装发动机ECU连接器前应首先将点火开关OFF，然后拆下蓄电池负极柱上的极柱线，因为有的发动机ECU上只有点火开关来的火线，有的发动ECU不仅有点火开关来的火线，还有蓄电池来的常火线。

3）安装蓄电池时应注意正、负极不可接反。

4）拆下蓄电池负极柱线后，发动机 ECU 所有诊断码都会被清除，因此，如有必要应在拆卸蓄电池负极线前，读取诊断代码。现代汽车上还有车辆防盗系统和音响防盗系统，随意拆卸蓄电池极柱线会使防盗系统起作用，或使收放机锁死，带来不必要的损失，所以如不熟悉车辆情况，应在拆卸蓄电池前先向车主询问有无车辆防盗和音响防盗装置以及车主是否知道音响密码。如果音响带有密码而车主不知道密码，但又必须更换蓄电池，则可先用另一只应急蓄电池将正、负线接在车的正、负线上，然后再拆卸车上的蓄电池，车上安装新蓄电池后再拆下应急蓄电池的正、负线，这样可保证车上始终保持有电。

5）不可用起动电源帮助起动，因为起动电源瞬间输出电流很大，会损坏发动机 ECU 与其他部件上的电子元器件，用其他蓄电池辅助起动时应先将点火开关 OFF，才能跨接线缆，不可猛踩油门。

6）不可用水冲洗发动机室。水是导电的，可能造成电路短路而损坏电子部件。进气系统进水后使发动机工作不良，因发动机起动温度很高，冲洗发动机后使水变成水蒸气，进入各连接器后会腐蚀插接件，会引起无规律的故障。

7）检测控制系统中输入信号和发动机控制系统输出信号时不可用汽车上的灯泡作试灯。汽车灯泡功率大，额定电流大，容易损坏电子元器件，可用 330 Ω 电阻串联一个发光二极管自制一个试灯。

8）万用表有指针型和液晶显示两种，检测控制系统电阻时应使用内阻为 10 MΩ 以上的液晶显示万用表。

9）不可用刮火的方法来判断是否有电或是否是火线。

10）在晴天拆卸、安装发动机 ECU 时应注意防止静电，先使自己接地（接触车身），人体产生的静电电压较高，可能损坏发动机 ECU。